高等院校旅游管理专业系列教材

旅游学概论

（第七版）

李天元　编著

南开大学出版社

天　津

图书在版编目(CIP)数据

旅游学概论 / 李天元编著. —7 版. —天津：南开大学出版社，2014.10(2016.9重印)
高等院校旅游管理专业系列教材
ISBN 978-7-310-04596-9

Ⅰ.①旅… Ⅱ.①李… Ⅲ.①旅游学－高等学校－教材 Ⅳ.①F590

中国版本图书馆 CIP 数据核字(2014)第 198163 号

版权所有　侵权必究

南开大学出版社出版发行
出版人：刘立松
地址：天津市南开区卫津路 94 号　　邮政编码：300071
营销部电话：(022)23508339　23500755
营销部传真：(022)23508542　邮购部电话：(022)23502200

*

河北昌黎太阳红彩色印刷有限责任公司印刷
全国各地新华书店经销

*

2014 年 10 月第 7 版　　2016 年 9 月第 44 次印刷
230×170 毫米　16 开本　21 印张　2 插页　395 千字
定价：39.00 元

如遇图书印装质量问题，请与本社营销部联系调换，电话：(022)23507125

前　言

　　自本书第一版面世，转眼间已逾二十余载。这期间，本书曾经多次修订，一直是国内同类教科书中销量最大者，并曾有幸荣获教育部2002年全国普通高等学校优秀教材国家级一等奖。特别是，在本书多年来的读者中，不少人如今都已成长为肩负重任的业界中坚。每当与其中的一些人偶遇，听他们提起对本书的回忆，编著者都觉得充满欣慰，备受鼓舞。

　　同以往情况一样，本次修订工作力求反映近年来旅游业的新变化以及旅游研究方面出现的新进展。不过，基本目的依然是为我国高等院校旅游专业的教学工作提供一本既注重与国际旅游学术研究中的普遍共识接轨，又力图反映我国旅游业和旅游研究新发展的旅游学入门教材，为广大旅游从业人员提供一本旅游学基础理论读物，以及为各级政府部门中从事经济和社会发展规划工作的人士提供一本借以了解旅游现象和旅游业常识的基本参考书。

　　本次修订工作所努力遵循的原则依然是：①注重现象介绍与原理论述的结合，强调对基本原理的揭示和理解；②注重理论与实践的结合，强调有关基本知识和理论在旅游业经营与管理工作中的实际意义；③注重与国际旅游学术界相关研究的比较，强调基本教学内容与国际社会中的普遍性共识接轨；④注重教学工作的需要，强调方便教师和学生的阅读和使用，并注意调整全书内容展开的逻辑性。

　　为了便于安排教学，考虑到全书各部分内容篇幅的相对均衡，本次修订工作对全书的内容安排做了新的调整，将全书内容分成了9章——第一章为旅游活动的历史发展；第二章为认识旅游活动；第三章为旅游者；第四章为旅游资源；第五章为旅游业；第六章为旅游业中的主要经营部门；第七章为政府调控与旅游组织；第八章为旅游市场；第九章为旅游的影响。对全书内容安排所做的上述微调，同时也是基于认识逻辑和方便教学的考虑。

　　尽管本次修订工作对章节的安排略有调整，但全书内容仍是主要由4个基本板块所组成。具体地讲，在内容上，第一章与第二章合为一个板块，旨在介绍有关认识旅游活动的基础知识；第三章与第八章合为一个板块，旨在讨论旅游需求与购买者市场；第四、五、六章合为一个板块，旨在讨论旅游目的地的旅游供给以及旅游业作为一个集合产业的基本构成；第九章作为影响研究板块，旨在介绍和讨论旅游业的开发和大规模旅游活动的开展有可能带来的各种影响。读者将会发现，修订后的各章内容较之先前的版本都有所增删和调整。

有必要说明的是，任何一本书，特别是就其中所使用的数据而言，往往都是出版之时即是其"过时"的开始。不过，与有关专著和研究论文有所不同的是，对于类似本书这样的基础理论教科书来说，对数据资料的使用，其实大都是旨在服务于对有关原理的说明。读者在使用本书过程中，可尝试使用最新公布的相关统计数据去替换原有的历史数据。这不仅是一种很好的练习，有助于锻炼自己观察和分析问题的能力，而且有可能会得出某些新的发现。

在本次修订过程中，南开大学旅游与服务学院的各位同仁提供了很多有价值的信息和颇有见地的评论意见。此外，中国旅游研究院的戴斌院长、北京交通大学的张辉教授、北京旅游学院的张凌云教授、北京第二外国语学院的秦宇教授和厉新建教授等很多同行专家也都以各种不同的方式对本书的修订工作给予了多方面的支持和帮助。编著者在此一并向他们深表谢意。此外，在本次修订工作中，南开大学旅游与服务学院的博士研究生沈雪瑞和硕士研究生马兢肖帮助做了很多资料收集工作。本书文稿的打印和编辑工作则得益于张秀兰的协助。没有他（她）们的帮忙和辛劳，本次修订工作不可能顺利完成。

对于本次修订工作，尽管编著者主观上极尽所能，但限于个人视野和水平，加之时间匆忙，修订后的内容仍可能会有这样或那样的问题，诚望使用者指教和批评。

编著者

2013 年 12 月

目 录

绪 论 ··· 1
第一章 旅游活动的历史发展 ·· 7
  第一节 十九世纪以前的旅行活动 ··································· 7
  第二节 近代旅游和旅游业的开端 ··································· 19
  第三节 现代旅游的兴起 ·· 28
  第四节 我国旅游业的历史发展 ······································ 32
第二章 认识旅游活动 ··· 39
  第一节 旅游活动的界定 ·· 39
  第二节 旅游活动的类型 ·· 48
  第三节 现代旅游活动的特点 ··· 54
  第四节 旅游活动状况的基本测量指标 ···························· 68
第三章 旅游者 ··· 74
  第一节 旅游者的界定 ··· 75
  第二节 决定个人旅游需求的客观因素 ···························· 86
  第三节 决定个人旅游需求的主观因素 ···························· 95
  第四节 旅游者的类别划分 ··· 107
第四章 旅游资源 ·· 116
  第一节 认识旅游资源 ··· 116
  第二节 旅游资源的开发 ·· 130
  第三节 旅游资源的保护 ·· 143
第五章 旅游业 ··· 149
  第一节 旅游业的概念 ··· 149
  第二节 旅游业在促进旅游活动发展中的作用 ·················· 156
  第三节 旅游业的性质与特点 ··· 158
  第四节 旅游业的产品 ··· 162
第六章 旅游业中的主要经营部门 ···································· 173
  第一节 旅行社行业 ·· 173

  第二节 饭店与住宿业 ·· 185
  第三节 旅游交通 ·· 203
  第四节 旅游景点 ·· 217
第七章 政府调控与旅游组织 ·· 225
  第一节 政府对旅游发展的干预 ···························· 225
  第二节 国家旅游组织 ······································ 234
  第三节 我国旅游业中的非营利组织 ···················· 237
  第四节 国际旅游组织 ······································ 241
第八章 旅游市场 ·· 254
  第一节 旅游市场的概念 ···································· 255
  第二节 旅游市场细分 ······································ 257
  第三节 全球国际旅游市场基本状况 ···················· 260
  第四节 我国的入境旅游市场 ····························· 268
  第五节 我国的国内旅游市场 ····························· 279
  第六节 我国居民的出境旅游 ····························· 281
第九章 旅游的影响 ·· 287
  第一节 旅游的经济影响 ···································· 288
  第二节 旅游促进经济发展的理论依据 ················ 298
  第三节 旅游的社会文化影响 ····························· 306
  第四节 旅游的环境影响 ···································· 314
  第五节 可持续旅游发展 ···································· 316
参考文献 ··· 323

绪　　论

半个多世纪以来，随着旅游活动在全球各地的开展，其规模之大，不仅成为令全世界关注的社会现象，而且也为旅游业的发展带来了前所未有的巨大商机。就全球总体而言，早在 20 世纪 60 年代，旅游业作为世界上发展势头最为强劲的产业之一，便被誉为 20 世纪的"经济巨人"。进入 21 世纪后，尽管全球旅游活动规模的成长时有挫折，但发展势头依然强劲，"已成为世界上一支重要的社会和经济力量"。作为这方面的反映，一个不争的事实是，当今世界上所有国家在编制其经济和社会发展计划时，几乎无不将发展旅游业纳为其中的一项重要考虑。而且，"对于有些国家来说，旅游已成为其国际贸易中最大宗的商品。在不少国家中，旅游业已发展成为国民经济中位列三甲的产业"（Goeldner and Ritchie，2006）。

以全球国际旅游的发展为例。半个多世纪以来，全球国际旅游活动的规模不断扩大，从 1950 年的 2528 万人次发展到 2011 年的 9.82 亿人次；全世界的国际旅游收入总额持续增长，从 1950 年的大约 21 亿美元，一路增至 2011 年的 10300 亿美元。如果将世界各国的国内旅游发展也考虑进去，那么无论是全球旅游活动的规模，还是全球的旅游业创收，无疑都将更为可观。根据世界旅游组织（UNWTO）和亚太旅游协会（PATA）的估算，全球国内旅游的市场规模和消费开支皆为全球国际旅游市场的 10 倍（PATA，2013）。事实上，对于包括我国在内的很多国家来说，特别是在促成旅游业的长期稳定发展方面，国内旅游更为重要。

世界旅游理事会（WTTC）是一个非营利性的国际民间组织，20 多年来一直致力于测量和评价旅游业的发展对全世界、各大地区以及对经济合作与发展组织（OECD）成员国经济的影响。根据该组织的调查和研究，从 1991 年起，全球旅游业已成长为世界上最大的产业。这一结论的得出，其依据主要涉及两项指标。其中一项指标是全球旅游经济的年度总产出，另一项指标则是全球旅游业所带来的就业规模。以 1991 年的情况为例，①该年全球实现的个人旅游消费总额为 16660 亿美元，约占全部个人消费总额的 11%；②全球因公差旅的开支总额为 3340 亿美元，约占该年全世界企事业单位公务开支总额的 1.2%。也就是说，将这两项合计，该年全世界实现的旅游消费总额（含国际旅游和国内旅游，因私旅游和因公差旅）已高达 2 万亿美元；③全世界旅游企业该年的新增固定资产投资为 6130

亿美元，约占该年所有各行业新增资本投资总量的11.2%；④该年世界各国用于旅游行政管理方面的政府开支为2870亿美元，约占该年全球各地政府工作开支总额的6.5%。将以上这四个方面的开支额汇总，意味着1991年全球实现的旅游经济总产出为29000亿美元，高于其他任何一个产业。在对就业的影响方面，世界旅游理事会的调查统计结果显示，1991年，全世界直接和间接就业于旅游业的人数总计为1.83亿人，约占该年全世界就业劳动力的10.2%。换言之，全球每10个就业岗位中，就有一个岗位是源自于旅游业。上述这两大指标的数据表明，从1991年开始，旅游业已发展成为世界上最大的产业。进入21世纪以来，旅游业继续保持着作为世界第一大产业的地位。很显然，对于这一具有如此重大经济意义的产业，世人没有理由不去予以重视和研究。

世界各地的大量事实显示，尽管旅游活动的开展如今已经大众化，旅游市场的潜在能量仍有待充分释放。这意味着，旅游业不仅是当今世界上最大的产业，而且还是一个有着光明发展前景的产业。作为这方面的证据，即便是在经济发达的工业化国家中，参与出国旅游的人数在国民中所占的比重也并未达到封顶的水平。以流行出境旅游的英国为例，每年的出国旅游人次数，也仅为全国人口的1/3。另据有关调查，在世界上堪称头号发达国家的美国，国民中出国旅游的规模仅为国内旅游人次数的10%。倘若将参与出国旅游的人数同全美人口数进行比较，则出国旅游者在人口中所占的比重无疑将会更低。此外，从大多数发展中国家的情况看，即便是国内旅游度假活动，尚远未成为国民生活的必需品，至于出国旅游者在这些国家的人口中所占的比重，无疑将会更低。但从发展趋势看，随着这些国家的经济起飞和社会发展，国民中越来越多的人不仅会成为国内旅游活动的参加者，而且也会成为出国旅游活动的参加者。作为世界上最大的发展中国家，我国以及印度近年来国民旅游需求规模（包括国内旅游和出境旅游）的快速增大，就是这方面最明显的例证。总之，半个多世纪以来全球的旅游活动发展历程以及今后的发展趋势都表明，随着各国经济的发展、人们闲暇时间的增多、受教育程度的提高以及其他各种社会经济利好因素的促进，旅游活动参加者的规模今后将会不断成长和扩大，从而也决定了旅游业未来的光明前景，决定了旅游业将会是一种永远的"朝阳产业"。对此，很多权威的国际组织和知名学者都曾做过种种的乐观预测。作为其中的典型代表，世界旅游组织（UNWTO）在其题为"2020年旅游愿景"（*Tourism 2020 Vision*）的研究报告中曾经预测，在2000年至2020年期间，全球国际旅游人次的年平均增长率将为4.3%；全球国际旅游收入的年平均增长率将为6.7%。到2020年，全球的国际旅游接待量将会达到或超过16亿人次。届时，全球实现的国际旅游收入将会超过1万亿美元。基于这一预测，如果根据世界旅游组织关于国际旅游与国内旅游之比例的经验数字，将全世界各地的国内旅游活动也考虑进去，那么，到 2020 年，全世界旅游活动的总体规模将会达到 160 亿人次，全世界的旅游消费总额将会达到 7~8 万亿美元。2011 年，世界旅游组织又发布了《2030 年旅游业展望》(*Tourism Towards 2030*)，进一步预测 2030 年全球国际旅游活动规模将达到 18 亿人次，届时全球每天会有 500 万人出国旅游。经济学家和一些有识之士也早就指出，在 21 世纪的世界经济中，旅游业的地位将会变得更加重要。

旅游需求的增长速度之快、旅游经济的作用之大、旅游业的发展前景之光明，使得各国政府都对发展旅游业给予了越来越大的关注。20 年前还有少数国家的政府出于某种原因不支持发展旅游业，甚至反对发展旅游业，然而到了 21 世纪的今天，这种情况已经荡然无存。在当今的世界上，所有国家的政府，无论是发展中国家还是发达国家，几乎无一例外地都在积极支持发展本国的旅游业，特别是积极支持发展接待入境游客的国际旅游业。

然而，在旅游活动和旅游业的发展过程中，人们的确也遇到了不少复杂的问题和矛盾。这些问题虽然未必是刚刚发生的新问题，特别是其中有些问题很早便已提出，并且已有很多人对其发表过见解并提出过不少可能的解决方案，但是我们很难说人们对这些问题的不同认识已经完全得到解决。例如，有人认为发展旅游业有利于促进当地经济的发展；而有人则不以为然，并举出例证说，在有些水土资源适合发展农业并且长期以来一直以农业为经济支柱的地区，由于旅游业的发展而使大批青壮年农民弃田从事旅游服务，致使大量的耕地或被占用或遭荒芜，其结果是破坏了当地的经济结构，使当地经济依赖旅游业这一"建在流沙之上的大厦"，严重危及了当地经济的健康发展。再比如，有人认为利用外资发展旅游业，一可解决自己的资金不足问题，二可引进先进的管理技术和经验，三可利用外方的力量去影响和扩大自己的客源；而有人则以很多发展中国家利用外资发展旅游业的结果为例证，认为外国旅游企业的打入意味着目的国旅游外汇收入漏损量的扩大，使大量的旅游外汇又流回国外，对当地经济的促进作用十分有限。更有甚者，还有人认为外国独资旅游企业的大量进入客观上制约了当地社区对发展旅游业的参与，从而不利于当地旅游业可持续发展的实现。最后一个例子是，旅游企业人士似乎总是在抱怨客源不足，总是希望旅游者来得越多越好；而有人则指出，一个地区的旅游接待量不可超越当地的承载能力，一旦超过这一极限，发展旅游给当地社会经济带来的好处都将会被超载经营的代价所抵消。

不但对上述问题的认识不一，其他常见的矛盾情况也有很多。例如，人们普遍赞成扩大交通运力，增加航班，扩大交通设施网络，使旅行更加便利，但同时人们又普遍反对由此而带来的噪声增加；旅游者在旅游过程中都希望求新、求异，不喜欢各地的情况千篇一律，但同样还是这些旅游者，如果到了旅游目的地后语言不通而又没有翻译,旅游服务设施的舒适程度不能满足他们所熟悉的本国标准,或者当地的饮食完全不照顾他们的口味,那么他们首先便会投诉这些问题。有人认为国际旅游活动的开展可消除不同国家或民族之间的偏见和误解,从而能避免战争的发生,有利于世界和平,而有人则认为国际旅游活动规模的增长等于是在毁灭那些传统的民族文化和尚保持自然原状的地区。对于旅游的前景,有人认为由于旅游的发展,世界正在趋于同一化,各地的不同之处会逐渐消失,所以外出旅游终将变得毫无意义并因而走向消亡;而有人则认为,人总是要动的,其基本特点便是要探索和考察,这一特点永远也不会消失,因而旅游的发展永无止境。

人们之所以对同一个问题有不同的看法,其基本原因之一是有些人没能站在适当的立场上,从适当的角度去认识问题,对旅游没有一个比较全面的、历史的、逻辑的了解和认识。所谓适当的立场,便是旅游目的地社区的立场,而不是狭隘行业或企业的立场。所谓适当的角度,便是同时兼顾和满足旅游者、旅游业和旅游接待地区居民三方利益的角度。只有站在这一高度和角度上,加之对有关旅游发展的经验和科学有全面的了解,才能正确认识、分析旅游和旅游业的发展所带来的利好和问题。

虽然旅游的功与过是人们长期以来争论不休的问题,但有一点可以确认无疑,这便是各国在制定自己的经济发展规划时,几乎都会把旅游业考虑进去。旅游业在不少国家的经济中都占据着重要的地位。而要搞好旅游业,提高旅游业在国民经济计划中的地位,则要在坚持以国家利益为重的前提下,满足旅游者的需要和当地人民的需要。也只有同时满足旅游者和当地人民的需要,才能实现国家的利益。因此各方的利益和需要都必须予以满足,各方彼此间的利益冲突都必须调和一致。在这个意义上,了解旅游和正确认识旅游对于各级政府参与制定政策和规划工作的人员是十分必要的。

旅游业是一项高度竞争的产业。不仅各国旅游业,特别是面对相同客源市场的邻近国家旅游业之间竞争激烈,而且同一旅游目的地内的各旅游企业也存在竞争。如果不了解旅游者,不了解旅游体系的构成要素及各要素之间的关系,不了解现代旅游活动的特点及其发展趋势等必要的知识,要想在竞争中取胜是非常困难的。在旅游业中,无论是旅行社、住宿业还是交通客运业,它们所面对经营和为之服务的皆为同一旅游市场。特别是对于住宿业和交通客运业这些早在旅游业问世之前便已存在的传统行业来说,其经营者应当认识到,几乎没有哪些旅游者是为了住饭店而住饭店,为了乘飞机而乘飞机。旅游者对这些传统行业的产品和服务的购买只是完成旅游经历的手段而不是旅游目的本身,也就是说,旅游者对这些传统行业的产品和服务的需求实际上都是属于一种派生性需求。显然,在当今的市场条件下,这些传统行业的经营管理人员如果不能将本企业的经营置于旅游业中去考虑，要想取得长久的经营成功几乎是不可能的。正因为如此，像美国的康奈尔大学饭店管理学院和瑞士的洛桑旅馆学校这些传统上专门致力于旅馆经营管理教学的院校，从20世纪80年代开始，都已将旅游学纳入了自己的课程设置。所以，为了能够在竞争中取胜，为了能够使旅游企业在不断变化的市场环境下成功地经营，需要对那些将要从事旅游业工作的人员进行旅游专业教育和训练。今天的旅游业已进入专业化经营的时代，对从业人员专业水平的要求也越来越高。这不仅意味着旅游实业界将会愈加注重招收接受过旅游专业教育的人才，同时也意味着旅游业中的不少在职人员将会随着专业化要求的发展，有必要重返学校进修学习和更新知识。

至此，人们可能会问，什么是旅游学？或者，人们该如何去界定旅游学的研究范畴？旅游活动的开展所牵涉的层面很多，至少牵涉到旅游者、为旅游者提供服务的旅游企业、旅游接待地区的居民即所谓东道社会、旅游接待国和接待地区的政府等不同群体的利益，以及由于旅游活动的开展而使上述所有各方彼此之间产生和出现的各种关系和现象。因此，旅游学是研究旅游者及其旅游活动、旅游业及其开发和经营活动，以及研究旅游供求双方活动的开展对旅游接待地区的社会、经济和环境之影响的一门社会科学。

事实上，对于旅游学的这一界定，国际学术界中多有共识，并且有很多非常相似的表述和解释。例如：

- 著名旅游学术期刊《旅游研究纪年》（*Annals of Tourism Research*）的前任主编、美国威斯康星大学的 J. 贾法利教授曾提出："旅游学的研究对象是离开其常居住地而外出的旅游者，针对其需要而提供服务的旅游业，以及旅游者和旅游业双方的活动对东道地的社会文化、经济及物质环境的影响。"（"Tourism is a study of man away from his usual habitat, of the industry which responds to his needs, and of the impacts that both he and the industry have on the host socio-cultural, economic, and physical environments."）（Jafari, 1977）。

- 国际知名旅游专家 E. 希思和 G. 沃尔也认为："旅游学作为一门学科，所研究的是离开惯常居住地而外出旅游的人，针对其需要而提供服务的旅游企业，以及双方（活动）对旅游接待地区经济、自然环境和社会的影响。所研究的内容包括旅游者的动机及其活动经历，旅游接待地区居民的期望和行为变化，以及各种旅游企业和组织机构在其中所扮演的角色。"（"The study of tourism is the study of people away from their usual habitat, of the establishments that respond to the requirements of travelers, and of the impacts they have on the economic, physical, and social well-being of their hosts. It involves the motivations and experiences of the tourists, the expectations of and adjustments made by residents of reception areas, and the role played by the numerous agencies and institutions that intercede between them.")（Heath & Wall, 1992）。

● 此外，前香港理工学院酒店与旅游管理系主任高藩（Frank M. Go）也曾写道："可以认为，旅游学的研究对象包括个人及团体因消遣性和/或差旅性目的而暂时从一个地方前去另一地方的旅行，针对这些旅行者在途中以及在目的地停留期间的需要而提供的接待服务，以及旅行者和旅游业双方对东道地区的经济影响、社会文化影响和生态环境影响。"（"Tourism may be defined as the moving of individuals and groups from one geographic location to another for pleasure and/or business purposes on a temporary basis, the catering to the needs of travelers while en route and at the destination, and the economic, socio-cultural and ecological impacts both travelers and the industry have on the destination area."）（Go, 1994）。

如果我们翻阅那些在世界上影响较大的旅游学经典教科书，便不难发现其篇幅之大几乎涉及了上述有关问题的方方面面。但是，限于国内旅游院校开设本课程的时间条件和教学目的，本教材只是对旅游理论和实践两个方面的基本问题，进行概要的阐释和论述。具体讲，主要是阐释社会经济发展与旅游活动之间的关系，阐述现代旅游活动的种类、表现形式并论述其开展特点，分析旅游活动的体系构成及各要素之间的关系，介绍旅游业及其管理的基本知识，论述旅游对接待地区经济、社会和环境的基本影响，以及探讨旅游和旅游业发展的基本规律。

旅游学概论是各旅游专业都必须开设的专业基础课。同社会科学中所有其他学科一样，它需要以旅游发展的实践为基础，从整理和了解旅游现象中分析并总结旅游发展的逻辑性和合理性，从而发现其活动规律。社会科学的研究需要运用理论、历史和政策来探索和揭示社会现象，对旅游的研究也要以马克思主义理论和我国发展旅游的政策为指导，以马克思主义的立场、观点和方法去观察和分析问题。这也应是我国旅游研究有别于他国之处。当然，旅游是一种世界性的社会现象。我国发展旅游和开展旅游研究的历史很短，因而我们有必要了解和吸取世界各国在发展旅游方面的经验和教训，有必要学习和借鉴国际学术界在旅游研究方面所取得的共识性成果。旅游发展的基本规律是不因国界而改变的。只有认清这一点，才能使我国旅游业的发展少走弯路，使我国尽早跻身世界旅游强国的行列。

第一章 旅游活动的历史发展

【学习目的】

本章以历史唯物主义认识论为指导,观察人类旅游活动的历史发展。通过本章的学习,旨在引导学生认识旅游活动的发展与社会经济的关系;了解旅游发展史上的一些代表性事件;熟悉现代旅游活动规模得以不断增大的原因,并了解改革开放以来我国旅游业发展的基本轨迹。

【主要内容】

1. 十九世纪以前的旅行活动
2. 人类早期的迁移活动;旅行需要的出现;中外不同历史时代旅行活动发展情况的比较;19世纪以前旅行发展的特点
3. 近代旅游和旅游业的开端
4. 产业革命的影响与"旅游"一词的问世;旅游发展史上的铁路时代;托马斯·库克的活动与旅游业的出现
5. 现代旅游的兴起
6. 现代旅游的概念;战后旅游快速恢复与发展的原因
7. 我国旅游业的历史发展
8. 旧中国的旅游业;新中国改革开放前的旅游业;改革开放之后的旅游业发展

第一节 十九世纪以前的旅行活动

谈到旅游活动的发展,常有人会说"旅游活动,自古有之"。此话虽然不无道理,可是并不准确。说其不无道理,是因为若追溯人类旅游活动的渊源,的确可以说是自"古"有之。说其并不准确,则是因为这一表述很容易产生误导,甚至有可能使人误以为自有了人类之日起,旅游活动便自然而然地存在。其中一个原因就在于，人们对于"古代"（ancient time）这一概念的理解和使用并不统一。以中外史学研究中的情况为例。在世界史研究中，"古代"通常是用于指奴隶制社会瓦解之前的那段历史时期；而在中国史研究中，"古代"这一概念的时间范畴则延伸至封建社会时期。显然，倘若说旅游活动是自古有之，那么究竟"古"及何时？而且，这是否意味着自有了人类之日起，旅游活动便自然地无条件存在？此外，倘若说旅游活动自古有之，那么，无论是在中国古代的辞书中，还是在19世纪以前任何外国的语言词典中，为何都见不到"旅游"这一词条？

事实上，世界各地的相关研究都显示，现今意义上的旅游活动是由人类最初的旅行活动发展和演变而来。这一点如今已成为人们的普遍共识。然而尽管如此，我们似乎不宜将某一事物的渊源与该事物的本身混作一谈。换言之，我们不宜因现今意义上的旅游活动可溯源于最初的旅行活动，而将人类很早便已有之的旅行活动等同为现今意义上的旅游活动。

一、原始时代早期的迁移活动

同样，即便可以说传统意义上的旅行活动是"自古有之"，那么这是否意味着自有了人类之日起，也便有了旅行活动？或者说，旅行活动是否是随着人类的出现而无条件存在？对这些问题的回答，我们既不宜凭借古代神话传说（不论是中国有关王母娘娘的传说，还是西方的古希腊神话）去做想当然的联想，更不可根据个人对某些主张的好恶而去主观臆断。唯一科学的途径只能是本着历史唯物主义的认识论，依据有关历史上的客观事实去进行分析和得出结论。

历史学的很多研究成果都证明，在原始时代（the primitive age）的前期，人类是以天然或打制的石块为劳动工具，在自然分工的基础上，靠渔猎和采集为生。由于工具的简陋和生产能力的低下，人类的生存无时不处于饥饿以及自然灾难侵袭的威胁之中。到了新石器时代，随着磨制石器的出现，生产效率开始有了较大的提高。在这一时期中，原始饲养业和原始农业开始出现，从而导致了人类历史上第一次社会分工的出现。在这一时期中，尽管人类还发明了制陶术和弓箭，但所有这些进步的出现，都未能有效地改变当时社会生产的落后面貌。人们的劳动所获，除了供自己食用之外，几乎没有剩余。另一方面，人们的社会活动基本上也只是限于在自己所属的氏族部落范围之内进行。这些事实说明，由于物质基础的缺乏和社会生活范围的制约，截至新石器时代中期，人类并不存在有意识地自愿外出旅行的需要。

在这一时期中，尽管有关史实显示，人类确实存在从一个地方转移去另一个地方生活的迁移活动（migration），但我们必须看到，首先，当时的这类迁移活动，都是迫于某些自然因素（例如气候变化、重大天灾等因素对人类生存环境的影响）

或迫于特定人为因素（例如战争）的威胁而发生，因而都具有被迫性的特点；其次，所有这类迁移活动的发生都是出于谋求生存的需要，因而都具有求生性的特点。据此我们不难理解，这类迫于生存需要而远走他乡的迁移活动，充其量属于逃荒、避难或移民活动，而不是出于心甘情愿的、自觉主动的需要。

至此，我们可以得出这样一种基本结论：在原始社会的早期，由于社会经济条件的限制，人们客观上不具备能借以开展旅行活动的物质基础，主观上也不存在外出旅行的愿望。虽然当时确有迁移活动发生，但这些活动所具有的被迫性和求生性特点，说明它们既不属于真正意义上的自愿旅行，更谈不上是现今意义上的旅游活动。

二、人类旅行需要的出现和旅行活动的历史发展

1. 旅行需要最初得以产生的社会经济背景

到了新石器时代晚期，金属工具开始出现。生产工具的改进和生产效率的提高，使得劳动剩余物开始逐渐增多。随着金属工具的推广，不仅农业和畜牧业有了较快的发展，并且手工业也逐渐开始发展起来。到了原始社会末期，手工纺织技术已发展到开始使用简单的织机，此外，冶金、建筑、运输以及工具制造等生产领域也都开始出现。随着社会生产力的发展，手工业开始逐渐从家庭生产中分离出来，成为专职性的工作，并最终导致了第二次社会分工的出现。社会分工范围的扩大促进了劳动生产率的进一步提升，并加速了私有制的形成。尤其需要强调的是，随着社会分工（specialization of labor）的发展，不同从业者之间的产品交换也因此成了普遍的现象。

应当说，早在第一次社会分工即畜牧业和农业出现后，游牧部落与农业部落间的产品交换现象便已经开始萌发，但由于当时生产力低下，劳动剩余物数量有限，因而产品交换的范围和规模都很有限。但第二次社会分工出现后，随着社会分工范围的扩大，劳动剩余产品的增多，产品交换的规模以及所涉及的地域范围也在不断扩大。特别是，以手工业者为典型，很多行业从事生产的直接目的就是为了用于交换。在这种情况下，交换自然也就演变成了一项重要的社会职能。随着产品交换的发展，到了原始社会瓦解和奴隶社会开始形成之际，专门从事易货贸易的商人阶级也开始出现。这便是人类社会发展史上的第三次社会分工，即商业从农、牧、手工业中分离出来。这种易货贸易（barter and trade）的出现和发展，使得产品交换的地域范围进一步扩大。简言之，为了实现产品交换，人们需要了解其他地方的产品生产和市场需求情况，需要前往其他地区去交换产品或货物，对外出旅行的需要也由此而产生。

所以，人类最初的主动旅行外出，远非出于消遣性动机，而是出于实用主义

的商贸目的，出于交易货品的需要而自发产生的一种经济活动。正如世界旅游组织在其有关研究报告中曾指出的那样，"在最初的年代中，主要是商人开创了旅行的通路"。

2. 奴隶制时代的旅行发展

在人类社会发展史上，奴隶制无疑是一种相当残酷的社会制度。不过，"在当时的条件下，采用奴隶制是一个巨大的进步"（恩格斯语，中央编译局，1972：220），因为它实现了社会生产各行业之间、体力劳动与脑力劳动之间更进一步的分工，使生产力的提高、交换的扩大、艺术和科学的创立等诸多发展成为可能，从而使人类能够取得较之原始社会更大的进步。

在奴隶制时代（the slavery age）的西方社会中，奴隶制国家的发展与繁荣，客观上为当时旅行活动的发展提供了便利的物质条件。这一点在古罗马帝国（the Roman Empire）表现得最为典型。在罗马帝国强盛时期，其疆域空前广大，北部边界深入到现在欧洲的英格兰、德国、奥地利、匈牙利、罗马尼亚等地，东部边界达到西亚的幼发拉底河，南部包括了非洲的埃及和苏丹北部，西部边界濒临大西洋。此时，罗马帝国的大规模侵略扩张已告停止，国内社会秩序相对稳定，因而促进了社会经济在原有基础上的进一步发展。在生产技术方面，这一时期出现了带轮子的耕犁和割谷机，水磨得到广泛使用。建筑领域已开始应用复滑车起重装置。矿山开采已开始应用排水机，技术分工已经比较细密。手工业方面已经能够生产简单的机械。在农业方面，埃及和北非一带改善了灌溉系统，扩大了耕地面积，粮食生产大为发展。欧洲的高卢（今之法国）和西班牙等地则兴起了矿业、手工业和葡萄种植业。航海技术的进步使得地中海变成了罗马帝国的"内湖"，海上运输十分发达。

特别值得一提的是，罗马帝国政府在全国境内修筑了许多宽阔的大道。在图拉真皇帝在位时期（公元98～117年），这些道路网络的总长度已达到80000公里。虽然这些道路网络的兴建是出于政治和军事目的，但客观上也为人们沿路旅行提供了很大的方便。此外，罗马帝国时期旅店的产生，也是在沿途由政府所设驿站的基础上发展起来的。罗马帝国的驿站之间相距8～10公里。通过采用驿马接力的方式，罗马人一天之内可完成长达160公里的旅程。罗马帝国政府设置这些驿站的最初目的，是为了供政府公务人员中途歇息，但后来也接待沿路往来的民间旅客。随着过往旅行者的人数不断增多，不仅政府又在沿路开设了一些官办旅店，而且更多的私营旅店也随之发展起来。这些住宿接待设施的发展及其所带来的便利，反过来也推动了旅行人数的增加，当然，当时旅行活动的开展基本上都是在本国境内进行，特别是以近距离的旅行为主。但当时也有跨国经商的长途旅行，大多是贩运粮食、酒、油、铅、锡和陶器等基本商品，此外也贩运各地出产的奢侈品，如北欧的琥珀、非洲的象牙、东方的香料、宝石，等等。当时中国的丝绸经由著名的"丝绸之路"，也远销于罗马帝国各地。当时的罗马人和希腊人都称中国为"赛勒斯"，意即丝绸之国。我国的史籍中也曾有罗马帝国的使节和商人多次从陆路和海路前来中国访问的记载，例如《后汉书》中曾记载，桓帝延熹九年（公元166年），大秦王安敦（大秦即指罗马，安敦是安敦尼王朝的第4个皇帝马可·奥里略·安敦尼）遣使经日南（今之越南中部）送来象牙、犀角，并与中国政府建立了通商关系。在我国历史上的"三国"和"两晋"时期，也都曾有罗马帝国遣使来华的记载。

但是，到了公元5世纪，随着罗马帝国的衰亡和社会秩序的动荡，旅行活动的开展条件也随之恶化。这主要反映在：第一，由于各地间贸易量的缩小，商贸旅行者的数量急剧减少；第二，由于不再有人管理和维护，道路日渐毁坏；第三，由于沿途盗匪猖獗，旅行安全条件不复存在。正如英国学者诺沃尔（Norval, 1936）在其所著《旅游业》一书中指出的那样，"有可靠的证据表明，从罗马帝国衰落直到上个世纪中叶（按：指19世纪中叶），这段时期内（欧洲）没有多少人外出旅行"。

在奴隶制时代的中国，旅行活动的发展与欧洲奴隶制社会时期的情况基本相似。所不同的是，在中国，奴隶制社会的形成时间要比西方早得多。在有关世界旅游发展史的讨论中，尽管欧洲中心论的观点在西方的旅游学界中长期盛行，但正如有的西方学者也注意到的那样，"早在四千年前，中国的统治者就派遣其臣工外出旅行——远在罗马帝国和希罗多德之前"（Sofield, 1998）。最为典型的史实是，在中国奴隶制社会鼎盛时期的商朝，随着生产工具和生产技术的进步以及社会分工的发展，生产效率空前提高，商朝也因此成为中国奴隶制社会经济最为繁荣的时期。剩余劳动产品的增加，以交换为目的的生产规模的扩大，加之商人阶级对生产和流通的促进，使这一时期的易货贸易活动得到很大的发展。在交通运输技术方面，发明于夏代的舟车到了商代时变得更加普及和先进，从而使得这一时期商人的足迹"东北到渤海沿岸乃至朝鲜半岛，东南达到今日浙江，西南达到了今日之皖鄂乃至四川，西北达到了今日之陕甘宁绥乃至远及新疆……已经走遍了他们所知道的世界"（翦伯赞，1946）。

有必要一提的是，虽然最初促成旅行活动发展的主因在于产品交换和易货经商规模的增大，但这并不意味着当时不存在以消遣为目的的旅行活动。在奴隶制社会时期的中国，这类消遣性旅行活动主要表现为奴隶主阶级的享乐旅行。在当时的社会中，生产力发展所带来的劳动剩余大都被奴隶主阶级所占有。这些物质财富主要被用于两个方面。一个方面是用于祭祀活动。事实上，这类活动的开展客观上也与旅行有关。例如，有研究指出："从商朝的始建，一直到清朝帝制的垮台……（中国的）历代皇帝和朝廷都注重敬神。……因此古代很多旅行活动的开展都是出于朝圣目的。"（Sofield and Li, 1998, 362-392）另一个方面则是供奴隶主阶级生活享用，其中包括供其外出消遣游历。古籍《易经》上曾有"观国之光"一语，据信这便是后来汉语中"观光"一词的由来。但无论如何，当时这类消遣旅行活动的参加者仅限于以"天子"为代表的少数奴隶主阶级。

与奴隶制社会时期的中国相比，西方奴隶制社会时期消遣性旅行活动的发展情况略有不同。这主要表现在，在西方奴隶制社会中，除了奴隶主阶级的享乐旅行外，消遣旅行活动的参加者中也包括一些自由民。例如，在罗马帝国时期，由于交通上的便利条件，人们经常在夏季沿大路旅行。这种旅行一般是离开城市去沿海地区游览。一些富有者甚至会"到埃及金字塔去刻他们的名字"。据史料记载，当时意大利的"沿海地带排列着大理石雕刻、浴馆和浴场、体育馆和寺庙等罗马财富的瑰宝"。当时消遣旅行的存在，由此可见一斑。但尽管如此，正如人们所指出的那样，"在这一时期中，（这些消遣型）外出旅行者多为……求医者或节日庆典活动的赴会者……纯粹因个人喜好而外出旅行的人数很少"（Goeldner and Ritchie, 2006:48）。这说明，当时这些能够参加消遣旅行活动的自由民绝非一般的体力劳动者，因而在当时的人口中所占比重很小。

3. 中国封建时代的旅行发展

首先，让我们对中国封建时代的旅行发展情况做出观察。中国的封建时代（the feudal age）历时两千余年。在这段漫长的岁月中，虽然其间多次发生朝代更迭，但在一统天下的各个朝代，由于社会政治相对安定，生产技术和社会经济较之前朝都有所进步和发展。不论是以都江堰和灵渠为代表的水利工程技术以及由此而带来的农业生产的进步，还是后来在手工业、矿冶、纺织、造纸以及瓷器生产等方面的发展，都使近代之前的中国在科学技术和社会经济方面领先于当时的西方世界。根据 20 世纪 80 年代人们所做的有关研究，在世界科技发明史中，有 100 多项影响世界的科技首创都是出自中国，其中大部分都是发明于中国的封建社会时期。而且，在步入近代之前，中国的经济发展也明显领先于当时的西方国家。总而言之，与奴隶制时代的情况相比，中国封建时期在生产技术和社会经济方面所取得的进步为这一时期旅行活动的发展提供了新的物质基础。

众所周知，旅行活动的发展与交通运输条件有着密不可分的关系。所以，中国封建时期交通建设的情况，在一定程度上可以反映这一时期旅行活动的发展。首先，水路交通在中国有着悠久的历史，早在春秋时代便已经有了关于水运的记载。自汉朝推行漕运政策开始，此后历代封建王朝也大都将发展漕运作为国家的一项重要政策，从而使得水路交通成为中国封建时期一项重要的旅行方式。在这一时期中，隋朝在发展水路交通方面的贡献最为突出。隋文帝时期，朝廷首先组织开凿了山阳渎，打通了淮水连接长江的水路。到隋炀帝时期，又相继开凿了通济渠（由黄河连接汴、泗两河，以通淮水）、邗沟（即山阳渎，以通长江）、永济渠（通至黄河以北的涿郡）和江南河（由镇江经苏州至杭州，以连通长江与钱塘江），从而形成了连通华北与江南地区的运河网，并带来了水路交通的日益兴盛。唐朝建都长安之后，在水路运输上也十分注重利用隋代开凿的运河。江南地区的物资多是经长江、邗沟、淮水、汴河、黄河，溯洛水而运至洛阳，再由洛阳溯黄河上行，经渭水运抵长安。宋朝建都开封后，则利用汴河之漕运，运输荆南、两浙、江南东西和荆湖南北"六路粮米"。元、明、清三个朝代均建都北京，为了弥补内河漕运之不足，遂又发展海运，以江苏太仓为起点，过长江口北上，绕山东半岛而运至天津，然后再经通县（通惠河）运至北京。中国封建时期水路交通的发展虽然是由国家发展漕运所致，但客观上也便利了当时人们利用水路旅行往来。

除了水路交通外，中国封建社会时期的陆路交通建设也有很大的发展。这首先反映于秦朝对"驰道"和"直道"的建设。据古籍《汉书·贾山传》中的记载，"驰道"以咸阳为中心，"东穷齐燕，南极吴楚，江湖之上，濒海之观毕至。道广五十步，三丈而树，厚筑其外，隐以金椎，树以青松"。"直道"则是从咸阳北面的云阳通至九原郡（今之包头西南），全长1800华里。此外，秦朝还在西南边疆地区修筑了"五尺道"，在今日之湖南、江西、广东、广西之间修筑了"新道"，从而形成了全国以咸阳为中心、四通八达的道路网。继秦朝之后，历代封建王朝的道路建设也不断有新的发展。这一点可从历代封建王朝的驿站制度中得到反映。驿站是封建时期历代政府沿陆路和水路设立的馆舍机构。设置这类馆舍的目的，在于方便传递官方文书，运送国家物资，为上述公务往来的人员提供宿舍、车马、船轿、人夫、米粮及饲料，等等。所谓驿站，其实是后来人们对这类馆舍机构的一种通称，这些馆舍机构的实际称谓往往因朝代更替而有所不同。对于史书中可见到的"置"、"邮"、"驿"、"驲"、"亭"、"站"、"军台"、"赤台"、"水驿"、"递运所"等名称，可统称为"驿"或"驿站"。实际上，早在周礼和先秦典籍中，便已经有了关于"传"、"置"、"邮"、"驿"、"驲"的记载，只不过当时驿站的设置尚不普遍。自秦统一中国开始，随着历代封建王朝的道路建设，驿站制度也在不断发展。以唐朝的驿制为例，当时是每隔30华里设一"驿"。据《新唐书·百官志》记载，唐朝设置的驿站总计为1639所。照此推算，在唐朝，仅设有驿站的道路总长便已达到将近25000公里。在此后的各个统一朝代中，随着统治疆域的扩大，道路的通达范围也在不断拓展。到清朝时，驿站的设置已扩展到内、外蒙古、新疆和西藏地区。

中国封建时期社会经济的发展和交通条件的改善，为当时旅行活动的发展提供了必要的经济基础和物质条件。旅行活动的规模、类型和所涉及的地域范围，也都不断有新的扩展。在这一时期的历史文献中，我们可以看到很多从不同侧面反映当时旅行活动发展情况的有关记载。以下是对其中部分事例的简述。

如前所述，秦统一中国后，通过兴建"驰道"、"直道"、"五尺道"和"新道"，并通过对春秋战国时期各列国原有道路的连接和维护，逐渐在全国形成了以咸阳为中心、四通八达的道路网。这些举措客观上都为此后秦汉时期的旅行发展提供了便利条件。据信，我国最早的文史考察旅行就出现于这一时期，其中尤以西汉历史学家和文学家司马迁的游历活动最为著名，他的行踪几乎遍及整个西汉帝国的版图。在各地游历期间，他"纵观山川形势，考察风光，访问古迹，采聚传说"，"讲业齐鲁之都，观孔子之遗风"（《史记·太史公自序》），旅行距离之长、游历时间之久，堪称是当时文史考察旅行者中的突出代表。此外，西汉时期的张骞通西域，则可以说是秦汉时期最具代表性的公务旅行。人们通常都认为，张骞的奉命西行，开辟了中原地区通往西域的旅行路线，使人们对沿途各地的社会、地理、物产和风土民情有了较为全面的了解。实际上，张骞西行的路线也就是后来历史上所称的"丝绸之路"，是古代中国通往中亚乃至欧洲的最早旅行路线。在传统的意义上，这条丝绸之路（the Silk Road）东起长安，途经陕西、甘肃、新疆，越过帕米尔高原，再经中亚、西亚，最后抵达地中海东岸。自公元前2世纪起，中国的大宗丝和丝织品以及其他特产多是经由此路西运。"中国商人们带着他们的货物前往敦煌，或者越过长城前去楼兰，在那里将货物以出售或实物交换的方式与来自中亚地区的中间商——帕提亚人、索格代亚纳人、印度人、库山人——进行交易。后者则接力下去将这些货物贩运至波斯商人、叙利亚商人以及希腊商人所在的那些城市。……最后经由希腊和犹太企业家之手到达罗马帝国。"（Bonavia，1999）。此后，晋代的法显、唐代的玄奘以及元代时期的意大利探险家马可·波罗等人，也都是沿着这条线路完成了他们的旅行壮举。

在唐宋时期，旅行活动的发展也表现得十分明显。除了商贸旅行之外，各种非经济目的的旅行活动在这一时期的典籍和文学作品中几乎都有所反映。其中最为突出的记载当是这一时期士人漫游和宗教旅行的发展。所谓士人漫游，是指当时以一些名士骚客为代表的知识分子出于遁世和排忧的目的而四处游历的旅行活动。当时一些官僚地主、文人学士由于在仕途上遭受挫折或是受宗教思想的影响而居游于田园山林，以求得精神上的解脱。也有一些人则是出于对自然山川的爱好而四处漫游。著名的文学家和诗人李白、杜甫、陆游以及柳宗元、欧阳修、苏轼等人都是其中的突出代表。在宗教旅行方面，自佛教于西汉末年传入中国后，到唐代时已发展到鼎盛阶段。佛教寺庙可见于全国各地。僧侣和香客的宗教旅行活动也屡见不鲜，其中尤以玄奘和鉴真两位高僧的宗教旅行活动最为后人称颂。他们的行迹当时已越出国界，分别远及印度和日本。以他们为代表的宗教旅行，对促进当时中国与印度、日本等国的文化交流起到了积极的推动作用。直到今天，作为中印文化交流的艺术结晶和历史文化旅游资源中的珍品——山西的云冈石窟、甘肃的敦煌石窟、麦积山石窟以及新疆境内的石窟寺等中国艺术宝库中的瑰宝——仍令世人叹为观止。

此外，在唐宋时期，外国来华访问的人数也空前增多。据《新唐书·地理志》记载，在唐朝与境外往来的重要通道中，最长的交通线路有三条：其一是经安西（今之新疆库车）入西域道，沿途西行可到波斯（今之伊朗）、大食（今之阿拉伯）和地中海之滨；其二是经安南通天竺（今之印度）道；其三是经广州通海夷道，从海上可通达南洋群岛、印度和阿拉伯地区。当时很多外国商人、使节和留学生都是经由这些线路前来中国。据史书记载，唐代时，日本曾先后十几次派遣使团来中国学习，吸收唐文化。遣唐使团的人数每次少则一二百人，多则五六百人。除了这些官方的遣唐使团之外，还有为数众多的日本留学生和学问僧前来中国学习和考察。从阿拉伯地区前来中国访问的人员则主要是商人。他们以香料换取中国的茶叶、瓷器和丝织品。到了宋代，经海路前来中国的阿拉伯商人数量更多。中国曾特别在广州、杭州、泉州、明州等港埠开辟了一些专供阿拉伯商人客居的"番坊"。摩洛哥旅行家伊本·巴图特在其游记中讲述当时的杭州时，曾谈到，"……（除了当地人居住的大城外，）第二城为犹太人、土耳其人及基督徒的客居之所。第三城皆回教徒所居，此处甚优雅。市场之布置，与西方信回教国相同。"从这些历史记载中，足见当时外国人来华旅行之盛。

在步入近代之前的明清时期，中国已出现资本主义萌芽，社会生产力有了进一步的提高，旅行活动的发展也较前更为兴盛。在这一时期的旅行活动中，表现最为突出者当属航海旅行和科学考察旅行的发展。虽然早在先秦时期，我国就曾与日本、朝鲜等国有海上往来，但规模很小。到明成祖朱棣时，为适应政治和经济发展的需要，海上交通已十分发达。当然，这与当时中国的造船技术以及拥有航海图和罗盘等先进的航海技术有着密切的关系。著名的郑和下西洋便是当时航海旅行方面的典型代表。从1405年到1433年，郑和曾先后七次率船队"下西洋"远航，纵横于太平洋和印度洋，涉沧海十余万里，到岸访问了三十多个国家和地区，航程远至非洲东岸。郑和率队七下"西洋"的壮举比欧洲人迪亚士发现好望角，以及比哥伦布发现新大陆的海上远航，都早半个多世纪。令人感兴趣的是，近年来英国航海专家提出，有证据表明，世界上最早发现和抵达美洲新大陆的人其实并不是哥伦布，而是中国的郑和。

如前所述，以求知为目的的旅行考察活动远在明代之前便已出现，但考察内容多为文史方面。到了明清时期，专业性较强的自然科学考察活动在旅行发展中表现得十分突出。这在一定程度上反映出当时社会对发展自然科学的重视。明代医学家李时珍的药物考察和地理学家徐霞客的地学考察当属这类旅行活动中的典型。李时珍从明世宗嘉靖四十四年（1565年）开始，多次外出旅行考察，采集中草药植物。他在旅程中"远穷僻壤之产，险探山麓之华"，攀登了一座座崇山峻岭，跨越了一道道险谷激流，历尽千难万险，足迹遍及安徽、河南、河北、江西、江苏等地。他所编写的药学经典《本草纲目》全书16部52卷，共收录药物1982种，附方11096则，附图1160幅，成为著名的古代医学巨著。这一成绩的取得，除了李时珍的医药知识功底之外，显然得益于他通过四处考察而获取大量第一手资料。明代地理学家徐霞客则堪称当时地学考察旅行的代表。他从22岁起便开始了旅行考察活动，足迹遍及今江苏、浙江、山东、河北、山西、河南、安徽、江西、福建、广东、广西、湖南、湖北、云南、贵州等16个省区，对所到之处的山脉、水道、地质、地貌等方面进行了考察和研究。现存《徐霞客游记》的篇幅为40余万字，所反映的仅是其全部考察记录内容的1/6，因为其余的文稿已失于战乱。尽管如此，人们公认该著作是一部极为珍贵的地理学文献，享有"世间真文字、大文字、奇文字"的美誉。特别是，其中对石灰岩地貌所做的考察和研究，不仅在时间上领先于欧洲人100多年，而且在考察的广度和研究的深度上也都远胜于西方学者。

在以上对中国封建时期旅行发展情况的介绍中，有不少案例都属非经济目的的旅行活动，如以诗坛李、杜为代表的士人漫游，以张骞、郑和为代表的公务旅行，以玄奘、鉴真为代表的宗教旅行，以徐霞客、李时珍为代表的科学考察旅行，等等。尽管如此，当时能够参加各类非经济目的旅行活动的人数并不是很多。换言之，真正在规模上占支配地位的旅行活动，始终都是出于经济目的的商贸旅行。这一点在历史文献中虽无明确的数字记载，但一个明显的事实是，在这一时期的历史典籍和文学作品中，人们几乎总是将"旅"与"商"联系在一起。"商旅"一词在这一时期的文学作品和史情记载中随处可见。据此，人们似乎不难推断这一时期旅行活动参加者的主流构成。

4. 欧洲封建时代的旅行发展

有证据表明，欧洲封建时期的旅行发展远不及此前的罗马帝国时期。这很大程度上是因为，虽然欧洲社会在公元5世纪便已开始封建化过程，但构成人口主体的农民大都是农奴。与奴隶有所不同的是，农奴有自己独立的经济，有一小块归自己使用的土地和一些简单的农具。但是，除了不再任由封建主杀害之外，农奴在人格上几乎与奴隶没有区别。正如恩格斯所指出的那样，欧洲中世纪初期的农奴制"包含着古代奴隶制的许多成分"（中央编译局，1963：364）。农奴不仅在经济上受封建主的剥削，人身也不完全自由，更没有随意外出旅行的自由。

封建社会早期的欧洲没有城市，自然经济的性质十分突出，一个村落就是一个闭塞的经济单位。人们以从事农业劳动为生，简陋的手工业也多是以家庭副业的形式存在，因而很少有交换活动，同外界几乎隔绝。当时的欧洲不仅没有作为工商业中心的城市，甚至连那些在罗马帝国时期已经形成的市镇，也都已衰落。这种状况的出现是与当时生产力低下，以及日耳曼人由原始社会直接转入封建社会相联系的。换言之，欧洲封建初期的社会经济之所以落后，是因为它是"从粗野的原始状态发展而来的"（恩格斯语，中央编译局，1959：400）。

到公元11世纪，欧洲的社会经济开始有了好转，生产力有了一定的提高，劳动剩余也逐渐增多。此时，随着社会分工的发展，产品交换活动逐渐变得经常化。一些专门从事手工业和商业的人开始离开乡村，到城堡、寺院附近以及在道路交汇的地点聚居，于是这些地方逐渐发展成了工商业城市。到了十三四世纪，欧洲的社会经济有了较大的进步。主要表现在，农业技术的改进和荒地的开垦使农产品产量得以增加；城市人口逐渐增多，城市工商业也随之日渐兴盛。尽管如此，由于封建主间的频繁混战，人们旅行活动的开展远不及罗马帝国时的水平。所以，很多历史资料和相关研究都证实，从公元5世纪罗马帝国衰亡到16世纪中叶，在这段漫长的时期中，旅行活动的规模不但没有出现真正的进展，反而在很大程度上出现了倒退。

西方学者在谈到欧洲封建时期的旅行发展时，往往都是将十字军东征（the Crusades）作为这方面的代表性案例，其理由是，十字军东征虽然表现为军事活动，但客观上也起到了传播文化思想的作用。有人甚至还认为，十字军的东征为一大批人——不论贫富和老幼——提供了外出旅行和探险的机会（Fridgen, 1991: 11）。对于这一认识，我们难以苟同。道理很简单，如今，对于美国政府屡屡派兵外出征战，恐怕无论何人——包括美国民众在内——都不会认为这些美国大兵是外出旅行或进行文化交流的。如果说封建时期的欧洲存在一些明显的旅行活动，当属欧洲各地间的朝觐活动或宗教旅行。当时有不少修道院都为往来的朝觐者提供住宿，有些修道院还安排修道士专门负责照顾来访或过往的朝觐者（Goeldner and Ritchie, 2006: 50）。至于当时的商贸旅行活动，虽不能说绝迹，但至少规模远不及罗马帝国时期。

到了欧洲封建社会的后期，即从1558年英国女王伊丽莎白一世继位起，至封建社会结束为止的这段时期内，欧洲的旅行发展确实出现了一些新的气象。其中主要的变化反映在以下两个方面。

（1）温泉旅行的出现。1562年，一位名叫威廉·特纳的英国医生发表了一份研究报告，其中谈到英格兰、德国和意大利的天然温泉对很多体痛病症都有疗效。这一消息的发布在当时的英国乃至整个欧洲一下子引起轰动，不仅使当时已有的温泉疗养地顷刻间闻名全国，而且使欧洲各地都开始积极寻找和开发新的温泉。

对于那些已经发现的温泉,最初是那些患有体痛病症的人纷纷慕名前往,继而大批的身体健康者也蜂拥而至。一时间温泉洗浴迅速成为流行时尚,并因此而兴起了温泉旅行的潮流。"到了 18 世纪,泡温泉在上层社会中已变得非常时髦。这不仅仅是因为泡温泉有助于保健,而且还因为在这些温泉疗养地可开展社交、游戏、跳舞、博彩等活动"。(Goeldner and Ritchie, 2006:54)

(2) 修学旅行的兴起。在这一时期,除了以保健为主要目的的温泉旅行之外,以求知为目的的修学旅行也开始兴起。人们从很多名人的经历中,已经认识到外出旅行在开阔眼界、增长见识方面所起的作用。据当时的记载,"古往今来,伟人名士皆有外出旅行的经历。通过这种求知旅行,使其增加了对异国的风土民情、生活方式以及政体组织等方面的了解,从而开阔了见识"(转引自 Young, 1973:16)。这种以求知为目的的修学旅行潮流,便是后来人们所称"大游学"(the Grand Tour)。当时参加这种"大游学"活动的人员虽然也涉及一些外交官及商界人士,但主流多为青年学生。以英国的情况为例,亚当·斯密在 1776 年曾写道:"在英国,年轻人一俟中学毕业,不等投考大学便被送往外国旅行,已成为日渐浓厚的社会风气。"(转引自 Young, 1973:16)当时这种游学活动的开展通常历时三年。其中最流行的游学路线是:先是去法国(尤其是巴黎)停留很长时间,继而在意大利停留大约一年,其间走访热那亚、米兰、佛罗伦萨、罗马和威尼斯等城市,然后再去访问德国以及各低地国家。之所以如此选择,是因为当时人们普遍认为,"在游历了法国、意大利和那些低地国家之后,(你会发现)人世间其他地方除了平庸和野蛮之外,再也见不到其他东西"(Robinson, 1976:13)。

三、19 世纪之前旅行发展的特点

纵观 19 世纪之前旅行活动的发展,我们不难发现,不论是在中国还是在以欧洲为代表的西方世界,普遍都具有以下几个方面的规律性特点。

第一,在一个社会中,旅行活动的发展与该地的社会政治经济状况有着直接的关系。也就是说,在国家政治安定、社会经济繁荣的和平时期,旅行活动的规模以及活动开展的地域范围便会增长和扩大;反之,则会出现停滞甚至倒退。

第二,在这一漫长的时期中,旅行活动的类型虽然有新的发展和扩大,但其中占据主导地位的活动类型始终都是商贸旅行。其中的一个重要原因就在于,当时世界各地都是以农业经济为主,乡村人口占绝对统治地位。传统农业劳动忙闲有致的季节性特点及其对人们生活方式的影响,使得乡村居民普遍缺乏对外出旅行的要求。

第三,在这一时期中,虽然也存在消遣性的旅行活动,而且其规模和类型也时有扩大,但参加者多限于统治阶级及其附庸阶层。这些人员为数不多,在人口

中所占的比重很小，因而其消遣旅行活动的开展并不具备普遍的社会意义。

第二节　近代旅游和旅游业的开端

就整个世界的情况而言，进入 19 世纪后，旅行活动的发展出现了具有革命性的变化。

这一变化集中反映在，因消遣性目的而离家外出的观光或度假活动，在规模上开始超过传统的商贸旅行。也正是由于这一情况，英文中的"tourism"（旅游）一词于此时首次出现，意思是指因消遣性目的而离家外出的旅行活动（travel away from home for pleasure）。时至今日，我们在一般的英语词典中仍会见到，在作为一般的日常用语时，"tourism"一词的释义仍是如此（不过，这里需要提醒大家注意的是，"tourism"在现今旅游研究中作为专业术语的用法，有别于该词作为日常用语时的这一释义。关于这一点，我们将在后面的有关章节中进行详细解释）。这意味着，与传统意义上的旅行（travel）一词相比较，作为一般日常用语的旅游（tourism）一词在含义上有两点不同：首先，"旅游"所指的是人们出于消遣性目的而离家外出的旅行活动；而传统上的"旅行"则用于泛指人们因任何目的而发生于不同地点间的空间转移活动。其次，"旅游"（尤其是其英文词根"tour"）意味着，出游者在完成其外出访问的活动之后，须返回最初的出发地或惯常居住地；而"旅行"则没有这种要求，旅行者在完成其前往某地的访问活动后，不一定会返回最初的出发地或惯常居住地。也就是说，"旅游"所展现的是一种闭合式的"环形"旅程，而"旅行"所反映的既有可能是这种闭合式的往返全程，也有可能是去而不返的"线性"旅程。

最重要的是，"tourism"（旅游）一词的问世在很大程度上说明，此时消遣性旅游已发展成为旅行活动中的主流，并在规模上具有了一定的社会意义。并且，自此开始，"旅游"也形成一个相对于传统"旅行"而独立存在的专门概念。这一变化之所以到 19 世纪才发生，究其原因，同样也是为当时的社会经济发展所使然。

一、产业革命对近代旅游发展的影响

历史证明，在进入 19 世纪后的欧美地区，旅游活动的规模——不论是国内旅游还是出国旅游——有了突破性的发展。这一情况的出现，很大程度上与当时产业革命的影响有着密不可分的关系。

历史上的第一次产业革命亦称工业革命（the Industrial Revolution），指资本主

义机器大工业取代传统工场手工业的过程，是资本主义政治经济发展的产物。这场产业革命于18世纪60年代首先发生于当时资本主义最为发达的英国，并于19世纪30年代末在英国基本完成。美、法、德等国的产业革命也都在19世纪内先后完成。这场产业革命既是生产技术的巨大革命，又是生产关系的深刻改革，不仅促进了资本主义生产力的迅速发展，提高了生产的社会化程度，而且使资本主义制度建立在机器大工业的物质技术基础上，并最终战胜封建制度而登上统治地位。

这场产业革命的出现和完成，给当时的社会带来了一系列的变化。就其中对旅游活动发展所产生的推动性影响而言，这些变化主要包括：

1. 生活环境的变化

这场产业革命的成功，加速了城市化的发展进程，从而使很多人的生活地点从乡村转移到了工业城市。生活环境的这一变化，最终导致了人们需要适时解脱因快节奏的城市生活和拥挤嘈杂的城市环境而造成的身心压力，助长了人们对适时回返大自然的追求。也正是由于这一原因，我们至今不难发现，城市居民外出旅游度假的人数大大高于乡村居民。所以，生活地点的这一变化对于产业革命之后旅游活动规模的扩大是一个重要的刺激因素。

2. 工作性质的变化

同生活环境相关联的另一变化是，这场产业革命改变了很多人的工作性质。随着大量的人口转入城市工作，原先那种随农时变化而忙闲有致的多样性农业劳动，开始为枯燥、重复性的机器大工业劳动所取代。工作性质的这一变化，势必会促使劳动者强烈要求休假，以获得喘息和休整的机会。

3. 阶级关系的变化

这场产业革命的结果还使得社会中的阶级关系出现了新的变化。在产业革命之前的封建时代，只有人数不多的地主阶级和封建贵族才有条件外出消遣。产业革命的成功不仅造就了工业资产阶级，而且使其成为社会中新的统治阶级。这意味着，社会生产的财富不再只是流向封建贵族和大土地所有者，并且也越来越多地流向了新兴的工业资产阶级。与过去的情况相比，这一变化无疑增大了经济上有条件外出旅游消遣的人群规模。

当然，产业革命在造就了工业资产阶级的同时，还造就了以出卖劳动力为生的工人阶级。随着生产力的提高和剩余价值的增多，加之工人阶级为争取自身权益而进行的不懈抗争，终将会使资本家日后有可能在增加工人工资以及给予工人休假机会等方面做出让步。但这毕竟是日后的事情，而非产业革命带来的直接结果。

4. 运输条件的变化

伴随着蒸汽机技术在交通运输领域中的应用，火车和轮船的出现大大改变了人们外出旅行的交通条件，从而使大规模的人员流动在技术上成为可能。

二、旅游发展史上的铁路时代

自 1769 年詹姆斯·瓦特发明了可作为"万能动力"的蒸汽机之后，这一技术很快便被应用于制造新的交通运输工具，轮船和火车也因之而出现了。

蒸汽机轮船问世于 18 世纪末，但当时数量很少，作为交通运输工具来使用并不普遍，而且仅限于在英格兰的运河上开展客货运输。进入 19 世纪后，蒸汽动力轮船的应用开始快速发展。1807 年，美国"克莱蒙特"号轮船已在哈德逊河上开始了定期航班的运营。在此后的 5 年中，欧美各地先后有 50 多艘蒸汽轮船投入内河航运。到了 1815 年，蒸汽机轮船已开始在英国的克莱德河、亚芬河以及泰晤士河上定期往来。横渡英吉利海峡的客货航运也于 1816 年开始使用蒸汽轮船，并于 1820 年正式推出了定期航班的轮渡服务。在此后到 1840 年的 20 年中，这一轮渡业务的年客运量已达 10 万人次之多。1838 年英国蒸汽轮船"西留斯"号横渡大西洋的成功，有效地缩短了欧美之间旅行往来的时间距离。

但是，对当时旅游活动的发展影响最大的技术因素，当属铁路运输的出现。在 1825 年的英国，由享有"铁路之父"之称的乔治·史蒂文森建造的、由斯托克顿至达林顿的铁路开始投入运营。继此之后，很多其他的铁路也陆续开始建设，并不断向更远的地区延伸。1835 年，全英铁路总长仅为 471 英里，1845 年增加到 3277 英里，1855 年扩大到 13411 英里，1865 年进一步发展到 21382 英里。也就是说，在 1835 年至 1865 年的 30 年中，英国的铁路总长增长了将近 45 倍。在铁路运营的最初几年中，铁路公司所经营的只是货运业务。人们一般认为，首例定期客运班次的列车于 1830 年开始运行，往返于英国西部港口城市利物浦与中部地区城市曼彻斯特之间的线路上，但它实际上也并不是专门的旅客列车，而是客货混合列车。此后，随着客运需求的增大，各铁路公司也都陆续开办了客运业务。1875 年，全英铁路运输的旅客周转量已超过 6 亿人次。这一期间，在英国铁路运输的示范和带动下，欧美各地的铁路运输也都相继发展起来。

在铁路客运问世之前的近两个世纪中，欧美人外出旅行时，所使用的最便捷的交通运输工具莫过于公共马车（stage coach）。而随着铁路时代的到来，越来越多的人开始优先选择乘坐火车外出旅行和旅游，因为与传统的公共马车相比，乘坐火车这一新兴的旅行方式明显具有很多优点。其中的主要优点包括以下几个方面。

1. 费用低

乘坐火车所需的旅费远比乘坐公共马车低廉。当时英国铁路客运的平均价格为每英里一便士。这使得更多的人都有能力支付旅行费用。所以，铁路旅行很快便为人们所接受,从而使外出旅行和旅游的人群规模得以扩大。

2. 速度快

火车的行驶速度大大高于传统的公共马车。当时,公共马车的走行速度一般为每小时7英里,而火车当时的运行速度为每小时28~29英里,相当于公共马车走行速度的4倍。旅行速度的提高有效地缩短了旅途所需的时间,从而为人们抽空外出访问提供了时间上的可能。

3. 运力大

火车的运载能力大大高于传统的公共马车。公共马车充其量只能同时载运几名乘客,而当时的一列火车可同时载运数百名乘客。所以铁路运输的出现,在技术上使得外出旅行或旅游活动的大规模开展成为可能。

4. 通达范围广

铁路建设和运营区域的不断扩大,加之火车运行速度快等原因,使人们外出旅行的活动半径得以有效地增大。

总之,旅行方式的进步不仅使工商人士的业务旅行大为增多,更重要的是为人们消遣旅游活动的开展创造了前所未有的便利条件。

三、托马斯·库克的活动与旅游业的诞生

产业革命的完成带来了社会经济的发展与繁荣,工业资产阶级的出现及其统治地位的确立扩大了经济上有能力外出旅游的人群规模,相对低廉的铁路运输价格有效地降低了人们外出时的旅行费用。劳动大众要求假日的斗争至少赢得了在某些传统节日休假的权利,所有这一切都意味着更多的人开始有了外出消遣和旅游的机会。但是,对于包括新兴的工业资产阶级在内的绝大多数人来说,此前都没有外出旅游的经验,对异国他乡的社会情况以及如何办理旅行手续都缺乏了解。所以,虽然产业革命之后社会经济的发展和旅行条件的变化使得有意外出旅游的人数有了明显增加,但其中绝大多数的人都因存在缺乏经验的顾虑而不敢外出旅游。在这种情况下,人们迫切需要有人能够在这些方面提供帮助。尤其重要的是,在当时来说,这已不再是极少数人的个别需要,而是在相当程度上已经形成了一种社会需要。

由于这一情况率先出现于英国,因此英国的一些慧眼之士也率先敏锐地注意到了这一点,并预见到这种社会需要所带来的市场机会,于是决定开办相应的旅行服务业务,从而开创了近代旅游业的先河。据记载,1822年,罗伯特·斯马特(Robert Smart)在布里斯托尔市(Bristol)开办了轮船客运代理业务,为乘客代理预订前往布里斯托尔海峡各港口城市以及前往爱尔兰都柏林的船票。此后,1850年,托马斯·本奈特(Thomas Bennett)建立了一家名为"旅行组织商"(trip organizer）的企业，专门为散客出游提供全包式的代理服务，包括为其安排旅游线路、预订交通马车和旅馆房间，并为其提供"旅行必备用品"（traveling kit）。不过，大多数研究文献中都认为，在这一领域的先驱者中，无论是对当时，还是对后来旅游业的发展，影响力最大的代表人物当属英国人托马斯·库克（Thomas Cook, 1808—1892）。在开创和引领旅游业的发展方面，托马斯·库克的贡献很多。这里简要地介绍和分析其中最具影响的几项开创性功业。

1. 1841 年的创举

1841 年 7 月 5 日，托马斯·库克利用包租火车的方式，组织了一次从英国中部地区的莱斯特市（Leicester）前往拉夫堡市（Loughborough）访问的大型团体旅游活动。这次旅游活动的参加者多达 570 人，往返全程 24 英里，目的是前去参加在拉夫堡市举行的禁酒大会（关于这次活动的背景，可参阅本节后面所附的背景介绍）。托马斯·库克对这次活动的组织被当时的媒体称为"伟大的创举"，并被后来的人们普遍看作是近代旅游业的开端。

严格地讲，托马斯·库克组织的这次活动并非是世界上团体火车旅游的首例。在此之前，英国的报纸上就已出现过关于以包租火车的方式组织团体旅游的报道。托马斯·库克本人在其日记中也曾提到，他是因为受到这些先例的启发，才想到通过包租火车去组织这次活动。但有所不同的是，此前曾有过的那些团体火车旅游，都是由某些城市的技工协会为自己的会员组织的活动，旨在组织会员前往其他城市与该地的同行进行交流或开展联谊活动。也就是说，这些活动并非是真正面向一般公众组织的团体旅游活动。人们之所以普遍看重托马斯·库克所组织的这次活动，并将这次活动看作是近代旅游业开端的标志，是因为托马斯·库克所组织的这次团体旅游活动具有以下与众不同的特点。

（1）公众性。这次活动具有广泛的公众性，参加者来自各行各业，甚至包括家庭妇女和儿童。这些人为参加该次活动而聚合到一起，形成群体关系，活动结束之后便四散离去，彼此之间不再有群体关系。这与现代旅行社所组织的旅行团的情况基本相同。与之相比，此前那些有组织的团体旅游活动，无一例外地都是由某一团体为自己的会员组织的内部活动。

（2）规模大。这次团体旅游活动的参加者人数多达 570 人，其规模之众不仅在当时是绝对空前，而且在此后也不多见。

（3）全程陪同。托马斯·库克本人不仅发起、筹备和组织这一活动，而且从始至终随团照顾。这一点可以说是现代旅行社全程陪同的最早体现。与之相比，此前那些有组织的火车团体旅游，只是有人负责购买和分发车票而已，却无人在旅途中负责领导和照顾。有必要说明的是，在早期铁路时代，由于乘火车旅行尚属新生事物，一般乘客，甚至包括铁路公司的列车乘务人员在内，都缺乏组团火车旅行的经验，旅行过程中事故经常发生。因此，托马斯·库克的这种全程随团照顾的做法显然具有重要的意义。

1841年这次组团旅游活动的成功，使托马斯·库克名声大噪。在此后的三年中，托马斯·库克每年都应邀为一些公司或社团策划和组织团体旅游活动，甚至连英国王室有时也邀请托马斯·库克帮助安排度假计划。不过，按照托马斯·库克自己的说法，所有这一切都是自己尽义务的"业余活动"。然而，也正是通过对这些活动的组织，不仅丰富了托马斯·库克组织团体旅游的工作经验，更重要的是使他从中清楚地认识到，人们对外出旅游的需求已经成熟，借助这一市场开展商业性经营的机会已经到来。

2. 1845年的商业性尝试

1845年，托马斯·库克开始尝试商业性的组团业务，并于当年夏季首次出于商业性目的，组织了一次真正意义上的团体消遣旅游。这次团体旅游的活动路线是：从英格兰中部的莱斯特市出发，途中在若干地点停留做观光或访问，最终目的地为英格兰西部的港口城市利物浦。全程历时一周。

由于当时人们对外出旅游的需求已趋成熟，加之托马斯·库克此前组织旅游活动的成功为其带来的声望，所以有关组织这次团体旅游活动的海报一经张贴，报名者便极其踊跃。为了确保首次商业性经营的成功，托马斯·库克决定将组团规模限定为350人。很多人前来报名时，都因名额已满而不能如愿。在已经办妥预订手续的人中，甚至有些人乘机高价转手倒卖参团名额。当时的需求之盛由此可见一斑。

同过去所组织的团体旅游活动，特别是同1841年所组织的那次活动相比较，托马斯·库克这次团体旅游活动的组织，具有以下一些不同的特点。

（1）商业性。这次的组团工作已不再是过去的"业余活动"，而完全是出于商业性目的。托马斯·库克从过去组织旅游活动的经历中已经认识到，人们对外出旅游所表现出来的热情充分证明，旅游市场需求已经发展到足够的规模，创办相应业务的时机已经成熟。此外，从铁路运输发展所取得的成功看，其潜力仍有待发挥。火车和轮船运输将会更加普及，所通达的地域范围将会更为广阔，这将为日后组织人们去更远的地方旅游提供交通条件上的便利。

（2）长途过夜。此前所组织的团体旅游皆为当日往返的短程一日游，而这一次则是在沿途多处停留访问，并在外过夜多日的长途旅游。

（3）线路勘察。在策划和组织这次团体旅游的过程中，托马斯·库克事先做了大量的实地考察，以确定在沿途哪些地点停留，在各处停留地点安排哪些游览或访问活动，特别是了解这些停留地点是否可提供足够数量的廉价住宿设施。后者对于当时很多并不太富裕的旅游者，特别是对于如此大规模的旅游团队来说，无疑是至关重要的。

（4）编写指南。为了方便顾客和便于组团，托马斯·库克组织编印了世界上第一本面向参团旅游消费者的旅游指南——《利物浦之行手册》(*A Handbook of the Trip to Liverpool*)，内容为全程活动过程中的有关时间安排、停留地点、活动内容、活动方式、有关要求以及注意事项，等等。

（5）导游服务。在这次团体旅游过程中，托马斯·库克不仅本人担任该旅行团队的陪同和导游，而且在途经威尔士并做停留和游览时，还特别聘用了当地人进行解说和导游。据信这是世界上最早使用地方导游的案例。

以上这些情况表明，如果说托马斯·库克在1841年首次利用包租火车的方式组织团体旅游的活动，客观上是为1865年"托马斯·库克父子公司"的正式成立打基础，那么，1845年的这次商业性组团活动，客观上则是该公司业务的一次预演。原因在于：①这两次组团工作的性质有着根本的不同。前者是托马斯·库克非营利的"业余活动"或义务活动，后者则属于有意识的商业活动。②这两次组织工作的内容不同。前者托马斯·库克只是负责组织和护送，后者则包括了从策划和勘定线路、组织产品、宣传推广、销售组团，直至提供陪同和导游服务等一整套的工作，从而开创了旅行社组团业务的基本模式。

3. 其他开创性工作

托马斯·库克的活动在后来旅游业的发展中之所以会有广泛影响，在很大程度上是因为他在这一领域中的很多贡献都具有开创性。"他的各种开拓性创举，后来为世界各地所广泛效仿。"（Goeldner and Ritchie，2006:57）除了前面所述的那些事例之外，托马斯·库克的其他开创性工作还包括：

（1）1855年，托马斯·库克组织了前往法国巴黎参观世界博览会的团体旅游活动。这次旅游活动在巴黎停留4天，全程采用一次性包价，包括往返交通费和在巴黎的住宿费，总计为36先令。当时（1855年8月6日）的《曼彻斯特卫报》称此举是"铁路旅游史上的创举"。事实上，这也是世界上组织包价出国游的开端。

（2）托马斯·库克还创造性地推出了一种代金券。旅游者持这种代金券可在与托马斯·库克旅行社签有合同关系的交通运输公司、零售商店和旅游接待企业中用于支付，并且可用于在到访之地的指定银行中兑取现金。这种代金券据信是旅行支票的雏形，只不过是没有使用"旅行支票"这一名称而已。

（3）1872年，托马斯·库克组织了世界上首例环球旅游团。这次环球旅游全程涉及的目的地很多，其中包括中国的上海。在该团做环球旅游期间，《泰晤士报》动用当时最先进的通信技术，以最快的速度进行了连续跟踪报道，从而更使托马斯·库克及其旅行社声名大振。此后，托马斯·库克这个名字几乎成了旅游的代名词，特别是在欧美地区，可谓是家喻户晓，尽人皆知。

或许是同托马斯·库克的成功示范有关，到了19世纪后半期，这类旅行服务企业在其他欧美国家中也相继出现。例如，在德国，有人于1890年组建了观光俱乐部。在美国，维尔斯·法勾公司（The Wells Fargo Company）于1850年组建了经营旅行代理业务的美国运通公司，并于1891年推出了世界上首批与当今使用方法相同的旅行支票。到了20世纪初，英国托马斯·库克公司、美国运通公司和比利时铁路卧车公司并称当时世界旅行社行业中的"三大巨头"。当然，随着旅行社行业的成长和旅游市场需求的增大，很多其他类型的旅游企业也都相应有了新的发展。

总而言之，托马斯·库克在组织团体旅游方面的成功，反映出当时社会对旅游服务的需求已经形成规模足够大的市场。以托马斯·库克为代表的旅行社行业的出现，标志着近代旅游业的诞生。

【背景介绍】

托马斯·库克与禁酒运动

19世纪，由于英国大量进口以白兰地为主的酒类产品，结果导致了外汇的大量支出。为了扭转这一状况，英国政府决定鼓励民间发展自己的酿酒业。不久，英国本国生产的"杜松子酒"（gin）开始大量投放市场。由于国产酒的售价相对较低，因此很快便为消费者所接受。尤其是从事机器大工业劳动的工人，由于沉重的身心压力和生活折磨，无奈之下经常借酒浇愁。杜松子酒的消费量也因此不断增加。虽然杜松子酒的酒精含量不算很高，但毕竟属于容易致醉的烈性酒。所以，通过鼓励本国酿酒业的发展，英国政府虽然达到了控制酒类进口的目的，但随着酒类饮品消费量的增加，社会上因醉酒引发的各类事件日趋普遍，并逐渐成为当时的社会问题。

为了解决这一社会问题和控制事态的发展，英国政府几经商讨和寻找对策，最后形成这样一种共识：醉酒现象的泛滥在很大程度上是人们饮用烈性酒过多所致。因此，如果鼓励人们饮用酒精含量较低的啤酒类的饮品，那么随着啤酒消费量的增加，烈性酒的消费量想必就会减少，社会上的醉酒现象自然也就会得到抑制。于是，英国在1830年出台了一项《啤酒零售法案》（Beerhouse Act）。根据这一法案，任何个人或家庭只需交纳2个"几尼"（Guinea，当时的一种货币单位），便可获得一张经营啤酒馆的营业执照。若某酒馆只出售酒精含量更低的果酒（cider），则营业执照费只需1个"几尼"。此外，在营业时间方面，政府也对这类经营啤酒的酒馆实行政策优惠，即除了在宗教节日及礼拜日禁止营业之外，这类啤酒馆的营业时间可从清晨4点钟开始，一直延续至晚上10点钟。随着这些鼓励政策的实施，在该项法案颁布的当年，英国便新增啤酒馆近3万处。在该法案颁布后的6年之内，这类啤酒馆的数量已增至44000多家。人们的啤酒消费量也因此大幅度增长。

然而随之而来的问题是，在啤酒消费量大幅度增长的同时，烈性酒的消费量并未因此而减少。其中的原因可能很多，我们不便在此过多陈述。但其中比较直接的原因是，面对这类新兴啤酒馆的竞争，那些长期以来一直经营烈性酒的酒馆并未消极和退缩。它们凭借自己长期积累的经营经验和雄厚的资金实力，不断通过更新店堂装潢和加大销售宣传的力度等手段，去唤醒人们对烈性酒的兴趣。据当时的有关记载，在该项法案生效后的1830年至1839年这10年间，英国人烈性酒的消费量不但没有减少，反而增长了1/3。更大的问题在于，啤酒的酒精含量虽然较低，但饮用过量同样也会致醉。所以，社会上的醉酒乃至酗酒现象不但未能得到有效抑制，反而变得越来越严重。关于这一社会现象，在当年狄更斯的文学作品中有很多生动的描述。在英国政府对此无计可施、拿不出有效对策的情况下，民间开始掀起了禁酒运动的浪潮。

托马斯·库克出身贫寒，四岁时丧父。迫于家庭生计，托马斯·库克十岁时不得不辍学，到一位园艺种植者那里打工，每周的工钱仅为6个便士。数年后，该雇主丧命于嗜酒。十四岁的托马斯·库克又被介绍到他的一个经营木器作坊的亲戚那里作学徒。然而不幸的是，他的这位亲戚不久也因嗜酒而命归黄泉。所以，托马斯·库克从少年时代起，心灵中便深深埋下了对酒害的痛恨。托马斯·库克十八岁时，曾担任过浸礼教派的传教士，该教派同样主张禁酒。步入壮年后，托马斯·库克在当地浸礼教会主教的影响下，于1833年元旦签下了远离烈性酒并加盟禁酒活动的个人誓言。1841年时，正值托马斯·库克在社会活动方面兼任英格兰中部地区禁酒协会的秘书长。经商议，该地区内几个城市的禁酒协会决定在1841年7月5日这一天组织各市的民众到拉夫堡市（Loughborough）举行禁酒示威集会。当时，托马斯·库克及其全家居住在英格兰中部的莱斯特市，这便是他组织并率领莱斯特市民众前往拉夫堡的原因。事实上，虽说是去参加禁酒示威集会，但来自各市的与会者在拉夫堡汇聚和等待开会期间，也开展了多种多样的娱乐活动。

第三节 现代旅游的兴起

一、现代旅游的概念

现代旅游是旅游发展史中的一个阶段。关于近、现代的分期,有必要提醒注意的是,在我国史学界的研究中,人们通常都是将发生"五四运动"的1919年作为历史发展步入现代的起点。但是,在旅游研究中,不论是国内旅游学界还是国际旅游学界,在对旅游发展史做阶段划分时,人们一般都是将第二次世界大战的结束作为旅游发展步入现代的起点。也就是说,在旅游研究中,所谓现代旅游,通常是指第二次世界大战结束之后,特别是20世纪60年代以来,迅速普及于世界各地的社会化旅游活动。因此,倘若是遵从史学研究中的常规断代,上述概念的现代旅游其实应该称作"当代旅游"。鉴于"现代旅游"这一称谓及其概念所指已然为人们约定俗成,这里不再去过多推敲。

就全球总体情况而言,随着第二次世界大战的结束,人们的旅游活动不仅开始恢复,而且需求规模出现了前所未有的快速发展。以统计数据相对较为健全的国际旅游活动为例,在1950年至1960年的短短10年中,无论是全世界的国际旅游人次,还是全球的国际旅游消费额,都增长了大约3倍。作为这一发展的结果,到了20世纪60年代,大众化旅游现象在经济发达国家中开始率先出现。有关统计数字显示,在"二战"后初期的1950年,全世界国际旅游活动的需求规模为2528万人次。到了1960年,全世界国际旅游活动的规模已上升至6930万人次。在所实现的国际旅游消费方面,1950年,全球国际旅游消费总额为21亿美元。到了1960年,全球国际旅游消费总额已增至将近69亿美元。继此之后,在整个60年代,全世界国际旅游活动的规模逐年持续增长。到1970年,全世界国际旅游活动的人次数和消费额已分别达到1.6亿人次和179亿美元,分别是1960年的2.3倍和2.6倍。自20世纪60年代开始,随着旅游规模的增长和旅游经济的发展,旅游业逐渐成长为世界经济中的"巨人"。

在大众化旅游形成的初期阶段,以欧美为代表的发达国家在其中扮演了重要的角色。这一点可从表1-1中有关当时全球国际旅游客源分布情况的统计数字中得到证明。

表 1-1　1967 年全世界国际旅游客源的地区分布

客源地	客源产生量（万人次）	占全球总量（%）
西欧	8820	67.4
北美洲	3730	28.6
拉丁美洲	110	0.7
非洲	120	0.9
亚洲（包括澳大利亚）	210	1.6
中东	120	0.8
全世界合计	13110	100

资料来源：世界旅游组织（WTO）

二、"二战"后旅游迅速发展的原因

第二次世界大战结束后，旅游活动之所以能如此快速地得以恢复并且其规模持续扩大，其中所涉及的原因虽然很多，但归纳起来讲，同样也是与当时相关国家和地区的经济和社会发展状况有关。

总的来讲，随着第二次世界大战的结束，几乎所有的国家都开始重点转向经济建设，致力于医治战争创伤，恢复和发展本国经济。当然，自"二战"结束以来，世界上仍不时有局部战争发生，但就整个世界总的政治环境而言，缓和与发展一直占据着主导地位。这一相对安定的和平环境，为"二战"后世界经济的增长和旅游活动的发展提供了必要的前提条件。与此同时，科学技术不断取得突破性进步，推动世界经济和社会状况不断出现新的进展。所有这些新变化都对"二战"后旅游活动的迅速恢复与发展起到了巨大的促进作用。

具体地讲，促成战后旅游活动迅速恢复与发展的主要因素包括：

1. 世界人口的增加

"二战"结束之初，全世界人口仅约 25 亿人。到了 20 世纪 60 年代，全世界人口已增至 36 亿人。在短短的 20 年中，全世界人口增加了 44%。众所周知，旅游活动直接表现为不同地域间的人员流动，所以人口基数的扩大，无疑是"二战"后旅游需求规模迅速增长的客观基础。

2. 世界经济的发展和人均收入的增加

"二战"后几乎所有国家的经济增长速度都明显高于战前的情况（参见表 1-2）。据后来的有关统计分析，以 1979 年的美元价值计算，1949 年全世界的生产总值为 25000 亿美元，到了 20 世纪 60 年代末已上升至 62000 亿美元。世界经济的恢复与快速发展，使很多国家的人均国民收入，或者更为确切地说，使很多国家的居民家庭平均收入得以迅速增加，尤其是在那些原先经济基础就比较雄厚的西方国家中，情况更是如此。到了20世纪60年代，一些欧洲国家开始形成所谓的"富裕社会"。人们收入的增加和支付能力的提高，对于旅游活动的发展和普及，无疑是重要的物质基础。

表1-2 "二战"前后部分国家经济增长速度的变化（%）

时期 国别	1913～1938	1953～1973
美国	2.0	3.5
英国	1.0	3.0
法国	1.0	5.2
西德	1.3	5.9
日本	4.5	9.8

资料来源：王章耀等，1986：20

3. 交通运输工具的进步

"二战"后，虽然火车和轮船在不少国家——例如中国、印度、前苏联等——中仍是人们重要的旅行方式，但在另外一些国家中，特别是在发达的工业化国家中，这些传统的旅行方式逐渐为汽车和飞机所取代。尤其是在北美和西欧，拥有私家车的家庭比例不断增大，公交汽车的运营网络也不断扩展和完善，从而使得汽车成为人们陆路旅行的主要交通工具。与此同时，民用航空运输的发展则使得人们有机会能够以较短的用时实现远程旅行，加之节能技术的进步和各航空公司之间的竞争，使机票价格的降低成为可能，从而使航空旅行成为人们最重要的远距离旅行方式。所有这些交通运输技术方面的发展，都不仅意味着旅行条件的改善，而且更重要的是刺激了人们对外出旅游的需求。

4. 生产自动化程度的提高和带薪休假制度的出现

"二战"后，随着科技发展所带来的生产技术的进步，很多行业中的生产自动化程度都在不断提高。生产效率的提高意味着生产同样数量的产品所需要的时间大大减少，加之劳动阶级为争取自身权益而做出的不懈努力，使带薪假期的出现成为可能。虽然早在第二次世界大战之前，已经有个别国家通过立法规定就业劳动者享有带薪年假，但当时这样的国家仅属个别，并且当时的这种带薪年假不过是短短几天，所以实际上对于大多数人来说，普遍都缺少实现旅游需求所必备的时间条件，这在很大程度上制约了人们远程旅游的开展以及在到访之地的停留时间。到了20世纪60年代，多数发达国家都已在不同程度上开始实施带薪假期制度。这一变化的出现，使人们有了较多的闲暇时间。作为休闲活动重要形式之一的外出旅游和度假活动有了时间上的保障，不仅使外出旅游人数大为增加，而且使出游距离的延伸和在到访之地停留时间的延长成为可能。

5. 城市化进程的加快

"二战"后，世界各地的城市化进程普遍加快。例如，到20世纪70年代初，美国的农村人口已下降至不足全国人口的1%。就劳动力人口而言，美国全国的劳动力中只有大约5%的人从事农业生产。在以美国为代表的发达国家中，绝大多数人口都居住在城市，绝大多数劳动者都在从事单调乏味的重复性工作。由此带来的身心紧张使人们向往能有机会逃避城市的喧嚣，向往有机会重返没有工业污染的大自然，向往能够给人带来新鲜感受的异域环境。这一情况成为促使战后旅游需求迅速增长的重要社会心理原因之一。

6. 教育事业的发展和通信技术的进步

"二战"后，随着各国教育事业的发展和国民受教育程度的提高，加之通信技术的进步所带来的影响，人们对异国他乡事物的了解增多，并因此发生兴趣。好奇心的增加助长了人们的求知欲，从而助长了人们希望能有机会亲历观察和体验异乡事物的愿望。在另一方面，随着人们文化水平的提高和知识的增多，不仅过去那种因缺乏知识而对外部世界怀有恐惧的心理会因此而减少，而且把握旅游信息与机会的能力也会因此而增强。这些情况对于激发人们旅游动机的形成和促成旅游市场需求的增长，无疑也有积极的影响。

以上分析的各项因素对于推动"二战"后旅游需求的快速增长，都在不同程度上起到了推动的作用。也就是说，以上所分析的各项因素是促成"二战"后旅游快速发展的"推力因素"（push factors）。

实际上，"二战"后全球旅游活动的快速发展，乃是由旅游需求和旅游供给两个方面的力量所共同作用的结果。换言之，除了旅游需求方面上述推力因素的作用之外，旅游供给方面的很多因素对于促成"二战"后旅游活动规模的快速增长，也起了相当大的拉动作用。在这方面，较为明显的"拉力因素"（pull factors）主要有三个：一是很多旅游目的地政府在发展旅游业和便利旅游者来访方面所持的积极态度和所推出的鼓励性政策；二是很多旅游目的地在旅游资源开发和接待设施建设方面所做的努力和投入；三是有组织的团体包价旅游的推出与推广。关于这些拉力因素的具体作用情况，这里不再展开分析。

总之，上述关于"二战"后旅游活动快速恢复与发展的原因分析再一次证明，作为人类社会经济发展的伴生产物，旅游活动规模得以扩大的基础在于社会经济的发展。这一基本规律对于全球旅游发展的总体情况来说是如此，对于一个国家或地区中居民旅游需求的发育和成长来说同样也是如此。表1-1中统计数字表明，以20世纪60年代大众化旅游局面形成之初的情况为例，产生于西欧和北美地区的国际旅游客源约占全世界总量的96%。相比之下，亚洲、非洲和拉丁美洲所产生的国际旅游人次加到一起，也只不过占全世界总量的 4%。造成这种巨大差别的根本原因，无疑是这些地区在社会经济发达程度上存在的差距。

最后值得一提的是，以上所述，特别是对 6 项推力因素的归纳，虽然直接目的是分析促成"二战"后旅游需求快速增长的原因，或者说虽然表面上是在分析过去，但实际上，对这些因素今后发展动向的认识，同样也有助于我们预测旅游需求市场的未来。

第四节　我国旅游业的历史发展

一、旧中国的旅游业

人们一般认为，旅游业在中国的出现可追溯到 1923 年上海商业储蓄银行旅行部的设立。20 世纪初，上海由于经济发达和交通便利而成为当时中国与外部世界交往最多的城市。这为旅游业率先在上海的出现和发展提供了适宜的环境条件。随着当时中外人员交往的增多，外国的一些旅行商社，如英国的通济隆公司、美国的运通公司等，已开始进入上海经营。面对当时旅游市场需求的明显增长，以及外国旅行商社进入中国经营的现实，为了谋求扩大上海商业储蓄银行的生财之道，同时也是为了创办国人自己的旅行社，民族银行家陈光甫经与同仁商议，决定在上海商业储蓄银行的经营范围内增设一个旅行部。1923 年 8 月，经当时的北洋政府批准，该旅行部正式宣告成立。

该旅行部成立之初，规模很小，仅有五六名员工。在经历了开业之初的一段艰难之后，该旅行部逐渐赢得了消费者市场的信任。1924 年春，该旅行部首次组织国内旅行团赴杭州观光，此后又成功地组织了秋季赴浙江海宁的观潮旅行团。转年春季，该旅行部开始组团出国旅游。首批成行的赴日"观樱"旅行团在全程历时 3 周的访日期间，游览了日本的长崎、京都、东京、大阪等地。1927 年春，为了开展宣传和培育客源市场，该旅行部开始出版《旅行杂志》，专门介绍中国各地的风景名胜和自然风光。

1927 年 6 月，该旅行部决定以自己的名义申请营业执照，遂更名为中国旅行社。该旅行社的业务宗旨是"导客以应办之事，助人以必需之便。如舟车舱之代订，旅舍卧铺之预订，团体旅行之计划，调查游览之入手，以致轮船进出日期，火车往来时间，在在为旅客所急需者"(《旅行杂志》1927 年春季号)。随着中国旅行社的挂牌经营，其内部组织结构出随之扩编为七部一处——运输部、车务部、航务部、出版部、会计部、出纳部、稽核部和文书处,所经营的业务范围也相应扩大,包括代售国内外各种交通票据,代理预订住宿和餐饮服务,组织团体旅游,出版期刊和编印宣传品,代办出国手续和旅行证件;此外,还提供旅途服务,接待来沪访问的游客,提供导游服务,代办邮政电报,经售上海银行的旅行支票及各地土特产品,代办货物报关和运输保险,以及代理陆海空运输业务,等等。

随着业务范围和业务量的增大,中国旅行社开始在国内各大城市设立办事机构,并相继在新加坡、马尼拉、加尔各答、仰光等外国城市设立了驻外办事机构。此外,中国旅行社还特约著名美国作家埃德加·斯诺为该社撰写英文导游小册子,并在芝加哥博览会上进行散发。1947年,在伦敦举办的首届世界旅游博览会上,中国旅行社曾以巨幅画作"中国名胜图"参展。

在1949年前的旧中国,除了成立于上海的中国旅行社之外,还出现过其他一些以组织团体旅游为唯一业务的地方性旅行社,但所有这些旅行社的规模都不大。就旅行社行业配置而言,住宿设施的发展虽然较为普遍,但多为传统式的简单旅馆或旅店,上档次的住宿设施为数很少。此外,也曾有投资者在庐山、北戴河、莫干山、鸡公山等地尝试开发和经营避暑度假区。

总之,在半殖民地半封建社会的旧中国,由于外有列强侵略,内有政府腐败,加之连年战祸的影响,中国的旅游业终未能真正发展起来。尽管当时旅游业作为一个新的经营领域已经出现,但无论是从游客接待量还是从经济规模上去衡量,始终都未能形成有影响的经济部门。

二、新中国的旅游业

1. 改革开放之前的情况

在新中国成立之后的前30年中,因历史及现实方面的多种原因而导致的生产力落后和经济短缺,不仅严重制约了国人对旅游和度假的需求,同时也限制了社会各界差旅活动的规模,从而使国内旅游业发展缺乏所需具备的市场条件。另一方面,迫于当时所处的国际政治环境,旅游部门的任务主要是服务于我国外交工作的需要,负责承担接待国际友人来华访问的政治任务。所以,尽管事实上旅行社、宾馆、航空公司等为境外来访者提供服务的组织与设施当时都已存在,但无人称其为"旅游业"。换言之,在这一时期,旅游部门所开展的工作实为政治性接待,而非商业性经营。因此,这一时期也是中国旅游业的性质扭曲时期。有关这一时期的基本情况,可简述如下。

1949年新中国成立后,出于巩固新生政权、扩大统一战线和贯彻侨务政策等政治任务的需要,华侨服务社作为建国后成立的第一家国营旅行社,于1949年11月在福建省厦门市诞生,专门负责接待海外侨胞回国探亲和观光旅游。随后,这类华侨服务社在其他一些主要城市中也相继设立。后来，这些华侨服务社大都更名为华侨旅行社，服务对象的范围也扩大为包括来祖国大陆访问的海外华侨、港澳同胞和外籍华人。

1952年，"亚洲及太平洋区域和平会议"在我国召开。由于这次国际会议的影响，此后来华公务和旅游的外国宾客逐渐增多。考虑到这方面接待工作的需要，在周恩来总理的提议下，经当时的政务院批准，中国国际旅行社总社于1954年4月15日在京成立，并在上海、天津、杭州、南京、汉口、广州、沈阳、哈尔滨、安东、大连、满洲里、南宁、凭祥、南昌等地共建立了14家分社。按照当时的规定，中国国际旅行社的任务是"作为统一招待外宾食、住、行事务的管理机构，承办政府各单位及群众团体有关外宾事务招待等事项；并发售国际联运火车、飞机客票"。按照规定，中国国际旅行社的组织性质为"国营企业"，而实际上则是由国家给予差额补贴，也就是说，每年先由国家划拨某一数额的招待费用于开展工作，到年终结算时，赤字部分由国家给予补贴。由此可见，中国国际旅行社的真正任务在于搞好对外政治接待，而并非旨在营利。事实上，在中国国际旅行社成立之后的最初数年中，基本上也没有开展接待自费来华旅游者的业务。

到了20世纪50年代后期，自费来华旅游的外国宾客开始逐渐增多。起初多为来自苏联及东欧地区各社会主义国家的旅游者，但不久之后，随着中苏关系的恶化，来自这些国家的游客数量急剧减少，而与此同时，西方国家的来华访问者开始逐渐增多。到了60年代中期，欧美已经成为当时我国旅游业的主要客源市场。周恩来总理出访亚非14国之后，来自第三世界国家的访问者数量也有了明显的增加。

为了加强对旅游工作的领导和管理，作为国务院直属机构的中国旅行和游览事业管理局于1964年成立，其主要职能是：①负责管理外国自费来华旅游者的接待工作；②领导国内各地设立的中国国际旅行社分社及其直属服务机构的业务，组织我国公民出国旅行；③负责有关旅游事务的对外联络工作和宣传工作。当时，国务院明确规定，发展我国旅行和游览事业的方针和目的，首先是为了学习各国人民的长处，宣传我国社会主义建设的成就，促进同各国人民之间的友好往来和相互了解；其次才是增加外汇创收。这些事实表明，在这一阶段内，我国政府支持发展旅游业的动机仍是以政治为主。但无论如何，中国旅行和游览事业管理局的成立，标志着我国旅游业的发展步入了一个新的阶段。1965年，在我国旅游业所实现的业绩方面，仅是国旅系统便接待了外国来华旅游者21235人次，实现旅游创汇200余万美元，创造了国旅成立以来的最好成绩。

然而到了20世纪60年代中期，正当世界上大众化旅游兴起、全球旅游业以空前的速度蓬勃发展之时，我国的旅游业却因政治运动的影响而跌入低谷。因为

"文化大革命"的发生致使旅游工作陷入了近乎瘫痪的状态。1971年，周恩来总理亲自部署召开全国旅游工作会议，提出旅游工作的方针是"宣传自己，了解别人"，并要求旅游部门的收入在扣除成本开支后应实现略有盈余。这次会议之后，旅游工作才开始出现转机。随着中日恢复邦交正常化，中美建交，不仅来自日本和美国的游客数量逐渐增多，其他西方国家的来华旅游人数也开始有所增长。由于形势发展的需要，中国华侨旅行社总社于1973年恢复运营，并于1974年更名为中国旅行社总社。

对于改革开放之前中国旅游业的发展，可做以下几个方面的简要归纳。

① 所处环境：新中国成立之后，巩固社会主义政权为第一要务；在外受西方国家封锁，对内实行计划经济；基础薄弱，生产力落后，经济短缺。

② 基本政策：服务于外交工作的需要，"宣传自己，了解别人"。

③ 业务类型：有选择的入境旅游。

④ 企业经营：不计成本，国家补贴。

⑤ 产业规模：产业结构不完整，且总体规模很小。

⑥ 政府干预方式：通过国营企业直接介入，突出表现在，"中国旅行和游览事业管理局"与"中国国际旅行社总社"虽为两块牌子，实为一套人马。

2. 改革开放之后的情况

到了1978年，随着改革开放政策的实施，中国旅游业的发展开始步入正轨，并逐渐进入了一个全面振兴的大发展时期。中国共产党十一届三中全会之后，随着全国工作重点向经济建设转移，作为当时国家经济建设所急需的外汇创收渠道，旅游业的振兴和发展工作也因此得到国务院和各级政府的重视。对于此后中国旅游业的发展过程，人们由于观察视角的差异，可能会有不同的阶段划分。这里根据1978年以来中国旅游业的市场结构变化及其演进情况，将改革开放之后中国旅游业的发展过程划分为三个阶段。

(1) 以接待入境旅游为主的发展阶段（1978～20世纪80年代中期）

我国推出改革开放政策后，经济建设工作百废待兴，急需外汇支持。为此，我国选择了以接待入境旅游为优先的旅游业发展途径。对于国内旅游，则实行"不提倡，不鼓励，不反对"的政策。这主要是因为，客观地讲，当时我国的经济状况制约了国人对旅游的需求，国内旅游需求市场尚未形成足够的规模，因而面向国内市场发展旅游业并不现实。相比之下，在经过多年的闭关锁国之后，随着国门初开，很多外国人对前来中国访问都表现出了极大的兴趣。因此，在这一阶段，选择首先发展入境旅游应当说是一现实可行的合理决策。但尽管如此，在这一阶段，我国尚未将旅游业的性质明确界定为经济性产业，对入境旅游者的接待工作仍带有某种程度的政治色彩。

（2）入境旅游与国内旅游并行发展阶段（20世纪80年代中期～1997年）

到了20世纪80年代中期，随着改革开放带来的经济快速发展和国民生活水平的提高，国内旅游市场开始迅速发育，需求规模日渐增长，从而导致中国旅游业的客源市场结构开始出现重要变化。国内旅游人数迅速增加，国内旅游收入增幅惊人。随着国内旅游需求的蓬勃发展，国家对待国内旅游的政策先是开始由过去的"不提倡，不鼓励，不反对"逐渐过渡到"因地制宜，正确引导，稳步发展"，进入90年代后，更进一步转变为"积极发展"。为了适应这一变化，我国对旅行社行业结构开始做出调整，在原有以分工经营入境旅游为主的第一类旅行社（有外联权，可经营入境旅游业务和国内旅游业务）和第二类旅行社（无外联权，可经营入境旅游接待业务和国内旅游业务）的基础上，产生了专门经营国内旅游业务的第三类旅行社，从而形成了入境旅游与国内旅游并行发展的业务格局。但是，对于国人中此时已经开始初露端倪的出境旅游需求，鉴于我国发展旅游业的初衷，政府采取了审慎的态度。

这一阶段是我国旅游业发展过程中的一个重要时期。这主要是因为，在这一时期，旅游业的接待人数和创汇收入指标被正式纳入《中华人民共和国经济和社会发展第七个五年计划（1986～1990）》。这意味着，在我国的经济和社会发展计划中，首次为旅游业设立了"户头"。而且，国务院1987年再一次提出"要大力发展旅游业"。1991年，在我国制定的《关于国民经济和社会发展十年规划和第八个五年计划纲要》中，首次明确地将旅游业的性质界定为产业，并将旅游业列为需要加快发展的第三产业中的重点。

（3）入境旅游、国内旅游和出境旅游全面发展阶段（1997～2008年）

面对国民出境旅游需求的发育和成长，在经过了一系列的适应性尝试之后，1997年3月，经国务院批复，国家旅游局和公安部联合颁布了《中国公民自费出国旅游管理暂行办法》，并宣布自1997年7月1日起开始正式实施。这一《暂行办法》的出台，标志着我国政府正式允许旅行社行业开展出境旅游业务。入境旅游、国内旅游和出境旅游也因此并行成为中国旅游业经营的三大业务。随着1998年中央经济工作会议将旅游业确定为国民经济新的增长点，我国旅游业进入了一个全面而快速的发展时期。

（4）以国内旅游为重点的全面发展阶段（2009年至今）

面对2008年以来全球金融危机等一系列不利因素的出现，我国旅游业的发展面临了很多新的挑战。对此，2009年12月，国务院颁布了《关于加快发展旅游业的意见》（国发〔2009〕41号文件），为旅游业的发展提出了新的指导思想，即要将旅游业培育成国民经济中的战略性支柱产业和令人民群众更加满意的现代服务业；并将新时期发展旅游业的基本政策调整为"坚持以国内旅游为重点，积极发展入境旅游，有序发展出境旅游"，而且就新时期旅游业的发展，提出了一系列的主要任务和支持政策。我国旅游业的发展从此进入了以国内旅游为重点的全面发展时期。

总之，与改革开放前的情况进行比较，对于改革开放之后中国旅游业的发展，可做出以下几个方面的简要归纳。

①所处环境：国家工作重点转向经济建设，急需外汇；对内改革，对外开放政策；经济快速发展，国民生活质量不断提高。

②政策演进：从"大力发展入境旅游、适度发展出境旅游、积极发展国内旅游"转向"大力发展入境旅游、规范发展出境旅游、全面提升国内旅游"，从2009年开始进一步调整为"以国内旅游为重点，积极发展入境旅游，有序发展出境旅游"。

③业务类型：从重在入境旅游转向重在国内旅游。

④企业经营：强调经济效益；建设现代企业制度；遵循市场经济规律。

⑤产业规模：持续增大，成为国民经济新的增长点，国民经济中的战略性支柱产业。

⑥政府干预方式：通过制定和颁布政策、法规、标准等方式实行"政府主导"。

【重点术语】

历史发展（historical development）

历史唯物论（historical materialism）

古代（ancient time）

旅行（travel）

社会分工（specialization of labor）

易货贸易（barter and trade）

朝觐旅行（travel for pilgrimage）

"大游学"（the 'Grand Tour'）

近代（modern time）

旅游（tourism）

产业革命（the Industrial Revolution）

公共马车（stagecoach）

铁路旅行（rail travel）

铁路时代（the railway age）

第二次世界大战（World War Ⅱ）

现代（contemporary age）

航空旅行（air travel）

汽车旅行（automobile and motorcoach travel）

【思考题】

1. 人类早期的迁移活动是否属于现今意义上的旅游活动？为什么？
2. 人类最初的旅行需要是如何产生的？
3. 近代以前的旅行发展有哪些基本特点？
4. 试析产业革命对近代旅游产生与发展的影响。
5. 铁路运输的出现何以会刺激人们的旅游需求？
6. 为什么人们普遍将托马斯·库克视为旅游业的先驱？
7. 试析第二次世界大战结束后旅游活动迅速得以恢复和发展的原因。认识这些原因有何实际意义？
8. 简述改革开放以来我国旅游业的发展和演进情况。
9. 通过了解旅行和旅游活动的历史发展，可得出哪些认识或结论？

第二章 认识旅游活动

【学习目的】

通过本章的学习，学生应能掌握联合国世界旅游组织对旅游活动的规范界定，熟悉旅游活动的基本特征；理解基于不同视角的旅游活动要素；了解旅游活动分类的常用依据，熟悉国内旅游与国际旅游的一般差别；掌握现代旅游活动的特点并理解认识这些特点的意义；熟悉衡量旅游活动发展状况的常用指标及其统计方法。

【主要内容】

1. 旅游活动的界定

联合国世界旅游组织对旅游活动的权威界定；旅游活动的基本特征；旅游活动的要素；旅行、观光与旅游的异同

2. 旅游活动的类型

常用的分类依据；国际旅游与国内旅游

3. 旅游活动的特点

普及性；地理集中性；季节性；认识意义

4. 常用的测量指标

旅游人数；旅游收入和旅游支出；停留天数

第一节 旅游活动的界定

什么是旅游活动？对此，人们很容易想到的答案便是那些为了观光、度假、娱乐等消遣性目的而外出他乡访问的旅行活动。正如我们在上一章中曾经提到的那样，在一般语言词典中，"旅游"作为日常用语时，其释义确实是指因消遣性目的而离家外出的旅行活动。但是，人们同样也很容易发现，在专业的旅游研究中，以及在世界各国的旅游统计工作中，所谓旅游活动，不仅仅包括人们出于观光、

度假、娱乐等消遣性目的而外出他乡访问的旅行活动，而且还包括那些因出席会议、洽谈商务、修学求知以及开展科学考察等事务性原因而外出他乡的旅行活动。显然，旅游活动作为一般日常用语时的释义，并不等同于专业旅游研究以及旅游统计工作中对这一术语的解释。然而，问题并没有就此完结。由于种种原因，特别是由于在某些语境中人们时常将旅游活动简称为"旅游"（tourism 或 travel），因此对于很多人来说，常会在用来指旅游活动的"旅游"与用作他解时的"旅游"之间发生理解混淆。

一、讨论背景：对"旅游"的众多释义

在对"什么是旅游活动"做出回答之前，让我们首先就人们对"旅游"所给出的各种释义做出观察和分析。以国际社会相关研究中的情况为例，其中常为人们所引用的释义包括：

释义 1："旅游是由非定居者的旅行和逗留而引起的诸多现象及关系的总和。他们不会形成长期定居，并且不牵涉任何（谋生性的）赚钱活动。"这一释义最初由瑞士学者汉泽克尔（Hunziker）和克拉普夫（Krapf）于 1942 年提出。到了 20 世纪 70 年代，这一释义被"旅游科学专家国际联合会"（Association Internationale d'Experts Scientifiques du Tourisme，简称 AIEST）用作该组织对旅游的标准定义。所以，在我国旅游学界，这一释义常被称为"艾斯特"（AIEST）定义。

释义 2："旅游是人们离开其通常居住和工作的地方，短期前往某地的旅行和在该地逗留期间的各种活动。"（Burkart and Medlik, 1974）这一释义由英国萨利大学旅游管理系创始人之一的 A. J. 伯卡特和曾任该系主任的 S. 梅特利克在其合著、在世界上有"旅游学经典教科书"之称的《旅游学的过去、现状和未来》（*Tourism: Past, Present and Future*）一书中提出。

释义 3：旅游"是人们出于日常上班工作之外的其他原因，离开自己的居住地，去其他某一或某些地方的旅行和访问活动"（United States Senate, 1978）。这是 20 世纪 70 年代后期，在美国起草国家旅游政策法案期间，由参议院领导下的一个特别工作小组提出的。

释义 4：旅游"是（作为旅游者的）人的活动，即是需求市场的活动，而非产业的活动……"（Lickorish, in Burton, T. L. (Ed.) Recreation Research & Planning, 1980）这是英国旅游促进局（时称 BTA，现已更名为 VisitBritain）前首席执行官 L. 里考瑞什提出的。

释义 5：1980 年马尼拉会议之后，世界旅游组织（WTO）曾一度使用"人员流动"（Movements of Persons）一语代替"旅游"（tourism）一词。按照世界旅游组织所作的解释，"人员流动"指"人们出于非移民目的，或出于能够导致实现……

个人发展以及促进人与人之间的相互了解与合作等目的,而开展的旅行活动"。(《世界旅游》第184、185期,WTO,1985)

释义6:旅游是"人们离开自己通常居住和工作的地方,暂时前往目的地的旅行和在该地停留期间所从事的活动,以及(旅游目的地)为满足来访旅游者的需要而设立的各种设施"(Cooper, Fletcher, Gilbert and Wanhill, 1993)。

释义7:"旅游是旅游者、参与招徕并接待来访游客的旅游供应商、东道地政府、东道地居民以及东道地环境(这五者)间的关系与互动而引发的各种过程、活动和结果。"(Goeldner and Ritchie, 2006:5)

当然,对"旅游"所给出的其他释义还有很多,而且我国很多学者和机构也曾提出过很多关于"旅游"的释义。对于这些情况,这里不再列举。

在分析上述各项对旅游的释义之前,有必要提醒注意的是,不论是汉语中的"旅游",还是英语中的"tourism",在使用中都存在着一词多义的情况。也就是说,虽然表面上同样都是"旅游"二字,或者同样都是"tourism"一词,但在不同的语境下使用时,很可能有其不同的含义所指。为了说明这一点,让我们来观察下面的几组对话:

对话1　问:暑假时你去干什么了?
　　　　答:我跟几个同学一起去山西旅游了。
对话2　问:你是做什么工作的?
　　　　答:我是搞旅游的。
对话3　问:你在学校学什么专业?
　　　　答:学旅游。
……

以上各组对话中,虽然分别都使用了"旅游"一词,但由于具体语境的不同,每一组对话中所言及的"旅游",显然含义不同。例如,第一组对话中的"旅游"显然指的是旅游活动;第二组对话中的"旅游",所指的是旅游业或旅游行业;第三组对话中的"旅游"则显然泛指旅游学,其具体的含义甚至可能会涉及多种不同的旅游专业,如旅游管理、旅游经济,等等。

了解了这一点之后,如果我们回过头去再仔细观察前面所列举的各项关于旅游的释义,则很容易会发现,其中的释义2、释义3、释义4和释义5实际上都是对旅游活动的释义。换言之,这些释义所解释的对象虽然从字面上看都是"旅游",但其实是指"旅游活动"。这一情况告诉我们,为了避免混淆或使人误解,在对这种意义上的"旅游"进行界定时,我们最好是将"旅游活动"四个字说全。尤其是在我国，普遍存在的情况是，不少人在引用外国文献时，每每见到"tourism"字样，便不假思索地一概译作"旅游"，而很少去注意根据上下文语境考虑其实际所指。上面所列举的各项对"旅游"的释义，基本上都是如此翻译的结果。另外，顺便提醒注意的是，从这些实为对旅游活动的释义中，我们可以看到其中的这样一种共识，即旅游活动乃是作为旅游者的人的活动，而不是指旅游业或旅游经营者的活动。了解这一点，对于澄清国内旅游研究中的某些混淆认识，有着重要的现实意义。例如，在国际旅游文献中，特别是在世界旅游组织（WTO）对旅游卫星账户（TSA）的介绍中，经常会出现"tourism activities"的字样。在我国，不少人都是循字面将其译作"旅游活动"。其实这是一个严重错误。这些文献中所称的"tourism activities"，实际上指的是"旅游业务"或"旅游经营活动"，而非旅游者的"旅游活动"。特别是，在英文旅游文献中，当作为"活动"解释时，"tourism"与"tourism activities"是根本不同的两个概念，前者所指的是旅游需求方即旅游者的旅行和访问活动，而后者所指的则是旅游供给方，尤其是旅游企业的业务活动。

相比之下，上面所列举的释义1、释义6和释义7所界定的对象在很大程度上是作为旅游学研究对象的"旅游"，而不是其中所包含的旅游活动。这主要是因为，这些释义中的内容虽然涉及旅游者的旅游活动，即旅游者往返于客源地与目的地之间的旅行以及在目的地停留期间的访问活动，但所强调的重点则是由此而引发的各种现象和关系，或由此"所引发的各种过程、活动和结果"。释义6中则干脆将这方面的研究内容直观地解释为旅游目的地方面为接待旅游者来访而提供的各种设施，意即旅游学除了研究消费者的旅游活动之外，还研究目的地方面的旅游供给。

二、联合国世界旅游组织对旅游活动的规范界定

长期以来，旅游学界和很多国际组织一直试图给旅游活动下一个科学且具有共识性的定义。这不单纯是旅游学术研究的需要，更重要的是，这样的一个标准定义对于不同国家和地区之间旅游统计口径的统一，以及对于某一个国家或地区旅游业的规划和管理，都具有实际意义。人们之所以会对旅游活动定义的标准化如此关注，其中涉及多方面的原因。"首先，旅游研究需要有标准的定义，以便为研究内容建立参数；其次，倘若没有标准的定义，人们对旅游活动的测量，或者人们就旅游活动的开展对地方、全国，乃至整个世界经济之影响所做的测量结果，便不可能有共识。"（Cooper, Fletcher, Gilbert and Wanhill, 1993）。

人们在认识旅游活动并对其进行概念界定方面，有一个发展的历史过程。关于这一过程，我们不便在此详述。这里只是对这方面的最新发展结果作一介绍。

1991 年 6 月，世界旅游组织（WTO）在加拿大渥太华召开了一次关于旅游统计工作的国际会议。这是一次被称作具有里程碑意义的会议。这次会议对此前各有关国际组织所做的工作进行了回顾，并在此基础上对旅游统计口径做了进一步的更新，特别是就旅游活动、旅行者、旅游者之定义的标准化，提出了一些重要的建议。会后，世界旅游组织将会议报告提交给了联合国。1993 年 3 月 4 日，联合国统计委员会采纳了世界旅游组织有关旅游统计工作的建议。

会议报告中对"旅游活动"这一概念的解释，突破了传统上认为旅游活动仅是"消遣度假活动"的陈旧观点。该会议报告中对旅游活动所做的最新界定是：

"旅游活动是人们出于消遣、商务以及其他目的，短期（历时不超过一年）离开自己的惯常环境，前往他乡的旅行活动以及在该地的停留访问活动。"（Tourism comprises the activities of persons traveling to and staying in places outside their usual environment for not more than one consecutive year for leisure, business, and other purposes.）（WTO, 1995:12）

国际知名旅游学者、加拿大滑铁卢大学的史密斯教授（Stephen L. J. Smith）对这一定义的解读是："旅游是一个人旅行前往其惯常环境之外的某地开展的一整套活动，历时不超过一年，并且其外出旅行的主要目的不是去从事从该地获取劳动报酬的活动。"（Tourism is the set of activities of a person traveling to a place outside his or her usual environment for less than a year and whose main purpose of travel is other than the exercise of an activity remunerated from within the place visited.）（Smith, 1995: 22）

据此，基于中文表达习惯的考虑，我们也可将旅游活动的定义表述为：旅游活动是人们出于移民和就业之外的目的，暂时离开自己生活的惯常环境，前往他乡开展的旅行和逗留访问活动。

三、旅游活动的基本特征

根据上述定义及其解读和表述，旅游活动具有以下几个方面的基本特征。

1. 旅行与逗留的合成性

旅游活动，顾名思义，由"旅"（旅行）和"游"（游憩）两大部分组成。前者指旅游者在其惯常居住地与旅游目的地之间的往返，以及在不同旅游目的地之间往来的空间转移活动；后者则是泛指旅游者在旅游目的地停留期间的生活以及所开展各种访问活动。

2. 异地性

旅游活动是人们离开自己的惯常环境，前往他乡开展的旅行和访问活动。世界旅游组织在该定义中对"惯常环境"（usual environment）这一表述的使用，其目的就在于排除人们在自己惯常居住地范围之内开展的日常生活旅行活动，排除人们在自己居住地点与工作地点之间的经常性通勤活动以及排除所有其他具有常规性特点的日常旅行活动。换言之，旅游活动的异地性这一特征使其有别于人们在自己惯常环境范围之内开展的各种日常性的旅行活动。

3. 暂时性

旅游者在结束一次全程旅游活动之后，须返回其惯常居住地，而不能在所到访的旅游目的地做过久停留，甚至转为定居。这里所谓的暂时性，按照国际上对入境旅游者的统计口径，指的是外来旅游者在旅游接待国的连续停留时间不得达到或超过一年，否则将被视为临时移民或永久移民，而不能再纳入来访旅游者的统计范畴。至于国内旅游者在到访地区连续停留的时限，按照联合国旅游组织所做的规范，至多不超过6个月，但目前各国旅游统计中多有不同的规定。

4. 非移民性和非就业性

旅游活动是人们出于移民或就业目的之外的、外出他乡的旅行和访问活动。换言之，不论是举家搬迁或移民他乡的外出旅行，还是因旨在去异国他乡打工挣钱而发生的旅行活动，都不属于旅游活动的范畴。这里有必要提醒大家注意的是，"打工挣钱"或"就业"这一排除性条件，并不适用于差旅型的外出旅行和访问活动，例如销售人员去他乡开展推销活动、技工人员去他乡为客户安装设备、专业人员去他乡出席会议，等等。原因在于，这些差旅人员的雇主单位不在该目的地。换言之，对于这些差旅人员自己来说，其出行的目的虽然也可以说是"挣钱"，但却不是从到访之地获得报酬。正因为如此，这些人员会被视作事务型旅游者而纳入来访旅游者的统计范畴，而外出挣钱的农民工则不属于来访的旅游者。

四、旅游活动的要素

在中国的旅游研究文献中，我们经常会见到对"旅游要素"这一表述的使用。并且，我们还常会发现，虽然很多人都在使用"旅游要素"这一表述，譬如有人会谈旅游活动"六要素"，有人则会谈旅游活动"三要素"，但实际所指的内容却是风马牛不相及。事实上，国人对"旅游要素"或"旅游活动的要素"这类表述的使用，在不同的语境下往往有着不同的语义。具体地讲，在有些情况下，这一表述所指的实义为旅游活动的开展所涉及的内容，即旅游活动内容的构成要素；而在另外有些情况下，这一表述所指的实义则是旅游活动得以开展所必须包含的结构要素，即旅游活动体系的构成要素。

1. 旅游活动内容的构成要素

就旅游活动所涉及的活动内容而言，一般可将其基本要素概括为六个方面：行、游、住、食、购、娱。这便是国人通常所称的"旅游活动六要素"。显然，这六项要素实际上也是旅游者于旅游活动中发生消费的六个层面。虽然国人通常称这六个方面为旅游活动的"要素",但对于个体旅游者来说,其中某些要素(特别是"购"、"娱")实际上并非缺之不可。

2. 旅游活动体系的构成要素

就旅游活动得以开展所必须涉及的条件而言,或者说就旅游活动作为一个体系的构成而言,则必须要有旅游活动的主体、旅游活动的客体以及旅游活动的中介体。这便是国内外旅游理论研究中所称的"旅游活动三要素"。显然,在旅游活动作为一个体系的构成中,这三项要素缺一不可:"旅游活动的主体"是指旅游者;"旅游活动的客体"是指满足主体来访目的的旅游资源或旅游对象;"旅游活动的中介体"是指帮助主体完成其旅游经历,为其提供各种便利服务的旅游业。

五、关于"艾斯特"(AIEST)定义

虽然本节讨论的主题是旅游活动,由于"艾斯特"(AIEST)定义所具有的广泛影响,所以我们仍有必要提一下该如何认识这一定义的问题。

在本书的绪论部分,我们已经谈到,旅游学是研究旅游者及其旅游活动,研究旅游业及其开发和管理活动,以及研究旅游者和旅游业双方活动的开展给旅游目的地的经济、社会、文化和环境所带来的影响的一门科学。因此,"旅游"作为旅游学研究对象的总称,其概念表述理应涵盖这三个方面。换言之,"旅游"作为旅游学的研究对象,其内容自然不应仅仅涉及旅游者的旅游活动,而且还包括与之相关的旅游业开发与管理,以及可能由此而引发的各种影响。在这方面,人们可能会发现,"艾斯特"组织(AIEST)对此所下的定义表述得堪称最具代表性:

> 旅游是由非定居者的旅行和逗留而引起的诸多现象及关系的总和。他们不会形成长期定居,并且不牵涉任何(谋生性的)赚钱活动(Tourism is the sum of the phenomena and relationships arising from the travel and stay of non-residents, in so far as they do not lead to permanent residence and are not connected with any earning activity.)(Hunziker & Krapf 1942, in Collier 1997:2)。

仔细观察和分析这一定义的表述,人们可以发现,这一定义所界定的对象,其实并不是消费者的"旅游活动",而是作为旅游学研究对象总称的"旅游",亦即因消费者旅游活动的开展所引发的"诸多现象及关系的总和"。"艾斯特"定义之所以影响广泛,除了上面所做的分析之外,其精练而概括的表述也是其中的一个原因,例如:

- 该定义中阐明，旅游学所研究的"诸多现象及关系的总和"，皆因"非定居者"的"旅行和逗留"活动所引发。
- 对"非定居者"一词的使用，明确了旅游活动的异地性。
- 对"不会形成定居"的强调，不仅在原则上指出了旅游活动的暂时性，而且规定了旅游活动的非定居性或非移民性。
- 对"不牵涉任何（谋生性）赚钱活动"的强调，则指明了旅游活动的非就业性。
- "诸多现象及关系的总和"这一表述反映出，旅游学的研究内容不仅包括旅游者的活动，而且重在研究由此而客观引发的诸多现象与关系。

具体地讲，该定义中所称的诸多现象，系指由旅游者的旅行和访问活动所引发的经济现象、社会现象、文化现象、乃至政治现象。至于该定义中所谓的诸多关系，根据著名旅游学教授罗伯特·麦金托什（McIntosh, 1984）的解读，则主要是指一个旅游目的地中，作为利益相关者的外来旅游者、当地旅游企业、当地政府和当地社区居民这四方之间，因各自追求利益的不同，而在直接或间接地相互接触和打交道过程中所引发的彼此之间及相互交错的关系（图2-1）。如何去平衡和满足这些利益相关者的追求，则是实现目的地旅游业持久健康发展的基本前提。

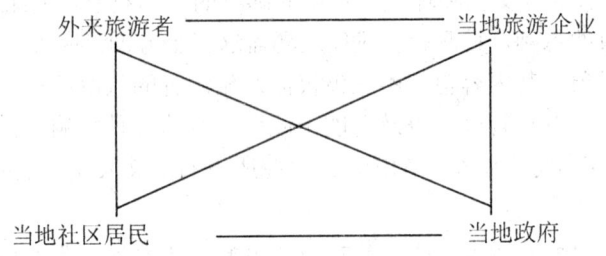

图 2-1 旅游者的来访活动所引发的诸多关系

根据上述分析，为了避免因直译这一定义而有可能造成的理解困难，甚至有可能产生的误解，我们不妨尝试在充分理解并信守其原意的前提下，将这一定义稍做改造，重新表述如下：

> 作为旅游学的研究对象，"旅游"是人们出于移民和就业之外的原因，离开自己的惯常环境前往他乡开展的旅行和逗留活动，以及由此而引发的各种现象和关系的总和。

六、"观光（活动）"、"旅行（活动）"与"旅游（活动）"的异同

在汉语中，与"旅游（活动）"相近的用词有两个，一个是"观光（活动）"，

另一个是"旅行（活动）"。

"观光"一词，据信源自古籍《易经》观卦中的"观国之光"一语。在我国台湾地区，以及包括日本、韩国等在历史上曾受汉文化影响的周边国家在内，人们至今仍多是习惯于沿用传统的"观光"一词去表述现今意义上的"旅游"。不过，按照我国经典辞书中的解释，"观光"一词的词义为"观看（参观）、考察一国的礼乐文物和风土民情"。即便是当今出版的《现代汉语词典》（第6版），对"观光"一词所做的释义，同样也是指"参观外国或外地的景物"。显然，"观光"一词很大程度上强调的是"游"，而没有涉及对"旅"的反映。除此之外，"观光（活动）"与"旅游（活动）"的另一重要区别在于，事实上，"观光"仅为消遣型旅游活动中的一种，既不能囊括所有各种类型的消遣旅游活动，更无法涵盖包括差旅性访问在内的其他非消遣型的旅游活动。对于这一点，如果使用一个公式去进行表达，则为：观光旅游活动＜消遣旅游活动＜全部旅游活动。

至于"旅行"一词，就其作为一般日常用语而言，泛指一切不同地点间的空间转移过程。换言之，不论是前往他乡探亲访友的活动过程、外出游山玩水的活动过程、外出差旅的活动过程，还是迁居他乡的旅途过程，都可称之为旅行。甚至于人们日常生活中因上下班或外出购物等原因而在自己惯常居住地域内不同地点之间的往来活动，也都可称之为旅行。无论如何，最值得注意的事实是，在前往他乡的各种旅行活动中，当全程活动结束之后，有的人会返回自己的惯常居住地或最初出发地，但也有些人可能不再返回自己的惯常居住地或原先的出发地。这一事实表明，在作为一般日常用语的意义上，"旅行（活动）"的范畴，无疑大大宽于"旅游（活动）"，即"旅行（活动）"＞"旅游（活动）"。这意味着，所有外出旅游的人必定都是旅行者，然而所有的旅行者却不一定都是旅游者，因为旅游活动——特别是英文"tourism"中的"tour"这一词根——本身就意味着，当一次完整的出游活动结束之后，旅游者必定返回自己的惯常居住地，而绝不会去而不返，否则，这一前往他乡的活动便将不再属于旅游活动，当事人也将不再是旅游者，而只能算作是旅行者。

然而，另一方面，相对于上述作为一般日常用语的意义而言，在专业的旅游研究中，特别是就旅游活动的开展所涉及的全部内容构成——"行、游、住、食、购、娱"——而言，其中的"行"无疑也是指旅行。不过，这一语境下所说的"旅行"，由于只是全部旅游活动内容构成中的要素之一，因而其词义显然又会窄于"旅游"，即"旅行（活动）"＜"旅游（活动）"。

以上这些情况都在提醒我们，在规范、严谨的旅游研究中，不宜将"观光"、"旅行"和"旅游"作为全等概念随意替换使用，否则有时难免会引起误解。

第二节 旅游活动的类型

随着当代社会经济的发展和旅游活动的普及，人们的旅游需求在不断发生变化，旅游活动的类型也在不断多样化。因此，不论是旅游业经营工作的开展，还是以测量和评价旅游的影响为代表的旅游学术研究，都需人们要对旅游活动进行必要的类型划分。

一、分类依据

在对旅游活动进行分类方面，并不存在绝对统一的划分依据或标准。在实际工作中，人们往往都是根据自己所要研究的具体问题，在不同的情况下选择使用不同的划分依据，因此所划分出来的旅游活动类型并非总是相同。这种情况不仅不足为怪，而且实属正常。尤其应当指出的是，对旅游活动进行分类本身并不是目的，而是服务于特定研究工作的一种手段。换言之，人们并非为了分类而进行分类，而是为了有助于分析和认识某一特定的问题。因而，追求旅游活动类型的统一划分不仅没有必要，而且实际上也不大可能。

通过观察我们会不难发现，无论是在旅游调研和统计工作中，还是在很多旅游学术研究中，人们常常会用到某些与旅游活动类型有关的提法。而且我们还会发现，这些提法本身便可反映出旅游活动类型的某些划分依据。如果我们将这些提法进行归纳便可以发现，人们在对旅游活动分类时所常用的一些依据或标准。其中主要包括：

- 按旅游活动开展所涉及的地理范围进行分类

  例如：国内旅游、国际旅游、洲际旅游、环球旅游、区域旅游，等等。

- 按客源地与目的地之间的旅行距离进行分类

  例如：远程旅游、近程旅游或短程旅游，等等。

- 按出游目的进行分类

  例如：消遣性旅游（含观光旅游、度假旅游）、事务性旅游（含商务旅游、公务旅游、会议旅游、探亲旅游、修学旅游），等等。

- 按活动形式进行分类

  例如：团体旅游、散客旅游或自助旅游。

- 按所采用的旅行方式进行分类

  例如：航空旅游、铁路旅游、汽车旅游、徒步旅游，等等。

- 按主要的活动内容进行分类

例如：观光旅游、民俗旅游、体育旅游、会议旅游、文化旅游，以及形形色色的特殊兴趣或专项旅游，等等。

此外还有很多其他方面的分类依据或标准，这里不可能巨细无遗地一一列举。如果深入地观察和分析上面所列举的旅游活动类型，我们还会发现，采用任何一项依据所划分出来的任何一种旅游活动类型，都难具排他性，都难免会与使用其他依据所划分出来的某一旅游活动类型发生交叉或联系。例如，国际旅游可能同时也是观光旅游、团体旅游、消遣旅游或者航空旅游，等等。这一情况再次告诉我们，对旅游活动进行类型划分本身并不是目的，而只是一种手段。所以，了解有哪些常用的划分依据或标准固然必要，但更重要的是应当学会根据自己工作的需要去选择恰当的划分依据或标准，并针对所划分出来的旅游活动类型去分析该类旅游活动的需求特点或市场特点，否则，对旅游活动的分类将变得没有实际意义。

对于以上所列举的各种类型的旅游活动，此处暂且忽略对其特点进行分析，以免同后面部分的有关内容过多重复。但是，对于修读本课程的学生来说，如果能将尝试分析各类旅游活动的特点作为自己的一项练习，一定大有裨益。

除了上述一般常用的分类依据之外，作为有关旅游研究的背景知识，这里顺便介绍一下世界旅游组织（WTO）基于经济分析的考虑而对旅游活动的分类。在1991年于渥太华召开的旅游统计工作国际会议上，世界旅游组织（WTO）基于旅游经济统计工作的需要，根据有关旅游活动所包含的经济意义，提议将旅游活动划分为六种类别。世界旅游组织的这一建议不仅获得了与会各国代表的认同和通过，并且事后也得到了联合国统计委员会的认可。这六种基于经济分析的旅游活动类别分别是：

- 国际旅游（international tourism）：入境旅游与出境旅游的合称。
- 入境旅游（inbound tourism）：非该国居民来访该国的旅游活动。
- 出境旅游（outbound tourism）：某一国家的居民去另一国家开展的旅游活动。
- 境内旅游（internal tourism）：某一国家居民和非该国居民在该国境内开展的旅游活动。
- 国内旅游（domestic tourism）：某一国家的居民在本国境内开展的旅游活动。
- 国民旅游（national tourism）：国内旅游与出境旅游的合称。

对于其中"国际旅游"、"入境旅游"、"出境旅游"以及"国内旅游"活动的经济含义，人们一般都不难理解。但是，对于其中所谓的"境内旅游"和"国民旅游",人们很可能比较生疏。因此,这里有必要特别加以解释。从表面上看,"境内旅游"指的是就某一特定国家而言,其本国居民和来访的非本国居民在该国境内开展的旅游活动。实际上,这一分类中所谓的"境内旅游"是一经济概念。也就是说,在经济统计的意义上,"境内旅游"实为本国的国内旅游收入与入境旅游收入两者的合称。同理,从表面上解释,"国民旅游"似乎是指本国国民开展的旅游活动,但实际上它也是一个经济概念,换言之,在经济统计的意义上,这一分类中所谓的"国民旅游"实为本国居民的国内旅游消费与出境旅游消费两者的合称。

二、国际旅游

国际旅游(international tourism)是指人们跨国开展的旅游活动,即某一国家的居民跨越本国边界,去其他国家或地区开展的旅游活动。其中又分为如下两种情况。

● 出境旅游(outbound tourism,亦称出国旅游):对某一国家来说,本国居民跨越国界,前往其他国家或地区开展的旅游活动。

● 入境旅游(inbound tourism):对某一国家来说,其他国家或地区的居民前来本国开展的旅游活动。

例如,站在我国的角度去认识,我国居民前往其他国家开展的旅游活动,即为出境旅游或出国旅游。与之形成对照的是,其他国家的居民前来我国旅游,则属于入境旅游。也就是说,对于某一特定国家来说,国际旅游中既包括他国居民来访本国的入境旅游,也包括本国居民前往他国访问的出境旅游。

这里有必要说明的是,在严格的意义上,不论是港澳台地区居民前来内地的旅游活动,还是内地居民赴港澳台地区的访问活动,都不属于国际旅游。然而目前的现状是,台湾与祖国大陆尚未实现统一;香港和澳门的主权虽然早已回归中国,但目前作为特别行政区,实行的是高度自治。有鉴于这些现实,加之考虑到我国港澳台居民来内地旅游时,在内地发生的消费开支同样构成我国旅游业外汇收入的组成部分,所以迄今为止,在我国的旅游统计工作中,港澳台居民前来内地开展的旅游活动,一直被视为入境旅游。出于类似的考虑,内地居民前往港澳台地区的旅游活动,也一直被纳入出境旅游的统计范畴。长期以来,在有关两岸四地居民旅游往来的事务中,特别是在对待港澳台居民前来内地旅游的问题上,我国有关部门为了避开"国际"一词,一直都在使用"海外游客"这一表述,但是在某些情况下,例如在《中国旅游统计年鉴》中,对"海外游客"一语的英文翻译仍然使用了"international visitor"。对于这种事出有因的特别情况,我们对其背景应有所了解。

在旅游统计工作中,根据入境旅游者在旅游目的地国家的停留时间,还可将国际旅游活动进一步划分为以下两类:

● 停留过夜的国际旅游:指入境旅游者在到访国家的停留时间超过 24 小时,即在该国住宿设施中过夜的国际旅游活动。

● 不过夜的国际一日游:指入境旅游者在到访国家的停留时间不足 24 小时,不在该国住宿设施中过夜,而当日离境的国际旅游活动。

世界上很多国家在统计入境旅游人次时,一般都不包括入境来访的国际一日游游客。但是,这些入境来访的一日游游客在停留期间的消费开支,却很难从该国的国际旅游收入中分出。所以,在世界上所有国家的国际旅游收入统计中,都是既包括过夜旅游者在该国的消费额,也包括一日游游客在该国的消费额。虽然几乎所有的国际旅游接待国都偏向于重视停留过夜的入境旅游市场,但对于某些国际旅游接待国来说,特别是对于那些与主要客源国接壤的旅游接待国来说,一日游游客实际上也是一个重要的市场部分。例如,无论是美国与加拿大之间的一日游往来、荷兰与德国之间的一日游往来、新加坡与马来西亚之间的一日游往来,还是中国与俄罗斯之间的一日游往来,都是这方面的典型例子。

综上所述,关于国际旅游活动的细分情况,如图 2-2 所示。

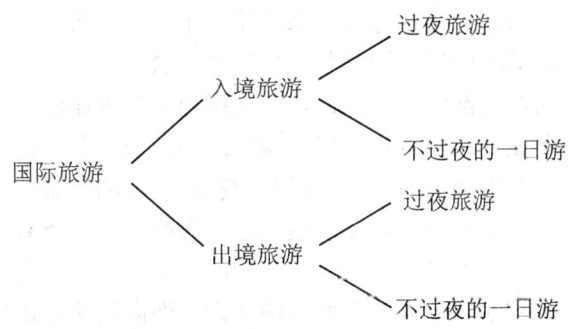

图 2-2 国际旅游活动的类别

三、国内旅游

国内旅游是指某一国家的居民在本国境内开展的旅游活动,即某一国家的居民离开自己的惯常居住地,到本国境内其他地方进行的旅游活动。根据这一界定,外国侨民在其侨居国境内开展的旅游活动也应纳入该国的国内旅游统计,因为这些外国侨民的合法身份为该国的居民。另外,世界旅游组织(WTO)还曾建议,"那些并不属于所在国居民的长驻外国人在该国境内进行的旅游活动,亦属于国内旅游"。也就是说,就某一国家而言,有些在该国长驻的外国人虽然在身份上并不是该国居民,但对于他们在该国境内开展的旅游活动在统计上也应归属该国的国内旅游。这里所称的"长驻",是指这些外国人在该国的连续驻留时间已长达一年或更为长久。按照世界旅游组织的这一解释,那些长驻我国的外国使领馆人员及其他长期驻华人员在我国境内开展的旅游活动,同样理应纳入我国国内旅游的统计范畴。

与国际旅游活动的前述细分情况相类似,人们同样可以根据旅游者是否在所到访的目的地停留过夜,将国内旅游活动进一步划分为过夜的旅游活动和不过夜的国内一日游。虽然世界各国的国内旅游收入统计往往都是既包含过夜旅游者的消费额,也包含一日游游客的消费额,但是,在国内旅游人次统计中是否包含不过夜的一日游游客,目前各国的情况则不尽统一,具体情况取决于各国自己对国内旅游人次的统计口径。例如,在我国的旅游统计工作中,对于国内旅游人次的统计,历来都是将过夜旅游活动和不过夜的一日游活动全部包含在内。

从需求方面观察,作为旅游活动发展的普遍规律之一,人们在开展旅游活动方面,所涉及的地域范围通常都是由近及远地渐进发展。因此,除了那些国土面积很小的袖珍国家之外,就大多数国家的情况而言,国内旅游活动的发展总是先于出国旅游(出境旅游)的发展。这主要是因为,国内旅游活动的旅行距离一般都相对较短,因而旅途所需时间较少,旅游费用较低,很少存在文化和语言障碍,并且很少像出国旅游那样需要办理繁杂的旅行手续,等等。

由于国内旅游需求的发育通常都领先于出境旅游,加之国内旅游的需求层次一般也都是由低向高逐渐演进,因此,面向国内市场的旅游业务也相对比较容易发展。事实上,即使是当今世界上发达国家的旅游业,其入境旅游业务也无一不是在国内旅游业务发展成熟所奠定的经验和物质条件的基础上发展起来的。

尽管如此,我们不难发现,在发展旅游业方面,几乎所有国家的政府都偏重于支持发展入境旅游,不仅发展中国家的情况大都如此,而且发达国家的情况更是无一例外。这一方面是因为,人们普遍认为,面向国内市场发展旅游业相对比较容易,因而有关的工作通常可交由民间力量自己去进行,政府无须介入;但更为重要的另一方面则是因为,国内旅游业务不能为国家带来外汇收入,并且对于整个国家经济来说,国内旅游收入并不能形成外来的"经济注入"(economic injection)。

但是,旅游业毕竟是一个需求市场导向的产业。尽管在很多国家中,国内旅游不像入境旅游那样为政府所高度重视,但事实上,规模庞大的国内旅游需求一直是推动各国旅游业发展的基础力量。长期以来,在全世界旅游活动总量中,国内旅游一直都占据极大比重。根据世界旅游组织的估算,全球国内旅游活动与国际旅游活动的规模之比为10:1。即使是在发达国家中,国内旅游活动的规模同样远远高于出境旅游。例如,有关调查显示,在美国,出国旅游人次与国内旅游人次之比大约为 1:20。或许有人认为，美国国内旅游所占比重大的原因与其国土辽阔有关。其实，在绝大多数国家中，国内旅游活动的规模普遍都大于该国居民出国旅游的规模。例如，在出国旅游早就盛行的英国，国内旅游人次在其国民旅游活动总量中所占的比重也超过 80%。

在我国，自 20 世纪 80 年代中期以来，国内旅游需求的成长速度之快，发展规模之大，更是堪称世界之最。根据国家旅游局的有关统计数字，1985 年，我国国内旅游活动的规模为 2.4 亿人次，国内旅游消费总额为 80 亿元人民币。到了 10 年之后的 1995 年，国内旅游活动的规模已上升至 6.29 亿人次，国内旅游消费总额达 1375 亿元人民币，分别是 10 年前的 2.6 倍和 17.2 倍。2005 年，我国的国内旅游活动规模进一步增至 12.12 亿人次，国内旅游消费总额已达 5286 亿元人民币，分别是 1985 年的 5 倍和 66 倍。根据目前的最新统计，2011 年，我国国内旅游活动的规模已达到 26.41 亿人次，实现国内旅游总收入 19305.39 亿元人民币。国内旅游人次在同年国民旅游活动总量（国内旅游人次＋出境旅游人次）中所占的比重高达 97.4%。事实上，伴随着国内旅游市场的快速成长，在过去 20 多年中，国内旅游业务在我国旅游业中始终保持了支配地位。可以预料，这一趋势今后仍将会继续下去。

四、国际旅游活动与国内旅游活动的差别

就世界各地的普遍情况而言，国际旅游活动与国内旅游活动两者之间的差别主要反映在以下几个方面。

1. 地理范围不同

在开展活动的地理范围方面，国际旅游活动的开展会涉及跨越一国乃至多国的国界，而国内旅游活动的开展则限于在旅游者惯常居住国的境内进行。这也是两者之间最根本的差别。

2. 便利程度不同

就开展活动的便利程度而言，国内旅游活动的开展，在文化和语言方面遇到的障碍相对较小，并且国内各地之间的旅游往来通常不需要办理准入手续。与之相比，国际旅游活动的开展常会遇到语言文化，以及其他方面的障碍问题，并且外来旅游者通常都必须按照旅游接待国的要求，办理各种必要的入境、出境手续，其中包括办理出境和入境证件（护照与签证）、海关手续、卫生检疫，乃至兑换货币，等等。

3. 经济影响不同

在所产生的经济影响方面，本国居民国内旅游消费所带来的直接经济影响，只是表现为促进国内财富在本国境内不同地区间的重新分配，而不能直接带来本

国财富总量的增加（假定不考虑因这些资金对国内其他生产部门的刺激而带来的经济增长）。与之相比，国际旅游消费的发生，无论是出境旅游还是入境旅游，都意味着旅游者将其得自惯常居住国的收入，用于旅游接待国消费，从而会直接造成财富在不同国家间的转移。对于旅游客源国来说，本国居民出境旅游期间的在外消费开支，会直接形成本国财富的"漏损"或外流。对于旅游接待国来说，入境游客在该国停留期间的消费，则会形成一种外来的经济"注入"，从而能直接带来本国财富总量的增加。此外，旅游接待国还可将因此而获得的外汇收入用于弥补本国的国际收支逆差。所以，单是就这一点而言，国内旅游与国际旅游对国家经济的影响作用并非完全相同。也正是由于这一原因，世界上大多数国家的旅游政策都偏重于强调和鼓励发展本国旅游业的入境旅游业务。

第三节 现代旅游活动的特点

翻阅国内外众多的旅游研究文献，我们可能会发现，对于现代旅游活动的特点，人们多有不同的归纳。这种情况其实并不奇怪。由于人们的研究目的或观察问题的角度不同，因此所归纳出来的旅游活动的特点自然便会有所差别。无论如何，这里有必要提请注意的问题是，我们不宜为了总结特点而去总结特点。对于研究者来说，对现代旅游活动的特点进行归纳，只不过是一种手段，而不是目的。真正的目的在于通过这一手段去深化对现代旅游活动的了解，从而有助于指导旅游业的经营与管理工作。换言之，倘若只是为了归纳特点而归纳特点，以致所识别出来的特点不具备有实际意义的认识价值，那么这一归纳特点的工作则很可能会变得徒劳无功。基于这样一种考虑，对于现代旅游活动的特点，本节主要从四个方面进行归纳，根本目的在于了解和认识这些特点对于旅游管理工作的意义。这四个方面的基本特点是：
- 参加人员范围的普及性；
- 活动规模的成长性；
- 空间分布上的地理集中性（geographical concentration）；
- 时间分布上的季节性。

一、普及性

关于现代旅游活动的普及性表现，这里主要从大众旅游、奖励旅游和社会旅游等三个方面加以阐述。之所以如此安排，一方面是因为这三个方面是现代旅游活动普及性的典型反映；另一方面也是为了使学生熟悉和理解旅游文献中时常会涉及的这三个术语。

1. 大众旅游（Mass Tourism）

众所周知，工人阶级自诞生之日起，就一直在为提高工资和争取带薪休假的权利进行不懈的斗争。虽然早在第二次世界大战之前，旅游者队伍中就已经有劳动阶级出现，然而劳动阶级对旅游活动的大规模参与，则是"二战"结束以后的事情，或者更确切些说，是始于20世纪60年代中期的事情。从那时起，大众旅游开始成为现代社会中旅游活动的一大表现特点。这一情况的出现有着多方面的原因。其中最重要的驱动性原因是，在现代社会中，人们的工作乃至日常生活的节奏都已明显加快。即便是现代的乡村生活和农业劳动，也在朝着"农闲时节人不闲"的方向变化。传统上那种"采菊东篱下，悠然见南山"的田园生活方式早已被现代的快节奏所打破。城市中的生活节奏之快更是表现得格外突出。在"时间就是金钱"、"效率就是生命"的竞争压迫下，人们的工作、学习乃至日常生活都不得不追求效率。在身体和精神长期感受压力的情况下，人们不可避免地希望能有机会适时放松，以恢复体力和舒展精神。实现这一希冀的理想途径自然便是适时改换生活环境，去异地他乡呼吸一下"新鲜"的空气。不仅如此，随着现代教育的发展和人们文化知识的提高，人们的兴趣势必也会向自己生活本土以外的地方扩展，从而产生了解社会、认识世界、追求新知以满足自己好奇心的要求。外出旅游作为一种观察、体验和认识异地他乡事物的最直接的手段，为满足人们的求知兴趣和好奇心提供了最好的机会。

"大众旅游"这一术语有其双重的含义。它首先是指大众化旅游或旅游活动的大众化，即在现代社会中，旅游活动参加者的人员范围已经扩展到普通的劳动人众。外出旅游的开展已不再像过去那样只是少数人的特权，而是已经发展成为普通大众人人可以享有的权利。在世界旅游组织1980年全体大会上通过的《马尼拉宣言》明确提出，旅游活动也是现代人类社会的基本需要之一。同享有工作权一样，休闲、特别是外出旅游也应是现代社会中人人享有的权利。这一点不仅为《世界人权宣言》所倡导，而且已经成为很多国家的立法规定。各国社会有义务赋予公民这一权利，并且应将国民对旅游活动的参与纳入本国社会发展战略的一项内容。

"大众旅游"这一术语的另一层含义则是指"大众型旅游"，即伴随着现代旅游活动的大规模开展而形成的以有组织的团体包价旅游为代表的大众型旅游模式。换言之，这里所谓的大众型，是指旅游活动规模化开展的一种形式，尤其是指旅游者在旅行社的组织下，以团体方式开展的旅游活动，按所预定的时间、线路及事项安排活动内容。由于这种旅游方式的普及程度之高已近乎习俗化

(institutionalized)，故被称为大众（型）旅游，以这种有组织的集体活动形式外出旅游的人便因此被称为大众型旅游者。在国际旅游文献中，"大众旅游"多是用指这层含义。

自 20 世纪 60 年代开始，随着旅游活动的大众化发展和大众型旅游的普及，对于这种以有组织的团体形式开展的旅游活动，人们对其功过的评价就一直不断。其中有不少人，尤其是关注旅游影响研究的社会学家，对这种大众（型）旅游的发展普遍持否定意见。进入 80 年代之后，随着人们环境意识的提升以及对可持续发展问题的关注，这种以有组织的团体形式开展的大众型旅游更是成了很多人口诛笔伐的对象。然而客观地讲，在现代旅游兴起之后相当长的一段时期内，这种大众型旅游的发展不仅顺应市场需求的潮流，而且难以人为阻挡。特别是在广大民众普遍缺乏外出旅游的经验、对异国他乡的情况不大了解或不熟悉的情况下，倘若没有这种大众型的旅游形式，那么很多人外出旅游时的心理安全感障碍将难以在短时内得到克服。而且，倘若没有这种大众型的旅游形式，对于很多人来说，在外出旅游过程中不但会感到困难重重，而且旅游开支也将会增加很多。所以，尽管这种大众型旅游形式确实存在某些弊病（譬如容易加大对目的地环境的负面影响），但我们也不难想象，假定没有这种大众型旅游形式的普及，旅游活动参加者的规模将难以迅速增大，大众化旅游局面的出现也将会是漫长的事情。

2. 奖励旅游（Incentive Tour; Incentive Travel）

旅游活动普及性的另一表现是，在现代社会中，外出旅游或度假不仅已发展成为广大民众的一种短期生活方式，而且还越来越多地为商业组织、政府机构及社会团体用作激励员工的一种手段。这便是所谓的奖励旅游。

奖励旅游最早出现于 20 世纪 60 年代的美国。最初是某些大公司为了表彰和奖励那些工作成绩突出的销售人员，组织他们携配偶外出旅游度假。后来，一些研究人力资源管理的心理学家在经过大量的调查和分析之后发现，将组织免费旅游度假用作奖励员工的"奖品"时，所产生的激励作用远胜于传统的金钱或物质奖励。其中的主要原因在于：第一，就激励作用的时效而言，金钱或物质奖励所能产生的刺激作用通常历时很短，往往维持不了多久便会被人遗忘。与之相比，将奖励旅游用作激励手段时，效果则会有所不同。一次非同一般的旅游经历往往会令受奖者印象深刻，甚至会使其终生难忘。这意味着，奖励旅游所能产生的激励作用远比金钱或物质奖励来得持久。第二，就激励对象的范围而言，将金钱或物质用作奖品时，通常只能使获奖者本人受到激励，对其他员工似乎不会有多大的触动；与之相比，奖励旅游策略的实施，则会带来奖励少数人、激励一大片的效果。这主要是因为，就当今社会人们的物质生活水准而言，金钱或物质奖励已不再像过去那样为人们高度在意。以电视机作为奖品的情形为例，如果其他员工也希望能拥有电视机，那么自己花钱买一台也就是了。所以，在社会比较富裕的当今时代，将传统的物质奖励用作激励手段时，对获奖者并不会有很大的激励作用，其他员工也不大会因羡慕而间接受到刺激。

然而将奖励旅游用作激励手段时，实施效果则会有所不同。原因在于，对于员工来说，参加奖励旅游往往是一种难得的特殊经历。这主要表现在：第一，奖励旅游活动一般都是由本公司的高层领导带队出行并全程作陪，这对于获奖员工无疑是一种殊荣；第二，奖励旅游的出游目的地通常都经过特别挑选，一般都是选择员工个人不大容易前往的地方；第三，奖励旅游的活动内容往往都是量身定制，由专业的奖励旅游策划商进行特别组织与安排；第四，最为与众不同的是，在奖励旅游活动期间，陪同活动的本公司高层领导通常都会抽出半天或一天的时间组织开会，邀获奖者一起共商本公司的发展大计。这一情况不仅会使获奖者感到自己备受赏识，而且能使其有作为本公司主人的体验。这种经历或体验，非受奖者无论如何难以获得。因此，对于很多未受如此奖励的员工来说，他们一方面会对受奖的同事投以羡慕，另一方面也会为自己未能获此殊荣和经历而心存遗憾，从而很可能也会刺激他们在今后的工作中奋发努力。

由于上述原因，将奖励旅游用作激励手段的做法，此后很快为各种组织所效仿，不但在实业界是如此，而且也越来越多地为很多非营利组织乃至政府机构所采纳。时至今日，在旅游业中，奖励旅游已然成为一个颇具商业价值的高端市场，并且这一市场的规模仍在继续增大。目前，世界各地都有一些旅游企业或旅游目的地专门经营这一市场。

3. 社会旅游（Social Tourism）

如前所述，自20世纪60年代大众旅游兴起以来，旅游和度假逐渐发展成为人们生活中的必要组成部分。虽然这一点的实现程度因受社会经济发达水平的影响而各国不一，但这只是时间问题，因为很多事实都表明这一发展趋势已成定局。我们只要观察一下各工业化国家居民的出游率和出游频率，以及很多发展中国家近些年来居民出游率的变化情况，便不难理解这一点。事实上，在当今的工业化社会中，大多数家庭都有自己的旅游或度假预算。即使是生活条件并不算富裕的家庭，也总是设法在生活中的其他方面精打细算，以便能够保证至少一年一度的全家旅游度假计划的实现。

当然，这并非意味着在当今的工业化社会中，所有的家庭都很富足，都有条件实现外出旅游度假，也不是说那些经济状况并不宽裕的家庭只要在生活上能精打细算便可节省出足够的旅游预算。实际上，即使是在经济发达的欧美国家中，同样也有相当数量的社会下层。这些家庭的经济收入之低，不论其怎样节俭也难以节省出可用于旅游度假的预算。对于社会中这些低收入的贫困家庭，有些国家则是采取了通过由政府、雇主或工会等提供资助或补助的办法，以帮助他们实现对旅游活动的参与。通过这类途径实现的旅游活动，便是有关文献中所谓的"社会旅游"，有时也称作"社会补贴性旅游"（social subsidized tourism）。

这种社会旅游政策在西欧国家中尤其最为常见。至于具体的资助或补贴方式，各地在做法上不尽相同。例如，有些地方是由雇主企业给员工发放度假补贴；有些地方是由政府或某些社会组织出资兴建一批度假中心，对这类度假者实行减免收费；有些地方则是通过由工会组织度假储金会的方式，帮助低收入的会员积蓄家庭度假资金。例如在法国、比利时和澳大利亚等国，都有工会组织举办这类储金会。会员按照有关规定平日定期投入储金，等度假季节到来时一次性取出，工会亦同时给予适量的补贴。这类社会补贴性旅游活动通常都是有组织地进行，并且一般都是选择本国境内的旅游度假地，但有时也可能会根据实际的旅行距离和费用情况，选择前往邻国开展旅游或度假。尽管这类旅游者的消费水平比较低，但这种社会补贴性旅游活动的组织和开展在一定程度上表明，旅游度假作为现代生活的必要组成部分，至少在很多发达社会中已经被提上社会发展的议事日程。

当然，对于发展中国家中的很多家庭来说，外出旅游度假目前在很大程度上仍被看作是一种奢侈。但很多事实显示，随着发展中国家的经济崛起和旅游活动参加者人数的不断增多，旅游活动发展的普及性趋势也已表现得比较明显。作为发展中大国，中国和印度近些年来的情况都可谓是其中的典型。以中国的情况为例，在20世纪80年代以前，有条件参加旅游活动的人为数很少。在很多人的心目中，旅游甚至是一个陌生的概念。然而，随着改革开放政策的实施和中国经济的持续快速发展，中国人民的旅游需求也在不断发育和走向成熟。到了2005年，中国人民的国内旅游活动规模已达12.12亿人次，高居世界第一位，甚至出境旅游的规模也已突破3000万人次，居亚洲第一位。人们无论采用何种预测技术都不难推断，旅游活动在中国民众中的普及化发展趋势今后仍将会继续下去。

二、成长性

现代旅游活动的成长性主要表现为"二战"结束以来全球旅游活动规模增长的持续性。"二战"后，随着旅游活动的日益普及，旅游度假在很多国家已经成为人们生活的必要组成部分。有关统计数字显示，自20世纪50年代起，全世界旅游活动（包括国际旅游和国内旅游）的规模增长持久不衰。以有关国际旅游活动的统计数字为据，虽然个别年份因某种突发性因素的影响，全球国际旅游活动的开展规模偶有波动，但总的发展趋势是持续增长。这一点可为下面的统计数字所证明（表2-1）。

表 2-1　全世界国际旅游人次和国际旅游消费额

年份	旅游人次（万）	消费额（亿美元）
1950	2528	21.00
1960	6932	68.67
1970	16579	179.00
1980	28627	1051.98
1985	32956	1176.30
1990	45923	2678.00
1995	56847	4030.00
2000	69670	4760.00
2005	80620	6800.00

资料来源：根据世界旅游组织（WTO）有关统计数字整理。

当然，这一持续上升趋势只是针对整个世界旅游活动发展的总体情况而言，未必完全适用于解释某一具体地区或国家的旅游活动发展情况。这主要是因为，旅游活动的发展情况实为旅游客源地与旅游目的地两个方面有关因素的变化情况所共同决定。因此，具体就世界某一地区或某一国家的情况而言，旅游活动的发展因某些突发因素的影响而一时遭受挫折，以至出现停滞或后退的情况，是完全可能的。事实上，这方面的例子在世界各地都可找到，例如：

● 20 世纪 70 年代中期，中东战争的爆发使这一地区不少国家的旅游业陷入了低谷。

● 1986 年，由于前苏联切尔诺贝利核电站泄漏事故的影响，致使该年访欧游客大幅度减少，欧洲的旅游外汇收入因此损失约 20 亿美元。

● 1989 年，我国发生的政治风波导致了来华游客数量的大滑坡。

● 2001 年，美国"9·11"事件的发生致使访美游客急剧减少。

● 2003 年，"非典"疫情的爆发使得包括我国在内的很多亚洲国家的旅游业都遭受到严重挫折。

然而，尽管诸如上述的局部挫折不断，但都未能阻止全球旅游活动发展的总步伐。这一方面是因为，事实证明，多数突发事件的影响期都比较短暂。正如一些专家基于数据分析指出的那样："近年来的经验清楚地表明，旅游业摆脱战争或恐怖活动的阴影，恢复发展的速度也很快。作为对人类健康的一种威胁，'非典'给人类带来的恐慌远比人们对战争或恐怖活动的恐惧要严重得多……但'非典'的影响如今也已（很快）过去。"（Turner and Witt, 2006:4）另一方面则是因为"西方不亮东方亮，黑了南方有北方"，某一地区或国家因某种变故而导致的来访游客减少，会为其他地区或国家游客接待量的增加所弥补。此外，国际旅游人次的下降也可能会为国内旅游人次的上升所抵消。总之，只要不发生新的世界大战，全世界旅游活动的增长有望会继续下去。

正是因为如此，早在20世纪80年代，美国的哈德森研究所（Hudson Institute）就曾预测，到2029年时，全世界的旅游消费总额（包括国际旅游和国内旅游）将达到70000亿美元。1997年，世界旅游组织也曾预测，到2020年时，全球国际旅游活动的规模将达到16亿人次，全球国际旅游收入总额将超过20000亿美元。根据这一预测，如果将全球国内旅游活动的规模也考虑进去，那么到2020年，全球旅游活动的总体规模（包括国际旅游和国内旅游）将超过160亿人次，全世界旅游收入总额也将因此有望达到7~8万亿美元。

2011年，世界旅游组织在其标题为"2030年旅游业展望"（*Tourism Towards 2030*）的研究报告中，更新了该组织对全球国际旅游发展所做的长远性预测。更新后的预测结果主要包括：

- 全球国际旅游活动的总体规模2012年将超过10亿人次，2020年将接近14亿人次，2030年将达到18亿人次。
- 到2030年时，全球每天将会有500万人跨国旅游。
- 全球国际旅游接待量的地域集中度将会进一步下降，在全球各地区的分布将会进一步趋于平均。
- 从2015年开始，新兴国家的国际旅游接待总量将会出现有史以来首次超过发达国家的接待量。到2030年，新兴国家的国际旅游接待总量将超过10亿人次。
- 亚太地区将不仅是新增国际旅游接待量的最大占有者，同时也将是出境旅游增量最大的地区。
- 到2030年时，东南亚将成为亚太地区国际旅游接待量增速最快的地区，东北亚则将成为亚太地区国际旅游接待量最大的地区。

总之，无论是历年来实际统计数字的变化趋势，还是经济学家们对未来旅游发展所做的预测，都有助于人们了解旅游市场需求的巨大潜力，有助于人们认识旅游业发展的未来前景。

三、地理集中性

现代旅游活动的第三个基本特点表现是旅游活动的开展在空间分布上的地理集中性。在有关现代旅游的较早期研究中，多数研究者普遍强调的是，随着现代交通运输工具的进步，人们在世界各地之间旅行往来的时间距离在不断缩短。由于这一情况，加之现代通信和信息技术所带来的沟通便利，使得当今世界"正在缩小"（a shrinking world），正在朝向"地球村"（a global village）的方向发展。

正因为如此，如今世界上几乎每一个角落都留下了旅游者的足迹，甚至像南极洲这样遥远的冰雪世界，也已经成了旅游者的目的地。时至今日，甚至连太空旅游的发展也已开始步入正在进行时。尽管所有这些的确都属事实，然而我们站在国家或地区的立场，从发展旅游业的角度进行客观观察与分析，可能不难发现，起码是截至目前，到这些"角落"去旅游的人其实为数极少。

换言之，尽管现代旅游者的活动范围可谓无处不至，但事实上，人们这些旅游活动的开展，并不是平均地或大致平均地分布于整个地球的每一处地方，而往往都是相对集中于某些地区、某些国家，甚至相对集中于某个国家中的某些区域或地点。现代旅游活动的开展在空间分布上的这一表现特点，可称之为"地理集中性"（geographical concentration）。所以，基于旅游管理这一务实角度去认识，真正值得强调与认识的特点无疑应是现代旅游活动的地理集中性，而不是旅游者涉足地域的广泛性。现代旅游活动的地理集中性在不同的地理层面上都可得到客观反映，例如：

1. 基于全球范围的观察

以国际旅游活动在全球各大地区的分布情况为例。世界旅游组织在统计全球国际旅游的发展情况时，通常都是将全球划作六个地区——按英文首字母排列依次为欧洲地区、美洲地区、东亚和太平洋地区（或亚太地区）、非洲地区、中东地区和南亚地区。从世界旅游组织历年来的统计数字中，我们都不难发现，全球国际旅游活动的开展，并非是平均地分散于世界各地，而是相对集中于某些地区。在1950～2002年国际旅游活动总量的地区分布中，每一年的情况都是：欧洲地区的接待量最大，其次是东亚和太平洋地区，再次是美洲地区。这三个地区的接待量合到一起，约占全世界总量的90%～95%。相比之下，非洲、中东、南亚等地区的国际旅游接待量都很小。这三个地区的接待量合计，仅占全球总量的大约5%～10%。如果说这一分布格局此后有何变化，那便是从2003年起，亚太地区的国际旅游接待量开始超过美洲地区而升至第二位。换言之，时至今日，欧洲、亚太和美洲这三个地区的国际旅游接待量合计，依然占全球总量的绝大部分（表2-2）。这些统计数字清楚地表明，从全球国际旅游活动的地区分布格局来看，现代旅游活动的开展明显具有地理集中性的特点。

表 2-2 世界各地区国际旅游接待量的份额（%）

年份 地区	1960	1970	1980	1990	2000	2005
全世界	100.0	100.0	100.0	100.0	100.0	100.0
欧洲	72.5	70.5	66.0	62.6	57.7	54.8
美洲	24.1	23.0	21.3	20.4	18.5	16.6
东亚太	1.0	3.0	7.3	11.4	16.0	18.3
非洲	1.1	1.5	2.5	3.3	3.9	4.6
中东	1.0	1.4	2.1	1.6	2.9	4.8
南亚	0.3	0.6	0.8	0.7	0.9	1.0

资料来源：根据世界旅游组织（WTO）统计数字整理。
注：由于计算时四舍五入的原因，各纵列的数字之和可能不等于100%。

2. 基于全国范围的观察

即使我们将观察范围收缩为一个国家，我们同样也会发现，旅游活动在该国各地间的分布同样也具有相对集中的特点。以我国的入境旅游为例。到我国来旅游的海外游客也不是平均地分散于各省市开展旅游活动，而是沿着自己所理想的旅游线路到自己所理想的地方去旅游和访问。

例如，根据国家旅游局发布的《2011年中国旅游业统计公报》，2011年全国接待入境过夜旅游者总计10655.23万人次。其中广东省的接待量最大，为3331.63万人次。除了广东省之外，接待量超过500万人次的地区有4个，依次为浙江、江苏、上海和北京；接待量为300～490万人次的地区有5个，依次为福建、山东、辽宁、云南和广西；接待量为100～290万人次的地区有12个，依次为陕西、安徽、湖南、湖北、黑龙江、四川、山西、内蒙古、河南、江西和河北；接待量为50～90万人次的地区有4个，依次为吉林、海南、天津和贵州；其余省区的接待量皆为30万人次以下，其中接待量最小的是宁夏，仅为1.95万人次（详见表2-3）。虽然各省、自治区、直辖市接待量的排序在不同的年份可能会略有微调，但不论怎样变化，各地区的接待量差距都不可避免地存在。这种差距的存在，无疑也是旅游活动地理集中性的客观反映。

表 2-3　各省、自治区、直辖市入境旅游接待量（2011 年）

地区	入境过夜者（万人次）	地区	入境过夜者（万人次）	地区	入境过夜者（万人次）
广东	3331.63	安徽	262.87	河北	114.14
上海	668.61	广西	302.79	江西	135.83
江苏	737.33	湖南	227.63	吉林	99.32
北京	520.40	重庆	186.40	海南	81.43
浙江	776.69	湖北	213.52	贵州	58.51
福建	427.42	黑龙江	206.52	西藏	27.08
辽宁	405.33	内蒙古	151.52	青海	5.17
山东	424.23	四川	163.97	甘肃	9.11
天津	73.06	山西	155.32	宁夏	1.95
云南	395.38	河南	168.29		
陕西	270.41	新疆	56.37	全国总计	10655.23

资料来源：《中国旅游统计年鉴 2012》。

3. 基于一个城市的观察

即便我们将观察范围继续缩小为聚焦到一个城市，也同样会发现，来访旅游者并不是平均地分散在该城市的各个地点开展旅游活动，而往往多是集中于其中的某些区域。例如，英国伦敦是世界上著名的旅游城市之一。伦敦市区内的特拉法格广场、西敏寺、白金汉宫以及伦敦塔等处皆为知名度很高的游览点，因而也是外来游客活动比较集中的地方。根据笔者曾参与过的有关调查显示，在来访伦敦的入境旅游者中，93%的人都会去游览特拉法格广场，85%的人都会去参观西敏寺，83%的人都会去白金汉宫观看皇家卫兵的换岗仪式，82%的人都会去伦敦塔参观。与之相比，其他区域的游客接待量在不同程度上都相对较小，有些区域甚至鲜有游客问津。这充分反映出，即便是伦敦这样的著名旅游城市，游客来此开展的旅游活动同样也有地理集中性的特点。其实，我们不难想象，不仅伦敦的情况是如此，在我国乃至世界上的任何一个旅游城市开展这类调查，人们很可能都会发现，类似的情况也都普遍存在。

了解和认识旅游活动的地理集中性特点，不论是对于微观层次上的旅游企业经营，还是对于宏观层次上的旅游规划与管理，都具有重要的现实意义。

就微观层次而言，认识地理集中性这一特点，将有助于指导旅游经营者对营业地点的选址，也就是说，根据这一特点，旅游经营者应将营业地点选择在旅游者活动比较集中的区域。特别是对于诸如旅馆、餐厅、旅游商店、旅行代理商之类的旅游服务企业来说，传统上一直都是将"地点、地点、还是地点"作为实现成功经营的"黄金法则",其中的原理即在于此。这一"黄金法则"中所称的"地点",实际上就是指有足够大的客流或足够多的潜在顾客来此活动的地方。

在宏观层次上,对地理集中性这一特点的了解和认识,意义更为重大。这主要反映在,它将有助于指导旅游目的地管理者对该地旅游业发展的规划工作,从而有助于促进可持续旅游发展的实现。其中的基本原理就在于,任何一个旅游接待地区的承载力都有它的极限。如果这一极限被突破,则会使原本是以潜在形式存在的负面影响转化为不可接受的现实问题。事实上,对于大多数旅游目的地或旅游景区来说,"人满为患"之类"超载"现象的出现,客观上往往都是与旅游活动在空间分布上的过度集中有关。这类问题的出现,只有通过对旅游业发展进行科学规划以及对游客管理工作的有效实施,才有可能得到避免或抑制。

四、季节性

现代旅游活动的开展不仅在空间分布上有地理集中性的表现,而且在时间分布上往往也呈现出不均衡的特点。这种在时间分布上的不均衡特点,通常被人们称之为旅游活动的季节性(seasonality)。

1. 旅游活动的季节性表现与实质

就当今世界上的绝大多数旅游目的地而言,我们只要注意观察到访游客在全年各月份的分布情况,便很容易发现,不论是哪一年的情况,都会呈现出有些月份的游客到访量很大,而有些月份的游客到访量较小这样一种近乎规律性的变化格局。

在旅游研究以及旅游业经营中,人们通常将一年中游客到访人数明显较多的月份(或者对于某客源地来说,其居民人口中出游人数明显较多的月份)称为旺季(high season);将游客来访人数相对很少的月份(或者对于某客源地来说,居民出游人数相对很少的月份)称为淡季(low season);对介于这两者之间的其余月份,则称为平季(shoulder season)。以我国改革开放之后历年来各月份接待入境游客的情况为例。每年的6～11月一般可认为是境外游客来访的旺季,12月、1月和2月这三个月份则一般可认为是境外游客来访的淡季。

对于旅游目的地以及该地的旅游企业来说,"季节性"的实质意味着需求波动(demand fluctuation)。这种以"季节性"为通常称谓的需求波动,实际上不仅存在于一年之中的四季之间以及各月份之间,而且在一周之中的平日与周末之间,甚至在一天之中的不同时段之间同样也都可以见到。例如,对于大多数旅游景点来说,每逢周末,游人来访量通常都会高于平日。对于饭店和航空公司来说,每逢周末,以商务客人为代表的差旅型顾客一般都会明显减少。而对于餐饮企业来说,即使是在同一天中,不同时段的业务量往往也会有很大的差异。

在接待境外游客来访方面,如果与很多其他旅游目的地国家的情况进行比较,我们很可能会发现,我国在这方面的季节性差别程度其实并不是很高。这一方面是因为我国疆域辽阔,各地气候多样,全年四季都有适于开展旅游活动的地方;另一方面则是因为在吸引境外游客来访的重要旅游资源中,有相当一大部分都是受气候条件影响较小的历史文化资源。所有这些情况,客观上都起到了抑制入境旅游需求剧烈波动的作用。

与我国的情况相比,在有些旅游目的地,特别是在那些单纯依赖自然旅游资源吸引外国游客来访的国家和地区,入境旅游需求的季节性程度要严重得多。在有些这类国家或地区中,很多旅游企业都是季节性经营,因为每到旅游淡季时,来访游客十分稀少。为了避免过重亏损,很多旅游服务企业都不得不关门歇业,从而造成设施的闲置、从业人员的季节性失业,并因此带来很多其他方面的经济和社会问题。

事实上,对于世界上大多数旅游目的地来说,季节性一直都是旅游业经营中的一大问题。这意味着,不论是对于旅游目的地管理者,还是对于旅游企业来说,如何克服来访旅游需求的季节性波动,都是一个必须予以正视的重大问题。也正因为如此,世界各地一直都在想方设法,特别是通过科学规划和市场营销工作的开展,尽力减小来访旅游需求的季节性波动程度。

2. 旅游季节性的成因

对于一个旅游目的地来说,致使游客来访量出现季节性波动的原因,既需要从该地自身方面进行分析,也需要从客源地方面进行分析。就多数情况而言,其中既有该地自身方面的原因,也有客源地方面的原因。

(1) 旅游目的地方面的原因

就旅游目的地自身方面而言,致使游客来访量出现季节性波动的主要原因,通常都与该地的气候条件有关。特别是在该地借以吸引游客来访的主要旅游资源在很大程度上为该地气候的季节性变化所左右的情况下,这种影响显得格外突出。例如,地处北半球的旅游目的地的气候多有四季分明的特点。假定某地借以吸引游客来访的主要资源条件是该地拥有质量上乘的高尔夫球场,那么每年夏秋时节,都会吸引大批的高尔夫爱好者来访。然而随着寒冷冬季的到来,这一旅游资源的吸引力便会随之削弱,该地的游客接待量也会因此跌入低谷。诸如此类的案例举不胜举。再如,在西非地区,不少国家都拥有出色的度假旅游资源。由于未受工业污染,很多地方的自然环境都处于纯净美好的原生态,因此每年夏季都会吸引大批的欧美游客前来度假和休养。然而随着夏天的过去,这些地方的气温、日照、湿度、景色等环境因素也随之变化。由于环境舒适度的大幅下降,这些地方的度假吸引力也随之暗淡,很少有游客此时前来光顾,致使这些地方的旅游接待设施几乎都是季节性经营。与之形成对照的另外一种情况是，在那些主要以天然冰雪活动项目吸引游人来访的滑雪度假地，随着季节和环境条件的变化，游客来访量通常也都会出现季节性的大幅波动。

（2）旅游客源地方面的原因

就旅游客源地方面的原因而言，虽然影响当地居民对出游时间的选择，从而左右该地市场出游季节性的因素可能有很多，但其中较具普遍性的影响因素主要有三个：其一是人们的出游目的，其二是带薪假期的放假时间，其三则是人们在选择出游时间方面的传统习惯。

① 出游目的。从总体上讲，以商务活动为代表的差旅性外出，通常都不会受季节的影响，只要是本组织/企业的工作需要，有关人员随时都会领命外出，因而这类目的的旅行外出对该地居民外出旅游的季节性没有影响。除此之外，在以探亲目的为代表的因私事务型出游活动方面，虽然这类目的的出游活动有时会受传统节假日的影响，但从总体上讲，这类目的的出游活动对该地居民出游的季节性影响也不大。所以，真正对客源地居民地出游季节性的形成，以及对出游季节性的程度具有重大影响的是消遣性目的的出游活动。也就是说，在该客源地外出旅游的人群中，如果因消遣目的外出者所占的比重很大，那么从总体上讲，该地居民外出旅游的季节性差别程度势必会很高。反之，如果以商务人员为代表的差旅型外出者所占的比重很大，则该地外出旅游的季节性通常都不会很明显。推而广之，对于一个旅游目的地来说，在其所接待的来访游客中，如果消遣型游客所占的比重很大，那么该地旅游业务的季节性将会表现得很明显。反之，如果来访该地的游客主要是差旅型客人，那么该地旅游业务的季节性表现一般都会很弱。

② 带薪假期的放假时间。影响客源地居民出游季节性的另一主要因素，则是其带薪休假的时间分布。如果该地带薪假期的放假时间比较集中，那么该地居民外出旅游的季节性通常会很强。反之，如果带薪假期的时间分布比较分散，该地居民外出旅游的季节性则会因之而削弱。以作为世界上主要国际旅游客源国之一的英国为例。20世纪80年代以前，对于法定的带薪年假，各有关组织和企业普遍都是要求员工一次性休完，而且普遍都是将带薪假期的休假时间安排在七月和八月这两个月份。由于人们都集中在这段时间内外出旅游度假，因而致使该国居民的出游活动表现出强烈的季节性特点。此后，随着生产力的发展和社会的进步，在对带薪假期休假时间的安排上逐渐趋向灵活。随着"第二假期"的出现和流行，英国居民外出旅游的时间格局也因此有了变化，从而使得英国居民外出旅游的季节性程度有所减弱。具体表现在，据有关调查，在出国旅游度假的英国人中，7～9月出游者约占45%；4～6月出游者约占28%；1～3月出游者约为12%；10～12月出游者约为15%。我国目前正逐步推行这类法定的带薪休假制度，并且最近十

年来随着节日放假制度的变革，每值"黄金周"期间国民旅游高峰的出现，同样也反映了放假时间对出游季节性的影响。

③ 传统习惯。除了上面所述的两项主要原因之外，在近年来的旅游市场调研中，人们还注意到，在有些国家中，尽管对带薪假期放假时间的安排日趋灵活，但是实际上，有相当多数的家庭仍倾向于选择在传统的度假时节外出旅游或度假。例如在上面所举的英国案例中，45%的英国家庭仍愿意选择在7～9月外出度假。这表明，人们在选择出游时间方面的传统习惯，对于该客源市场的出游季节性也会有一定的影响。

（3）关于客源国市场出游季节性的经验认识

由于旅游需求的季节性波动会给目的地旅游业带来诸多的不利与问题，所以对于旅游目的地管理者来说，在根据地域去选择目标客源市场时，有必要注意了解该地居民外出旅游的季节性情况。以对国际客源市场的选择为例，有关这方面的经验要点可归纳如下。

① 在该国出境旅游者的社会阶级构成中，如果来自社会上层的旅游者在数量上占据绝大比例，则意味着该国国民出游季节性很小或不会有季节性问题。例如，目前南美洲的一些国家以及西班牙的出境旅游市场基本上可属这类情况。这主要是因为这些国家的出境旅游者多来自社会上层，其出境旅游活动不受带薪假期的约束。不过，这类市场的规模一般也会很小。

② 在该国的出境旅游者中，如果以公务、商务目的为代表的差旅型旅游者占据绝大比例，则意味着该市场的出游季节性很小或没有季节性问题。一般地讲，发展中国家的出境旅游市场多属此类。

③ 如果该国的出境旅游规模很大，并且消遣型旅游者在其中占据绝大比例，那么该市场的出游季节性很可能会表现得非常强烈。这主要是因为，在这类国家的出境旅游市场中，来自社会中下层的普通民众所占的比重很大。这些人由于受带薪假期放假时间的制约，对出游时间基本上没有选择的自由，而只能按规定的带薪假期放假时间外出旅游。目前英国的出境旅游市场当属此类。

④ 当一个国家的社会经济发展到相当高的阶段，居民家庭收入水平很高时，该国国民出境旅游的季节性会因此而减弱。主要原因在于，由于该国社会经济的高度发达，就业于制造业的人数在全部就业人口中所占的比重很小，而第三产业的就业人数所占比重很高。就现实中的通常情况而言，在制造业中，员工带薪假期的放假时间往往会比较集中而且季节固定；而在第三产业中，对于带薪假期的休假时间，员工往往可灵活选择。但是目前这类国家为数甚少，时下的美国可谓正在步入这一阶段，所以人们可能会发现，美国的出境旅游人数在全年中的分布，比其他国际旅游客源国的情况相对要均衡得多。

第四节 旅游活动状况的基本测量指标

在旅游研究和旅游业管理工作中，人们需要使用某些指标去测量旅游活动的发展状况。对于一个国家或地区来说，旅游管理者可借助这些指标，通过对国际游客的入境旅游、本国居民的出境旅游、本国居民国内旅游等方面的发展状况进行历史同期的纵向比较，并且与竞争国家或地区的相应情况进行横向比较，去分析本国或本地区在发展旅游业方面有可能存在的问题，以便采取必要的举措去调控旅游业的发展。在旅游研究和旅游业经营管理的实际工作中，这方面的测量指标会有很多。基于本书的目次，这里主要是站在国家或地区旅游管理的立场，本节重点介绍三种最常用的基本测量指标，即旅游人数、旅游收入和旅游支出以及旅游者停留天数。

一、旅游人数方面的指标

对于一个既是旅游目的地又是旅游客源地的国家来说，旅游人数方面的测量指标一般有境外来访者的入境旅游人数、本国居民的出境旅游人数和本国居民的国内旅游人数之分。

1. 入境旅游人数

按照国际惯例，入境旅游人数（international arrivals）的统计实际上可以细分为以下两种情况。

（1）入境旅游者人数（international tourist arrivals）：通常指给定时期内入境来访并停留过夜的国际旅游者人次数。

（2）入境游客人数（international visitor arrivals）：通常指给定时期内入境来访的国际游客人次数，其中既包括停留过夜的国际旅游者，也包括不过夜的国际一日游游客。

有必要说明的是，上述界定中之所以使用了"通常"一词，是因为在我国的旅游统计中，这两项指标中均包括前来内地旅游的港澳台居民。

在对入境旅游人数的统计方面，世界各国的做法不尽相同。大多数国家，包括我国在内，都是根据本国的边防入境登记，去统计来访的入境旅游人数。而另外有些国家则是通过开展抽样调查或根据旅馆的住宿登记，去估算给定时期内的入境旅游人数。严格地讲，不论是采用上述哪一种做法，都难免会有其不足之处。例如，根据边防入境登记去统计入境旅游人数时，难免会将边境地区外国边民的日常入境人数也包括进去,而后者实际上并不是真正意义上的国际游客。另一方面,在根据旅馆住宿登记去统计入境旅游人数时,则势必会将入境来访的一日游游客以及在亲友家中住宿过夜的入境旅游者排除在外。

这些差异告诉我们,在旅游研究中,人们需要特别注意的是,除非两个旅游接待国或地区所采用的统计口径和统计方法相同,否则不能就其统计结果进行有意义的横向比较。如果确实有必要进行比较,则需要根据双方在统计方法和统计口径方面的差异情况,对有关的统计数字进行必要的整理和修订,使之具备可供比较的基础。

2. 出境旅游人数

在通常情况下,所谓出境旅游人数,实为出境游客人数(outbound visitors),所指的是给定时期内本国居民出境旅游的人次数,其中既包括在境外停留过夜的出境旅游者,也包括不在境外过夜的一日游出境游客。

在对出境旅游人数的统计方面,国际上的通常做法一般都是由本国在这些出境游客返回入境时,通过抽样调查的方法进行统计。

3. 国内旅游人数

同样,国内旅游人数可细分为:

(1)国内旅游者人数(domestic tourists):指给定时期内本国居民参加国内旅游活动并在目的地停留过夜的国内旅游者人次数。

(2)国内游客人数(domestic visitors):指给定时期内本国居民参加国内旅游活动的人次数,其中既包括在目的地停留过夜的国内旅游者,也包括不过夜的国内一日游游客。

就一般情况而言,国内旅游人数通常用于指国内游客人数,即两者的数值相同。对于这一指标,世界各国的通常做法都是通过定期开展的国内旅游抽样调查进行统计测算。我国的情况基本上也是如此。自1993年开始,国家旅游局每年都委托国家统计局城市社会经济调查总队,对我国城镇居民的国内旅游情况进行抽样调查。此外,国家旅游局在连续三年(1997、1998、1999)与国家统计局城调总队合作开展农村居民国内旅游情况抽样调查并取得经验的基础上,从2000年开始,委托国家统计局农村社会经济调查总队,在全国范围内开展农民国内旅游情况抽样调查。根据所有这些抽样调查的结果,汇总出全国的国内旅游人数以及有关国内旅游发展情况的其他指标下的数据。

二、旅游收入和旅游支出

1. 旅游收入

一般来讲,旅游收入(tourism receipts)通常是指在某一给定时期内(通常为一年），旅游目的地国家或地区因接待国内外游客，向其提供各种商品和服务而直接实现的收入额。旅游收入通常细分为国内旅游收入和国际旅游收入这两个指标。

（1）国内旅游收入（domestic tourism receipts）：是指在给定时期内一个国家或国内某一特定地区因接待国内游客，向其提供各种商品和服务而直接实现的收入额。

世界各国对国内旅游收入的统计一般都是通过抽样调查的方法进行。我国对全国国内旅游收入的统计，是由国家旅游局分别委托国家统计局城调总队和农调总队，在全国范围内开展国内旅游抽样调查处的基础上进行汇总测算。

（2）国际旅游（外汇）收入（international tourism receipts）：通常是指在给定时期内，一个国家或地区通过接待来访的入境游客，向其提供各种商品和服务而直接实现的收入额。

按照国际上的惯例，一个国家所实现的国际旅游收入中，不包括该国航空公司的国际客运业务收入。根据这一惯例，虽然某些外国游客可能会搭乘中国国际航空公司的班机来华旅游和离华返回，但中国国际航空公司的这些机票收入并不列入我国国际旅游（外汇）收入的统计范畴。

2. 旅游支出

在国际旅游研究中，一个国家的旅游支出（tourism expenditure）通常是指该国的出境旅游（外汇）支出，即在给定时期内（通常以年度计算），该国居民出境旅游期间在国外购买商品和服务的消费开支总额。同样，在国际旅游研究中，一个国家的国际旅游支出中一般也不包括国际往返交通的消费开支。

关于对国际旅游收入和国际旅游支出的统计，各国的做法也不尽相同。其中最常见的方法是银行报告法（Bank Reporting Method）。这种方法是由国家中央银行通过对经授权受理入境旅游者和出境旅游者外币兑换业务的各银行和其他代理机构的交易登记进行汇总，然后计算出某一给定时期内本国的国际旅游收入额或国际旅游支出额。虽然这一方法在国际上应用甚广，但这种收集数据的方法本身就存在不少问题。例如，其一，在外币兑换业务登记中，对于其中哪些交易是旅游者的交易，哪些交易不是旅游者的交易，实际上难以认定清楚。其二，某些来访的入境旅游者将其所持货币兑换成东道国的货币之后，在离境时可能又会将剩余的东道国货币兑回外币，诸如此类的情况可能会导致外币买入和卖出的交叉，从而难以归纳清楚。其三，有些交易可能会被漏报。其四，人们无法将黑市交易的部分统计在内。此外，这种银行报告法还有一个最大的不足之处，即难以准确地分辨清楚这些旅游外汇收入中分别来自各个客源国的数量，因为这类外汇收入统计数字所依据的往往是外汇的币种，而不是来自哪个客源国。例如，有些国家的旅游者由于种种原因，在出国旅游时所持的货币并不是本国货币，而是美元。

因此，银行报告法所提供的按客源国划分的旅游外汇收入数据难免存在不可靠的问题。

另外一种统计方法是估测法（Estimation Method），实际上也就是抽样调查统计法。在统计国际旅游收入时，通常采用的方法是：在入境旅游者结束访问而离境时，对其在该国停留期间的消费开支情况进行抽样调查。在统计国际旅游支出时，通常采用的做法则是：在本国居民出境旅游归来入境时，就其在国外旅游期间的消费开支情况进行抽样调查。目前国际上较为普遍的看法是，与其他方法相比，采用这种方法统计出来的数字最为可靠。

此外还有一种统计方法，通常称之为混合法或综合法（Mixed Method）。这一方法是在银行报告法统计结果的基础上，利用一些其他来源的数据（例如对游客开展调查中所得到的有关数据），对货币兑换统计数字进行修订，以改进其可靠程度。

三、停留天数

在旅游研究和旅游统计中，停留天数（length of stay）这一指标通常是指入境旅游者在某一旅游目的地访问期间的平均停留天数。在欧美国家的旅游研究中，这一指标时常表达为入境旅游者的人均停留过夜次数。推而广之，在特定的旅游研究和旅游统计中，停留天数这一指标还可用于测量国内旅游者在国内某地旅游期间的人均停留天数，或者用于测量国民出境旅游者在国外旅游期间的人均停留天数。

以入境旅游者的平均停留天数为例。这一指标的设计目的是为了配合入境旅游人（次）数这一指标，以便能够更为全面而准确地揭示入境旅游活动的实际规模。原因在于，在某些时期，由于受某些因素（例如客源地经济不景气）的影响，人们虽然仍会参加旅游活动，但由于存在某种顾虑，往往会减少在旅游目的地的活动天数。因而对于旅游接待国或旅游接待地区来说，所接待的入境旅游人数虽然可能不会减少，有时甚至可能会比上年有所增加，但是所实现的旅游收入却未必会相应增加，甚至可能会有所减少。造成这种情况的主要原因就在于，在入境旅游人次不减甚至有所增加的同时，入境旅游者在该国或该地的平均停留天数却已减少。因此，如果将入境旅游者的人均停留天数与入境旅游人（次）数相乘，去计算入境旅游活动的人天数（入境旅游活动天数＝入境旅游人次数×人均停留天数），则可以更为全面而准确地反映入境旅游活动的实际规模，或该旅游目的地接待入境旅游的实际状况，并且更便于同往年的情况进行纵向比较以及同其他旅游接待国或地区的同期情况进行横向比较。

除了上述三种最为常用的测量指标之外，人们出于旅游规划工作的需要，或者为了对不同面积、不同人口及不同发达水平的国家或地区之间的旅游发展情况进行比较等原因，有时还会设计和使用某些社会性标准（social criteria）去测量外来游客的活动状况。例如，旅游目的地管理者不仅注意测量来访的旅游人次数，或来访旅游活动的人天数，有时还会测算来访旅游人数与当地居民人口数之间的比例，或来访旅游活动的人天数与当地居民过夜人天数之间的比例。这类社会性标准中的另一个例子则是测算旅游接待地区或旅游景点的游客密度（tourist density），即平均单位面积所接待的游客人数。这些方面的指标一般只有在旅游规划工作中，特别是在测量和比较旅游业的发展对该地社会或环境的影响时才使用。

【重点术语】

　　旅游活动（tourism [as an experience]）
　　旅游业务、旅游经营活动（tourism activity）
　　远程旅游（long-haul travel）
　　近程旅游、短程旅游（short-haul travel）
　　国际旅游（international tourism）
　　入境旅游（inbound tourism）
　　出境旅游（outbound tourism）
　　境内旅游（internal tourism）
　　国内旅游（domestic tourism）
　　国民旅游（national tourism）
　　大众旅游（Mass Tourism）
　　奖励旅游（Incentive Tour）
　　社会旅游（Social Tourism）
　　地理集中性（geographical concentration）
　　需求波动（demand fluctuation）
　　季节性（seasonality）
　　旺季（high season）
　　淡季（low season）
　　入境旅游人数（international arrivals）
　　国内旅游人数（domestic visitors）
　　出境旅游人数（outbound visitors）
　　旅游收入（tourism receipts）
　　旅游支出（tourism expenditure）
　　停留天数（length of stay）

游客密度(tourist density)

【思考题】

1. 概念解释：国际旅游、国内旅游、大众旅游、奖励旅游、社会旅游、旅游收入。
2. 试述并解释世界旅游组织对旅游活动的定义。
3. 试述并分析"艾斯特"对旅游的定义。
4. 旅游活动有哪些基本特征？
5. 对旅游活动要素的认识应注意哪些问题？
6. 试分析国际旅游与国内旅游的差别。
7. 试析现代旅游活动的性质。
8. 现代旅游活动的开展有哪些特点？认识这些特点的意义何在？
9. 奖励旅游市场何以会迅速扩大？
10. 试析旅游季节性的成因。
11. 测量旅游活动发展状况的基本指标有哪些？这些指标是如何统计的？

第三章 旅游者

【学习目的】
　　通过本章的学习，旨在使学生了解对旅游者进行概念界定的历史过程；熟悉联合国罗马会议对旅游者的统计口径以及世界旅游组织对此所做的最新规范；掌握我国对旅游者统计范围的划定与解释，熟悉入境旅游和国内旅游统计口径的异同；掌握实现个人旅游需求所需具备的条件以及认识这些条件的实际意义；了解对旅游者进行分类的目的与方法，熟悉消遣型旅游者和差旅型旅游者的基本特点。

【主要内容】
　　1. 旅游者的界定
　　对旅游者进行概念界定的历史过程以及世界旅游组织对旅游者统计口径的最新规范；我国现行的旅游者统计体系，以及有关术语的使用与界定
　　2. 决定个人旅游需求的客观因素
　　所涉及的主要客观因素；相关的主要概念；这些因素何以会影响的原理
　　3. 决定个人旅游需求的主观因素
　　旅游动机与个人需要；旅游动机的基本类型；影响旅游消费者购买动机的个人因素；全面认识个人旅游需求影响因素的意义
　　4. 旅游者的类别划分
　　世界旅游组织对旅行者的分类；常用的旅游者分类

第一节　旅游者的界定

在上一章的讨论中，我们已经认识到，旅游活动是人们暂时离开自己生活的惯常环境，前往异国他乡的旅行以及在所到访之地停留期间开展的全部活动。正是随着旅游活动规模的扩大，才使得外出旅游的人群形成了具有足够规模的市场，从而造就出可借以经营的商业机会。因此，不仅旅游活动本身是旅游者的活动，而且旅游业的一切工作无一不是围绕适应和满足旅游者的需要而进行的。所以，认识旅游活动的主体，了解旅游消费者的购买动机及其需求特点，也便成了旅游学中不可或缺的研究内容。

一、问题背景

什么样的人才算是旅游者？查阅国内外出版的一般性语言词典，我们很容易发现，其中对"旅游者"这一词条的释义，几乎无一例外地都是将其解释为"出于消遣目的而离家外出旅行的人"。因此，一般民众都会认为，只有那些因消遣性目的而外出旅行的人才算是旅游者。即使是在我国旅游学术界中，也曾有人将旅游者解释为"出于某种好奇心，为了得到愉快而外出旅行的人"。其实，我们只要回顾一下上一章中关于旅游活动的讨论便不难发现，这类解释显然有悖于世界旅游组织对旅游活动的规范界定，因为这类解释并没有将因非消遣目的而外出他乡的人包括进去。无论如何，这类解释充其量都是对旅游者的概念性定义（conceptual definition）。

然而，在旅游经营管理实务中，特别是在旅游统计工作中，人们所真正需要的旅游者的定义，乃是对旅游者的技术性定义（technical definition），而不是一般的概念性解释。所谓技术性定义，就是在界定旅游者时，将一些能够测量或者可借以区别的限定性标准纳入进去，以便能够有效地将旅游者与那些并非属于旅游者的其他旅行者区别开来。

如何从技术上对旅游者进行界定这一问题，早在第二次世界大战之前就曾引起过人们的注意和探讨。例如，英国人 F. W. 奥格威尔在其 1933 年所著的《旅游活动》一书中曾提出，基于对到访地区的经济影响去认识，旅游者应是指符合以下两个条件的人：第一，离开自己的居住地而外出他乡旅行，在到访目的地的连续停留时间不超过一年；第二，外出旅行期间，在所到访的地方花钱，而不是去到访之地挣钱。另一英国学者诺沃尔（A. J. Norval）在其 1936 年出版的《旅游业》

一书中也提出："（除了寻求长期定居或就业目的）不论是出于何种原因，凡进入外国境内，并在该国做暂时停留期间花钱消费者（所花的钱必须是在别国所挣），均可算是旅游者。"

第二次世界大战结束以后，伴随着旅游需求规模的迅速增长，旅游业在经济中的地位变得日渐重要，旅游研究和旅游统计工作也愈发为人们所重视。尽管如此，由于这些方面的工作毕竟起步较晚，大多数关于旅游者以及旅游活动的定义，都是由一些学者个人基于不同学科的认识角度，为适应各自的研究目的而提出，因此很不统一。这在一定程度上"限制了旅游学作为一门独立学科的发展"（McIntosh and Goeldner, 1984:4）。不过，除了一些学者个人的研究之外，关于旅游者界定的问题也越来越多地得到了一些有关权威机构的关注。事实上，从"二战"之前的国际联盟（The League of Nations）到"二战"之后的国际官方旅游组织联盟（IUOTO）、世界旅游组织（WTO）、世界经合组织（OECD）以及很多国家的旅游行政机构，都曾为推进旅游者定义的标准化做了大量的工作。

二、国际联盟的解释

为了推进旅游者定义的标准化，国际联盟属下的统计专家委员会曾于1937年对有关"国际旅游者"（foreign tourist）的界定标准及其所涉及的人员范围做了如下的解释和规定（转引自 OECD Tourism Committee, 1973）：

"国际旅游者"：到一个不是自己惯常居住的国家去访问，并在该国停留至少24小时的人。

为此，该委员会明确规定，应纳入来访国际旅游者统计范围的人员包括：
- 为了消遣、家庭事务及身体健康等方面目的而出国旅行的人。
- 为了出席会议或作为公务代表而出国旅行的人（包括科学、行政、外交、宗教、体育等方面的会议或公务）。
- 为了工商业务原因而出国旅行的人。
- 在海上巡游度假（cruising）过程中登岸访问的人员，即使上岸停留时间不足24小时，亦视为入境旅游者（凡停留时间不足24小时者，应分开另作一类，必要时可不论其惯常居住地为何处）。

同时，该委员会还明确规定，下面这些来访的入境人员不在"国际旅游者"的统计之列：
- 来访目的为打工、任职（不论是否订有合同）或在该国从事营业活动者。
- 前来该国定居者。
- 前来该国入学就读，膳宿在校的外国留学生。
- 跨境前来上班工作的邻国边境居民。

- 途经该国而不做停留的"中转过境旅行者",不论其置身该国的时间长短。换言之,即便其人在该国境内的途经时间超过 24 小时,只要不离开规定的中转国境区域,也不纳入来访国际旅游者的统计范围。

显然,国际联盟统计专家委员会的上述解释和规定,所针对的只是来访的外国旅游者,即入境旅游者。

第二次世界大战结束后,伴随着国际旅游的迅速发展和有关新情况的出现,国际官方旅游组织联盟(IUOTO)于 1950 年将国际联盟统计专家委员会对"国际旅游者"的这一定义重新提出,并对其中的有关规定做了新的修订。这些修订主要包括:

- 对前来进行修学旅行的外国学生,也纳入"国际旅游者"的统计范畴。
- 在对"国际旅游者"的统计中,增设了一个新的类别,称之为"国际短途游览者"(international excursionist),并将其界定为:因消遣目的而到访别的国家,停留时间不足 24 小时的国际来访者。
- 对"中转过境旅行者"(transit travellers)做了新的界定,即"中转过境旅行者"包括那些途经该国而不做停歇的旅行者,以及那些以不足 24 小时的时间途经该国,其间只是作了一些非旅游性质的短暂停歇的中转旅客。

此后不久,在 1953 年,联合国(UN)制定了《关于便利旅游者入出境的海关常规》。

这一文件中对(国际)旅游者的界定问题做了具体说明,即在旅游统计工作中,除了执行国际官方旅游组织联盟(IUOTO)对旅游者的界定标准之外,还规定,来访旅游者在到访国境内的连续停留时间最长为 6 个月。

同样,国际官方旅游组织联盟(IUOTO)以及联合国组织(UN)所做的上述修订与说明,所针对的也只是来访的外国旅游者,即入境旅游者。

三、联合国罗马会议的界定

到了 20 世纪 60 年代,随着大众旅游的兴起,如何统一和规范世界各国的旅游统计口径的问题,越来越多地得到了联合国、有关国际旅游组织以及很多国家政府的关切和重视。在国际官方旅游组织联盟(IUOTO,即当今世界旅游组织 WTO 的前身)的积极推动下,联合国于 1963 年在意大利的罗马召开了一次由全体成员国参加的国际旅游会议(以下简称罗马会议)。会上,基于旅游统计工作的考虑,对入境来访的国际旅游者的统计范围做了新的规范。这便是我国旅游学界所习称的关于界定旅游者的"罗马会议定义"。

罗马会议提出,凡纳入旅游统计中的入境来访人员,统称为"游客"(visitor)。(顺便提醒注意的是,这一作为旅游统计术语使用的"游客",实际上相当于旅游理论研究中通常泛称的旅游者。）

在旅游统计中，"游客"分为两类：

（1）在所到访的国家做过夜停留的游客。对于这类游客，旅游统计中称之为"旅游者"（Tourist）。（实际上，这类游客也就是旅游理论研究中通常所称的过夜旅游者。）

（2）在所到访的国家未做过夜停留，而当日离去的游客。对于这类游客，旅游统计中称之为"一日游游客"（Excursionist 或 Day visitor）。（实际上，这类游客也就是旅游理论研究中通常所称的不过夜旅游者。）

罗马会议对旅游统计中的有关术语所做的具体解释和规定如下：

● "游客"：除了移民和就业目的外，基于任何其他原因到一个不是自己惯常居住的国家访问的人。其访问目的可属于下列之一：

①消遣性目的，包括娱乐、度假、疗养保健、求知、宗教、体育活动等。

②事务性目的，包括商务、家庭事务、公务出使、出席会议等。

● "旅游者"：到某一不是自己惯常居住的国家做短期访问，至少停留24小时的游客。

● "一日游游客"：到某一不是自己惯常居住的国家做短暂访问，**停留时间不足24小时的游客**（其中包括在海上巡游度假过程中上岸访问的邮轮乘客）。

罗纳会议还规定，上述统计口径的"游客"中，不包括那些在法律意义上不被视为进入所在国的中转过境旅客（例如，虽然途经该国，但在中转过程中并没有离开机场中转区域的国际航空旅客）。

罗马会议之后，1967年，联合国统计委员会下属的一个专家组对上述旅游统计术语进行了分析和推敲，赞同将纳入旅游统计的入境来访者分作两类：即一类是停留过夜的"旅游者"；另一类是不做过夜停留的"一日游游客"。1976年，联合国统计委员会召开了一次国际会议，与会人员中包括世界旅游组织的代表、联合国贸易与发展会议的代表、东加勒比共同市场的代表以及加勒比共同体的代表。这次会议正式批准了基于1963年罗马会议界定的旅游统计用语。此后，世界旅游组织（WTO）重申，将罗马会议提出的这一定义作为该组织对应纳入旅游者统计的人员范围的解释。因此，在国际旅游学术界，人们通常也都将罗马会议提出的这一定义视为世界旅游组织所下的定义。

这一定义内容的基本特点是：

（1）将所有纳入旅游统计的入境来访人员，统一称之为"游客"。

（2）在统计工作中，以是否在到访国家停留过夜为区分标准，将来访游客进一步细分为两类：一类为停留过夜的"旅游者"；另一类为不做过夜停留的"一日游游客"。

(3) 根据入境来访者的惯常居住地，而不是根据其所属的国籍，来界定其是否属于应纳入旅游统计的游客。

(4) 根据所规定的访问目的界定入境来访者是否属于应纳入旅游统计的游客。

通过对上述这些特点的观察，我们应当能够发现，在对旅游者（即旅游统计中所称的"游客"）进行技术性界定时，所使用的技术性标准通常都涉及离开惯常居住地、访问目的和停留时间这三大方面。

如果说这一定义有何不足之处，那就是它所界定的实际上只是国际旅游者，而没有涉及国内旅游者。

四、世界旅游组织的现行规范

在旅游统计工作以及对旅游者统计口径的界定方面，最为晚近的一次国际会议是世界旅游组织（WTO）于 1991 年在加拿大的渥太华召开的。在这次会议的开幕式上，世界旅游组织指出，长期以来，在倡导旅游统计的标准化和规范化方面，虽然包括联合国在内的很多国际组织都做了种种努力，但依然存在很多问题，主要反映在：①由于国家旅游行政部门、旅游行业协会、旅游接待社区、学术界以及旅游企业等对旅游统计的要求有所不同，因此旅游统计方面的混乱现象并未得到解决；②有些国家的政府已经建立起提供旅游数据的统计系统，而另外一些国家的政府才刚刚开始着手于这一工作；③包括对旅游者的界定在内，有关旅游基本定义方面缺乏一致的情况依然存在（WTO 1991）。

因此，这次会议的重点是规范旅游统计中的有关定义和分类，旨在使这些定义和分类能够为世界各国所通用，并且在涉及人口统计、交通运输、国民账户等领域时，尽量能够实现与现行的相关国际标准与分类相一致。会后，世界旅游组织将会议所形成的意见提交给了联合国统计委员会。1993 年 3 月，联合国统计委员会第 27 次会议对这些意见给予了正式承认（World Tourism Organization, 1994）。

在这次会议所取得的各项成果中，最重要的成果有两项。其中之一就是与会各方对旅游活动的定义取得了一致意见，即"旅游活动是人们出于消遣、商务及其他目的，短期（历时不超过一年）离开自己的惯常环境，前往他乡的旅行活动以及在该地的停留访问活动"。根据这一定义，凡从事符合上述条件之活动的人，皆可界定为旅游者，因而都应纳入旅游者统计范畴。这一定义之所以重要，是因为在此之前，包括世界旅游组织在内的各国际组织所提出的有关旅游活动和旅游者的定义，无一例外地都是针对国际旅游而言的，而这次会议所提出的定义则涵盖了包括国内旅游在内的所有各种类型的旅游活动。这次会议的另一项重要成果是，与会各方一致赞同将"游客"（Visitor）这一概念用作整个旅游统计系统的基础概念。在旅游统计中，游客可划分为国际游客和国内游客。无论是国际游客还是国内游客,在旅游统计中,都可进一步划分为(停留过夜的)"旅游者"和(不做过夜停留的)"一日游游客"。

以国际旅游为例,根据这次会议所达成的共识,对旅游统计中有关术语的解释如下(表3-1):

表 3-1 国际旅游者统计中的术语与规范界定

旅游统计中的术语	术语界定
居民 (resident)	在短期(历时不超过一年)出访他国之前,已经在本国连续居住了至少 12 个月的人。
国际游客 (international visitor)	到一个不是自己惯常居住的国家去旅行,连续停留时间不超过一年,主要访问目的不是去从事从所到访国家获取报酬的活动的人。
国际"旅游者" (international 'tourist')	到一个不是自己惯常居住的国家去旅行,停留时间至少 24 小时,但至多不超过一年,主要访问目的不是去从事某种从所到访国家获取报酬的活动的游客。
国际"一日游游客" (international same day visitor)	到一个不是自己惯常居住的国家去旅行,停留时间不足 24 小时并且未在所到访国家的住宿设施内过夜,主要访问目的不是去从事从所到访国家获取报酬的活动的游客。

资料来源:根据世界旅游组织(WTO)有关文件整理。

五、我国的入境旅游统计口径

我国旅游业的发展自 1978 年开始步入正轨后,根据我国旅游统计工作的需要,国家统计局和国家旅游局也曾对应纳入旅游统计的境外来访人员范围做过一系列的解释和规定。关于这方面工作的演进过程,这里不再赘述。

目前,我国入境旅游统计的基础系统如图 3-1 所示:

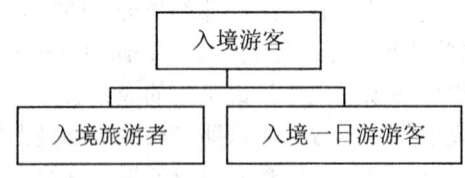

图 3-1 我国入境旅游人次统计体系

其中,有关统计术语的现行解释及相关规定包括:

凡属应纳入我国旅游统计的入境来访人员,一律称之为入境游客。对入境游客的具体界定是:来我国大陆观光、度假、探亲访友、就医疗养、购物、参加会议或从事经济、文化、体育、宗教交流活动的外国人、华侨和港澳台居民。

其中,外国人是指其身份为外国国籍的入境来访者,包括外籍华人在内;华侨是指持有中国国籍,但侨居外国的华人;港澳台居民指居住在中国香港、澳门及台湾地区的同胞。

为了便于界定，我国还规定，入境游客是指那些出于上述原因或目的，离开其惯常居住国（或惯常居住地区）前来我国大陆访问，连续停留时间不超过12个月，并且来访的主要目的不是通过所从事的活动获取报酬的境外来访者。其中所谓的"惯常居住国（或地区）"是指一个人在最近一年的大部分时间都在所居住的国家（或地区），或虽然在该国家（或地区）只住了较短的时间，但在未来12个月之内仍将返回该国家（或地区）居住。

根据在我国大陆访问期间的停留时间，统计工作中将入境游客分为以下两类：

（1）入境旅游者：在我国大陆住宿设施内停留至少一夜的入境游客。

（2）入境一日游游客：未在我国大陆住宿设施内停留过夜，而当日离境的入境游客。

此外，我国还规定，纳入旅游统计的入境游客中不包括下列人员：

- 应邀来华访问的外国政府部长级以上的官员及其随行人员。
- 外国驻华使领馆官员、外交人员及其随行家庭服务人员和受赡养者。
- 在我国驻期已达一年以上的外国专家、留学生、记者、商务机构人员等。
- 乘坐国际航班过境，不需要通过护照检查进入我国口岸的中转旅客。
- 边境地区（因日常工作和生活而入出境）往来的边民。
- 来我国内地定居的华侨和港澳台同胞。
- 已在我国大陆定居的外国人以及离境迁出后重又返回我国大陆定居的外国侨民。
- 归国的我国出国人员。

从前述联合国和世界旅游组织对应纳入旅游者统计范畴的人员所做的界定，以及从我国对来访入境游客的现行解释中，我们可以发现，除了在表述上存在不可避免的差异之外，我国在入境旅游统计工作中对有关术语的使用和解释，与世界旅游组织和联合国统计委员会的要求大致相同。目前，世界各国在对国际入境旅游者进行界定和统计时，同样大都是以世界旅游组织的推荐做法为基准。据此可以认为，目前世界各国对于国际入境旅游者的界定和统计基本上已经形成共识。

六、关于国内旅游者的界定与统计

我们在上一章中已经谈到，国内旅游与国际旅游之间的根本区别在于旅游活动的开展是否涉及跨越国界。如果旅游活动的开展涉及跨越国界，则属国际旅游。如果旅游活动的开展是在本国境内进行，则属国内旅游。这意味着，在对国内旅游者进行概念性界定时，除了"国内"这一限制性定语以及由此而决定的某些相应表述之外，所界定的内容与国际旅游者（即旅游统计中所称的国际游客）的定义内容其实不应再有其他区别。

1. 世界旅游组织的规范界定

为了推动在国内旅游统计方面实现国际间的口径一致以及统计结果的可比性，世界旅游组织（WTO）早在20世纪80年代中期，就曾参照已有的国际旅游者定义，对国内旅游者的统计所涉及的人员范围提出过推荐性意见。此后，如前所述，在1991年渥太华会议上，世界旅游组织对旅游活动的定义进行了规范，即不论是国际旅游活动还是国内旅游活动，都是"人们出于消遣、商务及其他目的，短期离开自己的惯常环境，前往他乡的旅行活动以及在该地的停留访问活动"。因此，不论是国际旅游者还是国内旅游者，其实都可界定为"出于消遣、商务及其他目的，短期离开自己的惯常环境，前往他乡旅行和访问"的人。通俗地讲，不论是国际旅游者还是国内旅游者，都是出于就业和移民以外的任何其他原因，暂时离开自己的惯常居住地而外出旅行和访问的人。

根据渥太华会议上所达成的共识，国内旅游统计应采用与国际旅游统计相同的体系，即同样也是将"游客"（visitor）这一概念用作为国内旅游统计系统的基础概念。在旅游统计中，对所有应纳入国内旅游统计的国内旅游活动参加者，同样一律称之为"国内游客"。后者在旅游统计中同样应进一步划分为（停留过夜的）"国内旅游者"和（不做过夜停留的）"国内一日游游客"。对于国内旅游统计中所使用的有关术语，具体解释如下（表3-2）：

表3-2 国内旅游者统计中的术语与规范界定

旅游统计中的术语	术语界定
居民（resident）	在前往本国境内其他地方旅行和访问之前，已经在目前所在地连续居住了至少6个月的人。
国内游客（domestic visitor）	身为本国居民，离开自己的惯常居住环境前往本国境内的其他地方旅行和访问，连续停留时间不超过6个月，并且主要访问目的不是去从事从到访地区获取报酬的活动的人。
国内"旅游者"（domestic 'tourist'）	身为本国居民，离开自己的惯常居住环境前往本国境内的其他地方旅行和访问，停留时间至少一夜，但至多不超过6个月，并且主要访问目的不是去从事从到访地区获取报酬的活动的游客。
国内"一日游游客"（domestic same day visitor）	身为本国居民，离开自己的惯常居住环境前往本国境内的其他地方旅行和访问，停留时间不足24小时即并未在所到访地区停留过夜，并且主要访问目的不是去从事从到访地区获取报酬的活动的游客。

资料来源：根据世界旅游组织（WTO）有关文件整理。

2. 世界上有关国家的现状

尽管世界旅游组织和联合国统计委员会作出了上述努力，但长期以来，世界上很多国家在对其国内旅游情况进行调查和统计时，在有关界定标准和统计口径的使用上，依然各行其是，并且这种状况至今未能有效地得到改变。现选取其中几个有代表性的国家分述如下。

（1）加拿大

在加拿大旅游局每季度一次的国内旅游调查中，对旅游人数的统计口径是以外出旅行的距离至少为 50 英里（单程）为基准，旨在将那些距离过短，尤其是将那些完全是在诸如多伦多之类的大都市区域之内完成的旅行活动排除于旅游者统计之外。然而，在加拿大各地自己开展的国内旅游调查中，用作界定标准的旅行距离却不尽相同。例如安大略省就主张将这一标准定为 25 英里（单程）。

（2）美国

在美国，使用得较为广泛的国内旅游者定义是 1973 年由美国国家旅游资源评定委员会所做的界定，即"旅游者是除了上下班通勤之外，出于商务、消遣、个人事务或任何其他目的，外出旅行至少 50 英里（单程）的人，无论其在外过夜还是当日返回"。美国人口调查统计局（US Census Bureau）在其每五年一度的"国民旅游调查"（National Travel Survey）中也规定，外出旅游是指"一个人外出某地访问，往返路程至少为 100 英里"。美国旅游资料中心（USTDC）在其国内旅游调查工作中，也使用了外出往返距离至少 100 英里这一标准。但是，美国旅游业协会（TIA）在其"旅游范围调查"中，则将旅游者界定为离家外出旅行 50 英里以上（单程）或者不论距离远近而在外停留过夜的人。在旅行目的方面，几乎所有上述调查工作中都明确规定，下列情况或活动不能列入旅游人数的统计范畴：

- 各类交通运输公司司乘人员的工作旅行。
- 日常上下班的通勤旅行。
- 学生上学或放学的日常旅行。
- 军队执行任务的旅行活动。

（3）英国

"全英旅游调查"（United Kingdom Tourism Survey）是一项由英格兰、苏格兰和北爱尔兰旅游局联合支持的连续性国内旅游调查。其中对国内旅游者所下的定义是："基于上下班之外的任何原因，离开惯常居住地，去本国境内其他地方旅行并在外逗留过夜至少一次的人。"至于外出旅行的距离，则未加以任何规定。所调查和统计的对象包括：（1）因度假目的而外出的旅行；（2）因探亲访友（非度假性）目的而外出的旅行；（3）因商务、会议以及其他差旅性目的而外出的旅行。

（4）法国

法国旅游行政部门在开展国内旅游调查时，所测量对象是"出于消遣、保健、会议、商务、修学等目的，离开惯常居住地，外出他乡旅行超过 24 小时但不足 4

个月的人"。

(5) 澳大利亚

澳大利亚产业经济局在旅游统计工作中对旅游者的定义是,"离开自己的惯常居住地,到至少 40 公里以外的某地去访问的人,在该地至少停留 24 小时,但最多不超过 12 个月"。根据这一定义,该机构是将停留时间和旅行距离同时作为界定旅游者的标准。

澳大利亚统计局在国内旅游统计工作中赞成使用世界旅游组织的有关定义。但与此同时,澳大利亚统计局认为其中的"惯常环境"一语含义模糊。为此,澳大利亚统计局做出明确规定,"当地居民对当地旅游景点的访问不应包括在内",并且规定,对于人们前往国内"第二住宅"(second home)所在地的访问活动,只有在"其明显是因暂时性的娱乐目的而来访的情况下",才应纳入旅游统计之中。

综上,我们可以发现,北美各国在国内旅游调查与统计工作中的突出特点是以人们外出时的旅行距离作为界定标准,而不论是否在外过夜。就一般情况而言,外出 50 英里(约 80 公里)的旅行距离意味着所到访之地已经超出了一个人惯常居住社区或城市的边界。因此,这一情况也意味着一个人外出旅行期间的消费会发生在其惯常居住地以外的地区。另一方面,按照这类界定标准去统计国内旅游,也能将国内一日游的情况包括进去。因此,从经济影响方面考虑,如此界定国内旅游者不无可取之处。但是,以这类标准去界定国内旅游者和进行国内旅游统计,似乎也有不足之处。例如,对于居住在大城市的边缘区域的居民来说,可能无须旅行 50 英里便已越出了居住地的行政区界。在这种情况下,即使其外出旅行的目的确系度假或娱乐,并且确实将得自于居住地城市的收入用于在到访地区消费,也不会被纳入国内旅游统计。

同北美各国的做法相比,欧洲国家在国内旅游调查与统计工作中,对于判定一个人在国内开展的旅行活动是否应纳入国内旅游统计,所使用的界定标准则往往是看其是否在外做过夜停留,而不关注其外出旅行的距离。在逻辑上,一个人外出旅行时,如果没有达到足够远的旅行距离,或者说如果没有超出自己惯常居住地的范围,一般都不会在外过夜。在这个意义上,这一界定标准虽然没有明确旅行距离,但其中关于必须在外停留过夜的规定,似乎在某种程度上暗含了对旅行距离的考虑。无论如何,以在外过夜停留作为界定标准时,意味着不会将"国内一日游"活动纳入旅游统计之中。

总之,虽然世界旅游组织和联合国统计委员会已就旅游统计的规范化做出了很多努力,但在世界各国的国内旅游统计方面,距离这一规范化的实现还有很长的路要走。

七、我国国内旅游统计中的有关界定

目前，我国国内旅游统计的基础系统如图 3-2 所示：

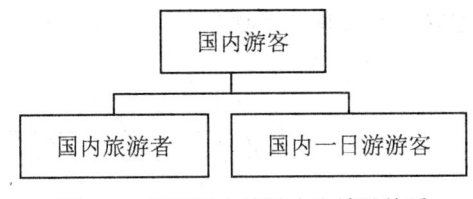

图 3-2 我国国内旅游人次统计体系

在我国的国内旅游统计中，对纳入国内旅游者统计范围的人员，一律称之为"国内游客"。

对"国内游客"这一统计术语的具体解释是：任何因休闲、娱乐、观光、度假、探亲访友、就医疗养、购物、参加会议或从事经济、文化、体育、宗教活动等原因，离开其惯常居住地到我国境内其他地方访问，连续停留时间不超过 6 个月，并且主要访问目的不是去从事从到访地区获取报酬的活动的人。

在这一定义中，其中的"惯常居住地"是指一个人最近一年的大部分时间都于此居住的城镇（乡村），或者虽然在这个城镇（乡村）只居住了较短的时期，但未来 12 个月内仍将会返回那里居住。根据这一解释，国内游客中理应也包括那些在我国大陆境内居住已满一年或以上，离开其惯常居住地去我国大陆境内其他地方旅行和访问的外国人、华侨和港澳台同胞。

与我国的入境旅游统计体系一样，在我国的国内旅游统计体系中，国内游客也分为两类，即：

① 国内旅游者：指我国大陆居民离开其惯常居住地，去我国大陆境内其他地方旅行和访问，并在到访之地的住宿设施内停留至少一夜，最长不超过 6 个月的国内游客。

② 国内一日游游客：指我国大陆居民离开其惯常居住地，去我国大陆境内 10 公里以远的其他地方旅行和访问，出游时间超过 6 小时但不足 24 小时，并未在到访地区的住宿设施内停留过夜的国内游客。

此外，我国的国内旅游统计中还规定，国内游客统计范围中不包括下列人员：

- 到各地巡视工作的部级以上的领导干部。
- 驻外地办事机构的临时工作人员。
- 调遣的武装人员。
- 到外地入学就读的学生。
- 到外地基层锻炼的干部。

- 到其他地区定居的人员。
- 无固定居住地的无业游民。

从以上我国在国内旅游统计方面所做的各项界定中可以看出，这些解释和规定同世界旅游组织所建议的做法基本上吻合。

第二节　决定个人旅游需求的客观因素

关于对旅游需求的讨论，可以分别从个人需求（demand at personal level）和市场需求（market demand）这两个不同的层面进行。由于本章的讨论主题是旅游者，因此这里就旅游需求的决定性影响因素所展开的讨论，主要是针对个人层面的旅游需求而言的。

一、讨论的背景

在前面一节中，我们讨论了旅游者的界定以及旅游统计工作中的有关统计口径。接下来要讨论的问题则是，什么样的人才有可能成为旅游者，即影响个人实现旅游需求的决定因素的问题。对于什么样的人才能成为旅游者这一问题，有人可能会回答：人人都可以成为旅游者。这一回答有其正确的一面，也有明显欠妥的问题。说其有正确的一面，是因为在旅游和度假已经演变成为人类现代生活基本需要的今天，确实人人都享有外出旅游度假的权利。对于这一点，《马尼拉宣言》中已有明确而权威的阐释。然而说明显欠妥，则是因为很多证据都表明，虽然人人都有外出旅游度假的权利，但事实上，并非任何人都可无条件地自动成为现实的旅游者。

在现实生活中，我们稍作观察就不难发现，有些人或有些家庭几乎每年都会外出度假或旅游观光，然而有的人或者有的家庭却很少有、甚至从来不曾有过这样的经历。这些事实本身就说明，并非人人都能自动成为旅游者。这意味着，一个人要成为现实的旅游者，或者说个人旅游需求的产生和实现，需要具备一定的条件。这些条件也因此成为影响或决定个人旅游需求的因素。

在讨论这些因素之前，有两点需要说明。第一，由于因商务、公务或会议之类的原因或目的而前往异国他乡访问的活动，都属于因"公"的差旅性外出，都是出于工作的需要或上司的派遣，因此这类访问活动的成行通常都不会为个人方面的因素所影响。所以，在世界各地的旅游研究中，人们在讨论影响旅游需求产生和实现的个人因素时，所针对的都是消遣性的旅游活动。第二，影响旅游需求的因素很多。这些影响因素至少可分为两部分：一部分是潜在旅游消费者个人方面，即需求方面的影响因素；另一部分则是旅游目的地方面，即供给方面的影响因素。正如有些学者曾指出过的那样，如果没有具有吸引力的旅游目的地，如果旅游目的地方面不能提供必要的食宿及娱乐条件，则旅游需求不可能首先产生（Pimlott, 1947: 23），自然也便谈不上得到实现。由于本章的讨论主题是旅游者，因此这里对旅游需求影响因素的讨论，所针对的是旅游消费者个人方面，即需求方面的因素。

从需求方面观察，一个人能否产生并实现外出旅游的需求，或者能否成为一名现实的旅游活动参加者，将取决于多种条件或因素的影响。那么，个人旅游需求的产生与实现需要具备哪些条件？如果按传统的证实（verification）习惯，即从正面去考虑和回答这一问题，恐怕难以给出一套全面而完整的答案，因为不可能将每一个人的所有可能的个别情况全都巨细无遗地考虑进去。因此，对于这一问题，最好的回答途径是从反面去思考可能的答案。也就是说，与其从正面去思考个人旅游需求的产生与实现需具备哪些条件，不如从反面去了解那些不曾外出旅游度假的人究竟是出于何种原因而未能参加到这类活动中来。由此所得到的答案反过来就是个人产生和实现旅游需求所应具备的条件。譬如，如果我们去调查和询问那些不曾外出旅游的人为什么不参加这类活动，有些人的回答往往是"因为没钱"，有些人的回答则是"因为抽不出时间"，还有人可能干脆回答"因为没兴趣，压根儿就不想出去"。事实上，很多调查结果都表明，这三种回答是所有答案中最具普遍性的典型。

这无异于告诉我们，个人旅游需求的产生与实现，至少需要同时具备三个方面的条件。就其中的客观条件而言，一是需要有足够的支付能力，二是需要拥有足够的闲暇时间。就其中的主观条件而言，则是必须要有外出旅游的动机。虽然我们不能说凡是同时具备了这三项条件的人肯定都会成为现实的旅游者（因为个人旅游需求的实现还会受到很多其他因素的影响），但完全可以肯定的是，一个人如果不能同时具备这三项基本条件，则注定不会成为现实的旅游者。

二、客观因素之一：足够的支付能力

如果我们留意观察历年来有关全球国际旅游人次的统计结果，就不难发现，全球国际旅游客源大都来自那些人均收入水平名列世界前茅的经济发达国家。事实上，不仅全球国际旅游客源的分布状况是如此，在世界各国的国内旅游客源方面，同样也有类似的表现。以我国国内旅游的情况为例，我们同样也会发现，长期以来，我国国内旅游需求总量中相当大的一部分（目前的情况大约为70%）产生于经济水平相对较为发达的东部地区。而且，如果我们按时间顺序观察改革开放以来我国居民参加国内旅游和出境旅游情况的统计数据，并对照同期内我国经济发展和国民人均可支配收入变化情况的统计数据，则不难发现，旅游需求与国民实际可支配收入之间有着重要而直接的关系。

一个人的收入水平和富足程度，或者确切些说是其家庭的收入水平和富足程度，不仅决定着他能否产生和实现旅游需求，而且决定着他在外出旅游过程中的消费水平。这意味着，家庭收入达到足够高的水平乃是一个人能够产生旅游需求的一个重要前提，也是实现旅游需求的重要物质基础。

对于一个家庭来说，其收入显然并非全部都可用于外出旅游。所以，真正决定一个人能否实现其旅游需求的家庭收入水平，实际上指的是该家庭的可支配收入水平，或者更为确切些说，是该家庭的可随意支配收入的水平。可支配收入和可随意支配收入是人们在研究旅游需求时经常使用的两个术语。

● 可支配收入（disposable income）：指个人或家庭收入中扣除应纳所得税之后的剩余部分。

● 可随意支配收入（discretionary income）：亦称可自由支配收入，指个人或家庭收入中扣除应纳所得税、社会保障性消费（即按规定应由个人负担的养老金、失业保险、健康保险等社会保障费用的预支。这些费用通常在发放工资时扣除）以及日常生活必须消费部分（衣、食、住、行等）之后所剩余的收入部分。

根据上述界定，我们不难理解，所谓可随意支配收入，意味着可供人们随意地选择其用途，因而也是家庭收入中真正可用于旅游消费的收入部分。所以，严格地讲，拥有足够的可随意支配收入是一个人能够实现旅游需求所必须具备的首要物质条件。

很多调查结果都显示，当一个家庭的可支配收入尚不足以满足购买基本生活必需品的需要时，该家庭很少会外出旅游。然而，一旦家庭可支配收入水平超过这一临界点，该家庭外出旅游度假的可能性便会大大增加。当然，这一收入临界点在世界各地并不相同。例如，在20世纪80年代的美国，这一临界收入大约为15000美元/年（对于一对夫妻带1~2名小孩的普通家庭来说，这意味着家庭人均可支配收入为4000~5000美元/年）。美国人口调查统计局、美国旅游资料中心以及很多市场调研公司的有关调查结果都表明，外出旅游活动的开展与家庭可支配收入水平之间有着直接的关系。仍以20世纪80年代的美国为例，年收入在15000美元以上的家庭外出旅游的可能性，比年收入低于这一水平的家庭大2倍；年收入在25000美元以上的家庭外出旅游的可能性更高，相当于年收入5000美元以下的家庭的5倍（McIntosh and Goeldner, 1984: 253-254）。

收入水平这一因素的重要，不仅仅在于它决定着一个家庭是否具有实现外出旅游度假的经济条件，而且还在于这类消遣性旅游需求具有很大的收入弹性（income elasticity of demand）。也就是说，当家庭可支配收入超过上述临界水平之后，每增加一定比例的可支配收入，用于旅游度假的消费额便会以更大的比例增加。根据世界旅游组织（WTO）的估测，消遣性旅游需求的收入弹性系数大约为1.88，也就是说，可支配收入每增加1%，用于旅游度假的消费额便会增加1.88%。

如果继续深入分析，我们还将发现，家庭收入水平的高低还会影响到人们在外旅游期间的消费构成。例如，我们可能会看到，家庭富有的旅游者会在食、宿、购、娱等方面花较多的钱，从而使得往返交通费用在其全部旅游消费中所占的比重相应减小。与之相比，在家庭经济条件不是很充裕的旅游者的旅游消费构成中，往返交通费用在其旅游消费总额中所占的比重往往都会很高。原因在于，人们在外旅游期间，要想在食、宿、购、娱等方面节省开支，往往会比较容易，而要想在往返交通费用方面节省开支，通常都比较困难。

总之，收入水平意味着支付能力。可随意支配收入的水平决定着家庭或个人的旅游支付能力。它影响着一个人能否成为现实的旅游者，影响着旅游者的消费水平，影响着旅游者在外旅游期间的消费构成，甚至还会影响到旅游者对出游目的地以及对旅行方式的选择。正是在这些意义上，可随意支配收入水平是决定个人旅游需求的最重要的物质基础。当然，这并不是说凡是可随意支配收入水平很高的人都会外出旅游。事实上，即使是在旅游度假普及程度很高的发达国家中，也会有一些人其收入水平虽然很高，但却不曾，甚至不愿意外出旅游。这说明，可随意支配收入水平无论如何重要，也只是经济条件方面的影响因素，而并非个人旅游需求的唯一决定因素。

三、客观因素之二：足够的闲暇时间

不少事实表明，有些人虽然拥有很高的支付能力，但却依然不能实现外出旅游，原因是他们终年忙于事务而不得脱身。因此，拥有足够的闲暇时间也便成了一个人产生和实现旅游需求必须具备的又一客观条件。事实上，对闲暇时间的拥有量不仅决定着一个人能否实现外出旅游，而且还会影响对出游目的地的选择，以及在旅游目的地停留时间的长短。

1. 闲暇时间的概念

闲暇时间（leisure time）是旅游需求研究中的又一重要概念。那么，何谓闲暇时间？不少人会以为，所谓闲暇时间即是法定工作时间之外的工余时间。这一认识虽然不无合理之处，实际上并不准确。对闲暇时间的理解和认识，首先需要从人生的时间构成谈起。以就业人员的情况为例。在现代社会生活中，人生时间大致上由以下五个部分构成：

- 法定的就业工作时间。显然，这部分时间由不得个人随意支配。
- 必需的附加工作时间。诸如必要的加班加点，必要的从事第二职业时间，

等等。这部分时间同样也由不得个人随意支配。简单地讲,其中的部分原因在于,对于受雇于他人的就业者来说,拒绝必要的加班工作则意味着有可能会被解职;对于第一职业的收入有限、难以维持家庭生计的人来说,用于从事第二职业的时间无论如何不能他用。

- 用于满足生理需要的时间。例如用于吃饭、睡觉的时间。这部分时间的付出更是不可避免,否则一个人将难以维持生命。
- 必需的社会活动时间。例如出席必要的社交约会、学校召开的学生家长会,等等。这部分时间也不容个人随意支配,除非你是一个对家庭、对朋友、对社会,甚至对你自己不负责任的人。
- 闲暇时间。即可由个人任意支配的自由时间。

根据上述的时间构成,我们可将全部时间划分为两大类,即工作时间与非工作时间。同时,将一个人在这些不同时间内开展的活动也划分为两大类,即不得不为的限制性活动与任意而为的自由活动。然后,我们将这些不同类别的时间和不同类别的活动放到一起进行比较,则可发现其关系如表3-3所示。

表3-3 时间类别与活动类别的关系

活动类别 时间类别	限制性活动	自由活动
工作时间	法定时间的工作、必要的附加工作	(工间休息)
非工作时间	满足生理的活动、必要的社会活动	休闲活动

从上面这一关系表中,我们可以发现,可用于从事休闲活动的闲暇时间虽然是属于非工作时间,但并不等同于非工作时间,而只是非工作时间中的一部分。由此可见,闲暇时间并非等同于国人通常所说的"8小时(法定工作时间)以外"的(非工作)时间。在这方面,一些专门从事休闲学研究的学者曾明确指出:"就时间而论,闲暇(时间)是指人生中除谋生和自我生存所需时间之外的时间,是可用于追求闲情逸致的自由时间。"(Jensen, 1977)但是,"闲暇时间与娱乐时间远非同义语,闲暇时间所指的是,在满足了工作、睡觉、吃饭以及必要性的日常琐事等方面的需要之后所剩余的时间"(Patmore, 1972)。这些研究结论都说明,闲暇时间并非仅是用于娱乐的时间,而是马克思所说的可由个人随心所欲地"自由支配的时间"(马克思和恩格斯,1974:281)。换言之,闲暇时间不仅可用于娱乐,而且也可用于读书、看报以及旨在"追求闲情逸致"的消遣性活动。

综上,可以得出的结论是,闲暇时间是指在日常工作、学习、生活以及其他方面所必须占用的时间之外,可由个人任意支配、用于开展消遣娱乐及自己所乐于从事的任何其他活动的自由时间。如果用公式表达则是:

闲暇时间＝全部时间－法定的就业工作时间－必要的附加工作时间
　　　　－用于满足生理需要的时间－必要的社会活动时间。

2. 闲暇时间的类型与分布

闲暇时间固然是个人旅游需求得以产生和实现的必要条件，但这并不意味着任何闲暇时间都能够用于开展旅游活动。很明显，一个人只有在拥有足够的闲暇时间的条件下，才有可能实现外出旅游度假的需求。所谓"足够的闲暇时间"，通常是指那些数量相对集中并且历时较长的闲暇时间。关于这一点，可从闲暇时间的类型或分布情况中得到说明（表3-4）。

表3-4　闲暇时间的类型/分布

类型/分布	说明
每日闲暇 （daily leisure）	通常表现为平日的工余时间扣除日常限制性活动所需时间之后的剩余部分。这类闲暇时间过于零散，虽可用于当地娱乐和休息，却不足以用于开展外出旅游。
周末闲暇 （week-end leisure）	表现为周末工休时间。同经济发达国家一样，我国也早已实行每周5日工作制，周末工休时间为2天。这种类型的闲暇时间比较集中，对于个人来说，在其他旅游需求条件同时具备的情况下，可用于开展近距离的周末度假或一日游活动。在有些国家中，例如美国，有关法案还规定每年有4次为期3天的周末假日，加之这些国家交通条件便利，所以很多人都经常利用周末外出度假。
公共节假日 （public holidays）	通常指法定的公共节假日。世界各国的公共假日数量不一，大都是与各个国家的民族传统节日多少有关。目前我国每年的公共假日累计为9天，包括国庆节、清明节、端午节、"五一"劳动节以及元旦和春节。西方国家中最典型的公共假日是圣诞节和复活节。节日期间往往是家人或亲友团聚活动的好时机，特别是连续2～4天的公共假日，多是人们外出探亲访友或短期度假的高峰时间。 特别值得一提的是，自从1999年我国国务院颁布新的《全国年节及纪念日放假办法》，即围绕国际劳动节、国庆节和传统春节等公共假日采用新的放假制度后，我国人民的出游格局中出现了"五一"、"十一"和春节等三个出游量庞大的旅游"黄金周"。出现这一情况的根本原因，无疑与上述公共假日放假制度的改革积聚了人们的闲暇时间有关。2007年，国务院对《全国年节及纪念日放假办法》做了新的调整，取消了围绕"五一"节的集中放假，新增了清明节和端午节两个公共假日，从而使旅游"黄金周"由过去的三个减为目前的两个。对于此举的利弊，目前国人由于视角的不同而评说不一。单纯就这一调整对国民旅游的影响而言，在新的带薪假期制度能够出台并得到实施之前，无疑将会削弱国民开展国内远程旅游的时间条件。这意味着那些距离国内主要客源地较远的地区的旅游业将难免会受到影响。

续表

类型/分布	说明
带薪假期 （paid holiday）	目前，工业化国家中大都已经通过立法，规定对就业员工实行带薪假期制度。法国是世界上第一个以立法形式规定就业员工享有带薪假期的国家。该国早在1936年就宣布劳动者每年可享有带薪假期至少6天。目前世界各国实行带薪假期的情况参差不齐。例如在北欧的瑞典，职工享有的带薪假期为每年6周；而在美国，人们的带薪假期一般为2～4周。西欧各国的带薪假期虽然平均为每年4周，但各国之间亦有差异，具体情况可参见表3-5。通过该统计表我们不难发现，在西欧国家中，就业员工全年时间的25%～30%为非工作时间。特别是，由于带薪休假期间的闲暇时间较多而且连续集中，因而往往成为人们外出旅游度假，特别是开展远程旅游的最好时机。在我国接待的欧美游客中，大部分人都是利用自己的带薪假期前来访问。

表3-4中关于闲暇时间的类型和分布情况说明，并非所有各种类型的闲暇时间都可用于外出旅游。特别是远程旅游，只有那些历时较长而且连续集中的闲暇时间，方可用于外出旅游。欧美地区来华旅游的游客大都是利用带薪年假，原因便在于此。当然，这里对闲暇时间的讨论，所针对的主要是在职人员和在学学生。至于其他人士，如退休人员，则应根据实际情况另当别论。

表3-5 部分欧洲国家的工作周数和假日情况

国别	工作周数			假日情况		
	法律规定最高周数	男女劳动者平均数	公议约定通常周数	法律规定带薪假期最低周数	公共节假日（天）	公议约定带薪假期（周）
比利时	40	36.9	38.4	3	10	3.5～4
丹麦	—	—	40	5	9.5	5
法国	48	41.4	—	4	8～10	4
西德	48	41.4	37.4	2.5～3	10～13	4～6
爱尔兰	48	—	40	3	8	3
意大利	48	41.5	40	2	17～18	4
荷兰	48	41.0	40	3	7	4～5
美国	—	42.3	39～40	—	8	3～4.5

资料来源：Edwards, *Leisure Spending in the EEC: Forecasts to 1990*, E.I.U.1981.

总之，消遣旅游活动的开展需要有可资利用的时间，因为"所有旅游活动的开展都是在闲暇时间内发生的"（Mill & Morrison, 2002:1）。这意味着一个人需拥有足够数量且连续集中的闲暇时间，才有可能实现外出旅游。虽然"并非所有的闲暇时间都可用于开展旅游活动"，但在旅游需求理论上，拥有足够的闲暇时间乃是实现个人旅游需求不可缺少的必要条件。

三、其他方面的客观因素

从客观上讲,拥有足够的可随意支配收入和足够的闲暇时间是实现个人旅游需求所必须具备的两项重要条件。但这并不等于说,一个人只要具备了这两项条件就肯定能实现旅游活动。实际上,一个人能否成为现实的旅游者,除了这两项条件之外,可能还会受到某些其他方面个人因素的影响和制约。

早在大众旅游兴起之初,英国的一家旅游咨询公司在就影响个人旅游需求的因素开展调研和分析之后,曾得出结论认为,就需求方面而言,出游频率与某些社会经济因素和个人因素之间存在着下述关系(表3-6):

表3-6 旅游倾向与社会经济因素及个人因素之间的关系

社会经济因素和个人因素	对出游频率的影响
收入	正面影响
家庭户主的学历	正面影响
家庭户主的职业	正面影响
带薪假期	正面影响
户主的年龄	负面影响
家庭生命周期	负面影响
种族	有色人种不如白人积极
性别	男性比女性积极

资料来源:Arthur D. Little, Inc., *Tourism and Recreation*, Oct 1967, p. 64.

从这一调研结果中,我们可以看到,除了收入水平和带薪假期以外,其他方面影响旅游需求的个人因素仍有不少。当然,在这家咨询公司所归纳的诸多影响因素中,有些因素的列入似乎未必妥当、甚至未必合理。例如:

第一,将种族作为影响个人旅游需求的因素,未免带有偏见。在类似英国这样的西方社会中,有色人种的社会经济地位明显不及白种人,这已是人所共知的事实。因此,在这些国家中,有色人种参加旅游活动的人数所占的比例之所以会低于白种人,实为受其社会经济地位影响的结果,而非人种原因所致。

第二,性别本身无论如何不会成为参加旅游活动的障碍因素或促进因素。从很多西方国家的有关调查数据看,在旅游活动的参加者中,男性所占的比例确实高于女性。但这一情况的出现在很大程度上是因为男性和女性在家庭中扮演角色的不同,从而导致了彼此在出游频率上的差异,换言之,这种差异并非因性别本身所致。

第三,职业与学历往往彼此相关,并且这两者与收入之间,通常也都会有一定的关联。因此，职业与学历对个人旅游需求的影响作用，往往难以同收入的影响作用截然分开。另外，无论是职业还是学历，其本身似乎并不足以构成个人旅游需求的障碍因素。退一步讲，倘若说一个人的学历或受教育程度对旅游需求确实会有影响，也只能说不同的受教育程度在促成旅游动机方面的作用程度会有差异，而不能说受教育程度低的人不会产生外出旅游的动机。

该项调研结果还显示，老年人，特别是年龄在65岁以上者，在旅游者中所占的比例较低。但是，年龄本身似乎并非是造成这一状况的根本原因。老年人在旅游者中所占比例较小的真正原因之一，在于与其年迈相伴的体能不济。换言之，很多老年人不能外出旅游，在很大程度上是因体力不支，这才是实质的影响因素。随着社会的发展，人们生活质量的提高以及医疗和保健技术的进步，人们的平均寿命也在增长。当今老年人的身体能力状况与二三十年前的同龄老年人相比，已经有了相当大的提高。例如，自20世纪90年代以来，很多市场调查结果都显示，如今老年人参加旅游活动的比例已经有了明显的增加，并且形成了令各国旅游业瞩目的"银色市场"(silver market)。这一事实雄辩地证明，年龄本身并非是真正影响旅游需求的因素。据此推而广之，一个人的身体能力状况往往可构成影响其实现出游活动的一项客观因素。事实上，有些人之所以没有外出旅游，原因之一就在于体力不支，行动不便。

该项调研结果还显示，一个人所处的家庭生命周期阶段可构成影响其能否实现旅游需求的一个客观因素。与该项调研中的这一发现一样，很多相关的调查结果都显示，大凡有婴幼儿的家庭，外出旅游的可能性很小。这一方面是因为婴幼儿需要特殊照顾，麻烦很多。另一方面也是因为在外出旅游期间，往往不容易找到适合婴幼儿生活需要的特殊接待设施。然而，45岁以下的未婚成年人由于身强力壮，无牵无挂，加之收入等因素的影响，因而外出旅游的可能性最大。

综合上述分析，如果从该项调研中所发现的各影响因素对外出旅游起障碍作用的能力来看，除了收入和带薪假期之外，真正可独立起作用的其他客观因素有两个，一是个人的体能状况，二是与一个人所处的家庭生命周期阶段有关的家庭拖累情况。在这个意义上，这两项因素与前述的收入水平和闲暇时间一样，均构成影响个人旅游需求的客观因素。当然，如果从它们在促成一个人成为现实旅游者所起的作用方面来看，这四项客观因素相互联系，相互作用，缺一不可（McIntosh and Goeldner, 1984:173-174）。

最后需要重申的是，同国际学术界在这一领域研究中的普遍做法一样，本节对决定个人旅游需求的各项客观因素的讨论，所针对的是非差旅性的旅游需求，即消遣性旅游需求。至于以商务旅行为代表的各种因公差旅的事务型旅游活动，从根本上讲是属于因工作需要而导致的出行活动，因而这种类型的旅游需求与上述影响个人旅游需求的客观因素之间没有必然的联系。

第三节 决定个人旅游需求的主观因素

我们在上一节中讨论影响个人实现旅游需求的客观因素时,实际上基于一个潜在的假定前提,即假定一个人有意外出旅游度假。如果抛开这一前提,那么即便一个人同时具备了前面所述各项客观条件,他也未必会成为一个现实的旅游者,因为"有些人根本不愿意去旅游"(J. 梅奥, L. 贾维斯, 南开大学旅游系翻译, 1987: 168)。毛泽东在谈到事物的内、外因作用时曾指出,外因是变化的条件,内因是变化的根据,外因通过内因而起作用。同理,一个人若能成为一名现实的旅游者,除了需要具备上一节中所讨论的那些客观条件之外,还需要具备主观条件。换言之,一个人能否成为旅游者,除了会受前述客观因素的影响之外,还要为自身的主观因素所决定。这里所称的主观因素便是旅游动机。

一、旅游动机与个人需要

何谓动机(Motivation)?动机是心理学中的一个概念。按照心理学家的解释,所谓"动机,即是引发一个人去做某事以满足某种生理需要或心理意愿的内在驱动力"(Motivation is a driving force within an individual which causes him/her to do something to fulfill a biological need or psychological desire. Fridgen, 1991:53),简单地讲,动机就是促发一个人做出某一行为的内在驱动力。基于心理学家的这一解释,所谓旅游动机,也就是一个人为了满足自己的某种需要而决意外出旅游的内在驱动力,或者说是促使一个人有意于外出旅游的心理动因。

那么,动机是如何产生的呢?对于这一问题,不同流派的心理学家们有着不同的认识和解释。按照有着广泛影响的人本主义心理学派的观点,动机与需要这两者之间存在着非常密切的关系。这种关系体现在,一个人的行为动机总是为满足自己的某种需要而产生。在这个意义上,动机是需要的反映,而需要则是促使动机得以产生的原因。这意味着,一个人有什么样的需要,便会产生与之相应的行为动机。如果说动机产生于对满足某一需要的追求,那么,人们旅游动机的产生又是为了满足哪一需要?这显然是一个很难具体作答的问题,或者说人们对这一问题的具体回答很难统一。这主要是因为:第一,任何一个人都会有多种多样的具体需要;第二,人与人之间的情况不尽相同。即使抛开具体的需要不论,而只去谈有关需要的种类,人们的看法同样也会难以完全一致。然而尽管如此,人们一直都在不断地研究,一直都在试图寻找这一问题的"真实世界"(real world)。

1. 马斯洛的动机理论

在有关行为动机的各种理论中,流传最广的一种当属由人本主义心理学家马斯洛(Maslow, 1954:80-106)提出的"需要层次理论"(Hierarchy of Needs)。人们广泛引用这一理论去解释人的行为动机的产生,包括借用这一理论去解释旅游消费者的购买行为(McIntosh, Goeldner and Ritchie, 1995:175-176)。马斯洛的这一"需要层次理论"的内容要点包括:

- 人有着多种不同的需要;
- 这些不同的需要之间有层次高低之分;
- 对于任何个体而言,只有当较低层次的需要得到满足之后,才会向上一个层次的需要发展,也就是说,才会产生向上一个层次的需要。

马斯洛将人的需要归纳为 5 个层次,分别为:

(1) 生理需要,例如对食物、饮水及氧气的追求;
(2) 安全需要,例如对治安、稳定、秩序及受保护的追求;
(3) 爱的需要,例如对情感、归属感、(亲友间的)感情联系的追求;
(4) 受尊重的需要,例如对自尊、声望、成功及成就的追求;
(5) 自我实现需要,即对最大限度地发挥个人的潜力的追求。

这五个层次的需要由低至高的排列关系如图图 3-3 所示。

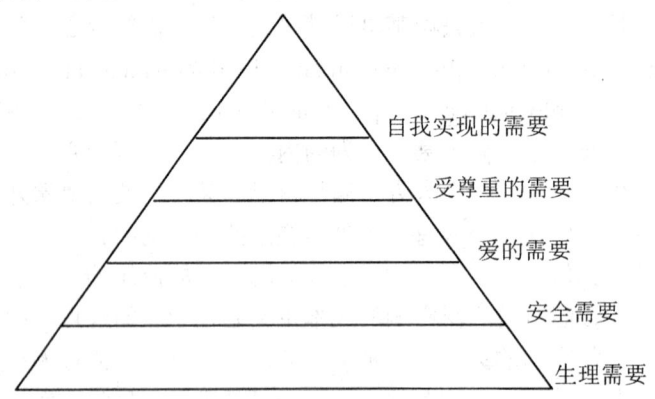

图 3-3 马斯洛的需要层次理论示意图

在国内外众多的旅游研究文献中,每当谈到人们的旅游动机如何产生这一问题时,人们往往都会将马斯洛的这一需要层次理论用作解释的依据。应当说,这一理论对于指导旅游业各部门在市场营销工作中关注旅游者对这些方面的需要以适应目标市场的利益追求,以及在接待服务工作中满足顾客对这些方面的需要以提高旅游服务的质量,无疑都是很有实际意义的。单凭这一点,无论是旅游营销者还是旅游服务人员,都应了解和熟悉马斯洛的这一需要层次理论,并有意识地应用这一理论去指导自己的工作。

尽管人们在讨论旅游动机时往往都引用马斯洛的"需要层次理论",但是对于马斯洛在这一理论中所提出的这些不同层次的需要究竟在何种程度上能够解释人们旅游动机的产生,似乎并非不无问题。如果对这些不同层次的需要作一直观分析,我们可能不难发现,其中有些层次的需要似乎并不足以成为人们产生外出他乡旅游的动机的诱因。这突出地反映在以下几个方面。

首先,就其中作为基础层次的生理生存需要而言,我们在上一节的讨论中已经知道,一个人只有在拥有足够的可随意支配收入的情况下,或者说只有在具备"仓廪实"这一条件的前提下,方有可能产生和实现外出旅游需求。这意味着凡在经济条件上有能力外出旅游的人,其温饱问题早已得到解决。因此人们似乎不大可能是为了追求最基本层次的生理生存这一需要而决定外出旅游。另一方面,倘若一个人果真是为了满足生存这一最基本层次的需要而离乡出走,那么这一出行目的本身,便决定了其此行的身份要么是移民他乡者,要么是外出避难者,而绝不会是真正意义上的旅游者。正如有些学者所指出的那样:"在一个富有的社会中,大多数人用不着牵挂生理需要,因为这些需要普遍得到了满足,(所以)支配人们(外出旅游)行为的是较高层次的需要。"(J.梅奥,L.贾维斯,南开大学旅游系翻译,1987:175)

其次,再以其中作为第二个层次的安全需要为例。虽然旅游者在外旅游期间确实会存在对人身及个人财产安全的需要,但问题是,一个人似乎不大可能为了追求安全需要的满足而外出去异国他乡。道理很简单,作为基本常识,人人都知道,身处自己最熟悉的惯常环境时,比在任何其他地方都更有心理上的安全感。退一步讲,倘若某人果真是为了满足安全需要而离开自己的惯常环境,那么同样,他此行的身份要么属于避难的难民,要么属于迫于某种安全受到威胁的移民,而不可能是真正意义上的旅游者。

至于马斯洛需要层次理论中所涉及的另外三个较高层次的需要,则的确可在不同程度上用来解释某些人外出旅游的动机。例如,外出探亲访友活动的开展很大程度上与旨在满足爱的需要有关,或者说与满足对群体归属感的需要有关。有些人旅游动机的产生则是与满足受尊重的需要,或是满足自我实现的需要,有着较大的联系。"很明显,某些形式的旅游活动,例如到世界上的某些地点去旅游,是很令人敬慕的,因而有助于满足个人受人尊重的需要。在这种情况下,出国旅游便成了获得成功和取得成就的象征。……这种旅游活动的开展虽然可能会兼有若干动机,但其中之一很可能就是为了满足自己尚未得到满足的受人尊重的需要。"(J.梅奥,L.贾维斯,南开大学旅游系翻译,1987:176)。其他方面的表现还包括：有些人可能是为了从事某项事业或为了取得某项成就而外出旅游，例如，有人为了某项研究的成功而外出考察；有些来华旅游的外国人是为完成自己某一有关中国的著述而前来实地考察、学习和搜集素材；有的人则可能为了就某一主题完成一部影集而前去某地访问；有的人是为了显示自己的勇气和能力而前往那些常人不敢去的地方进行探险等，所有这些都反映出有些人外出旅游的动机或者是缘于满足自己受人尊重的需要，或者是旨在考验自己的潜能，追求自我实现的需要。

虽然如此，在现代大众旅游的背景下，用这些较高层次的需要去解释人们的旅游行为动机似乎也不无问题。从图3-3所示的金字塔图中，我们不难理解，越是高层次的需要，处于这一需要层次的人数也就越少。特别是在自我实现这一层次上，达到这一需要层次的人更是少之又少。许多权威学者，包括马斯洛本人在内，都认为很少有人到达了要求自我实现的需要层次。据此我们有理由相信，如此高层次的需要，只能对极少数人的出游活动起到激发作用。然而，我们知道，现代旅游活动最突出的特点之一便是旅游活动参与者的大众化。显然，用只有极少数人才能达到的自我实现需要去解释广大民众的旅游动机，似乎难免牵强。

2. 基于经验的观察与分析

面对大众旅游的发展这一背景，大量的经验研究都显示，对于广大的普通民众来说，人们外出旅游动机的产生主要与下面四种类型的需要有关。这些对旅游动机产生原因的解释不仅较为务实，而且似乎更容易理解。

①探新猎奇的需要（The need to search for novelty and exploration）

好奇心与探索在很大程度上是人的本能（Berlyne, 1966:25）。好奇心会引起人的心理紧张，从而使得人们必须以某种方式去对付这类心理紧张。外出旅游度假无疑是借以消除这类心理紧张的重要方式之一。特别是，在现代社会中，随着教育的普及和信息技术的进步，越来越多的人都因此而增加了对异乡事物的兴趣，从而使得人们更加希望能有机会前往异国他乡游历，因为单凭阅读书报或听取他人介绍等间接手段去了解和想象外部世界的情况，已不再能够使自己的好奇心得到满足。因此，人们希望亲眼目睹和亲身体验外部世界的新奇。大众旅游的发展实践证明，大量外出旅游者的动机中都包含有这种意在探索或求知的需要。一般地讲，旨在满足这类需要的典型旅游活动虽然是自然探险，但更多的情况则是文化探险，即国际学术界有人所称的"软探险"。

②解脱压力的需要（The need to escape from something）

大量的观察表明，除了探新猎奇的需要之外，促使人们萌生旅游动机的另外一种内在驱动力则是解脱压力或逃避紧张的需要。这类需要的产生通常旨在摆脱因日常环境中的各种原因而造成的身体不堪重负或心情烦闷。在现代社会中，特别是在那些高度城市化和工业化的社会中，人们的生活不分季节，公式化而缺乏变化。并且，迫于竞争和对效率的追求，人们的生活节奏不断加快。生活内容的单调和生活节奏的紧张，势必会使人们的身心蒙受压力，造成身体疲惫和精神厌倦。为此，人们不得不设法寻机解脱，以便能够为自己的身心"充电"。就用以实现解脱的途径而言，外出旅游度假无疑会比任何其他休闲方式都来得更为有效。这主要是因为，在异国他乡旅游期间，随着所处环境的改变，人们不再受在惯常环境中所担当的角色与相应行为的束缚，加之异乡环境和新奇事物给人带来的新鲜感和刺激，从而能够有效地使紧张得到消除或缓解。事实上，很多调查结果都显示，越来越多的人都承认，外出旅游度假是从喧哗和紧张的日常生活中解脱出来的一种手段（J. 梅奥，L. 贾维斯，南开大学旅游系翻译，1987:12）。

③社会交往的需要（The need of social exchange）

世界各地的情况都显示，以探亲访友为主要目的而外出旅游的现象十分普遍。此外，几乎所有的市场调查结果也都表明，有相当一部分旅游者的出游目的是为了见识异乡的社会，了解和结交该地的民众。这些情况都说明，就人们旅游动机的形成而言，满足对社会交往的需要也是一种比较普遍的内在驱动力。

④挑战自我和受人承认的需要（The need of social and personal comparison）

这种类型的需要分为两种情况：一种情况是通过某些旅游活动的开展去挑战自己的体能，并以自己的方式去衡量成功，即纯为考验和检测自己的体能和毅力，而非与他人竞赛；另一种情况，对某种旅游活动的参与是为了人前显尊，令他人注意和崇敬自己的成功，旨在满足自己能够为人瞩目、受人承认的需要。譬如，常有人是为了彰显自己为人高端的社会形象，而特意去参加某一价格昂贵的旅游活动。

二、旅游动机的基本类型

类似上述的大量观察和分析都显示，人们之所以外出旅游，从根本上讲都是旨在满足精神或心理上的需要。在现实中，这一根本性的精神需要往往会有多种不同的具体反映方式。这类需要的具体表现方式有可能是，例如，为了开阔眼界、为了见识外部世界、为了接触和了解异国他乡社会、为了探亲访友、为了寻根或拜谒祖先的故土、为了追求放松或欢乐、为了摆脱或逃避精神压力，等等。无论如何，这些需要一旦为人们所觉察和意识到，外出旅游或度假的行为动机也便因此而产生。当然，由于受国度、民族、职业、年龄和性别以及受教育程度等因素的影响，人们这类需要的具体直观表现也会多有不同，从而导致人们直接的旅游动机也多种多样。例如，约翰·A.托马斯曾在《美国旅行代理商协会旅游新闻》上撰文提出，以这类直观表现的具体需要而论，促使人们外出旅游的动机主要有18种（转引自 J. 梅奥，L. 贾维斯，南开大学旅游系翻译，1987:171）。实际上，倘若如此去详细罗列人们旨在通过外出旅游去加以满足的各种具体需要，那么所能列出的旅游动机恐怕远远不止是 18 种。

为此，著名旅游学专家、美国密执安州立大学荣誉教授麦金托什（Robert W. McIntosh）提出，对于由众多具体需要所促发的旅游动机实际上可划作四种基本类型（McIntosh 1977）。麦金托什的这一认识，得到了人们的普遍赞同，因而后来广为世界各地的旅游研究者所引用。这四种基本类型的旅游动机如表 3-7 所示。

表 3-7　四种基本类型的旅游动机

类型	说明
身体方面的动机 physical motivators	这方面的动机所反映的需要包括度假休养、参加体育活动、海滩消遣、娱乐活动，以及其他直接与身体保健有关的活动，例如遵医嘱作异地疗法、泡温泉、浴矿泉、作医疗检查以及其他诸如此类的疗养活动。所有属于这方面的旅游动机都有一个共同点，即都是通过开展与身体保健有关的活动去消除紧张。长时期的工作压力、城市环境的喧嚣、快节奏生活的紧张、各种日常应酬的繁琐等等，所有这一切不仅会造成人们身体的疲劳，而且会造成人们精神上的压抑和心理上的紧张。这不仅有损人的身心健康，而且也不利于工作。因此，人们会为了解除身体的疲劳、消除精神的疲惫和心理压力而产生外出旅游度假的动机，通过到异域的宽松环境中开展与身体锻炼和保健有关的活动去消除紧张。所以，虽然这类动机貌似旨在满足生理需要，但实质上却是满足精神需要的。
文化方面的动机 cultural motivators	属于这方面的旅游动机所反映的具体需要是，都希望了解异国他乡的社会文化，包括了解该地的音乐、艺术、民俗、舞蹈、绘画及宗教等。基于这类动机而开展的旅游活动通常称之为文化旅游（cultural tourism）。国外也有人将基于这类动机的旅游活动称之为"软探险"旅游（"soft-adventure" tourism）。
人际（社会交往）方面的动机 interpersonal motivators	这种类型的旅游动机旨在满足人们进行社会交往，保持与异域某些人群的接触这类需要，包括希望深入异国他乡社会去接触当地民众、探亲访友、逃避惯常的微社会环境、结识新朋友，等等。
地位和声望方面的动机 Status and prestige motivators	这方面的旅游动机主要涉及追求个人成就和个人发展的需要。属于这类动机的旅游活动包括洽谈商务、出席会议、考察研究、追求业余爱好以及外出修学，等等。旅游者希望通过这类旅游活动的开展实现自己为人承认、引人注意、受人赏识、获得好名声等愿望。

资料来源：根据（McIntosh, 1977；McIntosh and Goeldner, 1984:171-172）整理。

虽然麦金托什所提出的上述四种旅游动机基本类型的划分广为人们所引用，但似乎仍难以全面涵盖所有可能的旅游动机。例如，我们似乎可以考虑另外再增加一个方面的旅游动机类型，即购物方面的动机。按照人本主义心理学派关于行为动机的理论解释，旅游动机的产生是出于满足人们某种内在的心理需要。尽管这一认识普遍为人们所认可，然而通过对实际情况的观察，我们似乎也不能否认，在促发人们外出旅游的动机中，有时也会存在诸如购物之类外在需要的驱使。这或许也是为什么心理学中的某些学派主张人的行为的产生不仅是为内在动机所驱使，而且也可能是为外在动机所促发的原因。例如，20世纪80年代后期，国际旅游文献中的有关调查显示，很多日本妇女婚前出国旅游的一个主要动因便是为自己置办嫁妆。同样，我国90年代的有关调查也显示，在来中国访问的南斯拉夫游客中，有不少人是专为采购中国产的丝绸之类的商品。时至今日，在前往中国香港地区旅游的我国内地居民中，仍不乏类似的情况。或许是因为考虑到这类外在需要或外在动机的存在，香港在作为国际旅游目的地的营销传播中，经常使用的一个宣传口号便是"购物天堂"。

事实上，就多数情况而言，人们外出旅游很少仅是出于一个动机。由于外出旅游是一种综合的象征性行为形式，可以满足人们的多重需要，因此多数人在决定外出旅游时，除了旨在满足某一主要方面的需要之外，往往还兼有某些其他方面的动机。

三、旅游消费者购买动机的影响因素

在讨论旅游消费者的购买动机时，我们难免会注意到，或难免会提出这样一些问题：人们的旅游动机何以会有如此众多的类型？为什么人们的出游动机不尽相同？对旅游消费者的购买动机会产生影响的因素都有哪些？在务实的意义上，这里所谓的消费者购买动机，实际上指的是消费者的购买行为或购买决策，只不过在关于消费者行为研究的学术文献中，人们在表述上多是使用"购买动机"这一术语而已。这意味着，所谓影响旅游消费者购买动机的因素，实际上也就是影响旅游消费者购买行为或购买决策的因素。

对旅游消费者的购买动机具有影响作用的因素很多。作为旅游学基础教科书，在本节中我们只是简要地介绍其中的两大类，即旅游消费者自身方面的内在因素和外在因素。

1. 内在因素

在消费者行为研究中，所谓内在因素，是指那些与消费者自身心理有关的因素。在对旅游消费者的购买动机或购买决策具有影响作用的诸多内在因素中，除了前面所述的反映个人需要的动机这一因素之外，还涉及旅游消费者自身方面的

学习、态度、知觉以及人格等心理因素。

（1）学习

作为旅游消费者行为的内在驱动因素之一，"学习"（Learning）这一概念所指的是旅游消费者借以接收或领悟刺激的一种方式。通俗地讲，作为心理学概念的学习，是指旅游消费者获取旅游经验的途径。其中既包括旅游消费者直接地得自于自己过去外出旅游过程中的亲身经历，也包括他们间接地取自于他人对有关旅游经历的介绍。在这一学习过程中，旅游消费者会建立起自己对有关的旅游目的地以及对有关的旅游产品的认识或看法。这些看法最终会形成基本的习得标准，供自己日后外出旅游时，用作挑选出游目的地或选择旅游产品的依据。

（2）态度

同样，作为心理学研究中所使用的概念，这里所谓的态度（Attitude），指的是一个人由于受其自身所处成长环境及社会文化的长期熏陶和影响，在谈及某一人物或某一事物时，在思想情感上对该人或该事物所持有的反应。通俗地讲，这个意义上的态度就是一个人对某一事物（譬如对某一旅游目的地或是对某种旅游活动）所持有的根深蒂固的看法。例如，当谈到美国的拉斯维加斯这一旅游目的地时，有人可能会充满向往，有人则可能深表厌恶。在有些情况下，因所持态度而导致的对某一事物的看法，可能确实符合该事物的真实情况。但在有些情况下，这一看法也有可能会形成对该事物的偏见。就对外出旅游度假的看法而言，最为明显的例子是，由于受其自身成长环境和社会文化的长期熏陶与影响，有些国家的民众会认为外出旅游度假属于纵欲，是一种奢侈，是不必要的浪费；然而在另外有些国家中，外出旅游度假则被人们看作是现代社会的一种生活必需。

（3）知觉

所谓知觉（Perception），有时也常被称为感知，指一个人将感官所受刺激转化为有意义的信息这样一个认知过程，换言之，是一个人通过对自己所接触到的有关某一事物的信息进行筛选，从而形成对该事物的看法的认知过程。知觉具有主动性，因而难免会受到个人偏爱等因素的影响。另外，一个人对信息的接收，人们一般都会有所选择。这意味着，一个人在面对众多的信息时，往往会对其中的某些信息给予关注，而对另外一些信息，则是"视而不见"或"听而不闻"。

（4）人格

人格（Personality）是一个人内心自我的反映，指的是会对其个人行为产生影响的个性心理特点。通常的表现为，一个人的人格特点或心理类型会决定其个人的偏好，从而会影响到他的行为。

在影响旅游购买动机的个人内在因素中，一个人的人格特点起着非常重要的作用。有些学者根据不同的人格特点，结合心理类型分析，去研究旅游消费者的类型划分,并据以研究不同的心理类型对出游动机以及对选择出游目的地的影响。在这方面,最具代表性的典型当属斯坦利·C.帕洛格(Stanley C. Plog)所做的旅游消费者心理类型研究(psychographics)。

帕洛格是蜚声国际的旅游研究和咨询专家,不仅在学术上建树卓著,而且在管理咨询方面,迄今已有长达 40 年的从业经历,并且因其在帮助很多旅游目的地成功扭转颓势方面所取得的成绩,而被誉为"旅游目的地医师"(Doctor Destination)。帕洛格曾以 5000 多人为调查样本,对旅游消费者的人格特点及其与出游目的地选择之间的关系进行了详细的分析与研究。帕洛格依据不同旅游消费者的人格或心理类型特点,将其划分为若干不同的人群(见图3-4)。

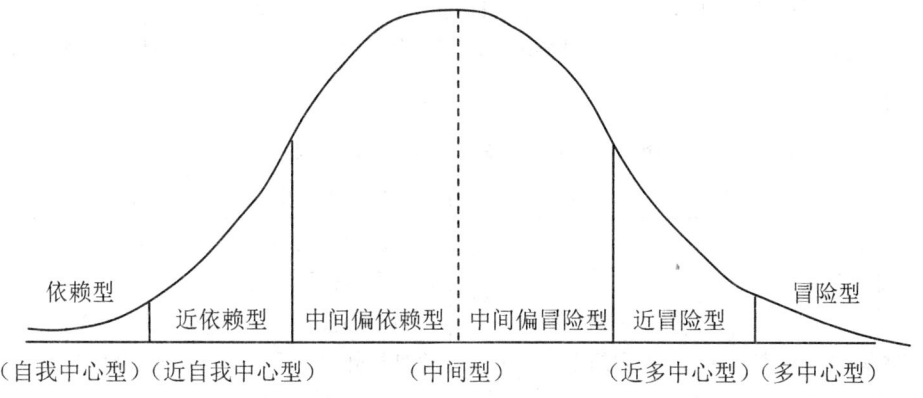

图 3-4 旅游消费者的心理类型

资料来源:Plog(2003:48-53)。
注:括号中为帕洛格在其早期研究中对有关心理类型所使用的称谓。

其中最主要的三种心理类型分别是:

①依赖型(Dependable)

在帕洛格的早期研究中,曾将这种心理类型称为"自我中心型"(psycho-centric)。属于这种心理类型的人所共有的人格特征主要包括:思想上封闭而保守、谨小慎微、多忧多虑、缺乏自信、不爱冒险;行为上表现为喜欢循规蹈矩的生活方式、愿意听从公众人物的建议,或仿效他们的行为、偏好购买流行品牌的消费品、喜欢熟悉的氛围和活动。因此,这种心理类型的人在外出旅游时,往往倾向于选择那些距离比较近、自己对该地情况比较熟悉的旅游目的地,特别是倾向于选择那些传统的旅游热点地区,对于自己所喜欢的旅游目的地多会经常故地重游。

②冒险型(Venturers)

在帕洛格的早期研究中,曾将这种心理类型称为"多中心型"(allo-centric)。属于这种心理类型的人所共有的人格特征主要包括:思想上天性好奇、喜欢探索、充满自信、喜欢挑战、对待生活有个人主见;行为上多表现为喜新奇,好冒险,活动量大,不愿随大流,喜欢与不同文化背景的人打交道和相处。因此,这种心理类型的人在外出旅游时,强烈偏好那些环境独特、尚未充分开发、依然保留其原始魅力的旅游目的地,特别是不愿随大流去那些脍炙人口的旅游热点。他们喜欢自助式旅游,而不愿参加由导游陪同的旅行团。他们旅游过程中表现活跃。除了睡觉之外,大部分时间都用于考察和探访,而不是整天躺着晒太阳。他们偏好入乡随俗,乐于接受那些条件虽差,但非同一般类型的住宿设施。为了增加自己的阅历,他们经常外出旅游,每年都会去寻找新的旅游目的地而不愿故地重游。

③中间型(Centrics)

在帕洛格的早期研究中,曾将这种心理类型称为"Mid-centric"。这种心理类型的旅游消费者在人格特征和思想行为特点等方面的表现介于上述两个极端类型之间。

表 3-8 不同人格/心理类型的旅游者特点

依赖型人格/心理类型的旅游者	冒险型人格/心理类型的旅游者
◇出游频率低	◇出游频率高
◇不喜欢冒险	◇胆子大,好冒险
◇缺乏自信	◇自信心强
◇性格内向,羞于接触不熟悉的人	◇性格外向,乐于接触不同文化背景的人
◇多忧多虑	◇生性乐观
◇多喜欢自驾车出行	◇乐于选乘各种交通工具旅行
◇愿意选择去熟悉和"安全"的目的地	◇希望选择去新奇、陌生的目的地
◇旅游度假期间花钱少	◇旅游度假期间花钱多

从帕洛格的这一模型中,我们很容易看到,这三种主要心理类型的人在人口中的分布情况为中间大、两头小,即属于中间型心理类型的人在人口中居绝大多数,而属于依赖型和冒险型这两个极端心理类型的人在人口中所占的比例很小。此外,这一模型还反映出,一个人所属的心理类型距冒险型越近,外出旅游的可能性也就越大。

根据帕洛格的这一理论,对于一个新开发的旅游目的地来说,最初所能吸引到的来访游客,主要是那些属于冒险型心理类型的旅游消费者,因为此时选择去该地旅游,在很大程度上意味着冒险,而这种心理类型的旅游消费者所寻求的恰恰是"冒险—探索"类的旅游活动。继他们之后,随着时间的推移,其他心理类型的旅游者会逐渐地陆续跟进。当该旅游目的地步入成熟期,特别是当该地已形成旅游热点时,所能吸引来访的游客则会转为主要是那些心理类型偏向于依赖型的旅游消费者。在这一过程中,随着后者的来访,冒险型心理类型的旅游者会逐渐失去对该地的兴趣,转而去另寻那些尚未充分开发、依然保留其原始魅力的旅游目的地。

2. 外在因素

除了内在因素之外,旅游消费者的购买动机还会受到其自身方面很多客观条件的影响。这些客观条件就是消费者行为研究中通常所称的外在因素,这些外在因素涉及的范围较广,其中主要包括旅游消费者个人的知识水平或受教育程度、年龄、性别、所属的社会阶级以及所处的微社会环境。

(1) 文化知识水平或受教育程度

一个人的文化知识水平通常与他/她所受教育的程度有关。受教育程度在很大程度上影响着一个人的知识水平和对外界信息的了解与兴趣,从而会影响他/她的追求、需要和动机。这主要是因为,一方面,文化知识面的扩大和认识能力的提高有助于增加一个人对外部世界的了解,从而更容易诱发对外部世界的兴趣和好奇心,另一方面,文化知识的增多也有助于一个人克服对异乡陌生环境的心理恐惧。

(2) 年龄

年龄对旅游消费者购买动机的影响主要是出于两个方面:第一,年龄不同往往决定了人们所处的家庭生命周期阶段不尽相同,从而制约着人们的需要和动机。以青年已婚的双职工家庭为例,夫妻二人虽然具备外出旅游的经济条件和主观意愿,但由于家中有婴幼儿的拖累,因而有可能决定不外出旅游。这一点已为大量的旅游调查结果所证明。第二,年龄的不同往往会影响到人们在体能上的差异,从而也会制约人们的需要和动机。以有些老年人为例,虽然他们在人格上有可能为冒险型心理类型,但由于体能条件的制约,大都会决定不参与冒险程度较高或体能消耗较大的旅游活动。

(3) 性别

很多国家中的旅游调查结果都显示,在外出旅游者中,男性多于女性,而且探险旅游的参加者更是多为男性。这些事实表明,性别对旅游消费者的购买动机确实会有影响。但是,如前所述,实际上性别本身并不会直接对旅游消费者的购买动机产生影响。性别差异对人们的需要及行为动机的影响主要是缘于两个方面的原因。第一,性别差异意味着男女生理特点(如体能)的不同;第二,在很多社会中,性别差异往往致使男女在家庭中扮演角色的不同。

(4) 社会阶级

社会阶级(Social class)是指"其成员的价值观、利益和行为都基本相同的社会人群"(Kotler et al., 1996:183)。人们用于划分社会阶级的依据主要涉及两项因素：其一是职业，其二是收入水平。一般地讲，在一个社会中，高收入职业的从业者往往都是接受过高等教育的人。而且，作为一种普遍规律，一个人或一个家庭的实际收入水平越高，则越有可能会参加外出旅游活动。一个人所属的社会阶级对其旅游购买决策的影响不仅与此有关，而且还会影响其对旅游目的地及旅游产品的选择。

（5）微社会环境

这里所称的微社会（micro-society），有时亦称参照群体（reference group），是指一个人在日常生活和工作中所经常接触的人际环境或熟识人群，通常为一个人所经常接触的家人、亲友、同学、同事、街坊邻居等人群。一个人所处的微社会环境也会影响其个人的需要和行为动机。例如，一个原本无意外出旅游的人，在朋友的怂恿下可能会改变主意而决定外出旅游。或者，一个属于依赖型人格的旅游者本不愿去遥远而陌生的某地访问，但是在有自己所熟悉的人陪伴同行的情况下，也会壮胆前往。

实际上，影响旅游消费者购买动机的其他因素还有很多。以上只是择要介绍而已。需要提醒注意的是，上述对每一影响因素的介绍，都是在假定不考虑其他因素起作用的情况下进行的。而在现实中，这些因素都是在综合起作用，共同影响着旅游消费者的购买动机。

四、认识个人旅游需求影响因素的意义

我们在前面一节讨论了影响个人旅游需求的主要客观因素，即收入水平、闲暇时间、身体条件和家庭制约。本节则集中讨论了影响个人旅游需求的主观因素，即旅游动机。一个人至少需要同时具备这些主观条件和客观条件，才有可能实现其旅游需求。从另一角度讲，所有这些因素也都可构成一个人实现旅游活动的障碍因素。只有这些障碍因素全部得到克服之后，一个人才能真正实现外出旅游。

在上述全部这些因素中，客观方面的因素是个人旅游需求得以实现的支持条件，主观方面的因素则是驱使个人参加旅游活动的根本动因。全面认识这些因素，对于旅游业经营工作的开展，特别是对于旅游市场营销工作的开展，具有现实的指导意义。归纳起来讲，对于收入、时间、身体条件、无家庭拖累等实现个人旅游需求所必须具备的客观因素，旅游经营者不仅无力控制，而且难以帮助人们克服。因而，旅游经营者在选择自己的目标客源市场时，必须要重视考虑这些因素。相比之下，对于旅游消费者的购买动机，旅游经营者则完全可以主动采取措施，针对目标市场人群的需要和利益追求，通过促销方案的设计与实施，激发消费者市场对本目的地或本企业旅游产品的兴趣，促使其产生购买动机。只有做好这方面的工作，旅游经营者才真正大有可为。

第四节 旅游者的类别划分

同旅游活动的类型划分一样,对于旅游者的类别,同样也不存在完全统一的划分标准。由于研究角度和研究目的不同,人们所使用的划分标准难免会有差异,所划分出来的旅游者类别自然也会不尽相同。重要的是,对旅游者进行类别划分只是一种手段,旨在服务于某一特定的研究目的或工作目的。一般地讲,对旅游者进行类别划分的基本目的有两个:其一是旅游统计工作的需要,其二则是便于认识不同类别旅游者的需求特点。

一、世界旅游组织(WTO)对旅行者的分类

基于规范旅游统计工作的考虑,世界旅游组织从作为旅游目的地的国家或地区的视角,首先将全部旅行者(travelers)分为两大部分,一部分是应纳入旅游统计范围的旅游者,另一部分是不能纳入旅游统计范围的旅行者。

不能纳入旅游统计范围的旅行者包括:边民过境上班者;游牧民;没有离开入境口岸中转区域的过境旅客;难民;往来于本国与外国驻防地之间的军事人员(包括其家属和随从人员);往来于本国与外国就任地之间的领事代表(包括其家属和家庭服务人员);往来于本国与外国就任地之间的外交人员(包括其家属和家庭服务人员);临时(打工)移民和永久性移民。

应纳入旅游统计范围的旅游者在统计中通称为来访游客(visitors)。来访游客中分为两类。其中一类是统计中用称的(过夜)旅游者(tourist),即在到访目的地至少过夜一天的来访游客,其人员范围包括外国人、本国的海外侨民,以及在到访地的旅馆中停留过夜的外国航空机组人员和船舶司乘人员。另外一类则是统计中用称的一日游游客,即在到访地不做过夜停留的游客,其人员范围中包括临时到岸访问但不在岸上过夜的游船乘客、当日离去的来访游客、在到访地不做过夜停留的外国航空机组人员以及船舶和列车的司乘人员(具体情况参见图3-5)。

虽然世界旅游组织对旅行者的上述分类所直接针对的是国际旅行者,但对其中的内容做相应调整后,同样适用于国内旅行者的类别划分。

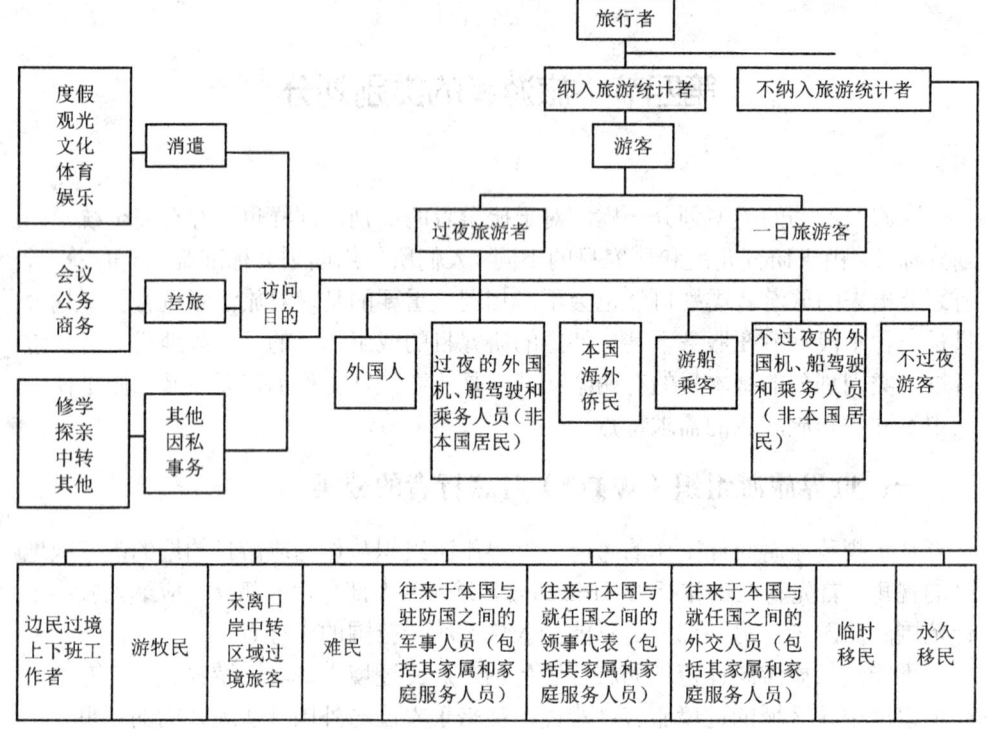

图 3-5 旅行者的分类

资料来源：根据世界旅游组织（WTO）资料改编。

二、常用的旅游者分类

在第二章中，我们曾经谈到，使用不同的依据或标准，可划分出多种不同类型的旅游活动。显然，从逻辑上讲，这些不同类型旅游活动的参加者，自然分别形成不同类型的旅游者。换言之，这意味着有多少不同类型的旅游活动，便可划分出多少不同类型的旅游者。然而从旅游业的实践看，在对旅游者进行分类方面，虽然可供用作分类依据的变量会有很多，但并非都为人们所使用。关键在于从中选择某些最切合实际需要的变量用作划分依据。

1. 旅游业实践中常用的基本分类

根据对世界各地旅游营销工作实践的考察，人们普遍都是按照以下几个变量对旅游者做基本分类的：

- 根据停留时间：过夜旅游者与不过夜的旅游者（一日游游客）。
- 根据来源地域：国内旅游者与国际（入境）旅游者。
- 根据来访目的：消遣型旅游者、商务型旅游者及探亲型旅游者（VFR）。

- 根据组织或活动方式：团队旅游者与散客旅游者。

当然，这些仅是作为实用性起点的基本分类。在此基础之上，人们还可选择其他某些出游活动方面的变量（参见表 3-9）以及人员特点方面的变量（参见表 3-10）对旅游者人群做进一步的类别划分，目的在于识别出本组织或本目的地所感兴趣的客源市场是哪些类别的旅游者人群。

表 3-9　出游活动方面的变量（trip variables）

□ 出游目的，例如：消遣/差旅/探亲
□ 所追求的利益
□ 对旅游目的地接待服务标准的期望值，例如：高于/低于/同于居家时的水准？
□ 客源地与目的地之间的旅行距离
□ 人均开支/日均开支/全程费用
□ 分项开支，例如：住宿开支，购物开支，等等
□ 对价格的敏感度
□ 对其他营销因素的敏感度，例如：对广告/销售促进活动的敏感度
□ 支付方式，例如：用现金支付、用信用卡支付、用外币支付，等等
□ 付款时间，例如：提前（多长时间）预付？即时现付？事后支付？
□ 对本目的地的态度，例如：热情满腔、积极肯定、态度中立、态度消极、抱有敌意
□ 使用状态，例如：从未来访过、曾经来访过、初次使用者、经常性使用者，等等
□ 使用率，例如：重度、中度、轻度
□ 来访的频率，例如：每年一次、每年两次
□ 购买过程中所扮演的角色，例如：决策者？共同商定？影响者？
□ 购买时机，例如：蜜月、宗教庆典、生日，等等
□ 做出预订的时间，例如：提前几天/几周/几个月预订、最后一刻预订、临时购买
□ 出游的时间，例如：月份、旺季、平季、淡季
□ 使用何种包价旅游组织商，例如：航空公司、组团旅行社、旅行代理商、租车公司等等
□ 所使用的信息源，例如：口传信息、旅游宣传册、网站、报纸等
□ 预订方式，例如：直接预订、在游客问讯中心预订、通过第三方进行预订，等等
□ 施加影响和争取客源的地点，例如：在其居住国、在东道国的口岸城市、在游历途中等
□ 抵达时/抵达后所使用的交通方式，例如：自驾车、骑自行车、乘飞机，等等
□ 使用哪些类型的景点/住宿设施/活动项目/设施以及使用的格局
□ 旅程格局，例如：最终目的地、中途停留、单一目的地、双目的地，等等
□ 同行的成年人/儿童人数
□ 同行人员的构成，例如：成年人、儿童、朋友、家人、亲戚，等等
□ 停留时间，例如：小时数、天数

表 3-10　人员特点方面的变量（personal variables）

- □ 性别
- □ 婚姻状况
- □ 年龄
- □ 国籍/居住国/客源地
- □ 种族血统
- □ 受教育程度
- □ 宗教信仰
- □ 职业（如：体力劳动者、专业人士、个体经营者，等等）
- □ 收入水平
- □ 家庭规模（如：单身、夫妇、三口之家，等等）
- □ 家庭成员构成（如：亲生子女、过继子女、收养子女、单亲、朋友，等等）
- □ 社会阶级（划分方案因国而异）
- □ 人口密度（如：乡村、城市、城郊、低密度、高密度）
- □ 家庭居住地的气候情况
- □ 工资/薪金的币种（汇率）
- □ 媒体习惯（如：电视、广播、报纸、杂志、网站，等等 ）
- □ 是否有车族
- □ 带薪休假的天数与结构（如：公共假日、学校年假、周末长假、休假天数以及使用格局）
- □ 先前的旅游经验
- □ 生活方式与态度、兴趣爱好
- □ 所生活周期阶段（如：单身、已婚无子女、家中有幼童、老年夫妇、退休者、鳏寡独居）

2. 基于访问目的的旅游者类别划分

在本节中，我们参照世界旅游组织的惯常做法，依据旅游者的出游目的，将其划分为三种基本类型，即消遣型旅游者、因公差旅型旅游者和因私事务型旅游者。如前所述，对旅游者进行类别划分只不过是一种手段。这里对旅游者做如此分类，主要是为了便于分析和认识这些常见的旅游消费者人群的市场特点。

（1）消遣型旅游者

从总体上讲，消遣型旅游者通常具有以下一些特点。

① 人数多，比重大

在全部旅游者总量中，消遣型旅游者人数最多，所占比重最大。观察历年来我国国家旅游局公布的有关统计数字，这一点表现得十分清楚。

在入境旅游方面，以 2005 年来华访问的外国游客为例，其中观光休闲者占 46.1%，探亲访友者占 2%，会议或商务者占 22.7%。如果将来内地访问的港澳台同胞也考虑进去，根据国家旅游局和国家统计局的有关抽样调查，在2005年来华访问的入境游客总人次中，观光游览者占34.2%，休闲度假者占17.1%，宗教朝拜者占1%，参加会议者占5%，商务活动者占26.8%，探亲访友者占7.9%，文体科技交流者占3.3%，其他目的者占4.7%。按世界旅游组织对旅游者访问目的的归类，上述统计中属消遣性目的的入境游客在该年来华入境游客，在总人次中所占的比重合计约为52.3%。

在国内旅游方面，以2011年我国居民参加国内旅游的情况为例，在按旅游目的统计的城镇居民国内游客总量构成中，以观光浏览为目的的出游人次数占29.5%，以度假休闲为目的的出游人次数占23.7%，以商务活动为目的的出游人次数占15.2%，以探亲访友为目的的出游人次数占28.9%，以健康疗养为目的的出游人次数占1.3%，因其他目的而出游的人次数占1.3%。也就是说，其中属于消遣性出游目的的旅游人次数合计约占该年城镇居民国内游客总量的54.5%。

其实，若是就整个世界的情况进行观察，则消遣型旅游者在全部旅游者中所占的比重将会更大。

② 出游活动的季节性强

消遣型旅游者的出游活动季节性很强。这主要是因为，除了退休者以外，所有在职人员几乎都是利用休假时间外出旅游。我国旅游"黄金周"期间的情况更是这方面的典型。此外，就某一旅游目的地来访旅游需求的季节性而言，该地的气候条件也是其中重要的影响因素。

③ 拥有较大程度的选择自由

在对出游目的地、旅行方式以及对具体出游时间的选择方面，消遣型旅游者拥有较大程度的选择自由。例如，在得知某个旅游目的地出现安全问题，或旅游接待工作质量下降，或旅游产品提价过高的情况下，消遣型旅游者很可能会临时改变出游计划，转而另选其他的旅游目的地。此外，在具体的动身出游时间上也是一样，由于消遣型旅游者（尤其是散客）受时间的限制并不严格，所以不少人都宁愿花时间等候廉价的剩余机票。如果出游时遇到天气问题，消遣型旅游者很可能会临时决定推迟出游时间。正因为其选择自由度大，因而消遣型旅游者也是同类旅游目的地以及同类旅游企业竞争最激烈的市场部分。

④ 对价格敏感

一般地讲，由于自费的缘故，消遣型旅游者大都对价格比较敏感。他们在选择出游目的地或选购旅游产品时，往往都会就价格进行纵向和横向的比较。如果他们觉得某地旅游产品的价格过于昂贵，则会拒绝前往该地，而另选其他的同类旅游目的地。如果他们认为航空机票调价过高，则很可能会改选其他旅行方式。此外，由于自费的缘故，消遣型旅游者更关心货真价实，价有所值（value for money)。所以，无论是对于一个旅游目的地，还是对于一个旅游企业，其产品定价一旦出现失误，都无异于自动将顾客推向竞争对手。

（2）因公差旅型旅游者

以商务人员为典型代表的因公差旅型旅游者是旅游业的另一重要客源市场。在当代全球竞争的形势下，任何一个国家，如果不重视开展国内外的交流与合作，要想求得发展并保持先进水平几乎是不可能的。正因为如此，在当今世界上，各地之间在经济、技术以及文化等领域的交流与合作也日益频繁。所有这一切都使得差旅活动的规模大为增加，并成为很多旅游经营者所关注的重点目标市场。

与消遣型旅游者相比较，因公差旅型旅游者的市场特点包括：

① 出游频率高

在全部各类旅游者中，因公差旅型旅游者的人数上虽然相对较少，但出游频率很高。这是很多旅游企业都重视这一市场的主要原因之一。例如，根据有关统计，就全球航空客运市场而言，差旅型旅游者在其中所占的比重高达 50%；在全球饭店业所接待的客人中，差旅型顾客同样占有相当高的比例，特别是在四星级以上高档饭店的住宿客人中，差旅型顾客所占的比例往往高达 60%（Hampton，1989）。

② 出游活动无季节性

因公差旅者的出行是出于工作或业务的需要，因而其出行活动通常没有季节性。如果说这一市场的需求量也存在波动情况，那便是在旅游度假需求的旺季时节，他们外出差旅的可能性反而较低，因为他们此时很可能也要同家人一起度假。另外，在短程差旅的情况下，他们的动身出行以及在目的地的停留多发生于周一至周五的工作日，而很少占用周末时间。

③ 出行活动的自由度小

因公差旅者的出行目的使得他们对目的地几乎没有选择自由。正因为如此，对于各旅游目的地来说，在面向这一人群争取客源方面，很少存在真正的竞争。当然，这对于旅游企业来说，则应另当别论。

④ 消费水平高

在对旅游服务的要求方面，差旅型旅游者所注重的是服务可靠和舒适方便，因而他们的消费水平通常都比较高。例如，为了时间可靠和便利，他们宁可多花钱，也不会去购买附有限制条件的廉价机票。为了舒适和方便，同时也是出于代表本组织或企业形象的考虑，他们通常都会选择令其体面的住宿设施。这是很多旅游企业，特别是很多航空公司和饭店企业十分重视这一市场的又一主要原因。

⑤ 价格敏感度低

差旅型旅游者对待价格一般不大敏感。这一方面是因为他们的差旅活动并非自费，另一方面则是因为他们没有选择和更改目的地的自由。只要是工作或业务上需要，即使既定目的地的旅游服务价格出现较大幅度的上升，他们仍会前往。当然，如果该地的旅游产品价格升幅过大，超过了其所属组织或企业愿意承担的限度，则该次差旅之行也可能会取消。但即便如此，他们也不大会转而改往其他目的地。

以上所述只是大多数差旅型旅游者，特别是商务旅游者的一般特点。至于差旅型旅游者中的某些亚类，譬如会议旅游者，则可能还有另外某些特点。例如，会议举办地点是由会议组织者根据各备选会址的设施条件、服务价格等情况从中选择和确定。因此，与接待商务旅游有所不同的是，各目的地在经营会议旅游市场方面，存在着激烈的市场竞争。

（3）因私事务型旅游者

这类旅游者的情况比较复杂。他们在出游活动的需求方面往往同时兼有前两类旅游者的某些特点。例如，在出游时间上，他们中虽有不少人利用带薪假期探亲访友，但相当多的人都选择传统节假日外出探亲，而各国传统节假日又不尽统一。此外，有些家庭及个人事务的办理，如去外地出席亲友的婚礼、参加子女的毕业典礼等，都有一定的日期限制。因此这类人员外出旅行的季节性较小。就此而言，他们与差旅型旅游者有着类似的需求特点。但是就其对价格的敏感程度而言，他们则与消遣型旅游者有共同之处。然而在对旅游目的地的选择方面，他们又同差旅型旅游者一样，没有选择旅游目的地的自由。所以对这类旅游者的情况只能根据具体情况具体分析，难以做出比较统一的归纳。

【重点术语】

　　旅游者（tourist）
　　概念性定义（conceptual definition）
　　旅行者（traveler）
　　技术性定义（technical definition）
　　居民（resident）
　　游客（visitor）
　　一日游游客（day visitor）
　　个人需求（demand at personal level）
　　市场需求（market demand）
　　可支配收入（disposable income）
　　可随意支配收入（discretionary income）
　　闲暇时间（leisure time）

每日闲暇（daily leisure）
周末闲暇（week-end leisure）
公共假日（public holidays）
带薪假期（paid holiday）
动机（motivation）
学习（learning）
态度（attitudes）
知觉（perception）
人格（personality）
心理类型（psychographics）
依赖型旅游者（Dependables）
冒险型旅游者（Venturers）
中间型旅游者（Centrics）
教育（education）
年龄（age）
性别（gender）
社会阶级（Social class）
微社会群体（micro-social group）

【思考题】

1. 术语解释：可支配收入；可随意支配收入；闲暇时间；旅游动机。
2. 罗马会议对应纳入旅游统计的来访者是如何界定的？这一界定有哪些特点？
3. 世界旅游组织对旅游者的最新规范界定有何特点？
4. 我国在旅游统计中对入境旅游者是如何界定和分类的？有哪些具体规定？
5. 我国在旅游统计中对国内旅游者是如何界定和分类的？有哪些具体规定？
6. 个人旅游需求的实现需具备哪些条件？对于旅游经营者来说，认识这些条件的意义何在？
7. 简述马斯洛"需要层次理论"的内容要点。
8. 简述旅游动机的基本类型。
9. 以你所在的城镇或地区为基地，试调查国内游客来此访问旨在满足哪些需要或追求。

10. 就旅游消费者个人方面的情况而言，哪些因素对其购买动会具有影响作用？这些因素如何起作用？

11. 帕洛格对旅游消费者的人格或心理类型是如何划分的？不同人格/心理类型的旅游者在思想和行为上分别有哪些特点？掌握这一理论有何实际意义？

12. 根据旅游者的访问目的，可将其划分为哪些类别？这些不同类别的旅游者群体分别有哪些基本特点？认识这些特点有何实际意义？

第四章 旅游资源

【学习目的】

通过本章的学习，掌握旅游资源的概念及旅游资源对发展旅游业的重要性；熟悉旅游资源的各种分类标准；了解旅游资源的特点；熟悉旅游资源的价值决定；认识旅游资源开发的必要性；熟悉旅游资源开发工作的主要内容和应当遵循的原则；了解旅游资源开发项目可行性研究的主要内容；认清开发与保护之间的辩证关系；了解致使旅游资源遭受损害和破坏的原因；熟悉旅游资源保护工作的实施原则和基本措施。

【主要内容】

1. 认识旅游资源

基于需求角度认识的旅游资源定义；旅游资源的分类；旅游资源的特点；旅游资源的价值决定

2. 旅游资源的开发

开发工作的必要性；开发工作的参与者；旅游资源开发项目的价值评价；开发工作的主要内容；开发工作的基本原则

3. 旅游资源的保护

保护与开发的辩证关系；致使旅游资源遭受损害和破坏的原因；旅游资源保护工作的原则与措施

第一节 认识旅游资源

在第二章有关旅游活动体系构成要素的讨论中，我们曾经提到，旅游资源是旅游活动的客体或对象。改革开放以来，在我国各地发展旅游业的热潮中，有关开发旅游资源的讨论更是常见于各种媒体。所以，对于"旅游资源"一词，人们至少听起来不会感到陌生。然而尽管如此，对于"旅游资源"的释义，人们的理解或认识似乎并非完全相同。

一、基于不同认识角度的旅游资源释义

试观察下列对旅游资源的释义：
- "凡是构成吸引旅游者的自然和社会因素，亦即旅游者的旅游对象或目的物，都是旅游资源。"（《旅游概论》集体编写组，1983）
- "凡是能为人们提供旅游观赏、知识乐趣、度假休闲、娱乐休息、探险猎奇、考察研究，以及人民友好往来和消磨闲暇时间的客体和劳务，都可称为旅游资源。"（郭来喜，1985）
- 旅游资源是指"客观地存在于一定的地域空间并因其所具有的审美和愉悦价值而使旅游者为之向往的自然存在、历史文化遗产和社会现象"。（谢彦军，2001）
- "凡是能激发旅游者旅游动机，为旅游业所利用，并由此产生经济价值的因素和条件即旅游资源。"（邢道隆，1986）
- "自然界和人类社会中凡能对旅游者产生吸引力，可以为旅游业开发利用并可产生经济效益、社会效益、环境效益的各种事物和因素都可视为旅游资源。"（《中国旅游资源普查规范》，中国旅游出版社，1992）

分析上述对旅游资源的认识和解释，我们可能不难发现，这些认识和解释基本上可分为两类。其中一类显然是从需求的角度去认识和解释旅游资源，即认为旅游资源是拉动旅游者来访的吸引源，是旅游者访问活动的客体或对象。在上面所列举的各项对旅游资源的释义中，前三项释义基本上皆属这类认识。另外一类则在很大程度上是从供给的角度去认识和解释旅游资源，即认为旅游资源是旅游业能够借以开展经营活动的凭借物。在上面所列举的各项对旅游资源的释义中，后两项释义基本上都属于这类认识，因为在这两项释义中，虽然也涉及了旅游资源对旅游者来访的吸引作用，但实际上所强调的要点则是不仅能"为旅游业所利用"，而且必须能"产生经济价值"或"产生经济效益、社会效益、环境效益"。

从表面上看，不论是基于需求的角度还是供给的角度去认识和解释旅游资源，似乎都不无道理，似乎都有其合理的逻辑依据，但实际上，类似上述基于供给角度所做的解释，恐怕难以经得起推敲。原因在于：第一，某些事物作为旅游资源的存在，是以旅游消费者对其感兴趣为前提，而不是以能够"为旅游业所利用"为前提。历史已经告诉我们，早在旅游业问世之前，旅游活动便已有之，只不过是当时的旅游活动尚未形成具有商业开发价值的规模而已。倘若将"为旅游业所利用"作为前提去解释旅游资源，则无异于是说，没有旅游业便没有旅游资源。倘若果真如此，那么在旅游业问世之前，或者人们在不使用旅游业的服务而进行

旅游的情况下，人们旅游活动的对象物又是什么呢？此外，即便是就今天的情况而言，旅游资源同样也是先于旅游业而存在的。无论是什么地方，正因为人们认识到该地拥有旅游资源，才会想到去开发该地的旅游业。所以，对于旅游资源是因旅游业而存在的认识，无论是历史还是今天，很多事实都可证明情况远非如此。

第二，某些事物作为旅游资源的存在，其实并非是以能带来或能"产生经济价值"或"经济效益"为前提。道理很简单，观察一下当今的现实，就众多潜在的旅游资源而言，有谁能够担保这些事物的开发肯定会带来"经济价值"或"经济效益"？或者，倘若有关投资/开发者认为这些事物不具有"经济价值"，是否便决定了它们不是旅游资源？事实上，即便是某些原本被认为是能够"产生经济价值"的旅游资源开发项目，开发之后也并没能带来"经济效益"。这种情况不论是在我国，还是在世界其他地区，都不乏其例。

所以，在我国，大多数人在谈及旅游资源时，都将其视为吸引旅游者来访的凭借物，因而实际上都强调旅游资源是旅游者活动的对象物。这意味着，基于这一认识的"旅游资源"很大程度上已成为国人中一个约定俗成的特定概念。在我国，几乎没有谁会将饭店、机场、飞机、公路以及其他各种旅游基础设施和上层设施等为旅游业所使用的资源称之为旅游资源。这一切都说明，国人对旅游资源这一概念的惯常理解，实际上是基于需求角度的认识。

这里之所以说上述理解的旅游资源在中国是一个约定俗成的特定概念，或者说在一定程度上是一个具有中国"特色"的概念，是因为在国际学术界，特别是在当今欧美地区的旅游文献中，"旅游资源"（tourism resources）根本就不是一个专门术语或专业术语。仅以在当今世界上最具影响的旅游学教科书为例，不论是美国出版的《旅游学》（*Tourism: Principles, Practices, Philosophies*），还是英国出版的《旅游学》（*Tourism Principles and Practice*），其中的术语表中均不见"tourism resources"。在20世纪90年代之前的欧美旅游文献中，虽然有些一般性的陈述中也曾有"tourism resources"这一表述，但是其含义除了通常所称的旅游吸引物之外，还包括所有其他为旅游业所用的设施和条件，往往可与之替换使用的另一同义表述则是"tourism assets"。换言之，"tourism resources"这一表述实际上所指的是旅游业资源或旅游业生产要素资源，而并非等同于我们所理解意义上的旅游资源。

虽然本教科书在术语的使用上历来强调注重与国际接轨，但这并非意味着主张一切"唯洋人马首是瞻"。面对国人对旅游资源一语的惯用和约定俗成的理解这些现实，我们没有必要去否认和弃用这一术语。只不过是我们在参阅和比较国外相关文献时，需要有所留意也就是了。

二、基于需求角度认识的旅游资源定义

在讨论旅游资源的定义之前,我们首先需要对什么是旅游活动以及人们为什么要外出旅游等问题有一个基本的认识。关于对这些问题的认识,我们在前面的第二章和第三章中已经分别做了阐述。但是,仅仅认识了这些问题仍不足以回答什么是旅游资源,因为随之而来的另一个更为现实的问题是,人们为什么会选择去甲地旅游而不选择去乙地旅游,或者,为什么有些人会选择去甲地旅游,而另外一些人却选择去乙地旅游。如果你能够清楚地回答这些问题,那么对于什么是旅游资源的答案也便在其中了。

旅游者之所以会选择去某地访问,是因为那里的某种活动环境对他们具有吸引力。构成这一具有吸引力的环境的核心因素,可能是该地的某些自然事物,也可能是该地的某些文化事物、社会事物或其他任何事物,当然,也可能是上述多种事物兼而有之。该地会对旅游者产生吸引力的基础在于:与旅游者在其惯常居住地所能开展某些活动的条件相比,该地所提供的活动环境或条件能够使他们的活动开展得更好,或者能够使他们开展某些在其惯常居住地根本无法开展的活动。所以,不论是消遣型旅游者还是差旅型旅游者,他们之所以会选择去某地访问而不是选择去其他地方访问,完全是因为他们认为该地能够提供他们开展活动所需要的理想条件。不难想象,特别是对于消遣型旅游者来说,如果该地的活动环境同其惯常居住地的环境或者同其本国的环境完全相同,甚至比不上其惯常居住地或者其本国的活动环境,他们是不会被吸引前来访问的。因此,旅游资源的核心在于对外来旅游者的吸引功能。

从前面所列举的所有各项对旅游资源的解释中,我们也可以看到,尽管各家之说或有差异,但是在所有这些对旅游资源的表述中都有一个共同点,即都强调了旅游资源对旅游者具有吸引功能这一根本特征。特别需要再次强调的是,本节中所讨论的旅游资源是作为旅游者活动客体的旅游资源,是作为旅游者的旅游活动开展要素之一的旅游资源,而不是旅游业的经营活动借以开展的经济资源,所以我们更主张强调从需求的角度去界定旅游资源,因为只有从这一角度去界定旅游资源,才能突出体现或反映吸引力本源这一全部旅游资源理论的核心要点。

基于这一认识,我们可对旅游资源的定义做如下表述:

凡是能够造就对旅游者具有吸引力环境的自然事物、文化事物、社会事物或其他任何客观事物,皆可构成旅游资源。

在有些情况下我们甚至可以简要地说,凡是对旅游者具有吸引力,能够吸引旅游者来访的各种客观事物,均可构成旅游资源。

这里之所以会对旅游资源做如此定义和表述，其原因我们可以做如下几点必要的说明：

第一，这一定义所强调的是，旅游资源是旅游目的地能够拉动旅游者来访的吸引力本源。

第二，虽然表现这一吸引力的核心因素是旅游目的地方面的某一或某些具体事物，但是该事物吸引力的真正得以发挥，实际上同以它为核心所形成的活动环境有关。

第三，某一事物作为旅游资源的地位并不是永恒的，它今天能对旅游者具有吸引力，它今天就具有作为旅游资源的地位。倘若有朝一日它失去了这种吸引力，那么虽然"星星还是那颗星星，月亮还是那个月亮"，但作为旅游资源的这一地位将会随之丧失，这一事物也就不再是旅游资源。该定义中之所以表述为"皆可构成旅游资源"而不用"都是旅游资源"这样的表述，原因即在于此。

第四，这一定义中对"皆可构成旅游资源"这一表述的使用，还意在暗示旅游资源的可创造性。

三、旅游资源的分类

人们对旅游资源有着多种不同的分类。这主要是因为，同很多其他事物的分类一样，采用不同的分类依据或标准，所做分类的结果势必会有差异。在我国以国家标准推出的《中国旅游资源普查规范》中，旅游资源被划分为三大景系（自然景系、人文景系、服务景系）、七大类别（地文景观类、水文景观类、气候生物类、历史遗产类、现代人文吸引物类、抽象人文吸引物类、旅游服务型类）和近百种细分类型。由于这一分类系统太过于庞杂，非旅游基础理论教学所适用，因此这里不拟介绍。对这一分类系统感兴趣的读者，可去查阅该国标文件。在本节中，我们主要讨论一些在国内外较具普适性的旅游资源分类情况。

1. 基于事物属性的旅游资源分类

最为常见的旅游资源分类方法是，根据这些事物自身的属性，将其划分为两大类——自然旅游资源和人造旅游资源。这种划分体系最早由 M. 彼得斯（Peters, 1969）提出。由于所使用的分类依据比较直观，操作起来比较容易，所以这一分类体系很快便在世界各地得到广泛流传。在借鉴这一分类的基础上，在本节中，我们将结合当今的现实情况，根据常见的旅游资源事物的基本属性，将其划分为三大类，即除了自然资源之外，将人造资源进一步细分为文化旅游资源和以社会旅游资源为代表的其他类旅游资源。

（1）自然旅游资源

自然旅游资源通常是指那些以大自然造物为吸引力本源的旅游资源。在由各种自然要素、自然物质和自然现象所生成的自然环境或自然景观中，凡具有观赏、游览、疗养、科学考察或借以开展其他活动的价值，并能引发旅游者来访兴趣者，皆属自然旅游资源的范畴。依其表现形式的不同，自然旅游资源的种类也多种多样。一般地讲，自然旅游资源主要可分为以下几种：

- 气候条件。如风和日暖、光照充足、空气清新、干爽宜人，等等。这种资源不仅对吸引度假者来访至关重要，对于很多其他类型旅游活动的开展，往往也会有重要的影响。
- 风光地貌或自然景观。如辽阔的草原绿地、幽雅秀丽或气势宏伟的山川湖泊、温暖而无鲨的海域与海滨沙滩、罕见的地质结构、壮观的瀑布、火山区以及奇特的洞穴，等等。
- 动植物资源。如大片森林、珍稀树种、奇花异草、珍禽异兽等皆属此类。体现在具体的接待环境上，如优雅的垂钓环境、可供开展狩猎活动的天然猎苑、可供开展观赏及摄影活动的野生动物园和野生动植物自然保护区、可供开展游览和消遣活动的国家公园，等等。
- 天然疗养条件。如天然矿泉、泥浴场、疗效温泉，以及其他各种具有保健或美容功效的天然资源。

我国有着为数众多的自然旅游资源。这类资源中有些已被联合国科教文组织列入世界自然遗产或世界文化与自然（双重）遗产。截止到2010年8月，被列为世界自然遗产的这类资源已有八处，其中包括四川九寨沟风景名胜区、四川黄龙风景名胜区、湖南武陵源风景名胜区、云南三江并流、四川大熊猫及其栖息地、南方喀斯特地貌和江西三清山；被列为世界文化与自然（双重）遗产的这类资源已有四处，即山东的泰山、安徽的黄山、四川的峨眉山—乐山大佛和福建的武夷山。

（2）文化旅游资源

这里所说的文化旅游资源，过去曾称之为人文旅游资源，是指那些以文化事物为吸引力本源的旅游资源。在国际旅游学术界，这类旅游资源通常称作人造（man-made）资源。文化旅游资源的构成比较复杂，其中既涉及有形的文化旅游资源，也涉及无形的文化旅游资源。此外，在有形的文化旅游资源中，既涉及作为历史遗存的人造资源，也涉及当代有意识兴建的人造旅游资源。

依据不同文化资源的表现形态，一般可对文化旅游资源做如下类别细分：

- 历史文物古迹。主要为不同时代遗留下来的历史建筑、文明遗迹、古战场遗址、著名宗教寺庙等。其中，历史建筑和文明遗迹作为一个国家或民族发展的历史物证，由于在设计和建筑风格上有着不同于其他国家或民族的独特之处，因而往往会是一个旅游目的地中最具垄断性和最为宝贵的文化旅游资源。

- 民族文化及其表现场所。民族文化的范畴十分广泛。这里主要是指旅游接待地区的民族历史、民族艺术、民族工艺、风俗习惯,以及与此相关的传统节日庆典活动,等等。集中反映和表现这些文化活动内容的场所,往往会形成国际学术界所称的"旅游吸引物",如博物馆、美术馆、纪念馆、藏书馆、民俗展览和表演馆、民族工艺品生产场所、反映民族特色的园林,等等。由于民族文化的独特性,因而往往会成为旅游者好奇或兴趣所在。尤其是那些可供旅游者亲自参与的节日庆典活动,以及那些可让其亲身体验的民族生活方式和传统的民俗活动,多会对旅游者的来访具有更大的吸引作用。

- 文体盛事。即国际学术界所称的"events",包括长期沿袭下来的传统盛事活动,以及为吸引旅游者来访而刻意创办的盛事活动。特别是那些具有全国性乃至世界性影响的重大体育和文化盛事的举办,即国际学术界所称的"mag-events",如国际奥林匹克运动会、世界杯足球赛、洲际运动会,以及具有国际影响的音乐节、戏剧节、电影节、狂欢节、博览会等,往往能吸引大量的国内外游客来访。

- 以主题公园为典型代表,富有特色并具备一定规模的现代人造游乐场所,或其他消遣娱乐型的现代人造旅游景点。

我国是一个有着5000年悠久历史的文明古国,有着光辉灿烂的民族文化。这些宝贵的历史遗产中,有很多都已成为世界文化旅游资源中的佼佼者。其中不少已被联合国教科文组织列入世界文化遗产或世界文化与自然(双重)遗产。除了后者不计,截止到2010年8月,被列为世界文化遗产和世界文化景观的项目已达29处之多,其中包括:万里长城;北京的明清故宫;甘肃的敦煌石窟;陕西的秦始皇陵及兵马俑;北京周口店的"北京猿人"遗址;河北承德的避暑山庄及外八庙;山东曲阜的孔庙、孔林、孔府;湖北的武当山道教建筑群;西藏拉萨的布达拉宫——大昭寺;云南的丽江古城;山西的平遥古城;江苏的苏州古典园林;北京的颐和园;四川的大足石刻;北京的天坛;河南的龙门石窟;北京与河北的明清帝王陵寝——明显陵、清东陵、清西陵;四川的青城山——都江堰;安徽的皖南古村落——西递、宏村;江西的世界文化景观——庐山;辽宁的沈阳故宫及盛京三陵;河南的安阳殷墟以及福建的土楼;等等。

(3) 社会旅游资源

这里所称的社会旅游资源,泛指除上述两类旅游资源之外的其他属性的旅游资源,通常包括那些能反映或表现该旅游接待地区的社会、经济以及科学技术发展成就或特色,从而能对旅游者来访产生吸引作用的各种事物。由于很多这类事物的属性并非属于严格意义上的"人文"概念,正像经济学和社会学并非人文科学而是属社会科学一样,所以这里将这些旅游资源划作另外一类,并使用"社会旅游资源"一称。常见的这类社会资源包括：

● 经济建设成就

一个国家或地区的经济建设成就不仅可吸引消遣型旅游者前来观光，更是吸引商务旅游者来访的重要原因。就地方层次的旅游目的地而言，一个地方的经济建设成就往往集中体现于该地的城市建设上。作为这方面的事实，高度知名的工商业城市往往都会成为旅游发达的中心地，能吸引大量的旅游者前来访问。商务人员的出行目的地之所以多为工商业发达的城市，也是因为那里经济发展所蕴藏的商机诱发了他们前去考察和访问的兴趣。例如，深圳市在建市之后的短短时期内，之所以能在发展旅游业方面取得令人瞩目的成绩，与其说大量海内外游客的来访是为该地的"锦绣中华"和"世界之窗"等主题公园所吸引，不如说是对该地神奇般的经济发展速度和由此所带来的社会巨变心生兴趣。除了城市建设之外，一些超大型的现代工程建设项目，如三峡水利工程，往往也可成为这类旅游资源的组成部分。

● 科技发展成就

这方面的事例也有很多。例如，美国的"硅谷"、美国国家宇航中心，以及我国的卫星发射基地等，都是令海内外旅游者感兴趣的事物。

● 社会发展成就

这类事物尤其为很多外国旅游者感兴趣，因而也是吸引其来访的重要因素。例如，很多来我国访问的外国旅游者之所以希望去参观学校、幼儿园、养老院、居民社区等，就是因他们对我国的社会发展感兴趣，希望来我国进行社会考察。

● 社会好客精神

旅游接待地区居民热情好客的社会氛围也可以成为吸引旅游者来访的重要原因。这方面的著名案例便是夏威夷。长期以来，夏威夷旅游管理当局在对外旅游促销宣传中，一直都是将当地社会的"阿罗哈"（热情好客）精神作为主题。

2. 基于事物特点的旅游资源分类

在构成旅游资源的各类事物中，有些事物可以进行人工再生，有些则不具可再生性。根据有关旅游资源在这方面的特点，可将其分作两类，一类为可再生性旅游资源，另一类则属不可再生性旅游资源。

（1）可再生性旅游资源

可再生性旅游资源是指那些在使用过程中，如果出现耗损过大或遭受毁坏的情况，可通过适当的途径进行自然恢复或人工再造的旅游资源。在自然资源方面，可再生性旅游资源通常是指那些可通过其自然能力而得以恢复常态的自然旅游资源。以垂钓资源为例，如果该地鱼类资源的自然繁衍能力大于因游客垂钓活动的开展而导致的鱼类损失量，换言之，游客垂钓活动的开展并不会导致该地鱼类资源的减少，或者虽然可能会一时减少，但通过采取某些管理措施，可使其不久便会得以恢复，那么该垂钓资源便属于可再生性资源。在人造资源方面，可再生性旅游资源通常是指那些没有重要的历史价值或没有重要文化意义的当代人造旅游景点。这类人造旅游景点之所以被视为可再生性旅游资源，是因为人们可在任何时间、任何地点加以仿造或重建。以主题公园为代表的各类现代人造景点便属此类中的典型。

（2）不可再生性旅游资源

不可再生性旅游资源通常是指那些在漫长的历史过程中形成，并保留至今作为旅游资源使用的自然遗存和文化遗存。这种类型的旅游资源一旦因使用过度或管理不善而遭到破坏，其损失将无法挽回。纵然设法采取人工措施进行补救，也无法通过重新再造使其能够真正复原，因为其原有的天然价值或历史价值已经大为降低，甚至不复存在。因此，对于这类不可再生的旅游资源，例如某一典型的生态环境、古建筑、古墓葬和古文化遗址等，尤应注意在保护的前提下进行合理开发和利用。

以这种方式对旅游资源进行分类，对于指导旅游资源开发工作，特别是对于指导旅游景点的规划、开发、经营与管理工作，具有重要的实际意义。这种分类告诉人们，对那些不可再生性旅游资源的开发，必须要以对这些资源的妥善保护为前提，而绝不能以市场为导向。所谓保护性开发，意味着游客来此访问时，只能开展与这些资源相适应的活动。开发者和管理者绝不能以来访游客的兴趣或需要为导向，随意变更这些资源及其所处具体环境的原貌。与之相比，对于那些可进行人工再生的旅游资源，其开发工作则必须要以实行游客导向为根本原则。这意味着，对这类旅游资源的开发与管理，应实行完全彻底的市场导向。

3. 基于存在状态的旅游资源分类

根据有关旅游资源目前的存在或使用状态，可将其划分为两类：一类为现实的旅游资源，另一类为潜在的旅游资源。

（1）现实的旅游资源

指那些不仅其本身具有某种令旅游者感兴趣的潜质，而且已经有条件并且事实上正在接待大批游客前来访问的各种事物。这里所要强调的是，现实的旅游资源不一定全都是那些目前已在为旅游业所利用的吸引性事物，而是说这些事物目前已成为吸引旅游者来访的诱因，而不论其是否已经为旅游业做商业性利用。

（2）潜在的旅游资源

指那些虽然其本身具有某种令旅游者感兴趣的潜质，但由于受该地的交通条件或其他方面接待条件的影响，目前尚不大为外界所知，或目前无力接待他乡游客成规模来访的吸引性事物。这意味着，这类吸引性事物向现实旅游资源的转化，需经必要的人工开发。

4. 基于品位级别或吸引力范围的旅游资源分类

对旅游资源的这种分类尤其多见于我国,即人们有时会根据有关旅游资源的品位或吸引力的所及范围,将其分作四类:

(1) 世界级旅游资源

属于这一级别的旅游资源多为那些经联合国教科文组织批准,被列入《世界遗产名录》的名胜古迹,以及被列入联合国"人与生物圈"保护区网络的自然保护区。这些资源具有全球性的知名度,是全人类的宝贵遗产,因而通常也是为世界各地的民众所向往的旅游对象(参见表 4-1)。

表 4-1 我国旅游资源中被列入《世界遗产名录》的项目(截止到 2008 年)

名称	类型	列入时间(年)
故宫博物院	文化遗产	1987
周口店北京人遗址	文化遗产	1987
泰山	自然和文化双重遗产	1987
长城:山海关、八达岭、慕田峪、嘉峪关	文化遗产	1987
秦始皇陵和兵马俑坑	文化遗产	1987
敦煌莫高窟	文化遗产	1987
黄山	自然和文化双重遗产	1990
九寨沟风景名胜区	自然遗产	1992
黄龙风景名胜区	自然遗产	1992
武陵源风景名胜区	自然遗产	1992
承德避暑山庄和外八庙	文化遗产	1994
曲阜孔庙、孔林、孔府	文化遗产	1994
武当山古建筑群	文化遗产	1994
布达拉宫 大昭寺 罗布尔卡	文化遗产	1994 2000 2001
庐山	文化遗产	1996
峨眉山—乐山大佛	自然和文化双重遗产	1996
丽江古城	文化遗产	1997
平遥古城	文化遗产	1997
苏州古典园林:拙政园、留园、网师园、环秀山庄 沧浪亭、狮子林、艺圃、耦园、退思园	文化遗产	1997 2000
颐和园	文化遗产	1998

续表

名称	类型	列入时间（年）
天坛	文化遗产	1998
武夷山	自然和文化双重遗产	1999
大足石刻	文化遗产	1999
青城山—都江堰	文化遗产	2000
龙门石窟	文化遗产	2000
明清皇家陵寝：明显陵、清东陵、清西陵	文化遗产	2000
明孝陵、十三陵	文化遗产	2003
盛京三陵	文化遗产	2004
皖南古村落：西递、宏村	文化遗产	2000
云冈石窟	文化遗产	2001
三江并流	自然遗产	2003
沈阳故宫	文化遗产	2004
高句丽王城、王陵及贵族墓群	文化遗产	2004
澳门历史城区	文化遗产	2005
河南安阳殷墟	文化遗产	2006
四川大熊猫及其栖息地	自然遗产	2006
南方喀斯特地貌	自然遗产	2007
开平碉楼与村落	文化遗产	2007
福建土楼	文化遗产	2008
三清山	自然遗产	2008

资料来源：根据《中国旅游年鉴》和中国遗产网有关资料整理。

（2）国家级旅游资源

在我国，属于这一级别的旅游资源主要包括那些经国务院审定并公布的国家重点风景名胜区、国家历史文化名城、国家重点文物保护单位，以及由林业部批准设立的国家级自然保护区和国家森林公园。它们要么是中国壮丽河山中的精粹，要么是中华历史文化中的瑰宝，具有重要的艺术欣赏、历史文化或科学研究价值。所吸引来访的旅游者不仅涉及全国各地的民众，而且会涉及境外来客。

（3）省级旅游资源

在我国，属于这一级别的旅游资源涉及为数众多的省级风景名胜区、省级历史文化名城或名镇、省级文物保护单位、省级自然保护区、省级森林公园等。所吸引来访的旅游者多为该省、直辖市或自治区辖区内及周边地区的居民，但也会涉及境外来客。

(4) 市（县）级旅游资源

在我国，属于这一级别的旅游资源主要为各地的市（县）级风景名胜区以及市（县）级文物保护单位。这类资源所吸引来访的游客范围通常主要是周边地区的居民。

四、旅游资源的基本特点

对于旅游资源的特点，人们往往会有不同的归纳。一般地讲，特别是与传统的物产资源相比较，旅游资源的基本特点主要涉及以下几个方面：

1. 多样性

从前述对旅游资源的定义中，我们可以得知，旅游资源是一个内涵广泛的集合概念，即任何客观存在的事物，只要能借以造就对旅游者具有吸引力环境，皆可成为旅游资源。此外，旅游资源在表现形式上，也可反映出具有多样性的特点：既涉及自然事物、文化事物，也涉及社会事物；既可能是历史遗存，也可能是当代人造事物；既涉及有形的事物，也可以是无形的事物，凡此等等，多种多样。旅游资源的这一多样性特点，从根本上讲是由旅游消费者的兴趣及其出游动机的多样性所决定的。

2. 吸引力的定向性

对旅游者具有吸引力，是所有各类旅游资源都共有的本质特征。其实，就任何一项具体的旅游资源而言，它所具有的吸引功能很大程度上取决于旅游消费者方面的主观认识。这主要反映在，它对某些旅游消费者来说可能吸引力很大，但对另外一些旅游消费者来说，则可能并没有多大的吸引力，甚至根本不具吸引力。这意味着，任何一项旅游资源的吸引力都会有某种程度的定向性特点，而不大可能对所有的旅游消费者人群都具有同等的吸引力。上一章中所介绍的帕洛格的心理类型理论及其大样本调查的结果，都清楚地证明了这一点。

3. 垄断性或对特定环境的依赖性

除了以主题公园为代表的当代人造物之外，其他大多数旅游资源，特别是那些身为历史文化遗存和自然遗存的旅游资源，都具有地理上不可移动的特点。无论是我国的万里长城、埃及的金字塔，还是美国的大峡谷或东非地区的天然动物园区，情况都概莫能外。也正是因为如此，国际上的很多学者都称旅游资源是旅游目的地的垄断性资源。或许有人会辩称，凭借当代的经济实力和技术能力，人们完全能够在世界其他地方仿造这些事物。这一认识虽说不无道理，但问题在于，这种仿制物将会因脱离了有关事物本体的特定历史与环境，而不再具有原真性，从而会失去原物所具有的价值和意义。无论如何，与这些资源的真品相比，随着其性质转变为复制品，所能产生的吸引力，以及所能吸引的旅游消费者人群，都将会因此而发生变化。

4. 非消耗性

传统物产资源的存量都有其固定性。以矿产资源为例，随着人们的采掘和使用，终有消耗殆尽之时。与之相比，旅游资源则属非消耗性资源。这意味着，对于旅游资源，只要管理得当和利用合理，当可用之不竭。在很多国家和地区，人们之所以推崇发展旅游业，这是一个重要的原因，特别是在当今人口增长、资源短缺问题日显的情况下更是如此。当然，实现旅游资源用之不竭的前提是，对其管理得当和利用合理。换言之，一个旅游目的地国家或地区倘若对其旅游资源管理失当、使用不合理，则也会致使这些资源遭到损害甚至破坏。不过，客观地分析，这已属对旅游资源的管理和利用问题，而不再是旅游资源所具有的自身特点。

5. 可创新性

随着时间的发展，旅游消费者的兴趣及社会时尚潮流都有可能会发生变化。这使得人造旅游资源的创新成为可能。此外，在自然或历史遗存性旅游资源匮乏的地区，当地为了发展旅游业，也可能会凭借自己的经济实力，人为地创造某些旅游吸引物。在这方面，新加坡可谓是一个较为突出的典型。更为普遍的情况是，无论是以迪士尼为代表的各类主题公园，还是以洛阳牡丹花会、潍坊国际风筝节为典型的节庆活动的创办，无一不是旅游资源可创新性的例证。

认识旅游资源的上述特点，对于发展旅游业，特别是对于一个国家或地区的旅游规划与开发以及旅游市场营销等工作的开展，都有着重要的现实意义。

五、旅游资源的价值决定

旅游资源作为旅游活动的客体，是一个国家或地区旅游业赖以生存和得以发展的基础。其中的道理很简单，对于一个国家或地区来说，如果缺乏旅游资源，则难以吸引旅游者来访；倘若没有市场需求，该地的旅游业自然也便无法生存，更谈不上成功发展。从经济意义上看，旅游资源对于发展旅游业之所以重要，是因为通过旅游资源的开发和利用，可给旅游目的地国家或地区带来"纯经济剩余"（Pure Economic Surplus）——即扣除开发成本之后的纯收益。旅游资源的价值越高，该地发展旅游业也就越容易，所能实现的收益也就越大。

1. 衡量旅游资源价值的客观标准

什么是旅游资源的价值？我们该怎样去认识旅游资源的价值？如何才能使旅游资源的价值评价做到确切而客观？对于任何一个拟开发旅游业的国家或地区来说，这些都是需要认真思考和回答的问题。对于旅游资源的价值，人们往往会有多种不同的认识角度。例如，我们时常会听到有人在谈论和评价旅游资源的审美价值、观赏价值、文化价值、疗养价值、科学考察价值，等等。从这些方面去认识旅游资源的价值虽然不无必要，但问题是，人们对这类价值的评价往往多有主观色彩，因而很难实现统一。其实，从发展旅游业的角度去认识，旅游资源的根本价值在于对旅游市场的吸引力，在于对旅游者的吸引功能。就某项具体的旅游资源而言，用于测量这一价值的唯一客观标准，同时也是这种价值的唯一量化表现，便是该项旅游资源所能吸引来访的游客数量。

2. 旅游资源价值的主要决定因素

旅游资源的这一价值是如何决定的？具体就某项旅游资源而言，这一价值的决定主要取决于两个方面的综合作用：一个方面是该项旅游资源的自身品位，另一个方面则是该项旅游资源的坐落地点。

（1）自身品位

这里所称的自身品位，是指该项旅游资源本身所具有的与众不同的品质，及其在同类事物中所处的地位。假定不考虑其他的作用因素，一项旅游资源的自身品质越是优秀，在同类事物中的地位越是优越，所吸引的市场范围以及游客的来访量也就越大，该项旅游资源的价值也就越高。反之则会越低。当然，这一条件的前提是，该项旅游资源的这一品位必须已经为客源市场所了解或感知，因为倘若不为旅游消费者市场所了解或感知，则无异于该旅游资源客观上不存在。以遍布我国各地的佛教寺庙为例，人们很容易发现，作为旅游资源，各寺庙所吸引的市场范围，以及所接待的游客来访量，明显都同其自身品位有关。

（2）坐落地点

这里所称的坐落地点，是指该项旅游资源的所在地距离主要客源地域的远近。在交通运输条件相同的情况下，对于距主要客源地域较近的旅游目的地来说，其可进入性程度无疑会高于那些距主要客源地域遥远的旅游目的地。在交通运输条件不同的情况下，对于那些距主要客源地域较近的旅游目的地来说，在改善其可进入性方面也会来得相对容易。也正是因为如此，人们不难发现，在品位条件相差不大的同类旅游资源中，那些距离主要客源地域较近者所吸引的游客来访量通常都大于其竞争者。在这方面，河北省涞水县的野三坡可谓是一个非常典型的例子。该地在开发旅游业方面，所凭借的主要吸引物是该地的山水资源。同很多其他地区的同类资源相比，该地山水资源的品位无论如何都谈不上出色，然而尽管如此，该地在吸引游客来访方面却很是成功，其中的根本原因就在于该地靠近北京和天津这两个规模庞大的客源地。

综合上述两个方面，我们会发现，由于旅游者来访所涉及的交通费用和时间代价等因素的影响，那些自身品位虽然较高，但距主要客源地域遥远的旅游资源，在实际价值上可能只相当于那些在品位上虽然逊色，但距离主要客源地域较近的旅游资源。对于某两项在品位上可能平分秋色的同类旅游资源来说，由于各自距主要客源地域的远近不同，因而在实际价值上的表现可能会相差很大。在这方面，一个明显的事实是，在吸引欧美旅游者来访方面，我国虽然拥有很多高品位的旅游资源，但由于地处东亚，在地理区位上与欧美这些目前世界上最大的国际旅游客源产生地相距遥远，因此，尽管欧美旅游者的来访人次在逐年增长，但数量远不及距离欧美较近的那些国家和地区的接待规模。同理，在吸引国内游客来访方面，我国西南、西北地区有很多堪称品质上乘的旅游资源，但由于距离作为主要客源地的东部地区较远，加之这些地区的可进入性程度仍显较低，因而，这些地区的国内旅游客源仍多为当地和邻近地区的居民。

因此在一定意义上我们可以认为，决定某地旅游业成功发展的客观条件在于该地拥有高品质的旅游资源，在于该地的地理区位或可进入性程度，在于主要客源地区居民对这些旅游资源的了解和感知。虽然旅游服务的质量高低可能会强化或削弱该地旅游资源的吸引力，但是无论如何旅游资源本身始终都是该地旅游吸引力的基础或本源。

第二节 旅游资源的开发

在讨论旅游资源开发之前，我们首先有必要明确其中所称"开发"一词的含义。长时期以来，国人对"开发"一词的含义往往会有不同的认识。例如，常有人以为，无论是哪一个旅游资源项目，不论该旅游资源项目是否经过人们有意识的开辟和建设工作，只要事实上在接待旅游者来访，那么该项旅游资源也便因此已经得到了"开发"。依照这一认识，"开发"实际上成了利用或使用的同义词。既然如此，那么旅游资源开发工作显然不会涉及那些目前已经在接待游客来访的现实旅游资源项目。

然而，通过观察实践，我们很容易发现，在现实的旅游资源开发工作中，所涉及的不仅仅是那些仍处于潜在状态的旅游资源，而且还涉及那些已经在接待旅游者来访的现实旅游景区或景点。所以，事实上，在一个旅游目的地开发旅游资源的工作实践中，所谓"开发"，通常是指人们为了发挥、改善和提高旅游资源的吸引力，而致力从事的有关开拓和建设活动。换言之，这一意义上的"开发"乃是人们为了发挥、改善和提高有关旅游资源的吸引力而采用的手段。通过这一手段而使有关旅游资源项目得到有效利用，则是开发工作的目的。

一、开发工作的必要性

旅游资源是旅游活动的客体，因而也是一个旅游目的地借以吸引旅游者来访的基础条件。首先，对于那些出于潜在状态的旅游资源，若要使其转化成为现实的旅游资源，旅游目的地方面必须根据其自身及接待条件的现状，进行必要的初始开发和建设，否则将无法使其对旅游消费者的吸引力得到有效发挥。这意味着，对于一个旅游目的地来说，若要使该地的潜在旅游资源转化为现实的旅游资源，将其在吸引旅游者来访方面的潜能转化成为现实的比较优势，那么开发工作无疑至关重要。

其次，在另一方面，即便是现实的旅游资源项目，甚至是那些长时期以来已为旅游业所使用的现有旅游景区或景点，也有必要根据其自身及市场情况的变化，适时进行再生性开发。此时开发工作的直接目的则转为巩固、改善和提高该旅游资源项目的吸引力。对现实的旅游资源项目之所以也需要适时进行再生性开发，其中的原因在于，作为目的地旅游产品的组成部分，任何围绕某一或某些吸引因素所形成的旅游景区或景点都有其生命周期。同任何一项制造业产品都会有其生命周期的情况一样，任何一个以某一或某些吸引因素为核心的旅游环境——如某一旅游景点——形成之后，随着时间的发展，在所接待的游客来访量方面，都将经历一个先是由"少"而逐渐变"多"，继而又逐渐由"多"变"少"的演进过程。对于不同的旅游景区景点来说，这一过程所经历的时间可能不尽相同，有的可能会历时很短，有的则可能会历时漫长，这须视具体情况而定。但从理论上讲，其市场寿命的这一演变过程无论如何迟早总会发生。对于这一以游客接待量的变化为表现特征的发展或演进过程，人们称之为该旅游景区/旅游接待地的生命周期（life cycle）。为了简要说明的目的，一般可将旅游景区景点的这一生命周期演进过程划分为四个基本阶段——初创期、成长期、成熟期和衰退期。这一演进过程的直观表现是，随着时间的推进，所能吸引来访的游客人数将会出现由少渐多，继而又会逐渐减少，甚至鲜有游客问津，如图4-1所示。

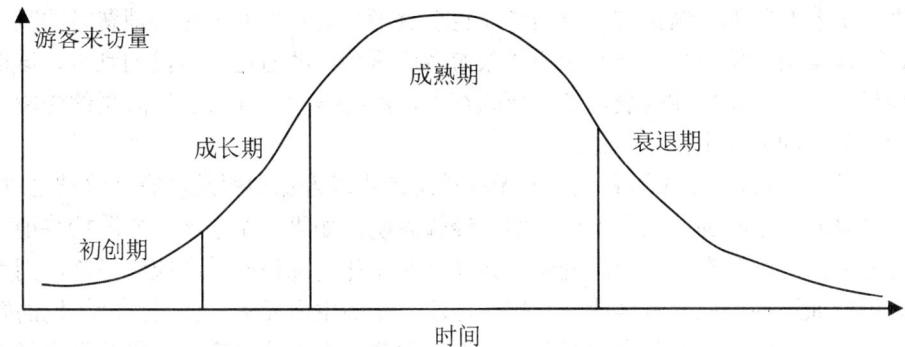

图4-1　旅游景区/旅游接待地生命周期示意图

无论是对于某一旅游景区景点，还是对于围绕有关吸引因素所形成的某一旅游接待地来说,所处的生命周期阶段之所以会发生演进,其中的原因可能很多。一般地讲,在生命周期的初创期和成长期阶段,该处旅游环境由于适应了当时旅游消费者市场的兴趣和需要,因而吸引力会迅速增大,来访旅游者人数会迅速增多。在此后的成熟阶段,游客来访量会达到高潮。但是,在这一过程中,尤其是继此之后,随着时间的进展,无论是内部因素还是外部因素都有可能发生变化。就内部因素而言,该地有可能会出现诸如环境污染、服务质量下降等问题,从而会削弱该地的旅游吸引力。就外部因素而言,消费者市场的兴趣可能会发生转移,从而也会导致该地旅游吸引力的衰减。

对于旅游景区/旅游接待地生命周期的演进原因,倘若从理论上究其根本,则可从斯坦利·帕洛格(Stanley Plog)所提出的旅游消费者心理类型理论中,得到很好的解释(参见第三章第三节)。帕洛格的这一理论认为,一个旅游景区或旅游接待地在其整个发展历程中的不同历史阶段,所吸引的将会是不同心理类型的旅游者。也正是因为如此,任何一个旅游景区或旅游接待地的游客来访量,都将会经历一个先是由"冷"而逐渐变"热",继而又逐渐由"热"变"冷"的历史演进过程。实际上,帕洛格的这一理论与管理学中所称的产品生命周期理论基本相似。只不过有所不同的是,帕洛格的这一理论是将旅游消费者的心理类型与旅游景区或旅游接待地生命周期的发展阶段联系到了一起。如果我们将本章中的旅游景区/旅游接待地生命周期示意图(图4-1)与前面第三章中的旅游消费者心理类型分布图(图3-4)重叠起来进行观察,很容易发现两者之间的这种联系。也就是说,一个新开发的旅游景区或旅游接待地往往先是对那些心理类型为冒险型或多中心型的旅游消费者具有魅力。此后,随着该地知名度的扩大和游客来访量的增多,该地会因此而失去对冒险型旅游消费者人群的吸引力,代之而来的人群则是在人口中占绝大多数的中间型心理类型的旅游者。该地也会因此进入其生命周期的成熟期。随着时间的继续推进,该地继而也会逐渐失去对中间型旅游消费者的吸引力,而演变成为依赖型或自我中心型旅游者的乐园。随着这一阶段的到来,该地也便进入了其生命周期的衰退期。原因在于,此时该地已经失去冒险型的先驱市场和中间型的大众市场。

从理论上讲,一个旅游景区或旅游接待地的市场寿命似乎总会有其终结之时,只不过是时间早晚的问题。不过,实践经验表明,如果旅游景区或旅游接待地的管理者能注意监测有关情况的变化,并能针对变化情况积极采取应对措施,则完全有可能通过为该旅游景区或旅游接待地注入新的生命元素,使其生命周期的发展得以延缓,从而延长其市场寿命或重振其生命活力。这类应对举措的策划与实施,即为我们在本章中所称的继发性或再生性开发。为了便于理解和记忆,对于旅游资源开发工作的必要性,可做如下简明归纳:

> ☆ 潜在的旅游资源 → 初始开发 → 方可转化为现实的旅游资源，使其吸引力得以发挥
> ☆ 现实的旅游资源 → 继发性/再生性开发 → 方能使其吸引力得以巩固、改善和提高

二、开发工作的参与者

如前所述，在国际社会中，很少使用"旅游资源开发"这一术语。对于国人所习称的"旅游资源开发"，国际旅游研究文献中通常都是将其纳入"旅游业开发"即"旅游开发"（tourism development）范畴。国际经验普遍证实，在市场经济条件下，对于一个有意发展旅游业的国家或地区来说，在包括开发旅游资源在内的旅游开发工作方面，不论是政府还是民间组织或企业，都有其各自需要扮演的角色。我国很多地方近些年来在旅游开发方面普遍采取的"政府主导、企业运作"的做法，某种程度上也是基于这一认识的经验总结。

1. 政府扮演的角色

世界旅游组织（WTO）曾指出，作为一项总的原则，在市场经济条件下，政府本身不应去做私营部门能够做并愿意做的那些事情。事实上，在世界大多数国家中，这一点已经普遍为人们所接受。但是，这并非意味着政府不应介入该地的旅游开发工作，而任其放任自流。其中的道理很简单，倘若将旅游开发工作完全交由私营部门去进行，人们就不能指望这方面的工作会遵循该地有关规划中所规定的方向发展。较为具体地讲，旅游目的地政府中的有关主管机构之所以有必要引导乃至直接介入该地的旅游开发工作，主要是因为：

● 政府需要确保旅游开发工作不违背该地所制订的经济和社会发展规划，不违背该地已获通过的旅游发展规划。

● 虽然某些项目的开发对带动该地经济的发展将会具有重大贡献，或是对该地旅游业的发展具有关键性的促进作用，然而私营部门方面要么是难有这种认识高度，要么则是出于对自身利益的考虑，因而不会或不愿去进行投资开发。在这种情况下，政府有责任、有义务去直接组织对这些项目的开发。

● 对于某些对实现该地社会发展至关重要的公益性旅游开发项目，私营部门自然不会有兴趣，因而政府有义务去直接承担。

● 对于某些具有成长潜力的新型旅游项目，私营部门可能因一时难以认识和接受，而不愿承担贸然开发的风险，因此政府有必要去率先进行开发，以便通过这些项目的"示范"或"引导"作用，鼓励和带动私营部门做普及性开发。

总之，旅游目的地政府对旅游开发工作的干预和介入，主要通过三种方式去进行：一是政策指导，二是酌情示范，三是必要补充，即对民间无力或不愿承担的那些必要性项目去进行直接补充。这些干预和介入工作的开展，即是国人通常所称的政府调控。

2. 民间扮演的角色

在参与旅游开发工作方面，民间力量的中心任务是承担商业性旅游项目的开发与经营，其中包括：

- 提出有关项目开发设想；
- 执行具体项目的开发；
- 提供项目开发资金并承担财务风险；
- 项目开发后的经营和管理。

虽然说旅游项目的开发应遵从该地的旅游规划，然而事实上，并非所有的旅游开发项目都是通过旅游规划工作识别出来的。很多旅游项目的开发点子实际上都是由民间企业通过其资助的有关研究工作而发现和提出的。因此，就商业性旅游项目的开发出点子（idea generation），是民间企业在参与旅游开发方面所需承担的一项重要工作。

三、旅游资源开发项目的价值评价

在对某一旅游资源项目实施开发之前，首先需要做的一项基础性工作，便是对其开发价值进行评价，因为很多已有的经验都告诉人们，倘若不经评价，难免会造成开发工作的盲目，并因此而导致项目开发的失败和人财物力的白白浪费。评价工作的目的是为了分析和判断该旅游资源项目的开发价值，以确定其开发后的吸引方向，以及开发规模和建设档次。

旅游资源开发项目的价值评价工作看似简单，但若要真正有效地开展，实则不易。这主要是因为，由于评价工作参加者的个人背景或看问题的立场不尽相同，所关注和使用的评价标准多有差异，因而评价结果的有效性也难免会因此而受到影响。以我国在这方面的常见情况为例。长期以来，很多人在对拟开发的旅游资源项目进行评价时，都习惯于使用美学标准，换言之，他们所注重的往往是该旅游资源项目的美学价值。当然，以这种标准去进行评价不无可取之处，因为据此而作出的评价结果，至少有助于日后借以开展对外宣传。但问题是，这种美学评价所反映的难免会是评价者的主观认识，而不一定能代表旅游消费者的看法，因为不同的人可能持有不同的审美观，评价者自认为是美学品质很高的某开发项目，对于其他一些人、特别是对于远在异国他乡的潜在旅游市场来说，或许并不具有多大的吸引力。这并非是说基于美学标准评价旅游资源的做法不可取，而是说单纯以这一种标准去评价旅游开发项目的价值显然是不够的。在我国，另一种较为常见的情况是以社会/文化价值为标准去评价有关文化旅游资源项目的开发价值。这类评价结果虽然通常都会比较客观，但无论如何都很难说明该项目的开发对客源市场是否会有足够的吸引力。倘若依据基于这类标准的评价结论去进行投资开发,其经济风险可能不言而喻。

因此,这里所要强调的是,国际上长期以来的经验表明,在对旅游开发项目的评价方面,归根结底需要以该项目开发之后有可能实现的市场价值作为评价标准。采用这种标准去评价有关旅游资源项目的开发价值时,主要侧重于评价该项目的开发将能够吸引哪些客源市场,以及有可能实现的吸引力程度或有可能吸引来访的游客规模。这种评价工作通常都是以市场调研和定量分析为基础进行开展,因而能切实体现旅游开发工作应遵循的经济观点和市场观念。事实上,基于这种标准开展的评价工作,已不再是只对该项资源本身进行评价,而是涉及了该旅游资源开发项目的投资评价问题。这一评价标准和评价做法因其科学性和实效性而值得推崇,因而在世界各地都已成为用于旅游开发项目评价的基本方法。

四、开发工作的主要内容

经过对旅游资源进行评价,并确信其具有开发价值之后,接下去的工作便是组织和实施有关项目的开发。同很多其他传统产业中的情况一样,大多数旅游资源一般都需要经过某种程度的人为开发,才能据以形成可向市场提供的旅游产品,从而才能真正有效地发挥其吸引游客来访的功能。在这个意义上,对旅游资源的有效开发,是使其价值能够得以实现的必要途径。

对于一个旅游目的地来说,所谓开发旅游资源,实际上所指的是通过策划、设计和建设活动的开展,将有关旅游资源的所在地建设或改造成为一个具有吸引力的旅游环境,从而使旅游资源的吸引力能够得以发挥、改善和提高。这意味着,所谓旅游资源开发,实际上并非仅仅局限于对有关旅游资源自身的发掘与建设,更多的工作是以此为核心,对与之有关的游客活动条件进行开发与完善,以使有关旅游资源的所在地成为一个具有吸引力的旅游环境或旅游活动空间。因此,对于一个旅游目的地来说,所谓旅游资源开发,实际上所涉及的是该地旅游供给条件的开发。也正是因为如此,如前所述,在以欧美为代表的外国社会中,不论是学术界、旅游实业界、还是负责主管旅游事务的政府机构,从来就不使用"旅游资源开发"这一表述,而是将"旅游开发"或"旅游业开发"(tourism development)作为这方面的规范用语。虽然我们不一定非得去追随外部世界的这一用语习惯。但对于这一在用语上的中外差别,我们应有所了解。

在这个意义上,对于一个旅游目的地来说,旅游(资源)开发工作所涉及的基本内容主要包括:

1. 解决和改善旅游资源所在地的可进入性

在国际旅游学术界,可进入性(accessibility)这一术语通常都是用于指旅游客源地与旅游目的地之间交通运输条件的便利程度。但是,站在旅游者的立场上考虑，本章中所称的可进入性，不仅是指旅游资源所在地与外界（尤为主要客源市场所在地）之间，而且包括该地内部交通条件的通畅和便利程度。交通便利对于旅游业的成功开发显然至关重要。对于一个国家或地区来说，无论该地旅游资源的品位如何优秀，倘若交通不便，游客"进不来、出不去、散不开"之类的问题严重，那么其作为旅游吸引物的市场价值也将难以实现。这方面的案例之多可谓举不胜举。解决和提高可进入性的工作，不仅包括必要的交通基础设施的建设（例如道路、车站、机场、码头等等），而且还包括有关交通手段运营的合理安排。以陆路交通为例，光是修通了道路是不够的，还需要有服务可靠、比较方便的客运班次，才能使旅游者的来访活动能够得以顺利开展。

2. 建设和完善旅游基础设施

通过观察国际旅游文献，我们发现对于旅游基础设施（infrastructure）这一术语，人们的认识和界定不尽相同，因而在使用这一术语时，所指的含义也常有差异。其中的分歧突出表现在，有些作者将饭店之类的住宿接待设施划归旅游基础设施，而另外有些作者则是将其划作旅游上层设施。其实，类似的情况在我国同样也可看到。究其原因，很大程度上是因为对于旅游基础设施和旅游上层设施的划分，人们分别使用了两种不同的划分依据或标准。

一种划分是，根据旅游者对有关设施的依赖程度，将其在旅游目的地访问期间所必须依赖和使用的那些公共设施和商业设施，划为旅游基础设施。与之相比，其他那些对旅游者来说虽然可能也很重要，但并不是非依赖不可的娱乐服务设施，则被划归旅游上层设施。例如，按照这一划分，以饭店为代表的住宿接待设施归属旅游基础设施，而影剧院、夜总会、赌场、俱乐部以及其他各种娱乐服务设施则归属旅游上层设施（Salah Wahab, 1974:28）。

另一种更为多见的划分是，依据有关设施的建设特点，将建造于地下或地表的一般公用事业设施划为旅游基础设施，而将建造于地表之上的各类旅游服务接待设施划归旅游上层设施。例如，按照这一划分，饭店之类的住宿接待设施则被划入旅游上层设施（McIntosh and Goeldner, 1984:205）。

就我国的情况而言，长期以来，在我国出版的旅游教科书和有关研究专著中，人们普遍都是采用后一种划分标准，也就是说，普遍都是将饭店之类的旅游住宿设施划为旅游上层设施。然而，在以国家旅游局为代表的我国旅游行政管理部门的有关文件中，对旅游基础设施这一概念的使用情况则不很确定，尤其是，在述及加强包括饭店在内的旅游设施建设问题时，往往都是称作加强旅游基础设施建设。

以上所述的这两种划分都不无道理，但同时也都有难尽人意之处。例如，在前一种划分中，影剧院、夜总会、赌场、俱乐部之类的娱乐设施被划为旅游上层设施。理由是，对于旅游者来说，这些设施虽然也很重要，但并不是非依赖不可。

然而，如果某个旅游目的地——如美国的拉斯维加斯——的主要吸引物就是某些娱乐类的表演活动，那么影剧院、夜总会、赌场、俱乐部等很可能会成为来访游客非依赖不可的设施。在这种情况下，这些设施则理应划为旅游基础设施，而不再属于这一划分标准中所解释的旅游上层设施。在依据上述后一种标准所做的划分中，旅游基础设施所指的含义，其实等同于一般公用事业设施（General Infrastructure），因此其中的"旅游"之冠未免多余。

长时期以来，国内外旅游研究领域中比较多见的问题之一，便是在术语概念的使用上缺乏统一和规范。虽然学术上的见解分歧乃属正常现象。但无论持何种见解，关键在于不仅要有依据，而且所使用的依据应当合理而充分。具体就旅游基础设施和上层设施的界定而言，基于上述对划分标准问题的分析，本书作者认为，在同发展旅游业有关的各种设施中，凡属其主要使用者为当地居民，但也必须向来访旅游者提供或外来旅游者也难免会依赖和使用的那些社会服务设施，皆应划为旅游基础设施。之所以称这类设施为基础设施，是因为这些设施为该地的社会生活所必不可少。换言之，虽然这些设施的兴建是出于当地社会的需要，而不是着眼于为外来访问者提供服务，但是同当地居民一样，来访旅游者无论自觉与否，也都会使用这些设施。在另一方面，倘若该地没有这些基础设施，那么饭店等旅游接待设施的建设便会形成"空中楼阁"。

按照这一划分标准，旅游基础设施应包括：

● 一般的公用事业设施：如供水系统、排污系统、供电系统、电系统、道路系统等，以及与此有关的配套设施如停车场、机场、火车站和汽车站、港口码头、夜间照明设施，等等。

● 现代社会生活所必需的基本设施或条件：包括例如医院、银行、食品店、公园、治安管理机构，等等。

对于某些从零开始的新建旅游接待地区来说，兴建基础设施的必要性自当不言而喻。然而更为普遍的情况是，对于大多数旅游目的地来说，在这些方面都有不同程度的原有基础。但这些原有基础设施的提供，其供给能力和建设布局大都是在该地尚未发展旅游业之前，根据当地人口的需求规模进行规划和设计的，随着旅游业的开发和外来旅游者的大量涌入，很可能会出现能力不足或供给短缺的问题，因而需要做进一步的增建和扩建。

3. 建设和完善旅游上层设施

根据本书中所提出和使用的界定标准，所谓旅游上层设施（Superstructure），则是指那些虽然也可供当地居民使用，但主要是供外来旅游者使用的旅游服务设施。也就是说，兴建这些设施的初衷就是旨在用于接待来访旅游者，倘若没有外来旅游者，这些设施将失去其存在的必要。据此，这类旅游上层设施包括以宾馆饭店为代表的各类旅游住宿设施、游客问讯中心、旅游（纪念品/用品）商店、某些餐饮服务设施以及某些娱乐场所，等等。由于这些设施的主要使用者为他乡来访的旅游者，因此对这些设施的设计与开发应彻底实行旅游消费者导向，并据此为其提供相应的服务。

同样，对于某些从零开始的新建旅游接待地区来说，兴建这些旅游上层设施的必要性自然显而易见。对于大多数旅游目的地来说，在这类设施的供给方面则通常都有某种程度的基础，但随着旅游业的开发和外来旅游者的增多，很可能会出现供应能力不足的问题，因而需要根据该地的旅游发展规划酌情增建和扩建。

4. 旅游景区景点的开发建设与管理

旅游景区景点的开发建设与经营管理是最为直观的旅游资源项目开发。这方面的工作既涉及开辟新的景区景点，也涉及对已经存在的景区景点进行适时更新和继发性开发；既涉及封闭式景区景点的建造，也涉及对开放式景区/街区的开辟或完善。此外，这方面的工作不仅涉及有关硬件方面的开发与建设，而且还包括对诸如游客活动项目、节庆活动安排、主题游览线路的策划以及服务项目打包之类软件内容的开发与适时更新。

5. 培训能胜任专业水平旅游服务的工作人员

在发展旅游业方面，世界各地的经验和教训都告诉我们，无论是对于一个旅游目的地来说，还是对于作为其中一个局部区域的旅游景区来说，虽然对游客来访的吸引力根源于该地或该处的旅游资源，但旅游服务工作的水平或质量高低，也会相应地增强或削弱该地对客源市场的吸引力。特别是有着同类旅游资源的众多目的地或景区都在竞争同一客源市场的情况下，员工的业务水平和服务质量将构成竞争力的关键要素。这里强调对旅游服务人员的培训，并不意味着可忽视对旅游管理人员的培训。事实上，培养具有专业水准的旅游管理人员同样也很重要。这里之所以强调培训具有专业水准的旅游服务人员，主要是鉴于这样一个事实：就其在旅游者身上产生的效果而言，旅游服务水平和服务质量的高低，更多地是由与旅游者直接打交道的一线服务人员去体现。此外，退一步讲，对于工作所需的高水平管理人员，特别是关键岗位的管理人员，必要时可采用人员引进的方式去加以解决，但是对于所需要的大量一线服务人员，则无论如何需要由当地自己解决，否则，旅游业的开发在很大程度上将会失去对该地的经济意义。

五、开发工作的原则

1. 根本性原则

对于一个旅游目的地来说，在决定旅游资源项目的开发方向，或决定围绕所拥有的旅游资源将该地开发为何种类型的旅游环境时，需要将主要目标客源人群的追求与有关旅游资源的自身性质结合起来进行考虑。首先，不同的旅游者人群往往会有不同的偏好和追求，例如国际游客与国内游客、老年游客与青年游客、高端人群与一般大众等在这方面的情况很可能不尽相同。因此，在决定旅游资源项目的开发方向时，无疑都需要将实行消费者导向，适应和满足主要目标客源人群的兴趣和利益追求，作为一项必须遵循的基本原则。但是，在旅游开发工作的具体实践中，对这一原则的理解不可过于机械。无论是社会营销理论，还是当今世界上已有的先进经验，都告诉我们，在对有关旅游资源项目进行开发时，满足目标市场的需要只是所需考虑的一个方面，此外还需要考虑该项旅游资源的自身性质。在前面对旅游资源分类的讨论中，我们已经知道，在构成旅游资源的各类事物中，有些事物可进行人工再生，而有些则不具可再生性，据此可将旅游资源分为可再生性的旅游资源和不可再生性的旅游资源。并且我们还知道，对于一个旅游目的地来说，最为宝贵的是那些由自然和历史所赋予的具有垄断价值的遗产性资源。由于这些遗产性资源的不可再生性，从而决定了在开发这类旅游资源时，有必要实行资源基础型（resource-based）的开发原则，而绝不能为迎合旅游者的要求而去任意改变该项资源及其所在环境的原貌。换言之，对于遗产性的旅游资源，应在注重保护的前提下，实行根据供给去选择需求，而不是由需求决定供给的开发原则。相比之下，对于那些可再生性旅游资源项目、特别是那些以主题公园为代表的现代人造旅游资源项目，无论是对其进行初始开发还是继发性开发，都必须要以实行完全彻底的游客导向（user-oriented）为根本原则。

2. 一般性原则

除了上述根本性原则之外，一般地讲，旅游资源项目的开发与建设工作还应注意遵循以下原则：

（1）突出独特性的原则

旅游资源贵在稀有。在假定不考虑其他影响因素的情况下，一项旅游资源的价值在很大程度上取决于它所具有的与众不同的独特性。这既是其能够对旅游者产生吸引力的根本所在，同时也是决定其吸引力大小的主要因素。在一定的地域范围内存在同类竞争资源的情况下，独特性往往意味着该项旅游资源的不可替代性。独特性越明显，不可替代的程度也就越高。这便是为什么在一定地域范围内的众多同类景点中，有的景点"香火兴旺"，而有的景点生意惨淡的基本原因。因此，在旅游资源开发工作中，注重旅游资源的独特性，有意识地保存和突出这方面的特征，具有重要的实际意义。在实际工作中，这一原则的具体实施主要涉及以下一些方面：

①在调研和分析比较的基础上，尽量选择开发那些在某些方面堪称相对"之最"的旅游资源，例如在一定地域范围内的同类事物中，该项事物的历史"最"

悠久、规模"最"大、造型"最"奇、工艺"最"精、知名度"最"高，如此等等，以突出该开发项目的独特性，实现"人无我有"或"唯我独尊"。

②对那些作为自然或历史文化遗存的旅游资源，应尽可能保持其自然和历史形成的原始风貌。这些遗产性资源的根本意义及其对旅游者的吸引力，在于其独特的天造奇观或历史文化价值。因此，在对这类旅游资源进行开发时，任何"画蛇添足"式的过分修饰甚至大规模地拆旧换新的做法都不足为取，因为这样做将会破坏这些资源作为遗产的自然性和历史性，其结果势必会破坏其作为遗产的地位，削弱其独特的吸引力。例如，在旅游发达国家中，我们常常可以见到一些以古代城堡为典型的历史建筑，其中有些建筑物尽管某些部位已经明显残破甚至缺失，但只要对参观者的人身安全不构成威胁，其管理者仍故意不去修补，其中的原因便在于尽可能维持这些建筑物的历史原貌。另外，联合国教科文组织领导下的专门委员会在评审世界文化遗产和世界自然遗产时，也将有关遗存保持原始风貌的程度作为原则性的标准。当然，在旅游资源开发工作中，对于那些虽有文字记载或历史传说，但其实物已经荡然无存的历史建筑，根据有关史料或传说在其原址重新复建的情况，则应另当别论。然而即使如此，在重建这些历史建筑时，也应注意尽量反映其历史风貌，而不宜以现代的建筑材料和建筑风格取而代之。

③在开发和建设有关的配套设施时，特别是在旅游景区内的设施建设方面，应注意处理好现代与传统、或者"洋"与"土"的关系。旅游者的需求有求异的一面，也有求同的一面。求异的一面主要表现在，旅游者所希望和追求的是一种不同于其惯常居住地的旅游环境。如果旅游接待地区的活动环境同其惯常居住地的环境没有什么差异，旅游者是不大愿意前来访问的。求同的一面主要表现在，绝大多数旅游者都希望旅游目的地所提供的生活条件符合其惯常的习惯和便利要求，例如，如果旅游接待地区让来访的欧美游客天天睡竹床或土炕、停留期间的饮食都是地方风味，他们中的多数人都会难以消受。世界上很多旅游接待地区的成功经验表明，旅游服务设施的建设在建筑风格上应注重民族化和地方化，但在内部环境的设计与设施设备的配备上，则应以照顾主要目标市场人群的生活习惯，并使其有熟悉感为原则。旅游景区内的配套设施建设尤其应当反映当地的文化特点和民族特点，以打造该景区的环境特色。

（2）力求经济的原则

首先，旅游资源的开发必须要服从当地社会经济发展的需要。如果某地在开发旅游资源方面所付出的机会成本高于它所能带来的收益，这种开发对该地全局来讲显然不经济。其次，在根据社会经济发展规划决定开发旅游业的情况下，该地也需要量力而行，特别是根据对有关开发项目的投资效益预测，有重点地分期分批进行开发，而不宜没有选择地盲目上马。再次，在旅游资源开发及有关工程项目的建设中，应注意尽量利用本国或当地的原材料，使用本国或当地的技术力量和施工队伍。除非是当地或本国实在不能解决，并且又为有关项目建设所必需，否则不应求助进口或外援。旅游资源开发及配套设施建设耗费巨大，如果大量使用进口物资、国外技术和外国人员，难免会造成大量的外汇流失，从而有悖于开发旅游业的初衷。

（3）注意保护环境的原则

旅游资源的开发和旅游设施的建设不可避免地会增加对该地环境的压力，导致该地的环境出现某些变化，在这个意义上，开发的本身就意味着对该地环境一定程度的"破坏"。这是不容否认的事实。然而在另一方面，如果处理得当，旅游开发反而能起到有助于改善环境的作用。有很多同样不容否认的事实都可为此作证。从最简单的意义上讲，我国有很多地方正是通过旅游开发而改变了该地原先脏、乱、差的环境旧貌。因此，在很多情况下，问题的关键在于如何将开发工作处理得当。

从大的方面来讲，这意味着要求人们在开发旅游资源工作中，首先要注意避免因开发工作的计划不周而导致出现水质污染、空气污染以及噪声污染等情况。此外，在旅游景点建设配套建筑时，应注意做到衬景而不能夺景，甚至是毁景。除了用于点景、配景的建筑物外，其余各类建筑物都应尽量做到藏而不露。有关设施的建筑风格亦应与周围的环境景观协调。借用国外一些专家的说法便是，旅游项目的建设应融入当地的环境，成为当地景观环境的补充，而不能喧宾夺主地改变当地原有的主体环境。总之，旅游资源开发工作要注意着眼于对环境的保护，不能片面地强调开发而不顾因此而有可能带给当地环境的负面影响。

六、旅游开发项目可行性研究

1. 可行性研究的概念

实际上，对某项旅游资源开发价值的评价与该旅游资源开发项目的可行性研究是分不开的。所谓可行性研究（Feasibility Study）是指在对该旅游资源开发项目进行投资决策之前，就该项目的开发在经济上是否可行开展调查和研究。可行性研究的主要目的是为该开发项目的投资决策提供可靠的客观依据。只有在可行性研究得出肯定性结论的基础上，才能就该开发项目开展具体的规划设计工作。也就是说，在该开发项目的可行性得以确认、并根据这一研究结果做出了投资决策之后，下一步的研究与设计等具体工作才能有把握开展，因为这些具体性工作的主要目标在于如何使已经被肯定下来的经济可行性得到最佳的实现。

2. 可行性研究报告的内容

旅游资源开发项目的可行性研究报告中的主要内容通常涉及以下几个方面。

(1) 阐明项目开发者的实力和资格

在项目开发者为民间企业（无论是本国企业还是外来投资者）的情况下，这一内容的阐述尤为重要。在我国，旅游资源项目的开发多由各级政府投资进行，因而人们在撰写项目可行性研究报告时，往往不大注重这方面的内容。实际上，即使开发项目是由政府投资，也应根据量力而行的原则对当地的经济实力和经营管理能力进行分析和评价。否则，该项目的开发便会有风险。如果该项目是由某一企业提出要求开发，并且需要向有关的贷款机构如银行申请贷款，那么该贷款机构无疑会要求该企业提交该开发项目的可行性研究报告，并通过该报告去了解该企业的经济实力和经营资格。这意味着在因此而向贷款机构提交的项目可行性研究报告中，有关这方面的内容分析尤为必要。

(2) 分析和预测市场需求

通过市场调研工作的开展，分析和预测该项目开发后的游客来源、客源类型、市场规模、游客的消费水平，等等。同时还要调查清楚该开发项目所在地周围一定距离的地域范围内有无竞争的同类旅游点，以及存在竞争的程度。对市场需求的预测通常需要覆盖中期至长期的客源情况。这主要是因为，就商业性的旅游开发项目而言，其财务上的关键年份就是开业后的 1~10 年。按照国际上的普遍经验，对于大多数的商业性旅游开发项目，人们一般认为在开业后的五年内应当能在接待量和利润上全面实现其潜力，并且能在 10 年之内偿还投资。项目投资得以收回的时间越早，该开发项目的经济可行性也就越大。

(3) 分析该项目开发和经营方面的微观条件

分析内容主要包括与该项目开发有关的劳动力条件、工程技术条件、施工条件、资本预算，以及该项目开发之后的经营工作条件等，并就所有这些方面有可能存在的问题拟出可供选择的解决办法，以及对相关的成本和费用进行测算。最后，需要就该项目开发后的投资回收前景做出预测。如果投资回报率或投资回收速度的预测结果低于投资者的要求，则一般被认为该开发项目在经济上不可行（假定不考虑政府方面有可能提供的财政鼓励政策）。反之，如果预测结果达到或高于投资者的要求，则通常被认为该开发项目在经济上可行。

(4) 分析当地的宏观社会经济条件

分析内容包括当地居民的生活水平、社会风俗、现有的基础设施状况等，并就该项目的开发对当地社会的方方面面有可能带来的影响进行损益分析。当然，并非所有开发项目的可行性研究都需要就可能产生的社会影响进行全面的损益分析。至于可行性研究报告中是否需要包括这方面的内容，取决于该研究报告的呈送对象是否对这方面的损益分析感兴趣。

实际上，并非所有的项目可行性研究报告都必须包括上述全部内容。至于研究报告中具体应包括哪些内容，通常取决于该可行性研究报告主要是为谁而作，或者说需要向哪一方提交。

①如果该项可行性研究仅仅是为开发者而作，那么研究报告中的内容只需包括上述（2）、（3）即可，因为项目开发者所真正关心的内容只是该项目开发之后能否带来理想的投资回报。

②如果该项目开发者需要向金融机构申请贷款，而有关的金融机构要求该项目开发者提交该项目的可行性研究报告，那么上述中的（1）、（2）、（3）项都将是报告中必须包括的内容。

③如果该项目可行性研究报告需要提交政府主管部门审批，那么所有的四大方面的内容都必须全面涉及。特别是，政府主管部门都会要求所提交的这类可行性研究报告中包含较为广泛的损益分析内容。原因在于，如果没有涉及损益分析，那么该项目可行性研究中所得出的肯定性结论充其量只能说明从微观利益上分析该项目属于可行，但并不能显示该项目开发的后果对当地的经济和社会是否有利或者是否无害。政府主管部门在审批这类开发项目时，所关心的不仅是该项目的开发对当地经济发展的贡献程度，同样也关心该项目的开发将会给当地社会、当地环境以及当地经济等方面带来的副作用。

第三节　旅游资源的保护

旅游资源保护是伴随着旅游资源的开发而提出来的一项重要议题。它不仅包括对旅游吸引物本身进行保护，使之不至于因开发和使用不当而遭受破坏，而且还涉及对其所在环境进行保护的问题。

一、保护与开发的辩证关系

旅游业的生存和发展有赖于旅游资源这一根本基础。但是，在对旅游资源进行开发和使用的过程中也潜在着风险，即这些基本资产有可能会因此而受到损害，在某些严重情况下，甚至有可能会遭到损毁。虽然从逻辑上讲旅游资源属于一种非消耗性资产，如果开发利用得当，可用之不竭，从而可造福于子孙万代，但是实际上，这些基本资产若利用和管理不善，也是很容易遭到破坏的。这种破坏轻者会造成旅游资源质量的下降，从而影响其吸引游客的能力；重者则会致使这些旅游资源遭到损毁，从而使该地的旅游业失去存在的基础。在这个意义上，旅游资源的开发和使用"本身就潜在着自我毁灭的种子"（carry with them the potential seeds of their own destruction)(Plog, 1973:13-16)。这些可能会出现的问题并非是危言耸听，而是已经为世界各地的很多案例所证明的事实。

如前所述，在某种意义上，开发本身就意味着破坏。在这个问题上，我们不能片面强调所谓"积极的破坏"。尽管有人认为开发的结果会增加旅游资源的美感，但这毕竟是一种主观认识，况且也并非是所有人的共同认识。就旅游开发对自然原貌的改变而言，开发工作本身就意味着某种破坏则是不可否认的客观事实。但是，同样应当看到的是，在对旅游资源进行开发和使用的过程中，人们完全有可能通过周密的规划和妥善的管理，将问题发生的可能性减至最小。我们不能因强调"保护"这些资源而一味地反对对其进行开发。换言之，我们不能将开发与保护这两者对立起来。片面强调发展旅游业的需要而不顾其他后果无疑是错误的。一味地强调保护，过分坚持自然主义的观点同样也不足取。关键在于如何妥善地利用这些资源，使其能够为满足人类的需要服务。在这个问题上，开发的目的是为了利用，而保护的目的其实也是在于利用，特别是永久的利用，因此两者之间并没有、也不应有根本的冲突。

二、致使旅游资源遭受损害和破坏的原因

为了有效地保护旅游资源，人们首先有必要认清致使旅游资源遭受损害和破坏的原因。一般地讲，这些原因基本上可划分为自然作用和人为作用两大类。

1. 自然因素的作用

由于自然因素的作用而致使某些旅游资源遭受损坏和破坏的情况很多，其中较为常见的情况包括：

（1）重大天灾

一些重大自然灾害的发生，例如地震、洪水、泥石流、山火等，往往会使受灾地区的旅游资源遭到重大破坏。但是，这类情况一般不太常见。

（2）风化作用

除了上述人力不可抗拒的原因之外，最为常见的破坏性自然因素莫过于日久天长的风化作用。例如我国用作旅游资源的许多著名的石窟，长期以来一直在遭受自然风化作用的侵害。由于长期的风雨剥蚀和后山石壁的渗水浸泡，大同云冈石窟大部分洞窟的外檐都已经裂塌，很多雕像因风化作用的影响，有的已经断头失臂，有的已经面目模糊。在其53个洞窟中，目前只有为数不多的洞窟能供游人观赏，其余大多数洞窟皆因损坏严重而无法开放。

（3）动物性原因

某些动物性原因，例如鸟类和白蚁的破坏作用，往往也会对历史建筑和文物之类旅游资源的安全构成威胁。

2. 人为因素的作用

除了自然因素的作用之外，另一类更值得注意的则是由于人为原因而对旅游资源造成的破坏。这里所指的人为原因在很大程度上并非是有意的人为破坏，而是由于人类的某些不当行为而在客观上导致的破坏性后果。较为常见这类原因主要包括：

（1）旅游者的不当行为

因旅游者的行为不当而致使旅游资源遭受损害或破坏的例子很多。例如，号称古代世界"七大奇观"之一的埃及金字塔，由于过去长时期中大量游人的攀登，已经受到严重损害。有人估计，如果这一情况得不到控制，金字塔将不会再继续存在1万年。我国的万里长城也存在类似的问题。旅游者的乱刻乱画则更加剧了问题的严重性。在欧洲地中海地区，有些地方由于度假者的大量涌入和乱丢废弃物，也出现了严重的环境污染。有些旅游者以作为"纪念品猎取者"为乐趣，随意捕捉蝴蝶等小动物以及随意采集植物叶片或种子的行为，也都会造成对旅游资源的破坏。

（2）当地居民的不当行为

除了外来旅游者方面的原因造成的人为性破坏之外，另一类人为性破坏则是由旅游资源所在地的当地居民造成的。这一原因的人为破坏比旅游者造成的问题更加严重，而且更不易控制。例如，据我国新闻媒体的报道，有些居住在长城附近的农民竟然挖取长城砖石用作自己的建房材料；武汉市曾有些单位向东湖内倾倒垃圾；有些地方盗掘古墓的事件屡有发生，以致流传有"要致富、挖坟墓"之说。至于有关对林木乱砍滥伐、盗猎稀有野生动物、不受控制的经济活动对水源、空气以及对生态环境的污染和破坏等方面的报道，时至今日依然屡见不鲜。在其他国家中，这方面的例子同样多不胜举。例如，意大利罗马城的一些古代纪念建筑正在遭受工业排放的一氧化碳气体的侵害；印度的泰姬陵由于受空气污染的影响，洁白的颜色正在变黄；东非的天然野生动物园由于面临当地人口增长的压力，占地范围正在日渐缩小；非洲的犀牛和大象等稀有动物因当地人的大量偷猎，也在面临灭绝的危险……

（3）旅游业者的不当行为

在旅游业的自身行为方面，有些地方在开发和建设风景区的过程中，由于不注意保护环境或者出于一己私利等原因而招致当地环境景观遭到破坏的现象也并非罕见，例如随意炸山开路、砍伐森林、大兴土木等，结果是没等到风景区建设好，当地环境就已经被破坏得很严重了。此外，旅游业的过度开发客观上也是导致当地旅游资源和环境质量下降的重要原因之一。以作为世界文化和自然遗产的某些旅游景区为例，由于宾馆、商店、交通索道、人造景观等设施和构筑物的大量兴建，导致了这些天然景区的人工化、商品化和城市化，从而破坏了作为遗产资源的原真性和完整性。例如，我国湖南的武陵源就曾因此而受到世界遗产组织的专家的严肃批评。对此，我国有关专家也认为，如果这种局面得不到扭转，世界遗产组织有可能会将武陵源列入《濒危世界遗产名录》。人们应该认识到，任何一个以旅游资源为核心形成的旅游环境，其承载力都是有限度的，都有其负荷极限，一旦超过这一极限，遭到破坏的可能性便会成倍地增加。

以上所述只是这类问题和现象的一部分，而远远不是全部。人们应当对这类问题有清醒的认识。如果要使这些旅游资源将来能继续造福于人民，服务于国家和地区旅游业的发展，便要注意采取措施对它们加以保护。

三、旅游资源保护工作的原则与措施

对旅游资源的保护可分为被动式保护和主动式保护两种。这种消极保护与积极保护之间的关系，实际上也就是"治"与"防"的关系。显然，对旅游资源实施保护的具体原则应当是以"防"为主，以"治"为辅，"防""治"结合，运用法律、行政、经济和技术等方面的手段，强化对旅游资源的管理和保护。

1. 针对自然作用方面的原因

对于因自然作用的原因而可能带来的危害，旅游资源管理者应采取必要的技术措施加以预防。例如，西安已将秦俑坑和半坡遗址等古迹辟为室内展览馆，以减小自然风化作用的影响。对于容易遭受鸟类危害的古建筑，在有关部位架设防鸟的隔离网罩等做法也都是积极防护的成功尝试。对于因条件限制不易采取类似措施的旅游资源，则应经常检查，对发现的问题及时进行治理。

2. 针对旅游者方面的原因

为了防止由于旅游者方面的原因而对旅游资源可能带来的危害，首先应加强该地的旅游规划工作，充分估计接待能力饱和将会对旅游资源的破坏性影响。一旦出现"人满为患"这种接待量超负荷的情况，便应采取要么提高价格、要么设法将游客引流分散到其他参观点、要么控制来访游客进入数量等备选措施，因为在这种时候，对旅游资源的安全威胁最大。此外，对于重要的文物建筑及珍稀动植物等旅游吸引物，应架设隔离装置，避免游客触摸攀爬。对违反规定的参观者要予以制止，并视情节严重程度给予批评、罚款，直至追究其法律责任。

3. 针对当地居民和旅游业方面的原因

对于因当地居民和旅游业者的行为失当而对旅游资源造成的破坏，除应加强对保护旅游资源的宣传工作外，还应制定必要的法律法规加以约束。由于旅游资源的多样性及其在一定程度上具有主观效用的特点，人们不宜指望能制定一套专门而全面的旅游资源保护法。但我国目前已经颁布的法律法规中，有不少都直接

与保护旅游资源有关，例如《文物保护法》、《森林法》、《环境保护法》、《野生动物保护法》，等等。在采取预防性措施的同时，对危害和破坏旅游资源的单位和个人要给予必要的行政处罚和经济处罚。对造成严重破坏者，要追究有关人员的法律责任。

最后，无论是治理因自然作用原因而对旅游资源造成的危害，还是因人为原因而对旅游资源造成的破坏，关键是要分派和落实有关保护工作的责任。由于目前在管理体制方面存在的问题，如何将旅游资源保护工作落到实处，是旅游资源保护工作实现成功的关键。

【重点术语】

　　旅游资源（tourism resources）
　　自然资源（natural resources）
　　人造资源（man-made resources）
　　文化资源（cultural resources）
　　可再生性资源（renewable resources）
　　社会资源（social development related resources）
　　不可再生性资源（non-renewable resources）
　　旅游开发（tourism development）
　　可进入性（accessibility）
　　旅游基础设施（tourism infrastructure）
　　旅游上层设施（tourism superstructure）
　　可行性研究（feasibility study）
　　生命周期（life-cycle）
　　世界遗产（world heritage）
　　资源基础型景点（resource-based attractions）
　　游客导向型景点（user-oriented attractions）

【思考题】

1. 名词解释：旅游资源可进入性；旅游基础设施；旅游上层设施；旅游地生命周期；旅游项目可行性研究。
2. 举例说明旅游资源的分类，并指出其分类标准或依据。
3. 列举并解释旅游资源的特点。
4. 决定一项旅游资源价值大小的主要因素有哪些？为什么？
5. 试析旅游资源开发的必要性。

6. 政府和民间企业在旅游开发中应扮演何种角色?
7. 简述旅游资源开发项目可行性研究报告的主要内容。
8. 简述旅游资源开发工作的基本内容。
9. 在我国,常有人将"以资源为基础,以市场为导向"作为旅游资源开发工作的原则。你是否赞同这一认识或表述?为什么?
10. 对旅游资源实施保护的基本原则是什么?
11. 试析致使旅游资源遭受损害和破坏的原因。
12. 你认为应如何保护旅游资源?

第五章 旅游业

【学习目的】

通过本章的学习，了解旅游业的界定依据，熟悉旅游业的基本构成；了解旅游业对旅游活动发展的拉动作用。熟悉旅游业的一般特点，掌握旅游产品的概念；熟悉旅游产品的特点及其对旅游业实际工作的寓意。

【主要内容】

1. 旅游业的概念

旅游业的界定；旅游业的基本构成

2. 旅游业在促进旅游活动发展中的作用

旅游供给的主要提供者；供需之间的桥梁；旅游活动的催化剂

3. 旅游业的性质和特点

旅游业的性质；旅游业的基本特点

4. 旅游业的产品

旅游产品的概念；旅游产品的特点；认识旅游产品的质量；质量管理的基本途径

第一节 旅游业的概念

在前面第二章和第三章中，我们主要从需求方面讨论了促进现代旅游活动发展的推力因素，即伴随着社会经济的发展、旅游需求发育条件的改善和市场规模的成长，旅游活动的规模也因此而快速增大。然而在另一方面，我们也应当看到，事实上，需求条件的改善及其对人们旅游需求的助推作用，充其量只能带来旅游活动规模的自然增长。倘若没有供给方面的支持与拉动，旅游活动的规模不可能如此快速地增长，以至发展到如今的规模。这方面的事实很多。例如，只要回顾一下改革开放以来我国旅游业的发展历史,我们便不难发现,入境游客来访量的不断增大,实际上是伴随着我国旅游供给规模的不断扩充和供给条件的不断完善而得以实现的。倘若没有我国各地对旅游资源的大力开发和旅游接待设施的大规模建设,换言之,倘若我国的旅游供给仍然停留在改革开放之初的水平,仍存在"行路难"、"住宿难"、"吃饭难"以及"白天看庙,晚上睡觉"之类的旅游供给严重短缺问题,海外游客来访量不可能会增至今天的规模。实际上,不仅我国的情况如此,世界各地的情况皆可证明,旅游活动的大规模增长,实际上都是由需求方面的推力因素(push factors)和供给方面的拉力因素(pull factors)这两个方面共同作用的结果。这意味着,在旅游研究中,除了要了解和研究旅游需求之外,更需要了解和研究旅游供给方面的情况。这里所说的供给方面,即是为旅游者活动的开展提供便利服务的旅游业。

一、旅游业的界定

"旅游业"亦称"旅游产业"。英文文献中一般称为"the tourism industry"或"the travel industry",只不过后者为北美地区、特别是美国人所惯用的表述,而前者则是英国、澳大利亚、新西兰以及其他以英语为母语或官方语言的国家中的用称,同时也是联合国世界旅游组织(UNWTO)文件中的正式称谓。顺便一提的是,对于本章中所称的旅游业,世界旅游理事会(WTTC)这一颇具影响的国际民间组织,则是将其称为"the travel and tourism industry"。至于这一称谓中何以会采用"travel and tourism"这一叠加式表述,有的人或许会有自己的解读,甚至可能是望字生义地猜测,但是,根据维克多·密德尔敦——一位不仅在学术上造诣精深,而且从业经验丰富的著名英国旅游营销专家——所做的解释,"travel and tourism"这一叠加式表述的使用,其实完全是为语言上口的缘故,与"the tourism industry"或"the travel industry"这些表述相比,并"不存在概念上的差异"(Middleton, 1988)。也就是说,实际上,"the tourism industry"="the travel industry"="the travel and tourism industry"=旅游业。

1. 有关旅游业定义的简要回顾

关于何为旅游业或者该如何去界定旅游业,人们有一个认识过程。例如,在现代旅游研究的早期阶段,日本旅游学者土井厚曾提出,"旅游业就是在旅游者和交通、住宿及其他有关单位中间,通过办理旅游签证、中间联络、代购代销,通过为旅游者导游、交涉、代办手续,此外也利用本商社的交通工具、住宿设施提供服务,从而取得报酬的行业。"(转引自《旅游概论》,天津人民出版社,1983:101)。对于这一定义,我们只要稍做分析便可以发现,它所解释的似乎应是旅行社行业,即我国台湾地区有人所称的"旅行业"。在我国其他省市区,过去也曾有人以为只有旅游局和旅行社才算旅游业部门。但是到了 21 世纪的今天,对旅游业的这种认识无论是在国际上还是在我国基本上已经销声匿迹。

后来,美国旅游学家伦德伯格在解释旅游业时,则认为,"旅游业是为国内外旅游者服务的一系列相互有关的行业。旅游关联到旅客、旅行方式、膳宿供应设施和其他各种事物。它构成一个综合性的概念——随着时间和环境不断变化的、一个正在形成和正在统一的概念"(引语来源同上)。

就最为晚近的情形而言,《旅游研究杂志》(*Journal of Travel Research*)创刊编辑、美国科罗拉多大学利兹商学院旅游学与市场营销学荣誉教授格德纳(Charles R. Goeldner)和世界旅游组织旅游教育理事会首任主席、加拿大卡尔加里大学旅游管理学教授瑞奇(Brent Ritchie)在其合著的 2006 年《旅游学(第 10 版)》一书中指出,作为一项经济概念,"旅游业是参与为游客提供旅游体验的多种经济活动、多种服务或多种行业的集合体⋯⋯。它包括所有旅游产品及相关服务的提供者,是一个⋯⋯综合性产业"(Goeldner and Ritchie, 2006:5)。

2. 用于界定"产业"传统依据

为了认识旅游业这一概念,我们首先有必要对"产业"一词的释义有所了解。以《管理学词典》中的解释为例(French and Saward, 1984:216)。在"产业"(Industry)这一词条下,分别有两个释义。第一个释义为用指"工业"(The activities of processing or manufacturing goods on a large scale using extensive plant and equipment.)。第二个释义则是指"产业",即"其主要业务或产品大体相同的企业类别的总称"(A class of firms that are sufficiently similar in their main activities or products to be grouped together for the purpose of description, analysis or classification.)。

对"产业"的这一解释表明,一个产业乃是由众多同类企业集合而成。这些企业之所以归属为同类企业,是因为它们的主营业务都基本相同,或是它们所生产的产品都基本相同。正因为如此,无论是从微观的企业角度,还是从较为宏观的产业角度进行分析,它们为经营该类业务或是为生产该类产品所做的投入(input),以及因此而实现的产出(output),都可以清楚地进行计算。所以,在传统的经济学意义上,人们长期以来一直都是将这些条件——各相关企业的主营业务相同或产品相同;因该业务的经营或该产品的生产而发生的投入和产出都能清楚地进行计算——作为界定一个产业依据或标准。

显然,特别是从经济学的意义上进行分析,旅游业距离上述这一传统的产业界定依据或标准相去甚远。这具体反映在:

第一,旅游业并非是由上述意义上的同类企业所构成,各相关企业的主营业务或产品自然也不尽相同。例如,以饭店为代表的住宿企业所经营的主要业务是提供住宿服务,以航空公司为代表的交通客运企业所经营的主要业务是提供交通运输服务，旅行社企业所经营的主要业务是提供旅行代理服务和组团业务，商业性景点主要经营的则是娱乐和游览接待业务。诸如此类的业务或产品差异情况，在其他类型的旅游企业间同样也随处可见。

第二，在旅游业中，因真正旅游业务的开展而发生的投入与产出，都难以清晰地进行测算和确定。首先，从微观层面看，几乎任何一个旅游企业的服务对象，都不是只局限于旅游者或异地来访的游客，而是同时还包括并不属于旅游统计范围的其他旅行者以及所在地的当地居民。因此，在该企业为开展经营而做出的全部投入中，除了含有对真正旅游业务的投入之外，还有一部分是属于非旅游业务的投入。且不说计算和分清这两部分投入各自所占的比例，就是将事实上的这两种投入区别开来，也会非常困难。同理，要想清楚地计算该企业因真正意义上的旅游业务而实现的产出（而非该企业全部业务经营所带来的总产出），同样也将非常困难。其次，从宏观层面看，旅游业并非是一个界线分明的产业。就旅游者所实际购买的目的地整体旅游产品而言，实际上是由诸多相关的传统产业或行业协同提供。所以，对于一个旅游目的地来说，在测算该地旅游业的投入和产出时，人们通常只能通过对交通运输业、住宿业、饮食业、旅行社行业等诸多相关行业的投入和产出情况进行调查与分析，从而综合估算出该地旅游业的投入和产出。

第三，在旅游业中，绝大多数旅游企业实际上都隶属于某一传统的标准产业。例如，饭店企业隶属于传统上早已独立存在的住宿业，航空公司隶属于传统的交通运输业，等等。

或许正是由于这一原因，在世界上绝大多数国家颁布的本国标准产业分类（SIC）中，以及在联合国制定的《国际标准产业分类》（International Standard Industrial Classification, ISIC）中，都没有将旅游业列为独立的立项产业。在我国过去计划经济时期制定的《国民经济部门分类标准》中，同样也没有"旅游业"这一立项，而是将与之有关的经济活动划归"住宅、公用事业和居民生活服务业"一类。改革开放之后，随着社会主义市场经济的实行，在我国国家计委和国家统计局于1992年共同议定的《中国行业代码表》中，虽然出现了代码为（80）的"旅游业"字样，但根据其中所做的解释，这一"旅游业"实际所指的显然是旅行社行业。总而言之，按照传统的产业界定标准，宏观经济学家普遍认为，从理论上讲，旅游业构不成一项标准的产业（Middleton, 1988:8）。

3. 旅游业的界定依据

虽然不时有人会依据经济学理论中关于划定"产业"的传统标准，对旅游业作为一项产业的地位提出质疑（参见Davidson, in Theobald (ed), 1994:20），但在现实中，旅游产业的存在却是不容否认的客观事实。作为这方面的具体表现，尽管世界上多数国家在制定本国的标准产业分类时，都未将旅游业作为一项产业进行明确立项，然而在这些国家制定的国民经济发展规划中,几乎无一例外地都将发展旅游业纳为其中的一项重要内容。在有些国家,包括几乎所有的发达国家在内,旅游业实际上已成为国民经济中的一支重要力量。这些事实在很大程度上表明,旅游业作为一项产业,实为现实中的客观存在。旅游业虽然不像很多传统产业那样边界分明,但这一情况所反映的只不过是旅游业的特点。对于一个旅游目的地来说,其整体旅游产品的提供,以及旅游业产出的构成,会涉及诸多不同的传统产业,这一情况同样也只是旅游业特点的反映。最为值得注意的是,尽管各类旅游企业的主营业务或各自的产品严格地讲并不相同,但是在开展业务方面,则都有一个共同点。这一共同点便是,它们所为之服务的基本顾客,皆为他乡来访的旅游者,所开展的基本都是通过各自产品或服务项目的提供,去满足同一市场即旅游消费者的需要。正是基于这一共同点,它们各自的业务或产品也便在服务于旅游市场的旗帜下集拢到了一起。

所以,将这一共同点作为依据或标准,倘若要为旅游业下一个概念性定义,那么可以认为:

> 旅游业是以旅游消费者为服务对象,为其旅游活动的开展创造便利条件并提供其所需商品和服务的综合性产业。

与传统的产业界定相比,对旅游业的这一概念性定义有三个明显的不同之处:
- 它是一个需求取向的定义,而非供给取向的定义;
- 所使用的界定依据或标准是:基于共同的服务对象,而非基于相同的业务或相同的产品。
- 这一定义中所称的综合性产业,意味着旅游业实为一个由多种行业基于共同的服务对象组合而成的集合体。

二、旅游业的构成

事实上,由于旅游业的客观存在,在对旅游业作概念性界定方面,人们除了在表述上或有不同之外,实际上并不存在大的认识分歧。但是,对于旅游业的具体构成,人们则有不同的认识与归纳。

1."三大支柱"说

在早期旅游研究中,根据联合国制定的《国际标准产业分类》(参见 UN, Indexes to the International Standard Industrial Classification of All Economic Activties, UN Statistical Papers, Series M No.4, Rev.2 Add.1, Indexed Edition, New York, 1971)以及对其中参与旅游业务经营的各具体经济部门进行分析,人们发现,旅游者的大部分消费开支都流入了三个经济部门——旅行社部门、交通客运部门和以饭店为代表的住宿业部门。这三个经济部门属下的企业也因此构成三种主要类型的旅游企业。换言之，基于旅游者的消费开支在相关经济部门间的主要流向，人们认为旅游业主要是由旅行社行业、以航空公司为代表的交通客运业和以饭店为代表的住宿业所构成。据此，在我国，人们通常将旅行社、饭店业和交通运输业并称为旅游业的"三大支柱"。

2. "五大部门"说

在国际学术界中较具代表性的另一种看法则认为，人们对旅游业的称谓通常都是以特定的地域或特定的旅游目的地作为单位，如中国旅游业、美国旅游业、上海旅游业、香港旅游业，等等。因此，从一个国家或地区的旅游业发展，特别是基于旅游目的地营销的角度去认识，旅游业则主要是由五大部分所组成（Middleton, 1988），即，除了前述"三大支柱"中的旅行社部门、交通客运部门和住宿接待部门之外，还应将以旅游景点为代表的游览场所经营部门以及各级旅游管理组织也包括进去（图 5-1）。为了表述简便，我们不妨将关于旅游业构成的这一观点称之为"五大部门"说。

```
┌─────────────────────────┐  ┌─────────────────────────┐
│ 住宿接待部门            │  │ 游览场所经营部门        │
│ 饭店、宾馆              │  │ 主题公园                │
│ 乡村农舍客房            │  │ 博物馆                  │
│ 出租公寓/别墅           │  │ 国家公园                │
│ 分时度假公寓            │  │ 野生动物园              │
│ 度假村                  │  │ 花园                    │
│ 会展中心（供住宿）      │  │ 自然/历史遗产游览点     │
│ 野营营地/旅行拖车度假营地│  │                         │
│ 提供住宿设施的船坞      │  │                         │
└─────────────────────────┘  └─────────────────────────┘

        ┌─────────────────────────┐
        │ 交通运输部门            │
        │ 航空公司                │
        │ 海运公司                │
        │ 铁路公司                │
        │ 公共汽车/长途汽车公司   │
        └─────────────────────────┘

┌─────────────────────────────────┐  ┌─────────────────────────┐
│ 旅行业务组织部门                │  │ 东道地旅游组织          │
│ 旅游经营商                      │  │ 国家旅游组织（NTO）     │
│ 旅游批发商/经纪人               │  │ 省/州旅游行政组织       │
│ 旅游零售代理商                  │  │ 地方旅游行政组织        │
│ 会议策划商                      │  │ 旅游行业协会            │
│ 预定服务代理商（例如代订客房）  │  │                         │
│ 奖励旅游策划商                  │  │                         │
└─────────────────────────────────┘  └─────────────────────────┘
```

图 5-1　旅游业的五个主要组成部分

资料来源：Middleton（1988）

这种观点认为，对旅游业的构成之所以会做如此归纳，其中的原因在于，就一个国家或地区的旅游业发展而言，这五个部门之间存在着共同的目标和不可分割的相互联系。这一共同的目标便是：通过吸引、招徕和接待外来游客，促进该国或该地区的经济发展。在这五大部门中，虽然各级旅游管理组织并非以直接营利为目的的企业，但是，这些旅游管理组织在促进和扩大其他四个商业性经营部门的盈利方面，实际上起着非常重要的支持作用。例如，就一个国家作为旅游目的地的国际市场营销而言，倘若没有国家旅游行政组织在对外营销传播方面所发挥的巨大作用，任何一个旅游企业或旅游行业都将无力、并且也不会去代行旅游目的地营销的职能，而且其自身的盈利也会因客源问题而受到抑制。

3. 我国旅游业的基本构成

实际上，若是从旅游者开展活动的内容组合进行分析，旅游业的涉及范围远不止上述五个部门。基于旅游活动内容的涉及要素（即行、游、住、食、购、娱）进行反推，我国旅游业的基本构成至少应包括以下八个部门：

- 交通客运部门；
- 旅游景点部门；
- 住宿服务部门；
- 餐饮服务部门；
- 旅游纪念品/用品零售部门；
- 娱乐服务部门；
- 旅行社部门；
- 旅游行政机构和旅游行业组织。

在旅游业中，前六个部门作为旅游供应商，分别直接向旅游者提供并为其兑现行、游、住、食、购、娱等方面的服务。旅行社部门作为旅游供应商产品的销售渠道，通过代理销售或组织打包产品，为旅游消费者提供便利服务。旅游行政机构和旅游行业组织虽然不属于直接面向游客提供服务的营利企业，但由于前面"五大部门"一节中所述的原因，所以亦应纳入旅游业的构成之中。

4. 直接旅游企业和间接旅游企业

在加盟旅游业的各类企业中，有些企业的营业收入主要来自为旅游者提供服务的业务。而另外有些企业虽然也从事为旅游者提供服务的业务，但因此而获得的营业收入在其营业收入总额中所占的比重并不大。在旅游研究中，人们根据这些情况，通常将旅游企业划分为两类，即直接旅游企业和间接旅游企业（Smith, 1995:35）。

所谓直接旅游企业（direct tourist firms），是指其大部分营业收入都是来自直接为旅游者提供服务的业务的那些旅游企业，即那些若没有旅游者便将无法生存的企业。这类旅游企业中的典型代表便是旅行社、航空公司和饭店企业。

所谓间接旅游企业（indirect tourist firms），则是指其业务中虽然也包括为旅游者提供服务，但因此而获得的营业收入在其营业收入总额中所占的比例并不是很大，因而旅游者的存在与否并不危及其生存的那些企业。就一般情况而言，多数餐馆、出租汽车公司、礼品商店、娱乐企业、市区景点等都属此类间接旅游企业。当然，就某一具体的企业，例如就某一具体的餐馆而言，究竟是应划归直接旅游企业还是间接旅游企业，则需视具体情况确定。在世界旅游组织近年来组织的有关开发旅游卫星账户的研究中，对于旅游企业也有类似的分类。

由此我们不难看出，关于旅游业构成的"三大支柱"说，实际上是基于对直接旅游企业的观察而提出的。与之相比较，对于旅游业的构成，大凡那些较为全面看法（如"五大部门"说），其认识基础都是既包括直接旅游企业，也包括间接旅游企业，同时还包括支持其业务开展的旅游行政机构和旅游行业组织。

第二节 旅游业在促进旅游活动发展中的作用

旅游业既是旅游活动发展的伴生产物，同时，在促进和拉动旅游活动的发展方面，也是旅游活动体系构成中最为积极的一个要素。就此而言，旅游业所发挥的作用主要反映在以下几个方面。

一、旅游供给的主要提供者

作为旅游目的地，一个国家或地区的旅游供给涉及五项基本要素，分别为包括相关服务在内的自然旅游资源、旅游基础设施、旅游上层设施、交通运输和文化资源（McIntosh & Goeldner, 1984: 205）。这五项基本的旅游供给要素也便是有些学者所称的"旅游目的地要素组合"（Destination Mix，见 Christie and Morrison, 2009）。如果将其中的自然旅游资源和文化资源视作代表各类吸引物的旅游景点（参见 Morrison, 2009），那么很显然，这些基本供给要素中的绝大部分，实际上都是由旅游业负责提供。如前所述，现代大众化旅游活动能够发展到如今的规模，实际上是由需求方面的推力与供给方面拉力共同作用的结果。换言之，倘若没有以旅游业为代表的供给方面的支持和拉动，大规模的旅游需求不可能得以实现，旅游活动也不可能会发展到如今的规模。因此，作为旅游供给的主要提供者，旅游业在促进旅游活动的发展方面起着重要的拉动作用。

二、沟通供需的桥梁

旅游业在促进旅游活动发展方面的第二个作用是它的组织或桥梁作用。在供给方面,旅游业需根据旅游消费者市场的需要,组织对路的各种配套产品;在需求方面,旅游业一直都在致力于为自己的产品发现和组织客源。从旅游业诞生之日起,它的这种组织或桥梁作用就表现得非常突出,而且正是由于旅游业的这种组织或桥梁作用,才使得旅游活动能够以大规模的方式进行开展。现代包价旅游产品的推出和团体旅游这一活动方式的流行,无一不是旅游业发挥其组织或桥梁作用的结果。

三、旅游活动的催化剂

旅游业对促进旅游活动发展的再一贡献,则是通过提供便利服务而发挥的催化剂作用。在旅游业问世之前,人们多是以类似今天某些漫游式散客(drifter)的方式外出旅游。旅行方式多以步行、骑马或其他自备交通工具的形式为主,因为当时几乎没有专营客运的运输商。即使是到了19世纪初期,人们的外出旅行方式仍然主要是步行。虽然此时的西方世界已经有了专营客运服务的公共马车,但一般民众很少有这种支付能力。当时曾担任传教士的托马斯·库克在其1829年的日记中曾记述,他在该年中外出传教的行程总计为2692英里,其中2106英里的旅程都是靠步行完成,其余部分则是靠免费搭乘顺路的私人车辆。换言之,对于当时的公共马车,即便像托马斯·库克这样的人也很难支付得起。同样,在外出旅行过夜的问题上,很多人也都是投奔亲友或是利用修道院提供的免费住宿。虽然商业性客店或旅馆早已出现,但有支付能力使用这类商业住宿设施的人数所占比例很小。特别是就消遣性目的的旅游活动而言,人们外出旅游的活动范围很小,大都是当日往返的一日游活动。总之,由于当时不存在旅游业或者说不能够提供相对廉价的便利服务,从而在很大程度上限制了旅游活动的规模。因此,在旅游活动发展的早期阶段,旅游活动体系的构成要素实际上主要涉及两个组成部分,一是作为旅游活动主体的旅游者,再则是作为旅游活动客体的旅游对象或旅游吸引物。

随着现代旅游的发展,旅游活动体系的构成要素已不再只是作为主体的旅游者和作为客体的旅游对象,而是将旅游业这一中介体也包括了进来,因为大众旅游的特点之一便是利用旅游业提供的便利服务来完成旅游活动,特别是,有组织的大中型旅游已发展成为一种近乎习俗化的(institutionalised)旅游活动开展模式。在大众化旅游发展的今天,除少数个别情况之外,几乎没有哪些旅游者不是借助旅游业提供的便利服务完成其全程旅游活动。由于有了旅游业的服务,旅游者不必再为外出旅游过程中有可能遇到的困难和问题而担心。他们的旅行以及在旅游目的地停留期间的生活和活动,都可由有关的旅游企业代为安排。旅游业的这种便利服务作用对于旅游活动规模的增长无疑也是一种重要的刺激。事实上,旅游业不仅因此而成了现代旅游活动体系中的要素之一,而且在促进和拉动旅游活动规模的增长方面,也是其中最积极、最活跃的一个因素。

第三节 旅游业的性质与特点

一、旅游业的性质

长期以来,人们经常把旅游事业同旅游业混为一谈,并因此而常称旅游业是一项具有文化性质的事业,是我国外事工作的一部分。"产业"与"事业"在某些情况下确实可用作同义概念。但"事业"与"产业"不可混同使用的情况同样也明显存在,如同我们不可将社会主义事业或革命事业说成是社会主义产业或革命产业一样。

就一个国家发展旅游的动机而言,政治、社会、经济这三个方面一般都有可能会涉及,既有可能会以其中某一方面的动机为主,而兼顾其他;也可能会是三者并重,兼而有之。这需要视一个国家的具体情况而定。另一方面,随着时间的发展,国家发展旅游的动机重点也可能会出现转移。以我国为例,在新中国建立之初,涉外旅游工作的开展无疑是出于巩固红色政权这一政治动机,而到了改革开放之后,主要动机显然已转向发展我国的旅游经济。就通常情况而言,站在国家政府的立场上去认识,推动和促进旅游发展是一项有着多重目的的事业,因为其中既有发展经济方面的动机,也有促进社会发展方面的考虑。这一点可从很多国家以立法形式颁布的国家旅游政策中得到反映和证实。

在这个意义上,人们通常所称的旅游业,实际上仅是国家旅游事业中的一个组成部分。就国家层面而言,旅游业与旅游事业之间的区别在于:后者的目的往往会有多重性,而且不一定会是以发展经济为主要动机或目的;与之相比,旅游业作为一项产业,则根本目的在于发展国家经济。虽然旅游业的发展有可能也会给旅游目的地的社会、文化和环境带来影响,但所有这些非经济性影响,都是因为发展旅游业而派生的结果。另一方面,虽然旅游业的经营会将某些社会、文化或环境事物作为其产品素材,但对这些素材的使用,只不过是旅游产品的生产特点。换言之,无论是这类派生结果,还是旅游产品的生产特点,都不能改变旅游业作为一项产业的营利性质。此外，旅游业的细胞是旅游企业——以营利为目的并需要进行独立核算的经济组织。同样，由这些基本细胞集合而成的旅游业也是以营利为目的，因而也需要进行经济核算。而且事实上，我国已明确将旅游业列为国民经济的组成部分，而不是将其列作文化事业。所有这一切分析和事实都说明，旅游业的根本性质在于它是一项经济性产业。

二、旅游业的基本特点

在性质上，旅游业与所有其他产业并无不同。但是，同很多其他产业，特别是同制造业相比较，旅游业则有其自身的一些特点。这些特点主要包括：

1. 综合性产业（a diverse industry）

旅游业的经营目的在于通过为旅游消费者提供其所需产品和便利服务，在满足旅游者需要的同时，实现自身的获利与发展目标。与购买制造业产品时的情况有所不同的是，在购买旅游产品方面，消费者的需要明显具有多样性特点。具体表现在，旅游消费者在外出旅游期间，有着行、游、住、食、购、娱等方面的多重需要。这意味着旅游者出游经历的实现，需要由多种不同的旅游企业分别为其提供相应的产品或服务。按照传统的产业分类标准，这些不同类型的企业分别隶属于若干相互独立的行业。虽然如此，满足旅游消费者的需要这一共同的业务纽带，将这些原本类属不同的企业联系到一起，使其合成为一个共同体。旅游业因此也有了综合性的特点。即便是那些囿于传统的产业界定标准，不大愿意认可旅游业具有产业地位的人，也不得不称旅游业是一个集合性产业或集群产业（a group of industries）。

认识旅游业的综合性这一特点，对于旅游业的经营和管理，有着重要的现实意义。这集中体现在两个方面：第一，在以旅游目的地为单位的旅游业中，各个旅游行业的命运实际上是联系在一起的。在该地整个旅游供给这一整体链条上，任何一个行业的发展滞后或行为失误，都会造成旅游消费者对该地旅游产品的负面评价，从而会影响所有其他旅游行业的客源量。只有各个相关行业的产品和服务都能为旅游消费者所满意，该地的旅游业才有可能实现兴旺发展。旅游业中各行业应相互支持以及开展联合营销的必要性也在于此。基于这一认识，人们也将旅游业的这一特点称之为其中各利益相关者间的相互依赖性（interdependence）。第二，事实上，旅游业中各企业所有权的分散性，以及各企业为追求自身利益而各行其是的自由性，使得它们之间不存在自动的协调，而在另一方面，由于旅游消费者最终所购买的是一个整体性的旅游经历，各相关旅游企业间的协调又为旅游者满意的实现所必需。这意味着，促成这一协调的实现将成为旅游目的地管理者的一项重要职责。

2. 劳动密集型的服务性产业（a labour intensive industry）

旅游业从属第三产业即服务业，因为所有旅游产品的提供，都服务于满足消费者对某种旅游经历的需要。从表面上看，旅游产品中确实含有某些有形的因素，但实际上，就一次完整的旅游活动或旅游经历而言，旅游消费者所追求的实为精神上的享受和满足。正是由于旅游需求的这一性质，决定了各旅游企业面向旅游者提供的所有产品，都服务于游客旅游经历的实现。换言之，在旅游者看来，他们所购买的产品实为一次外出旅游度假的经历或体验，最终的真正所获乃是对该次旅游经历的"记忆"。这意味着，对于旅游者来说，旅游产品的价值并不是物化于消费品之中。在整体旅游产品的构成要素中，尽管某些成分如客房设施、食品、纪念品等表面上为有形物品，但旅游者通过购买而真正得到并最终带走的所获，并非是客房设施、食品或纪念品，而是对该次旅游过程的体验，以及对该次旅游经历的"记忆"。

旅游业具有劳动密集的特点。在我国，常有人认为，旅游业中只有旅行社可称为真正的劳动密集型企业，与之相比，饭店以及交通客运企业并非属于劳动密集型企业。他们所持的理由是：旅行社的投资比较小，而雇用的人员相对较多，因而应属劳动密集型企业；饭店和交通客运公司等企业的投资额一般都很大，特别是，与投资额相同的制造业企业相比，饭店和交通客运企业未必能够造就出更多的直接就业机会。换言之，他们用以衡量劳动密集程度的标准是一个企业的投资额与员工数之间的比例关系，即人均投资额越大，则意味着该企业的劳动密集程度也就越高，反之则会越低，以至于低至并非劳动密集。在我国，对劳动密集持这一认识的人并非个别，甚至包括一些有经济学背景的人。

然而，值得提醒读者注意的是，在国际学术界，包括经济学家在内，人们无一例外地都认为，无论是旅行社还是包括饭店和航空公司在内的所有其他各类旅游企业，皆为劳动密集型企业。国际学术界之所以会有如此共识，显然反映出在评判是否属于劳动密集方面，人们有着公认的标准。在评判一个企业或行业是否属于劳动密集型时，真正可靠的标准并非是表面上雇用职工人数的多寡，也不是投资数额与职工人数之间的比例，而是代表劳动力代价的工资成本在其全部营业成本/费用中所占比重的高低。工资成本所占的比重越大，劳动密集的程度也就越高。当一个企业的工资成本在全部营业成本/费用中所占的比重达到或超过 50% 时，则意味着该企业为劳动密集型企业；若低于这一标准，则不属劳动密集型企业。由于各类旅游企业所经营的产品都是表现为劳务的旅游服务，生产或经营中并不涉及大量的消耗性原材料，或者发生在购买消耗性原材料方面的变动成本很小，从而使得工资成本在其全部营业成本中占据了很高的比重。正是由于这一原因，才决定了旅游业具有劳动密集这一特点。

3. 政治/政策性强的产业（an industry with political concern）

旅游业的这一特点突出反映于国际旅游业务的开展。无论是在哪一个国家，旅游业在开展入出境旅游业务方面，都不能违背本国的涉外政策。在这方面，最明显的例子便是，倘若两个国家没有建立外交关系，那么它们之间不可能会有正常的旅游业务往来。具体就我国的情况而言，旅游业在开展入出境旅游业务方面不仅需要遵守我国的外交政策，在某些情况下还需要执行我国的侨务政策和统战政策，并且需要配合我国的改革开放工作，宣传有关的方针政策和我国社会主义建设的成就。在这个意义上，旅游业也是政治/政策性很强的行业。当然，这里对政治/政策性强这一特点的强调，并不能掩盖和混淆旅游业作为经济性产业这一根本性质。

4. 脆弱性产业（a vulnerable industry）

这一特点所指的是，旅游业的经营与发展容易因多种因素的出现而遭受冲击与挫折。就一个旅游目的地内部而言，构成旅游供给的所有各个组成部分，在数量上和质量上都有必要实现协调，其中任何部分出现脱节，都会造成整个目的地旅游业的供给失调，从而影响该地旅游业的成功发展。更为多见的情况是，从旅游业的外部环境看，不论是其所处的经济环境、社会环境、自然环境，还是政治环境，一旦出现某种重大的不利变化，都会使旅游业蒙受重大损失。例如，1989年"六四"风波的突发，致使我国旅游业出现了前所未有的"大滑坡"；2001年美国"9·11"事件的突发，中断了大批国际游客的访美计划；2003年"非典"和"禽流感"在亚洲的流行，不仅迅速抑制了国际游客访问亚洲的兴趣，而且很多亚洲国家的国内旅游活动的规模也因此出现了严重下滑；2008年汶川大地震的发生，致使四川省的旅游业遭受了重大挫折。以上所列举的突发性因素仅是旅游目的地方面的部分例子。在旅游客源地方面，因某些不利变故的出现而导致的居民出游量大幅减少或出游目的地的转移，同样也会致使某些目的地的旅游业遭遇挫折。总而言之，不论是旅游目的地方面还是旅游客源地方面的原因，一旦某些不利的变故出现，都会影响旅游业的正常发展。人们通常认为旅游业具有脆弱性，主要原因也在于此。

最后有必要说明的是，由于本书的目的，以上所做的陈述，仅仅是旅游业有别于制造业等传统产业的一般性特点，并没有全面涉及旅游业在业务经营上的特点。也就是说，倘若是就旅游业的业务经营而言，则还会有更多的特点。

第四节　旅游业的产品

一、旅游产品的概念

对于旅游产品的概念，人们需要从两个层次上去理解和认识。一个层次是基于旅游消费者认识和理解的整体旅游产品，另一个层次则是基于旅游企业认识的单项旅游产品。这主要是因为，根据讨论语境的不同，人们所称的旅游产品，有时是指整体旅游产品，有时则是指单项旅游产品。

1. 整体旅游产品

整体旅游产品（the total tourist product）这一概念，最初是基于需求方的视角和理解而提出，即在旅游消费者看来，对于外出旅游或度假，自己所真正希望购买并最终获得的产品，并非是各类旅游供应商所提供的接待设施和相关服务，而是通过外出旅游或度假而实现的某一完整的活动经历或体验。换言之，这一完整的旅游度假经历或体验，便是旅游消费者所真正购买、并最终获得的那一种旅游产品。因此，基于需求方的角度去认识，所谓整体旅游产品，即是旅游者从离家外出之时开始，直至完成全程旅游活动并返回家中为止，所实现的全程经历或体验的总和。根据联合国世界旅游组织对旅游活动所做的规范定义，我们不难得知，这一全程经历由两大部分所组成。一个组成部分是旅游者在自己的惯常居住地与旅游目的地之间往返的旅行经历，另一个组成部分是旅游者在到访目的地停留期间的生活和活动经历。由于旅游业通常都是以旅游目的地为单位，并且人们对旅游供给的讨论通常也都是针对某一特定旅游目的地而言，据此，基于实用目的，我们也可以认为，所谓整体旅游产品，通常是指以旅游者在旅游目的地访问期间的活动为基础，所实现的一次完整旅游经历。

虽然整体旅游产品这一概念的提出最初是基于需求角度的认识，然而在现实中我们也不难发现，旅游供给方的某些部门在工作中所称的旅游产品，有时也是指这种整体性的产品概念。例如，旅游目的地营销组织（DMO）在对外开展的营销传播中所推介和宣传的旅游产品，并非是哪个或哪些旅游企业的产品，而是包含该地所有旅游供给因素在内的整体性旅游产品。此外，经营组团业务的旅行社企业在面向客源市场推销前往某地旅游或度假的综合包价产品时所使用的产品概念，很大程度上也是这种经历/体验性的整体产品。

综上，对于整体旅游产品，我们可将其界定为：

整体旅游产品是以旅游者在旅游目的地停留期间的访问活动为核心，构成一次完整旅游经历的各种有形因素和无形因素的集成或总和。在旅游者看来，整体旅游产品即是通过支付其价格而获得的一次完整旅游经历或体验。（Middleton, 1988）

倘若有必要从供给角度，或是从旅游目的地管理者角度去进行解释，我们不妨可做如下推论：整体旅游产品是一个旅游目的地为满足来访游客某类旅游经历的实现，而提供的各种接待条件和相关服务的总和。其中所涉及的接待条件既包括有形的物质条件——如该地的基础设施和旅游接待设施，也包括无形的非物质条件——如该地社会的好客文化，等等。所涉及的相关服务既包括该地旅游业提供的商业性服务，也包括该地社会提供的非商业性服务。

综合国内外旅游研究文献中的常见说法（参见 Cooper, Gilbert. Fletcher and Wanhill, 1993；Lumsdon, 1997；Christie and Morrison, 2009；李天元，2013），对于一个旅游目的地来说，整体旅游产品的供给要素可用"4As"去进行归纳，分别为：

- Attractions——旅游吸引因素，即以旅游景点为代表的旅游资源；
- Access——可进入条件，包括必要的交通基础设施和可靠的交通运营服务；
- Amenities——必要的旅游生活接待设施和相应的各种服务；
- Attitude——当地居民友善好客的社会氛围。

从以上对 4As 的解释，我们不难发现，对于一个旅游目的地来说，以 4As 表示的整体旅游产品供给要素，基本上相当于国人通常所称的行、游、住、食、购、娱等旅游供给六要素。

2. 单项旅游产品

与整体旅游产品相比较，单项旅游产品（the specific tourist product）这一概念则是基于旅游企业的立场而提出。也就是说，作为一个旅游企业，它面向旅游消费者市场出售的产品——不论是饭店企业面向旅游者提供的住宿接待服务、航空公司为旅游者提供的交通客运服务、旅行社企业为旅游者提供的导游服务等——理所当然地也是旅游产品。只不过对于旅游消费者来说，这些企业各自提供的旅游产品或旅游服务项目，并不能独自构成一次完整的旅游经历，而只是后者中的组成部分。由于这一原因，同时也是为了区别于整体旅游产品，人们在旅游研究中将旅游企业提供的产品或服务称之为单项旅游产品。在这个意义上，所谓单项旅游产品，是指旅游企业面向旅游消费者市场提供的设施和服务，或者更为准确地说，指各类旅游企业借助一定的设施和设备面向旅游消费者市场提供的服务项目（Middleton，1988）。在市场营销的意义上，同一个旅游目的地提供的整体旅游产品一样，旅游企业提供的单项旅游产品也是一种经历性或体验性产品。对此，这里不再详细展开论述。

二、旅游产品的特点

旅游业隶属服务业。旅游产品在性质上亦为服务性产品。因此，与制造业的实物产品相比较，旅游产品有着很多为大多数服务产品所共有的一般性特点。除此之外，与服务业中很多其他行业的产品相比较，旅游产品还有某些不同于其他服务产品的独具性特点。了解和认识旅游产品的这些特点，不论是对于旅游企业的成功经营，还是对于旅游目的地的成功营销，都有着非常重要的意义。

1. 一般性特点

这里所称的一般性特点，系指包括旅游产品在内，为大多数服务产品所共有的、有别于制造业实物产品的那些主要特点。有学者曾指出，对于服务产品与实物产品在特点上的不同，可用一句话去进行归纳或汇总，即，"实物产品是（用有关原材料）制造出来的，而服务（产品）则是（以劳务形式）表现出来的"（Goods are produced, services are performed.）（Rathmell，1974）。也就是说，与实物产品相比，服务产品的诸多特点皆是由此而产生（参见表 5-1 中的示例）。

表 5-1 大多数服务产品与实物产品之间的差异

实物产品	服务产品
使用物质材料进行制造，表现为有形的物品	以劳务方式提供，表现为无形的服务
消费者隔离于生产现场，无涉于生产过程	顾客置身于生产现场，并参与生产过程
可运销于消费者所在之地	顾客需前往生产地点当场消费
产品售出之后，所有权发生转移	顾客所购得的仅是暂时的使用权
消费者可事先查验品质，然后决定是否购买	顾客在决定购买之前，难以先行查验品质
能够仓储	无法储存

资料来源：根据 Rathmell（1974）归纳整理。

具体就旅游产品而言，这些一般性特点主要包括以下四个方面。

① 无形性

旅游产品对于旅游消费者来说，是通过支付其价格而获得的某种经历或体验；对于旅游企业来说，则是借助一定的设施设备面向旅游消费者市场提供的便利服务。因此，无论是从上述哪个角度去认识，旅游产品都是非物质的无形产品。旅游产品的这一无形性特点（intangibility），决定了旅游消费者在就某一旅游产品做出购买决策之前，难以对其品质或性能进行实际查验，因而也决定了旅游经营者有必要设法采取举措——譬如借助附有文字说明的图片,以及通过录像等可视手段——努力使这些无形的产品有形化,以促使和帮助旅游消费者做出购买决策。

② 不可转移性

旅游产品的这一特点有其双重含义。其一是指旅游产品具有在空间上不可转移的特点。旅游产品即便是进入流通领域后,其本身仍会固定在特定的空间。这意味着旅游者只能前来旅游产品的生产地点进行消费。就国际旅游活动而言,旅游产品的这一特点不仅使人们补充和完善了传统的国际贸易理论(Gray,1983),同时也解释了交通运输何以会成为完成旅游活动的重要技术手段的原因。不可转移性的另一层含义是,就借以提供旅游服务的相关设施设备的所有权而言,同样也具有不可转移(intransferable)的特点。这具体反映在,旅游消费者在购买旅游产品后,这一交易并不会导致有关服务设施设备的所有权发生转移,而只是有限使用权的交付。换言之,这一交易的完成,只是准许买方在规定的时间和地点,按常规使用有关的设施和设备,而无权将其据为己有。同时,使用权的有限性也决定了旅游者无权自行决定让他人分享,甚至在很多情况下,无权将这一使用权自行转让他人(如航空机票)。

③ 不可储存性

旅游消费者购买或预订旅游产品后,有关旅游企业只是向买方交付该产品在规定时间内的使用权。如果买方届时未能使用,则须按双方事先的协议,承担因此而给卖方带来的损失。在旅游供应商方面,对届时未能售出的旅游产品,无法存放起来留待日后继续出售。随着时间的流逝,旅游产品在特定时间内的价值会自然消失,并且永远不复存在。随着新的一天的到来,旅游产品将表现为新的价值。所以,旅游产品的效用和价值不仅固定于特定的空间,而且捆绑于特定的时间。不论是航空公司的客机舱位,还是饭店企业的客房,只要某日出现闲置,因此而带来的损失将永远无法追补。因此,对于旅游产品的不可储存性这一特点,国际文献中有时也称作旅游产品的不耐久性(perishability)。正是由于旅游产品具有这一特点,决定了很多旅游企业有必要对其产品实行差别定价,以及采用各种必要的营销手段去刺激和影响市场需求,以最大限度地提高其设施设备的使用率。

④ 生产与消费的同步性

旅游服务产品都是在顾客来到生产现场时,才进行生产并交付顾客使用。事实上,旅游服务产品的生产,需涉及生产者和消费者的共同参与。换言之,旅游产品的生产和消费,乃是在同一地点同时发生。旅游者消费该产品的过程,也就是旅游企业生产和交付该产品的过程。对于旅游产品的生产和消费同时发生这一特点,国际文献中有时也称之为生产与消费不可分割性(inseparability)。在旅游企业的经营和营销工作中,认识旅游产品的这一特点至关重要。它意味着,旅游服务人员的一言一行、一举一动；甚至其作为服务者的衣着仪表，都会对该项产品/服务的质量以及对顾客的满意度产生影响。也正是由于旅游产品的这一特点，决定了质量控制工作在旅游企业经营中的重要性。

值得注意的是，旅游产品的生产与消费同时发生，并不意味着这一时间与消费者购买这一旅游产品的时间同样也不可分割。事实上，大多数旅游消费者对旅游产品的购买，都是提前进行预订。并且，旅游企业在开展市场营销工作方面，其中的直接目的之一也是鼓励消费者提前购买或预订，使其购买或预订有关产品的时间与消费该产品的时间拉开距离。两者之间拉开的距离越大，对旅游企业越是有利。这也是很多旅游企业肯于对提前一定时间进行购买或预订的顾客实行价格优惠的原因。

2. 独具性特点

旅游产品除了具有为大多数服务产品所共有的一般性特点之外，还有某些不同于其他服务产品的独具性特点（Morrison 2010）。其中最为突出者，便是整体旅游产品的综合性。

如前所述，在旅游消费者看来，一个旅游目的地所提供的旅游产品，实为某种整体性的"经历"或"体验"。站在旅游目的地方面去认识，该地的旅游产品则是为满足旅游消费者的需要而向其提供的各种接待条件和服务的总和。这一整体旅游产品的提供，涉及该地在行、游、住、食、购、娱等诸多方面旅游服务的经营者。大多数旅游消费者在选择出游目的地的决策过程中，都不止是考虑该地所具备的某类旅游资源或吸引物，而往往都会将该地旅游供给中多种相关服务的品质及可靠性综合起来进行权衡。譬如，一名度假旅游者在选择度假目的地时，除了会考虑该地诸多方面自然条件的适宜程度之外，还会考虑该地的住宿、交通、饮食等一系列的供给和服务情况。其中任何一个方面的供给不可靠，都会影响旅游消费者对该目的地的选择，从而都会影响其他各相关行业的成功经营。整体旅游产品的这一综合性特点，不仅使其不同于制造业的实物产品，而且也使其有别于服务业中其他行业的服务产品。正是由于整体旅游产品的这一综合性特点，决定了一个旅游目的地中各旅游行业需要实现同步发展和开展联合营销的必要性和重要性。

三、认识旅游产品的质量

1. 产品质量的重要性

旅游产品的无形性以及生产与消费同时发生等特点，使得旅游消费者在购买决策过程中无法查验旅游产品的品质或性能。正是由于这些问题的存在，确保旅游产品的质量对于旅游业实现成功经营尤其特别重要。其中的道理很简单，无论是对于一个旅游目的地,还是对于一个旅游企业来说,如果所提供产品的质量不能为旅游消费者满意,不能得到消费者市场的信赖,将难以在激烈的客源竞争中赢得顾客,更难以扩大自己的市场占有率。特别是就以市场导向为特点的旅游企业经营而言,长期生存和长期成功的实现,需以顾客满意为基础。倘若一个旅游企业所提供的产品或服务质量低劣,那么在激烈的市场竞争中,该企业将难以保住自己的市场份额,更难以实现自己的长期生存和长期成功。在这个意义上,旅游产品的质量是旅游业生存和发展的生命线。

2. 衡量质量的标准

如何解释和衡量旅游产品的质量,特别是如何控制旅游产品的质量,是旅游企业管理者所面临的现实问题。虽然人们在接受或使用某项旅游服务时,对于该项服务的质量优劣,都能有所感受和评价,但是,若要人们对什么是质量做出解释,却往往会有困难。其中的一个主要原因就在于,虽然人们对于服务产品中的某些内容——如提供服务的速度——可能比较容易进行量化衡量,并据此做出客观评价,但是对于其中感觉性的内容——如工作人员的服务态度——则难以进行量化衡量,从而难以得出一致的评价结论。因此,人们对于服务产品的质量有多种多样的解释,例如:

- 高质量就是符合服务规范;
- 高质量就是能令消费者满意;
- 高质量意味着服务到位;
- 高质量即是指价格与价值的公道交换;
- 高质量即是持之以恒地关注每一个工作细节。

归纳上述各种对质量的解释,我们可以看出,人们在衡量和评价服务产品的质量时,既涉及使用外部标准,也涉及使用内部标准。也就是说,合乎质量标准的服务产品,必须同时满足外部标准和内部标准的要求。

所谓外部标准,是指该项服务能符合并满足顾客的预期,即能够实现顾客满意。应当说,这一外部标准也是人们用于衡量服务质量的终极标准,因为不能令顾客满意的服务,无论如何都不能说是优质的服务。

所谓内部标准,则是指该项服务能符合并满足该项工作本身的规范要求。有必要说明的是,旅游企业就有关服务项目制定的工作规范或服务标准,不能是管理者闭门造车或想当然的产物,而必须是在营销调研的基础上,根据对顾客的需要以及对顾客的反应的了解,而规定的服务规范或工作要求。

因此,高质量旅游服务的实现就是持之以恒地做到符合并满足顾客的预期,并且持之以恒地做到符合并满足该项服务工作规范或标准。也就是说,只有通过持之以恒地按科学制定的工作规范为顾客提供服务,并在结果上令顾客感到满意,才是理想的旅游服务工作质量标准。原因在于，一方面，不能令顾客满意的服务无论如何不能说是优质的服务；另一方面，如果顾客满意的实现是服务人员以违背工作规范、甚至是以牺牲本企业的利益为代价，那么如此实现的顾客满意非但不足取，而且难以维持长久。就上述外部标准和内部标准的关系而言，内部标准是优质服务的保障，外部标准则是目的或结果。

旅游者在评价旅游服务产品的质量时，所使用的评价标准主要涉及三个维度（Parasuraman et al., 1988）。这意味着，特别是就旅游企业一线员工的服务工作而言，其服务质量的高低也将通过这三个方面去直接表现。这三个方面分别为：

① 殷勤程度（responsiveness）。所指的是，面对顾客提出的要求，服务人员做出应答和提供服务的迅疾程度。

② 工作能力（assurance）。所指的是，服务人员在业务和礼仪方面的知识和能力表现，能够博得顾客的信任与信心。

③ 善解人意（empathy）。所指的是，服务人员在察言观色，想顾客之所想，行使顾客关怀方面的主动性表现。

四、实施旅游服务质量管理的基本途径

旅游企业在向顾客提供服务方面，主要是由一线员工的工作去直接表现。然而实际上，旅游企业很多服务项目的提供，都包含着并不直接与顾客接触的众多幕后员工的共同努力。尽管这些后援性的间接服务工作与一线员工直接面对顾客的服务工作实为一个整体，但有关项目服务的质量，往往都是由一线员工的工作表现去直接反映。

1. 基本理论模型

对于如何才能做好旅游服务工作，或者如何才能保证和提高旅游服务产品的质量，人们有过很多的理论研究，并提出过不少有关服务质量管理与控制的模型。其中最具代表性的模型当属由著名服务营销专家格朗鲁斯所设计和提出的"感受质量的控制模型"（Gronroos, 1982），如图5-2所示。

这一模型意在说明，服务产品的质量最终表现为消费者在接受该项服务时，所实际感受或实际体验的质量。对于服务管理者来说，在对这种感受质量行使控制方面，核心工作在于塑造本企业的服务在消费者市场心目中的印象或形象（Image）。消费者对该项服务的事先预期与对该项服务的实际感受这两者之间任何差距的出现，都将反映于消费者对该企业产品所持有的形象。格朗鲁斯指出，就服务产品的质量而言，其市场形象的形成，是由技术性变量和功能性变量这两个方面的众多因素综合作用的结果。这一分析的意义旨在提醒人们，探讨和描述质量的定义固然也很重要，但更为重要的是，作为服务性企业的管理者，应着力去

了解和认识哪些具体因素会影响其服务产品的质量,因为对"质量"概念的泛泛空谈,并不能告诉管理人员应从哪些方面去对其服务产品行使质量控制。

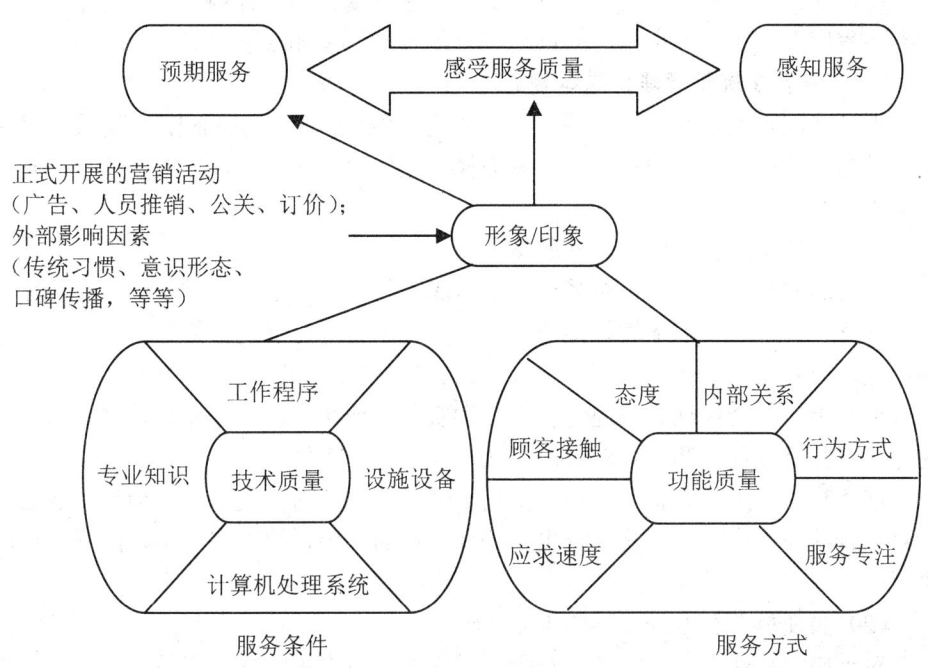

图 5-2 服务产品感受质量的控制模型

资料来源:Gronroos(1982)。

在对影响服务质量的决定性因素开展讨论的基础上,格朗鲁斯提出了"感受质量"(perceived quality)这一概念——即消费者在接受该项服务时,所实际感受或实际体验的质量,并进而指出,消费者所实际感受的质量好坏,取决于"预期服务"(expected service)和"感知服务"(perceived service)这两个变量的吻合程度,前者为消费者事先对该项服务所抱有的期望值,后者则为消费者在接受该项服务时所感受或体验的实际情况。根据格朗鲁斯的分析,顾客对服务质量的实际感受,以及消费者对有关服务产品所持形象的形成,取决于"技术质量"与"功能质量"这两个方面综合作用的结果。其中:

● 技术质量(technical quality):即提供该项服务时所涉及的技术条件的质量,也可以说是顾客从该项服务中所实际获得的使用价值。这些服务条件或使用价值如同有形产品一样,能够客观地进行测量。

● 功能质量(functional quality):即该项服务之交付过程或交付方式的理想程度。例如,前来某餐厅用餐的顾客在对该餐厅的产品质量进行评价时,不仅会评价其膳食的品质，而且还会评价这些膳食的交付方式，例如，还会评价服务人员的作风、仪表和举止，餐厅内的环境氛围，等等。在格朗鲁斯所提出的这一模型中，我们不难看出，对于服务人员的待客态度、举止行为，以及对服务工作的专注程度等，实际上也都可通过采取管理举措去施加影响。

2. 行使服务质量管理的基本途径

根据格朗鲁斯针对服务产品所提出的这一"感受质量的控制模型"，关于对服务产品的质量行使管理与控制的基本途径，通俗而务实地讲，一般可从下述几个方面去进行考虑：

（1）要使员工有做好工作的愿望

如果旅游企业的职工不热爱自己的本职工作，缺乏从事旅游服务工作的热情和责任感，要持之以恒地做好接待服务工作几乎是不可能的。例如，如果饭店服务员把自己看成是现代的"店小二"，认为自己是在干低人一等的伺候人的工作，那么很难指望他会主动殷勤地为客人提供服务。他在工作中难免会勉强敷衍、马虎行事，甚至会顶撞客人或者做出一些有损于企业声誉的不当行为。

这意味着：①旅游企业在招收新员工时，应注意考查其职业兴趣和事业心；②对已有的在岗员工，则应注意思想培训工作的开展，培养和引导其做好工作的愿望。

（2）要使员工有做好工作的本领

对于旅游从业人员，特别是对于一线服务人员来说，光有服务愿望或工作热情是不够的，他们还需要有服务的本领，即需要熟悉有关服务工作的知识，并熟练掌握服务交付工作的技能。否则，他们不但难以做好服务工作，有时甚至会成为"熊的服务"，出现动机虽好但实际效果与之相反的情况，从而招致客人的不满（注：国外曾有一则寓言，称作"熊的服务"。大意是：某农夫豢养了一只熊。这只熊对其主人非常忠诚。某夏日中午，该农夫坐在树下休息时，因天气炎热而昏昏入睡。此时一只苍蝇飞来，落在了农夫的脸上。熊见后很是生气，心想"可恶的苍蝇，怎敢叮扰我家主人"，于是走上前去挥起巨掌猛然拍向苍蝇。结果是，这只熊非但没有受到主人的奖赏，反而重重地挨了主人的一顿臭揍）。旅游服务人员应当了解的知识范围很广，从客人的心理、各民族的文化历史、各国的风俗和礼节、外语知识到各种社会常识，等等。此外，服务的技术和技能更是做好工作的基本条件。随着市场需求和竞争因素的变化，旅游企业不断设置新的服务项目，不断引进新的器材设备，因而对服务技术和技能的要求也不断更新和提高。

这意味着，旅游企业在加强对员工进行思想培训的同时，还需要注意不断对其进行业务知识以及技术技能方面的培训。

（3）要有做好服务工作的条件

多数旅游服务项目的提供往往都需要借助某些设施和设备。这些设施设备的质量情况，同样也会对相关服务产品的质量影响。这并不是说旅游企业的设施设备等物质条件应如何高档豪华，而是说作为借以提供相关服务的物质条件，这些设施设备必须随时保持完好的待用状态。大量的事实表明，在游客对旅游服务产品质量问题的投诉中，有很多问题都是因有关设施设备的维修/保养不善所致，诸如饭店客房的门窗不严、床椅松动作响、空调/电视/淋浴器等不能正常工作、卫生间马桶漏水声响不止令人难眠，等等。这类情况的存在不仅会降低有关服务项目的技术质量，致使客人不满，而且还会影响一线服务人员的工作情绪。

（4）要有严格的保障措施

这方面的工作主要包括建立和健全各项服务规范、工作规章、检查制度、奖惩制度，等等。服务规范和工作规章的制定是为了使服务工作的开展有据可依，以使其符合并满足服务质量的内部标准。一般地讲，一个旅游企业不大可能做到能满足客人提出的任何要求。服务人员只能在不违背服务规范和工作规章的前提下，去满足客人的需要。对于客人提出的不合理要求，服务人员应设法婉言拒绝。否则，企业的工作秩序有可能会为此而受到干扰，甚至可能会出现满足一个客人而得罪一批客人的后果。在开展工作方面有章可循，有助于使服务工作符合质量的内部标准。另外，服务人员能否持之以恒地照章执行这些内部标准，同样也很关键。因此，旅游企业还需要有一套严格的检查制度和奖惩制度，对于违反服务规范和岗位制度的行为，要予以教育和惩处。只有保证服务规范和工作规章的切实执行，服务质量才能落实和提高。

以上只是本着实用目的，对旅游服务产品的质量及其管理做了通俗的阐述。随着服务业在世界经济中地位的不断提高，人们也更加重视对服务产品的质量及其管理的理论研究，并取得了很多成果。鉴于本书的目的，这里不再纵深讨论。有兴趣的读者可参阅国内外有关服务管理和服务营销的著述。

【重点术语】

推力因素（push factors）

拉力因素（pull factors）

旅游业（the tourism industry）

《国际标准产业分类》（ISIC）

直接旅游企业（direct tourist firms）

间接旅游企业（indirect tourist firms）

劳动密集（labour intensive）

旅游产品（the tourist product）
整体旅游产品（the total tourist product）
单项旅游产品（the specific tourist product）
感知质量（perceived quality）
预期服务（expected service）
感知服务（perceived service）
技术质量（technical quality）
功能质量（functional quality）

【思考题】

1. 解释下列概念：旅游业；直接旅游企业；劳动密集；旅游产品；技术质量；功能质量。
2. 试析旅游业的性质。
3. 同制造业相比，旅游业有哪些基本特点？
4. 解释旅游产品的特点，并说明认识这些特点有何实际意义。
5. 旅游服务质量的高低会受到哪些因素的影响？
6. 作为旅游企业的管理人员，你认为应如何去评判员工的服务质量？
7. 作为旅游企业的管理人员，你认为应如何去保证和提高本企业的产品质量？

第六章 旅游业中的主要经营部门

【学习目的】
通过本章的学习，了解旅游业中主要经营部门的构成；熟悉旅行社、饭店、交通运输、景点等旅游行业各自扮演的角色、基本业务，以及发展状况和行业趋势。

【主要内容】
1. 旅行社行业
旅行社的界定；旅行社的分类；旅行社在旅游业中的扮演角色；我国旅行社的基本业务
2. 饭店与住宿业
住宿业的演进；饭店的类型划分；饭店的等级及其评定；饭店业中的集团化经营；我国饭店业的发展
3. 旅游交通
旅游交通的任务和作用；主要旅行方式；我国旅游交通的发展；影响旅游者选择旅行方式的因素
4. 旅游景点
旅游景点的界定；旅游景点的分类；旅游景点在旅游业中的角色；旅游景点实现长期成功的关键

第一节 旅行社行业

旅行社行业（the travel trade）是旅游业中主要的经营部门之一。按照国际旅游学术界中的一般认识，旅行社行业在旅游业经营中所扮演的角色是：充当饭店和航空公司等旅游供应商（tourism suppliers）的产品分销渠道。因此，在旅游研究中，旅行社企业通常被视作旅游中间商（tourism intermediaries）。

一、旅行社的界定

在我国,"旅行社"常被用作一种泛称,根据不同的语境,有时是指旅行社行业,有时则是指旅行社企业。这里对旅行社的界定,指的是对旅行社企业的定义。按照我国《旅行社条例》中所做的界定,旅行社"是指从事招徕、组织、接待旅游者等活动,为旅游者提供相关旅游服务,开展国内旅游业务、入境旅游业务或者出境旅游业务的企业法人"。其中所称的"招徕、组织、接待旅游者等活动"以及"提供相关旅游服务",其内容主要包括:为旅游者安排交通、住宿、餐饮、观光游览和休闲度假等方面的服务;以及为旅游者提供导游、领队、旅游咨询、旅游活动设计等方面的服务(详见《旅行社条例实施细则》,国家旅游局,2009)。根据这一解释,凡是经营上述旅游业务的营利性企业,不论所使用的具体名称是旅行社、旅游公司,还是旅游服务公司、旅行服务公司、旅游咨询公司或其他称谓,皆为旅行社企业。

二、旅行社的分类

世界各国对旅行社的分类并非完全相同。作为这方面的基本知识,本节中首先就外国对旅行社的分类情况做一概括性介绍,然后具体讨论我国对旅行社的分类。

1. 外国对旅行社的分类

这里所称的外国对旅行社的分类,实际上主要是指欧美国家中对旅行社的分类情况。

在以欧美为代表的多数国家中,人们在传统上多是根据旅行社行业中的自然分工情况,按有关旅行社企业所从事的主营业务类型(即是主营批发业务还是主营零售业务),将旅行社企业划分为两大类,一类为旅游批发/经营商(通常简称旅游批发商),另一类为旅游零售商。不过,考虑到近些年来的情况发展,我们在此拟将这些国家中的旅行社企业划作三类,第一类为一般的旅游批发/经营商,第二类为专项旅游策划/组织商,第三类为旅游零售商。

(1)一般旅游批发/经营商

这类旅行社企业,是那些面向旅游消费者大众,主要经营批发业务的旅游公司。在旅行社行业中,人们所称的"批发业务",是指旅行社企业根据自己对客源市场需求的了解和预测,在选定旅游目的地的基础上,分别批量订购交通运输公司、旅馆、旅游景点等各类有关旅游企业的产品或服务项目,然后将这些单项的产品或服务项目进行打包组合,形成包价旅游线路产品或包价度假集合产品,最后经由一定的销售渠道向消费者大众出售。由于购买这类打包旅游产品的消费者通常都是在有关旅行社的组织下,以团体方式外出旅游,因此对于旅行社行业中的这一所谓批发业务,我们也可将其理解为组团业务。经营这一业务的旅行社企业亦即国人通常所称的组团社。

在欧美国家中,人们有时会根据这些从事批发业务的旅游公司在使用销售渠道方面存在的差别,将其分为两个亚类:一种称为旅游批发商(Tour Wholesaler),另一种称为旅游经营商(Tour Operator)。但两者之间的差别仅仅在于:旅游批发商在组合出包价旅游产品后,自己并不直接面向消费者大众出售这些产品,而是通过第三方——即通过独立的旅游零售商——向消费者大众进行零售;而与之略有不同的是,旅游经营商在组合出包价旅游产品后,除了也是经由独立的旅游零售商向消费者大众出售之外,还会通过本公司自设的零售网点,直接面向消费者大众进行零售。也就是说,作为旅游经营商,虽然其业务性质也是批发,但自己本身也直接面向旅游消费者出售其包价旅游产品。除了这一细微差别之外,旅游批发商与旅游经营商的主营业务其实完全相同。也正是因为如此,欧美国家中的旅行社业内人士都将旅游批发商和旅游经营商视作同一类型的旅行社企业,并且通常都是将旅游批发商和旅游经营商用为同义语,也就是说,在对这两个称谓的使用上并不做严格区分(McIntosh,1984)。这也是本节中将这两者并作同一类旅行社企业的原因。

在欧美旅行社行业中,旅游批发/经营商的企业规模一般都比较大,集中化程度比较高,因而这类旅行社企业也相对为数较少。在组团来华旅游的欧美旅行社企业中,大多数都是这类旅游批发/经营商。

(2)专项旅游策划/组织商

这类旅行社企业实际上是一些实行专门化经营的旅游批发商。与上述一般旅游批发/经营商有所不同的是,这类专项旅游策划/组织商并非面向消费者大众经营,其服务对象是以企业为典型代表的组织购买者或团体客户。这类旅行社企业多为奖励旅游策划商和会议策划商。

奖励旅游策划商(incentive travel planner)是一种专门从事策划和组织奖励旅游活动的旅游批发商,直接面向主办奖励旅游的团体客户提供服务,其收入主要来自对所策划和组织的奖励旅游产品的加价。

会议策划商(convention/meeting planner)是一种专门从事会议策划和相关服务安排的旅行社企业,负责为客户挑选会址、住宿及会议设施,安排与会者及其随行配偶的参观游览活动,以及选择会议主办方认可的航空承运商。此外,很多会议策划商还从事策划和安排奖励旅游的业务。除了独立经营的会议策划商之外,还有一些会议策划商是受雇于一些规模较大的全国性社团组织、大型的非营利组织、政府机构、教育机构以及一些大型工商企业。

（3）旅游零售商

旅游零售商（tourism retailer）泛指那些主要从事零售代理业务的旅行社，传统上以旅行代理商（travel agent）为典型代表。但今天，通过互联网从事代理预订业务的在线旅游公司也已被纳入旅游零售商的范畴。

从市场营销角度看，旅行代理商作为代理经纪人，其角色是代表旅游消费者购买各类旅游供应商以及旅游批发/经营商的产品。从法律角度看，旅行代理商则是上述各委托方的代理人，服务于有关的委托方如饭店、航空公司、组团旅行社，等等。换言之，旅行代理商所扮演的角色是在某一特定地域内代表委托方向旅游消费者零售其各自的产品。

作为专业的"旅游通"，旅行代理商知识广博，通晓交通运输企业的运营线路及其客运班次时刻表、各地住宿设施的情况、有关组团旅行社的包价旅游产品、各旅游供应商的产品价格及购买时的有关规定或要求、各旅游目的地的基本情况、货币兑换，以及所有其他与安排旅行/旅游活动有关的信息。旅行代理商凭借自己的这些专门知识专业运作能力，一方面能够为客户在安排旅行/旅游活动方面节省时间，一方面能够为客户节省费用。这既是很多旅游消费者选择使用旅行代理商服务的原因，同时也是旅行代理商在旅游业中的立足之本。

在开展经营方面，旅行代理商的具体业务主要包括以下几个方面。

- 咨询服务：为潜在旅游消费者提供有关交通客运班次、组团旅行社的包价旅游产品、出游/度假计划以及旅游目的地情况等方面的信息咨询。
- 代客预订：为顾客预订交通安排、客房住宿、娱乐门票、包价旅游产品，等等。
- 代理服务：为顾客代办旅行证件（护照与签证）。
- 信息反馈：向有关委托方反映顾客消费后的意见。

在传统上，旅行代理商通常不向顾客收取服务费或手续费，其收入主要来自因代理销售委托方的产品而由后者（即被代理企业）支付的佣金（commission）。但是，自20世纪90年代中期以来，这一情况已有了明显变化。如今欧美国家中旅行代理商的收入则是由两大部分组成，一部分为被代理企业支付的佣金，另一部分则是向顾客收取的中介手续费和咨询服务费。

在欧美国家中，旅行代理商多为个体户式的小型企业，业主自任经理，仅雇用少量员工。在美国，旅行代理商的平均规模为5.7名全职员工（ASTA 2003）。在英国，绝大多数旅行代理商一般只雇用2~3名全职员工，有相当多的旅行代理商都是"夫妻店"（Wife and Husband Team）。这类旅行代理商的顾客通常都来自其营业地点所在的居民社区。

但是，并非所有的旅行代理商都是小型企业。随着集团化经营的发展，有些旅行代理商已成为这一领域中的大型公司，并占据了相当大的市场份额（参见表 6-1）。众所周知的美国运通旅游公司和英国托马斯·库克公司，目前分别是美国和英国规模最大的旅行代理商。这类大型旅行代理企业大都选择在繁华闹市区的临街地点设置营业场所。根据美国旅行代理商协会（ASTA）2003 年的有关调查，旅行代理商营业地点的分布情况是：设于闹市区繁华大街的营业点占 38.9%，设于庭院式大型购物中心内的营业点占 22.4%，设于综合写字楼内的营业点占 21.0%，设于家庭住宅（低层建筑）中的营业点占 9.4%，设于高层建筑中的营业点占 3.5%，其他情况者占 4.7%。

在第二次世界大战结束之后的半个世纪中，旅行代理商的数量增长很快。出现这一情况的背景是，一方面，随着旅游活动的流行，旅游消费者在收集旅游信息和计划出游安排方面不仅耗资费时，而且麻烦很多，因而需要借助旅行代理商的专门知识和专业化服务去达到自己省时、省钱和省力的目的；另一方面，随着旅游业市场竞争的加剧，很多旅游供应商都试图通过拓展自己产品的销售渠道，去争取占有更大的市场份额，然而由于其自身在开展直接销售方面实力不足，因而也需要借助旅行代理商的力量，在更大的地域范围内延伸自己的销售触角。换言之，旅游供应商之所以会大量使用以旅行代理商为代表的中间商，多是因为自己在开展直接销售方面实力不足，因而很大程度上是不得已而为之。

表 6-1　2007 年美国十大旅行代理商

排序	公司名称	2007 年销售额
1	美国运通商务旅游公司（American Express Business Travel）	264 亿美元
2	卡尔森旅行公司（Carlson Wagonlit Travel）	249 亿美元
3	Expedia 在线旅游公司（Expedia.com）	200 亿美元
4	豪格罗宾森集团（HRG）	160 亿美元
5	BCD 旅游公司（BCD Travel）	120 亿美元
6	Orbitz 在线旅游公司（Orbitz.com）	105 亿美元
7	Travelocity 在线旅游公司（Travelocity.com）	100 亿美元
8	Priceline 在线旅游公司（Priceline.com）	48 亿美元
9	三联 A 旅游公司（AAA Travel）	41.5 亿美元
10	自主旅游公司（Liberty Travel）	17.7 亿美元

资料来源：Travel Weekly（2008）

这意味着，一旦旅游供应商认为自己在这方面具备了足够的实力，能够在自己所理想的更大地域范围内直接与潜在顾客打交道，便会放弃对中间商的使用。所以，早在 20 世纪 80 年代，随着电子计算机在旅游业中的应用，便有人预言，以旅行代理商为代表的旅游零售代理行业将会因此而逐渐走向消亡。从逻辑上讲，这种看法似乎不无道理。特别是最近20年来，随着信息技术的进步和互联网的普及，消费者与旅游供应商直接打交道的机会越来越多。事实上，很多旅游供应商通过互联网以及通过各种计算机预订网络实现的销售额，确实都有了很大的增加。旅行代理行业的生存危机似乎也表现得越来越明显。以美国的情况为例，1995年，一些航空公司率先开始对支付给旅行代理商的佣金实行封顶，规定代销国内往返机票的佣金最多不超过50美元。随后各航空公司陆续跟进。1998年，各大型航空公司将佣金封顶的范围扩大到国际业务，规定代销国际往返机票的佣金上限为100美元。2001年，各主要航空公司进一步压缩支付给旅行代理商的佣金，规定代理国内往返机票的最高佣金限额由50美元减为20美元。从2002年开始，各大型航空公司都已停止向旅行代理商支付国内机票代理佣金。也就是说，在美国航空业中，传统上支付给旅行代理商10%的佣金这一常规做法在实行了几十年之后，如今已宣告终止。

上述这些情况的出现，似乎都为不少专家关于旅行代理行业将会消失的预测，提供了证据。然而现今的事实是，这些专家错了（Goeldner and Ritchie, 2006:189）。伴随着电子商务技术的发展和普及，虽然旅游供应商通过互联网以及通过各种计算机预订网络实现的销售额确实有了很大的增加，虽然旅行代理商的数量确实也减少了很多（以由美国航空报告公司（ARC）授权的旅行代理商为例，目前的数量比1999年大约减少了8000家），但是，同样亦属不争的事实是，在各类旅游供应商中，通过旅行代理商实现的销售额，依然占据着较大的比重。这表明，大多数旅游消费者仍然还是愿意选用旅行代理商的咨询服务和预订服务。其中的原因虽然与电子商务技术的完善程度，以及有关设备及其应用在消费者中的普及程度不无关系，但主要的原因似乎在于，广大消费者从心理上和感情上还是希望能得到直接面对面的"高接触"服务。约翰·奈斯比（John Naisbitt）在其《大趋势》一书中曾指出，"高科技需要高接触"（High-tech requires high-touch）。在当今信息高速公路、虚拟真实、数码空间、无纸机票以及互联网的高科技时代，正是那些知识广博、运作专业的旅行代理商，才真正能够为顾客提供高技术和高接触两者兼备的服务。最重要的是，这些旅行代理商能够为顾客节省时间、节约费用、增加快乐，而所有这些，都难以通过单纯使用计算机和互联网去实现。例如，"在'看看谁能查找出价格最划算的机票'这类比赛中，旅行代理商很少输给互联网"（Plog，李天元等译，2007:349）。这不仅说明，旅行代理行业未来实现生存的关键在于服务内容的完善和服务质量的提高，同时还意味着，今后旅行代理商的职能将会更多地向提供旅游咨询转移。

以上所介绍和讨论的，只是以欧美国家为代表的世界上多数国家中对旅行社分类情况。这些分类情况并不意味着身为批发/经营商的旅行社绝不会去从事零售业务，也不意味着身为旅游零售商的旅行社从不介入批发业务。实际上，在这些国家中，有不少旅行社或旅游公司都是既经营旅游批发业务，也从事旅游零售业务，只不过是对这两种业务的经营有主次之分而已。对于旅游批发/经营商兼营零售的情况，上述中对旅游经营商的介绍已是最好的证明。至于旅行代理商有时也兼营批发业务的情况，同样也不乏其例。通常的情况是，由于很多旅行代理商的服务对象都是其营业地点所在地的社区居民，因此对这些顾客的需求偏好和潮流变化，往往都了解得非常清楚而及时。在了解到这些顾客对某类旅游活动有共同兴趣的情况下，旅行代理商有时也会自己去组织某些打包产品和开展组团业务。

2. 我国对旅行社的分类

自改革开放至 20 世纪 90 年代中期这一期间，我国旅游行政管理部门曾将我国的旅行社企业划分为三类，即第一类旅行社、第二类旅行社和第三类旅行社。按照当时的规定，第一类旅行社的经营范围是，从事对外招徕并接待海外游客来我国大陆地区旅游；第二类旅行社的经营范围是，接待由第一类旅行社和其他涉外部门所组织的来华访问的海外游客，第三类旅行社仅有权经营国内旅游业务。

1996 年颁布的《旅行社管理条例》对我国旅行社的分类做了调整，按所准许经营的市场范围，将旅行社企业划分为两类，一类为国际旅行社，另一类为国内旅行社。

在上述《旅行社管理条例》实施了十多年之后，为了加强对旅行社行业的管理，保障旅游者和旅行社的合法权益，维护旅游市场秩序，促进旅游业的健康发展，我国国务院于 2009 年 2 月颁布了新的《旅行社条例》。在这一最新条例中，同样也是按所准许经营的市场范围，将旅行社企业规范为两大类，一类是经营国内旅游业务和入境旅游业务的旅行社，另一类是经营国内旅游业务、入境旅游业务和出境旅游业务的旅行社。

（1）经营国内旅游业务和入境旅游业务的旅行社

所谓国内旅游业务，是指招徕、组织和接待中国居民在中国（含沿海岛屿）境内开展旅游的经营活动。

所谓入境旅游业务，是指招徕、组织、接待外国居民来我国旅游，香港特别行政区和澳门特别行政区的居民来内地旅游，台湾地区居民来大陆旅游，以及招徕、组织、接待在中国的外国人、在内地的港澳地区居民和在大陆的台湾地区居民在我国境内（含沿海岛屿）开展旅游的经营活动。

上述经营活动的具体内容包括，为国内/入境团体旅游者提供如下服务：

- 安排交通服务；
- 安排住宿服务；
- 安排餐饮服务；

- 安排观光游览、休闲度假等服务；
- 提供导游、领队服务；
- 提供旅游咨询、旅游活动设计服务。

此外，这种类型的旅行社还可接受委托，提供下列旅游服务：

- 接受各类国内/入境旅游者/游客的委托，为其代订交通客票和代订住宿；
- 接受机关、事业单位和社会团体的委托，为其在我国境内的差旅、考察、会议、展览等公务活动代办交通、住宿、餐饮、会务等事项；
- 接受企业的委托，为其在我国境内的各类商务差旅、奖励旅游等，代办交通、住宿、餐饮、会务安排、观光游览、休闲度假等事项；
- 经旅游行政管理部门批准的其他旅游服务。

（2）经营国内旅游业务、入境旅游业务和出境旅游业务的旅行社

顾名思义，这种类型的旅行社除了可经营前一类旅行社的所有旅游业务之外，还有权经营出境旅游业务。因此，相对于前一类旅行社而言，这种类型的旅行社亦可简称为"具备出境旅游业务经营权的旅行社"。

按照国家旅游局《旅行社条例实施细则》中的解释，所谓出境旅游业务，是指旅行社招徕、组织、接待中国居民出国旅游，并且，在本书前面解释过的特定语境下，也包括赴我国的香港特别行政区、澳门特别行政区和台湾地区旅游，以及招徕、组织、接待在中国的外国人、在内地的香港特别行政区、澳门特别行政区居民和在大陆的台湾地区居民出境旅游的业务。

相对于前一类旅行社而言，这种类型的旅行社在业务内容方面最为突出的不同之处在于：有权经营出境旅游业务，有权接受旅游者的委托，为其代办出入境手续。除此之外，这类旅行社的其他业务与前一类旅行社没有差别。

除了上述根据准许经营的市场范围进行划分的两大类旅行社之外，新的《旅行社条例》中还基于对旅行社经济类型的考虑，将"外商投资旅行社"作为上述分类中的一个亚类，其中包括中外合资经营旅行社、中外合作经营旅行社和外资旅行社；并且还规定，除了因我国签署的自由贸易协定、内地与港澳地区关于建立更紧密经贸关系的安排或其他另有规定者外，外商投资旅行社不得经营招徕和组织中国居民出境旅游的业务。

显然，与欧美国家中旅行社的分类情况相比较，我国对旅行社所做的分类，始终都是基于加强旅行社行业管理的需要而推出的行政规定，主要目的旨在规范我国旅行社行业的发展。换言之，我国旅行社的分类并非是各旅行社企业在业务类型方面自然分工的结果。实际上，在我国，各类旅行社除了在业务范围是否涉及"出境旅游"方面有所不同之外，在业务性质上并无区别。这主要表现在，与欧美国家中的旅行社相比，我国的旅行社企业并无真正的批发商和零售商之分。

事实上，几乎所有的旅行社企业在开展业务方面都是既经营"批发"业务，也经营零售业务。

三、旅行社在旅游业中扮演的角色

不论是在我国还是在其他国家或地区，旅行社在旅游业中扮演的角色或所起的作用，主要反映在以下几个方面：

1. 旅游供应商的产品分销渠道

在现代旅游业中，交通运输部门、住宿业部门以及诸多其他类型的旅游供给商，虽然自身也直接面向旅游消费者大众出售其产品，但其大部分产品销量都是通过旅行社这一分销渠道去实现。特别是对于地处旅游目的地的旅游供应商来说，由于旅游客源大都远在异国他乡，因此它们通常都不大容易直接与远在客源地的潜在消费者发生购销接触。例如，对于地处某旅游目的地的大多数饭店企业来说，由于自身实力的限制，为争取客源而在每一个潜在客源城市都自设销售办事处或其他形式的直销渠道的做法，显然难切实际。因此，比较现实而有效的做法，通常都是这些地方物色某些合适的旅游零售商，并委托它们代理销售本饭店的产品。此外，这些饭店企业还可通过与经营组团业务的旅游批发商联手合作，将本饭店的产品纳入这些旅游批发商所组织的包价旅游或包价度假产品之中，从而借助旅游批发商这一分销渠道实现本饭店产品的间接销售。

因此，旅行社不仅是远在客源地的潜在旅游消费者获取有关旅游产品信息的可靠来源，同时也是目的地旅游供应商产品销售渠道的有效延伸。尽管随着互联网应用技术的普及，出现了诸多对旅行代理商不利的情况，但事实上，截止到目前为止，以饭店和航空公司为代表的旅游供应商的大部分产品销量，仍都是经由旅行社这一分销渠道实现，这一情况在世界各地都可看到。例如在美国，旅行代理商目前仍是旅游产品最重要的分销渠道，每年大部分的航空机票预订量、25%的饭店客房预订量、95%的游船旅游预订量、40%的租车预订量、90%的包价旅游预订量，都是通过旅行代理行业实现的（Goeldner and Ritchie, 2006:190）。

2. 旅游业的前哨

特别是就大众旅游的发展而言，在构成旅游业的各相关部门中，旅行社最接近客源市场。旅游消费者在查询旅游信息和安排出游计划方面，不仅会最先去直接咨询有关的旅行社，而且在出游归来之后，也往往会将自己的感受和意见最先向有关旅行社进行反馈。因此，旅行社对于市场需求信息，以及消费者对有关旅游产品的评价，也了解得最快。另一方面，由于旅行社与其他各旅游部门都有密切的业务联系，因而在为旅游消费者提供咨询服务方面，所提供的也都是最新而有效的信息。所有这一切，都意味着旅行社在掌握需求动向和指导旅游供给方面的率先能力，从而也决定了旅行社部门在旅游业中的前哨地位与作用。特别是对于一些新兴的旅游目的地来说，在初创期阶段，旅行社部门的业务能力在一定程度上甚至会决定该地旅游业的客源规模。原因在于，倘若没有旅行社部门的努力与配合，该地旅游供给部门将难以及时而全面地了解消费者市场的需求动向，难以随时使其产品适应变化了的市场需要，从而难以有效地争取客源。国际经验表明，在提供产品或服务项目方面，旅游供应商普遍都倚重旅游批发商和旅行代理商的意见，其中的原因也在于此。具体就我国旅游业中情况而言，在开展入境旅游业务和出境旅游业务方面，旅行社的这一先锋作用表现得十分突出。

3. 大众型旅游活动的组织者

从旅游消费者角度观察，特别是就消遣型团体旅游的普及而言，旅行社的中介位置决定了它在其中的组织者角色。自托马斯·库克时期开始，旅行社的这一组织者角色便已得到体现。进入现代社会后，旅行社的这一组织者角色愈发为旅游消费者大众所倚重，因为人们不必耗费过多的精力去自行计划外出旅游活动的安排，也不必去担忧自己在外出旅游过程中有可能会遇到的种种问题。事实上，如同我们在第一章中曾谈到的那样，现代大众旅游的快速发展，同旅行社这一作用的发挥是分不开的。对于广大旅游消费者来说，人们只要选定了自己的出游目的地，其他一切皆可由旅行社去负责组织和安排。因此，使用旅行社的服务，特别是购买由旅行社组织的打包产品，在旅行社的组织和安排下完成旅游活动，已成为现代大众型旅游者外出旅游、特别是出国旅游的习俗化常规模式。旅行社企业在将自己推出的包价旅游产品出售给顾客之后，并不意味着其组织工作的完结。旅游者在外旅游期间的活动开展，以及各有关旅游服务之间的衔接，仍有赖于旅行社进行组织和协调。实际上，旅行社在旅游业中所扮演的角色不仅在于为消费者大众组织旅游活动，而且客观上也在各相关旅游供应商之间起着协调作用。

四、我国旅行社的基本业务

一般地讲，旅行社业务的开展主要涉及两大类，一类是批发业务——组织和接待团体旅游，另一类是零售业务——为散客旅游者提供其所需的各种便利服务。

1. 包价旅游

包价旅游这一概念的最初提出，系指综合包价旅游（产品），亦即我国旅行社业内人士所习称的全包价旅游（产品）。所谓综合包价旅游（产品），是旅行社企业经过事先计划、组织和编排旅游全程的活动项目，面向消费者大众推出的包揽全程服务工作的一种打包式旅游产品，其中规定旅游全程的活动日程、所访问的目的地、行、宿、食、游的具体地点以及各服务项目的规格等级，并以总价格的形式一次性地收取全程费用。当然，对于社会大众来说，包价旅游则是人们用于开展旅游活动的一种方式。

在英文旅游文献中，包价旅游的表述为"Package Tour"或"Inclusive Tour"。在这两个用语的出现之初，前者在语义上所强调的是全程旅游服务项目的集成或打包，后者则侧重于强调全程各项服务费用的一揽子全包，因而国人中也曾有人将其译作"一揽子旅游"。但如今，"Package Tour"和"Inclusive Tour"这两种表述已被人们用作同义语，一般不再有实际意义上的区分。

自20世纪60年代大众旅游兴起以来，包价旅游作为人们开展旅游活动的一种方式，在全球各地都得到了迅速的发展和普及。同样，外国旅游者在前来我国做消遣旅游时，以及我国居民在出境旅游时，所采用的旅游方式也大都是团体包价旅游。在国内旅游方面，我国旅行社的批发业务也主要是组织团体包价旅游。不论是在世界何地，团体包价旅游之所以能够得以迅速发展和普及，从需求方面看，主要出于以下几个方面的原因：

● 省心省力：全程一切事项皆由旅行社方面负责安排和处理；
● 安全感强：由旅行社方面的人员率队，以集体方式开展活动；
● 省钱：由于旅行社在组织包价旅游产品时是成批量地购买旅馆床位、交通客票以及其他各种旅游服务，因而在价格上享有优惠。与之相比，倘若旅游消费者自己安排同一旅游线路和同样的活动内容，耗资则会昂贵许多。

从供给方面看，团体包价旅游业务的优点则主要在于，对于很多旅游服务供应商来说，对于这种团体旅游接待业务，有利于实行批量生产，从而有利于节约成本和扩大经营。

包价旅游活动的开展，通常都是以团体形式进行。按照国际上旅游业通行的惯例，所谓团体或团队顾客，应该是指人数至少为15人的旅游团。相比之下，在我国，根据现行的行业惯例，作为团体或团队顾客，同行人数至少为10人（含旅行社导游人员在内）。这意味着，凡达到这一人数的团体顾客，在使用有关旅游服务时，可享受价格优惠。

值得注意的是，随着时间的发展和市场需求的变化，如今人们在使用"包价旅游"这一称谓时，已不再完全是指传统意义上的全包价旅游。也就是说，如今并非所有的包价旅游产品都是将旅游全程中所有食、宿、行、游等方面的服务项目全部包括在内。例如，根据目标消费者人群的要求，有些包价旅游产品的内容构成中只含交通服务和住宿服务；甚至有的包价旅游产品实际上只包客源地与目的地之间的往返交通。对于诸如此类的部分包价安排，我国旅行社业内人士称之为"小包价"旅游。以我国旅行社企业在开展国内旅游业务方面的情况为例，在所推出的小包价旅游产品中，最常见的包价内容涉及：

- 出发地与目的地之间的往返交通;
- 在目的地停留期间的住宿;
- 在目的地停留期间的每日早餐。

总之,如今旅行社企业可根据目标消费者人群的兴趣或要求,对包价旅游产品中的所含内容进行灵活设计。

但是,作为旅行社行业中的国际惯例,包价旅游产品的价格中一般不含下列项目:

- 旅游证件(护照和签证)的手续费;
- 意外事故保险费;
- 行李保险费;
- 行李超重费;
- 计划外活动项目和私人花费。

另外顺便一提的是,在多数外国中,包价旅游业务的经营者并不只是独立的旅游批发/经营商或组团旅行社。以欧美国家中的情况为例,除了独立的旅游批发/经营商之外,其他也涉足包价旅游业务的组织或企业,通常还包括:

- 附设旅游批发业务部的航空公司;
- 为所在地社区居民组织包价团体旅行代理商;
- 为会员组织包价团体旅游的各种旅游俱乐部。

2. 散客旅游

就我国旅行社行业中的情况而言,旅行社的基本业务除了组织包价团体旅游之外,还承办和接待散客旅游(independent tour)。

在旅游业中,所谓散客(independent travelers)乃是相对于团体或团队顾客而言。按照国际上旅游业中的惯例,所谓散客,系指个人、家庭以及同行人数为15人以下自行结伴外出旅游的游客。在我国旅游业中,散客则通常是指独自旅游的个人,以及同行人数为9人以下自行结伴旅游的零散顾客。

散客旅游者通常只委托有关旅行社购买或预订某一或某些单项的旅游服务产品。然而实际上,有些散客旅游者有时也会委托有关旅行社专门为其安排和组织一整套旅游组合产品。譬如,有的散客旅游者会根据自己的意愿,提出自己的旅游线路,要求旅行社据此代行安排和预订全程一系列有关的接待服务。所以,在某种意义上,这些散客旅游者所购买的也是一种类似于包价旅游的打包组合产品。但是,与一般包价旅游有所不同的是,这里所要求旅行社提供的只是对全程各有关旅游服务项目的组合安排,而不是费用上的一揽子包价。换言之,对于其中所涉及的各项接待服务,旅行社需要按有关服务项目提供者的报价分别计费,并在此基础上加收自己的代办服务费。所以,散客旅游的费用注定会比同样线路和内容的包价旅游产品价格昂贵。

散客接待量的大小往往是一个旅游目的地成熟程度的重要标志。与接待团体游客相比，散客接待量的增长通常要求该旅游目的地的接待条件更加完备和便利，否则，该旅游目的地将不足以吸引大量散客旅游者前来访问。以我国为例。与改革开放初期时的情况相比，在来华旅游的海外游客中，散客旅游者的数量有了很大的增长。这显然主要归因于我国旅游供给条件的不断改善。此外，散客旅游者在开展活动方面的选择余地较大，而且活动起来比较自由，不像团体旅游那样受预定安排的限制，特别是在旧地重游的情况下，由于旅游者对该地的情况有所熟悉，因而更乐于自由自在地独往独来。

目前我国旅行社针对散客旅游者开展的业务，主要是散客成团业务和委托代办业务。所谓散客成团业务，过去曾有人称之为"选择旅游"，指某地的旅行社将来自不同客源地的到访散客，就地临时拼组成团，组织他们前往附近某些地方开展旅游活动。对于这种就地临时组成的旅游团，旅行社方面一般不设导游陪同，到达既定的旅游地点后，参团旅游者可根据自己的兴趣，在规定的时间内自由活动，然后重新集合返回出发地。

在面向散客旅游者开展的委托代办业务方面，则主要涉及：①当地单项委托：即某地旅行社接受到访散客的临时委托，为其代办预订饭店房间、代办租车，以及为其提供翻译导游等单项服务项目；②联程委托：这类业务的服务对象主要是入境旅游者。所提供的服务内容分为两种，一种是国内联程委托，亦称当地联程委托，另一种是国际联程委托。前者所指的是，地处入境口岸城市的某旅行社接受到访入境旅游者的委托，按照委托方提出的旅游线路和活动日程，为其安排按时抵离沿途各地的接送服务；后者所指的则是，旅行社根据境外旅游者的事先委托，为其安排入境来访期间所要求提供的各项旅游服务，其中包括根据顾客的要求，待其抵达后，为其提供翻译导游、预订饭店房间、预订租车、代办继续前往其他国家或地区的旅游签证、代订机票车票，以及机场、车站或码头的抵离接送等服务项目。

第二节 饭店与住宿业

住宿业（the lodging industry）由各种经营住宿服务的企业所构成。人们对这类企业有着多种不同的称谓，如宾馆、饭店、酒店、旅馆、旅社、度假村、度假营地，等等。无论使用何种名称，这类企业的基本业务一般都是面向不同类型的来访旅游者提供食宿接待服务。在我国旅游业中，人们通常所称的饭店、宾馆或酒店，其实大都相当于国际上所称的"hotel"。所以，在本节中，对于这种类型的住宿接待企业，我们采用国家旅游局在正式文件中作为规范使用的"饭店"这一统称。虽然饭店只是众多类型的住宿设施中的一种，但随着饭店数量的增多及其在住宿业中主力角色的日益强化，人们遂将这种类型的住宿企业群体称之为饭店业（the hotel industry），甚至有时会泛泛地将饭店业用作住宿业的代称。

一、住宿业的演进

住宿业的演进同旅行和旅游活动的发展有着密切的关系。这一关系突出地反映在，商业性住宿设施的演进，事实上是与旅行/旅游活动的发展——特别是与人们旅行方式的变化——联系在一起的。关于这一点，可从全球住宿业的演进历史中得到证实。

从历史的角度进行观察，全球住宿业的演进，大致上可划分为三个阶段。

1. 19世纪中叶以前的客栈时期

就整个世界范围而言，从商业性的住宿接待设施开始出现，直至19世纪中叶这段漫长的时期内，大多数外出旅行活动的开展，都是出于以贸易经商为代表的事务性原因或目的，并且主要是国内的陆路旅行。就市场规模而言，旅行活动的参加者人数相对很少，仅为人口中很小的一部分。特别是，在旅行方式上，绝大多数的旅行活动都是徒步进行，所能利用的代步工具也都很原始。到了这一历史阶段的后期，最先进的交通运输工具也不过是公共马车。由于当时人员流动的规模很小，加之当时交通运输工具的运力非常有限，所有这一切都意味着，即使是同乘一辆公关马车的所有乘客都在同一地点下车，并且都需要在该地停留过夜，也仅是需要为数不多的几间客房而已。

所以，截至19世纪中叶，分布于主要道路沿线及城镇中的小客栈或小客店（Inn），一直都是这一时期中主要类型的住宿接待设施。换言之，这种情况实为当时住宿市场的需求规模所使然。

2. 19世纪中叶至20世纪中叶的饭店发展时期

我们在第一章中已经得知，在这一时期内，除了商贸旅行活动之外，出于非经济性目的而外出旅游的人数有了大幅度的增加，观光和度假逐渐成为很多人外出旅行的重要原因。随着旅游市场需求的发育和旅行社的出现，旅游活动的规模和开展活动的方式都有了很大的变化。特别是，在交通运输技术方面，随着铁路和轮船成为交通客运的主要手段和大规模人员流动的出现，住宿市场的需求规模也因之而增大。由于这一背景，传统的小客店已无力去满足变化了的市场需求，从而使得接待能力较大、接待条件较好的新型住宿设施的出现不仅成为可能，而且成为必要。虽然称为"饭店"（hotel）的住宿接待设施首先出现于18世纪中叶，但是，由于受当时市场需求的限制，这种接待能力相对较大、接待条件相对较好的新型住宿设施在19世纪中叶以前并未真正得到推广与发展（Medlik, 1980:5）。

"饭店"（hotel）这种住宿接待设施真正得到推广，实际上发生于19世纪中叶之后。其中的原因同样也是与当时市场需求的变化有关。也就是说，当铁路和轮船问世之后，随着大规模人员流动的出现和旅游住宿市场的开辟，方使"饭店"这种新型住宿设施的增多真正成为可能。事实上，历史也已客观地证明，在19世纪中叶至20世纪中叶这一期间，饭店（hotel）和宾馆（Guest House）这类住宿设施已取代了传统的小客栈，成为住宿业中的主力。

3. 20世纪中叶以来以饭店为主力的多种住宿设施竞争时期

从20世纪中叶开始，住宿业的演进步入了第三个发展阶段。第二次世界大战结束之后，伴随着交通运输技术的发展，汽车成为人们中短程外出时的主要旅行方式，飞机则成为人们远程旅行的主要交通工具。所有这些情况的出现，都助推了旅游市场规模的扩大。随着大众旅游局面的形成，特别是，由于绝大多数现代旅游活动的参加者都属消遣型旅游者，住宿市场需求随之呈现出多样化的发展趋势。因此，到了这一阶段，虽然饭店这类住宿设施依然在住宿业中扮演主力角色，但是，一些新型的住宿接待设施，如汽车旅馆（motels）、度假村（holiday resorts）、度假营地（campsites），以及各种各样的自助式住宿接待设施，例如青年旅舍（youth hostels）、公寓（service apartment）等，也开始在世界各地涌现，形成了对住宿市场的竞争。

面对诸多新型的住宿设施的竞争，饭店业自身也在不断变革和发展。如今，饭店设施已不再仅仅是为出门在外的人提供住宿服务的场所。一方面，饭店功能的拓展和服务项目的加增，已使很多地方的饭店成了外来游客及当地社会的重要社交中心。更重要的是，饭店设施的设计、建造、装修、经营和管理也都在日益专业化。在当今的住宿业中，饭店业的规模仍在继续成长和扩大，根据联合国世界旅游组织（UNWTO）的估算，进入21世纪以来，全世界饭店客房总量的年增长率约为2.5%（Goeldner and Ritchie, 2006:155），饭店这种类型的住宿设施仍是当今世界住宿业中的最具代表性的中坚力量。

从以上对住宿业发展历程所做的简要述评中，我们可以看到，在当今的饭店业中，相当多的饭店很大程度上已不再仅是传统意义上的住宿接待设施，而是已经发展成为一种以提供全方位的侍应服务为特点，正在不断现代化和专业化的综合服务接待企业。这一性质决定了对现代饭店必须要以现代企业思想进行经营和管理。任何小农经济思想和传统的客店管理意识，都注定会导致饭店经营的失败。换言之，对于当今的饭店管理者来说，市场观念和现代企业意识对于饭店企业的成功经营至关重要。

二、饭店的分类

根据实际工作的需要，人们有时会对饭店进行类别划分。虽然人们通常会根据有关饭店企业的主要业务或主要接待对象，将其分作三类——度假饭店（resort hotel）、商务饭店（business hotel）和会议饭店（convention hotel），但实际上，对于饭店的分类，并不存在绝对统一的划分依据或标准。综合观察人们对有关饭店类型的称谓，我们可发现，常见的分类依据或标准包括：

- 根据饭店的坐落地点进行分类：如城市饭店、度假地饭店、海滨饭店，等等。
- 根据饭店与交通设施或交通工具的关系进行分类：如铁路饭店、机场饭店、海港饭店、汽车饭店（注：此处所称的汽车饭店并非是设于公路沿线被称为"motel"的汽车旅馆，而是设于城市闹市区的"motor hotel"）。
- 根据饭店的主要业务或主要接待对象进行分类：如商务饭店、度假饭店、会议饭店。
- 根据饭店的规模进行分类：如大型饭店、中型饭店、小型饭店。
- 根据饭店的档次或等级进行分类：如高档、中档、低档饭店；星级饭店、经济饭店。
- 根据饭店的经营管理方式进行分类：如独立饭店、连锁饭店。
- 根据饭店企业的经济类型进行分类：如国有饭店、民营饭店、外资饭店、合资饭店。

此外还有很多其他的分类方式，这里不再列举。但无论如何，对饭店进行分类只不过是为达到某一目的而采用的一种手段，而非工作目的本身。

三、饭店的等级及其评定工作

在世界各地，大凡重视发展旅游业的国家和地区，普遍都对该地的饭店设施实行分等评级。此举的目的主要在于两个方面：①为了控制本国或本地区旅游产品的质量，维护本国或本地区作为旅游目的地的市场形象；②为了保护旅游消费者的利益，便于消费者在选择饭店时用作参考。

1. 国际上的一般情况

在欧美各国，对饭店的等级评定通常是由该地的饭店行业组织，或者是由代表旅游消费者的某些组织或团体进行的。例如，在英国伦敦，饭店的等级是由该地的出租汽车司机组织进行评定，因为出租汽车司机经常接送饭店客人，因而最了解客人对有关饭店的反映和评价。出于类似的原因，在美国的有些地方，饭店的等级则是由全美汽车驾驶者协会（AAA）进行评定。相比之下，在很多发展中国家中，由于该国的饭店多为国有企业，加之旅游行政管理组织多为政府部门，对旅游业发展的直接干预程度较高，因此饭店等级评定工作多会在国家旅游组织的领导下进行。

就当今国际上的流行情况而言，饭店的等级一般划分为五个层次，分别以星号（☆）的多少作为标识，由低至高分别为一星级、二星级、三星级、四星级和五星级。但实际上，由于种种原因，世界各地对饭店等级的层次划分并不统一。譬如，有的地方将饭店划分为四个等级，有的则划分为七个等级。而且，即使是在同一个国家（例如在美国）中，各地区对饭店等级的层次数，以及用以标识等级的符号，也不尽相同。尽管如此，为了便于国际来访者在选择下榻饭店时进行比较，这些不采用星号标定其等级的饭店，往往都会附带说明该饭店的等级大致相当于国际上的 X 星级。在我国，旅游行政部门对饭店等级的划分也由过去的五个层次，演变为目前的六个层次，由低至高分别为一星级、二星级、三星级、四星级、五星级和白金五星级。

值得注意的是，尽管国际上也有某些饭店自称是"六星级"，甚至"七星级"饭店，但实际上，这些称谓其实都是有关饭店企业出于营销宣传的目的，为了强调本饭店的品质不凡而做的自我标榜。按照国际饭店业中专业人士的通常理解，所谓"五星级"饭店，意味着该饭店已经是"尽善尽美"（perfect），对客人的要求能做到"有求必应"。依照这一理解，在当今世界上，真正能够为国际饭店业专业人士所公认达到"五星级"水准的饭店，其实为数不多。例如，众所周知，以星号去标识饭店等级这一做法始自于法国。然而，在法国的饭店等级评定制度中，最高等级为"四星"而非"五星"。其中的原因或许也是与此有关。所以，我们应当明白，根据国际上的普遍共识，对饭店进行分等定级的根本目的在于维护消费者利益和方便消费者的选择。倘若超出消费者的惯常理解而任意标榜饭店的等级，那么对饭店进行等级评定将会失去此举的市场意义。

就国际上的一般情况而言，人们在评定某一饭店的等级时，通常都会涉及考核"硬件"和"软件"两大方面的多项指标。其中主要的考核内容包括：

- 设施和设备的档次和健全程度；
- 服务项目的健全程度和提供服务的质量水准；
- 顾客的满意率和满意程度；
- 社会形象。

饭店等级评定工作的实施原则一般包括：

- 参评饭店须有一年以上的营业史；
- 饭店等级的高低，通常不受规模大小的限制；

- 获评等级并非永久不变,根据该饭店日后的实际表现,其等级可升可降。

2. 我国饭店的星评工作

我国对饭店的星级评定工作始于 1988 年。20 多年来,这一工作的开展不断有所调整,现行的工作依据是以国家标准颁布的《旅游饭店星级的划分与评定》(GB/T14308-2010)。具体做法是:

- 饭店星级评定工作在国家旅游局设立的全国旅游饭店星级评定机构的领导下进行,实行分级管理。
- 全国旅游饭店星级评定领导机构负责制定饭店星级评定工作的实施办法和检查细则;授权并督导省级旅游饭店星级评定机构开展工作;组织实施五星级饭店的评定与复核工作;并对下属全国各级饭店星级评定机构所评出的饭店星级持有否决权。
- 各省、自治区、直辖市旅游饭店星级评定机构在国家旅游局的指导下开展工作,负责组织实施本地区饭店的星级评定与复核工作;对本地区下级旅游饭店星级评定机构所评出的饭店星级持有否决权;承担向全国旅游饭店星级评定机构推荐五星级饭店的责任;负责将本地区所评星级饭店的批复和评定检查资料上报全国旅游饭店星级评定机构备案。
- 其他城市或行政区域设立的旅游饭店星级评定机构按照全国旅游饭店星级评定机构的授权,在所在地区省级旅游饭店星级评定机构的指导下,负责组织实施本地饭店的星级评定与复核工作;向上级星评机构推荐较高星级的饭店,并负责将本地所评星级饭店的批复和评定检查资料逐级上报全国旅游饭店星级评定机构备案。

四、饭店业中的集团化经营

自大众旅游兴起以来,全球饭店业的规模有了相当大的发展。根据世界旅游组织(WTO)的统计数字,1990 年全球饭店客房总量大约为 1210 万间,到了步入 21 世纪后的今天,全球饭店客房总量已增大到 2000 多万间,其中欧洲占 44.7%,美国占 27%,亚洲和太平洋地区占 13.9%,非洲占 3.1%,中东占 1.5%(Goeldner and Ritchie, 2006:156)。

1. 集中化与集中率

综观世界各地住宿设施的情况,虽然大部分饭店的都是客房数为 50 间以下的小型企业,但在整个住宿市场中占据支配地位的力量却是大型饭店连锁公司(Morrison, 2010)。事实上,近 40 年来,在全球饭店业规模不断扩大的同时,饭店业的集中化程度也在明显发展。这里所称的集中化程度,指饭店业中的企业平均规模。平均规模越大,集中化程度也就越高。一个行业的集中化程度越高,则意味着其中同行竞争者的数目越少。衡量集中化程度的指标是集中率,通常是以该行业中一批大型企业在市场供给总量中所占的份额来表示,具体就饭店业而言,则通常是以大型饭店公司所拥有的客房数在饭店业客房供给总量中所占的份额来表示。有人曾对美国和一些欧洲国家中饭店业的集中化程度做过调查和比较。从表 6-2 中,我们可看到,集中化现象在这些国家的饭店业中普遍存在。

表 6-2　部分欧美国家中的饭店业集中化情况

国别	被调查的饭店公司数	平均拥有客房数	饭店客房集中率%
美国	19	44198	30.0
英国	59	4995	23.5
荷兰	14	731	20.4
法国	14	6688	18.1
比利时	14	603	14.1
葡萄牙	7	566	13.0
爱尔兰	5	505	12.2
卢森堡	4	289	11.6
德国	11	3043	10.0
西班牙	14	832	3.2
丹麦	2	416	2.3
意大利	11	1459	1.7
希腊	5	382	1.0

资料来源:Kleinwort Benson (1991)。

从全球饭店业情况看,《饭店》杂志(Hotels)每年都对饭店连锁集团的全球 300 强进行排名。据估算,这些排位前 300 家的饭店连锁公司大约占据了全球饭店业国际客源市场的 90%。表 6-3 中所列为 2010 年全球饭店连锁集团前 25 位的排名情况(名次的排序以客房数为据)。

表 6-3　世界排名前二十五位的饭店连锁公司

排名 a	公司名称(总部地点)	2010 年客房数	2010 年成员饭店数
1	洲际饭店集团(InterContinental Hotels Group) (英格兰伯克郡温莎市)	646679	4438
2	温德海姆饭店集团(Wyndham Hotel Group) (美国新泽西州帕尔西波尼市)	597674	7114
3	万豪国际(Marriott International) (美国马里兰州贝西达市)	595461	3420

续表

排名 a	公司名称（总部地点）	2010年客房数	2010年成员饭店数
4	希尔顿饭店公司（Hilton Worldwide）（美国弗吉尼亚州麦克里恩市）	585060	3530
5	雅高集团（Accor Hospitality）（法国巴黎）	499456	4120
6	精品国际（Choice Hotels International）（美国马里兰州银泉市）	487410	6021
7	最佳西部国际（Best Western International）（美国亚利桑那州菲尼克斯市）	308477	4048
8	喜达屋饭店集团（Starwood Hotels & Resorts Worldwide）（美国纽约州白原市）	298522	992
9	卡尔森国际饭店公司（Carlson Hospitality Worldwide）（美国明尼苏达州明尼阿波利斯市）	159756	1058
10	凯悦饭店公司（Hyatt Hotels Corp.）（美国伊利诺州芝加哥市）	122317	424
11	西蒙特饭店集团（Westmont Hospitality Group）（美国得克萨斯州休斯敦市）	113771	803
12	卢威尔集团（Groupe du Louvre）（法国巴黎市）	91409	1097
13	锦江国际饭店公司（Jin Jiang International Hotels）（中国上海市）	89251	546
14	途易公司（TUI AG）（德国汉诺威市）	83728	297
15	来此多饭店集团（Rezidor Hotel Group）（比利时布鲁塞尔市）	83200	389
16	LQ 管理公司（LQ Management LLC）（美国德克萨斯州 Irving）	78945	766
17	索尔·梅丽亚集团（Sol Meliá SA）（西班牙帕尔马市）	76887	305
18	美洲延住集团（Extended Stay America）（美国南卡罗来纳州斯巴达堡）	76384	686
19	如家酒店管理公司（Home Inns and Hotels Management）（中国上海市）	71671	616

续表

排名 a	公司名称（总部地点）	2010 年客房数	2010 年成员饭店数
20	占先饭店集团（Vantage Hospitality Group）（美国佛罗里达州珊瑚泉市）	65232	906
21	NH 饭店集团（NH Hotelés SA）（西班牙马德里）	61317	401
22	格林豪泰酒店管理公司（GreenTree Inns Hotel Management Group）（中国上海市）	49700	450
23	州际饭店与度假村集团（Interstate Hotels & Resorts）（美国弗吉尼亚州阿灵顿市）	46129	228
24	巴赛罗饭店公司（Barcelo Hotels & Resorts）（西班牙帕尔玛市）	45939	181
25	MGM 幻景饭店公司（MGM Mirage）（美国内华达州拉斯维加斯市）	45701	16

注：a 按客房数排名。

资料来源：HOTELS magazine，2010（10）。

人们很容易发现，半个多世纪以来，一方面是全球饭店业的规模在不断增大，而住宿市场的需求规模却相对有限，饭店业中的市场竞争也因此变得愈加激烈。饭店业的集中化以及由此而带来的集团化经营趋势的出现，正是这一背景下的必然产物。随着经济全球化的发展，特别是随着众多外资饭店企业进军中国，我国的民族饭店业不得不去面对很多前所未有的挑战。人们对如何去培育和增强民族饭店业的竞争能力也变得愈加关心。在这方面，人们较为普遍的共识之一，便是发展集团化经营。集团化经营何以会成为饭店业中的发展趋势？集团化经营何以会有助于增强饭店企业竞争实力？为了回答这些问题，我们有必要了解和认识饭店集团的发展原因，以及集团化经营所具有的优势。

2. 饭店集团

观察当今世界上饭店集团的发展现状，我们会发现，所谓饭店集团（Hotel Groups），实际上分为两类：一类为饭店连锁集团，英文旅游文献中通常称为"Hotel Chains"；另一类则为饭店合作集团，英文旅游文献中通常称为"Hotel Consortia"。

（1）饭店连锁集团

所谓饭店连锁集团，是一种由某一个饭店公司的品牌为纽带，将若干成员饭店统一于该品牌旗下，实行集团化联号经营的紧密型饭店集团。本集团旗下所有各成员饭店都使用相同的店名和店徽，经营相同的产品服务，采用相同的营业规程，提供相同水准的接待服务。目前世界上这类饭店连锁集团中的势力较大者，已发展到 300 多个。在已经进入我国经营的外国饭店企业中，诸如"洲际"、"万豪"、"雅高"、"希尔顿"、"凯悦"、"香格里拉"等为人们所熟知的品牌，无一例外地都是这种饭店连锁集团属下的成员饭店。

1）集团化经营的优势

在现代饭店业中，集团化经营之所以会形成一种普遍的趋势，原因就在于人们很容易发现，与独立经营的单体饭店企业相比，饭店连锁集团在经营上占有明显的优势。这些优势集中到一点，便是实行集团化经营所能带来的规模经济。具体地分析，这些优势主要包括：

① 资本优势

在现代饭店业中，特别是在针对市场需求变化开发新产品和更新设施设备方面，饭店连锁集团一直都是走在本行业的前列，扮演着潮流引领者的角色。饭店连锁集团之所以能够如此，其中一个重要原因便在于它们拥有资本优势。首先，饭店连锁集团由于规模大，本身资金实力就比较雄厚。此外，在确实需要开发某一重大项目，而一时面临资金短缺时，公司一方面有条件通过在成员饭店间调集资金，以应对该项目开发的所需；另一方面，可以凭借本公司的资产实力作担保，能够比较容易地从银行等金融机构获得贷款，甚至可获得低息贷款。对于这一点，独立经营的单体饭店企业往往难以做到。

② 技术经济优势

饭店连锁集团可根据成员饭店的分布情况，将某些重大设施设备统一为各成员饭店服务，从而可降低成员饭店有关服务项目的单位产品成本。例如，在设有多家成员饭店的某一城市或地区中，可设置一间洗衣房承担所有成员饭店的洗衣业务；可设置一个服务于所有成员饭店的食品生产/加工车间或设备维修队等，而不是各成员饭店都分别设置这些大型设备或施工队伍。这种由本公司集中提供的做法，可有效地节省各成员饭店的单位产品或服务的成本，降低有关产品或服务项目的收费价格，从而有助于提升这些产品或服务项目的价格竞争力。同样，这一点也难以为独立经营的单体饭店做到。

③ 市场营销优势

同独立经营的单体饭店企业相比，饭店连锁集团在市场营销方面所具备的优势主要反映在：第一，由于各成员饭店都使用同样的店名和店徽，采用统一规格的设施设备，实施统一的服务程序和实行同样的服务标准，从而易于在市场上树立品牌形象；第二，最重要的是，上述标准化的实施，可令旅游消费者熟悉或毫不困难地预知该连锁集团每一个成员饭店的产品或服务项目，以及这些产品或服务的质量。事实上，人们在世界各地旅行时，之所以会乐于选择入住连锁集团的成员饭店，很大程度上都是因为对其产品熟悉而觉得可靠；第三，每一个成员饭店开展的营销宣传，客观上都可起到对整个集团的宣传效应；第四，各成员饭店之间可通过相互代理预订，互通客源，从而有助于客源不外流；第五，饭店连锁集团可凭借自身实力，利用最先进的应用技术，建立和完善自己的计算机预订系统（CRS）。所有这些方面的情况，都决定了饭店连锁集团在客源竞争中的能力和优势。相比之下，所有这些方面也往往都为独立经营的单体饭店力所不及。

④集中采购优势

对于成员饭店营业所需的大宗设备和各种物资，饭店连锁集团通常都是实行集中采购。由此所带来的优势，主要反映于两个方面：第一，由于大批量采购，有助于强化饭店连锁集团在与有关供应商进行谈判时的地位，易于获得价格以及其他方面的优惠，从而能使成员饭店的营业成本得以降低；第二，面对多种品牌的同类设备和饭店用品，饭店集团公司可先是试选某些品牌的产品，由部分成员饭店进行试用、检验和比较，然后择优进行大批订购，从而有助于减小采购失误的风险。在这方面，独立经营的单体饭店往往难以做到。

⑤管理效率方面的优势

首先，对于饭店企业来说，管理费用与营业量之间并非呈完全的正比关系。也就是说，假定某甲饭店每年接待 10 万名住宿客人，而某乙饭店每年接待 5 万名住宿客人，但这并不意味着甲饭店所发生的管理费用，将会是乙饭店的两倍。在饭店连锁集团的经营中，由于很多方面的管理职能（例如人力资源管理、员工培训、财务管理等）通常都是由集团总部集中行使，因而其成员饭店所发生的管理费用，普遍都低于业务规模大致相同的独立饭店。此外，对于某些聘用代价很高、但只是在某些重要时刻才会派上用场的高级专业人员，例如高级会计师、财务专家、高级营销专家等，可由集团总部进行聘用。当下属成员饭店遇到有关难题时，集团总部会派出这些高级专业人员去帮助解决问题。通过这种安排，不仅可做到人尽其才，充分发挥这些高级专业人员的作用，更重要的则是可使各成员饭店在实现高水平管理的同时，又不致付出过重的代价。对于这一点，独立经营的单体饭店企业往往无力做到。

⑥分散风险的优势

对于饭店连锁公司来说，由于成员饭店分散于不同国家或地区开展经营，从而有助于减小整个集团的经营因某地的经营环境突发不利情况，而有可能带来灭顶之灾的风险。

2）成员饭店的类型

饭店连锁集团旗下的成员饭店，并非都是由该饭店公司自己拥有产权和经营权。综观半个多世纪以来的发展，饭店连锁集团旗下的成员饭店基本上可分为四种类型：

① 完全成员

这类成员饭店为饭店连锁公司自己拥有产权，并由自己直接经营的那些成员饭店。

② 租赁成员

这类成员饭店所指的是，饭店连锁公司从有关房地产开发商或是从某些其他投资者（饭店设施的业主）手中租来房产，由自己进行经营的饭店。换言之，饭店连锁公司对这些饭店只是有经营权而没有产权。饭店连锁公司需根据双方签署的租赁合同，定期向这些饭店设施的业主支付租金。

由于以上两类成员饭店都是由饭店连锁公司自己直接经营，因而是饭店连锁集团成员饭店中的核心力量，也可以说是饭店连锁公司旗下的"嫡系"成员。

③ 管理合同成员

这类成员饭店可分为两种情况。一种情况是由饭店连锁公司代理经营和管理的饭店，即，某些饭店设施的投资者（例如投资饭店房产的保险公司）在购进饭店房产后，因自己无力经营或不擅长饭店业务，转而委托某一饭店连锁公司进行经营和管理。另一种情况是由饭店连锁公司参与经营和管理的饭店，即某些饭店企业因自己竞争不力，希望借助某一饭店连锁集团的品牌和管理经验谋求生路，因而委托该饭店连锁公司派遣管理人员，在该饭店连锁公司的名义下进行经营。但不论哪种情况，都是饭店连锁公司作为代理人，根据同这些饭店业主签订的管理合同（management contract），派遣人员代为管理或协助管理这些饭店的经营。饭店连锁公司按双方所签管理合同中的相关规定，或收取管理费或按比例分享利润。在这类成员饭店中，饭店连锁公司可能对其有投资或贷款，也可能没有这种关系。最根本的特点在于由饭店连锁公司派员直接参与管理。到目前为止，我国饭店业中的中外合资饭店和中外合作饭店大都属于有关连锁集团中的这类成员。

④ 特许经营成员

这类成员饭店是经饭店连锁公司的特许，在连锁公司旗下开展经营的那些饭店。所谓特许经营（franchising），即饭店连锁公司同意向某些独立饭店的业主出让特许经营权，后者根据同饭店连锁公司签订的特许协定，在交付特许使用费或利润分成的前提下，使用饭店连锁集团的品牌，按照由饭店连锁公司设计和规定的服务程序和产品规范，在饭店连锁公司的监督和指导下，由业主自行管理和经营这些饭店。换言之，这类成员饭店的特点在于，饭店连锁公司并不派员参与其经营管理，只是在必要时对其经营工作给予指导。因此我们也可以称这类成员饭店为受饭店连锁公司指导经营的饭店。

半个多世纪以来，饭店连锁集团规模的不断扩大，很大程度上是由于后两类成员饭店的数量不断增加的结果。特别是，很多第三世界国家为了发展旅游业，在缺乏管理知识和技术，但又急于开拓国际市场的情况下，不得不"借船出海"，以管理合同方式加盟某些国际知名的饭店连锁集团。此外，西方国家中一些实力弱小的独立饭店或小型饭店公司为了在竞争中求生存，也纷纷向大型饭店连锁公司购买特许权，以图借助这些大型公司的品牌和市场形象去争取客源，从而进一步扩大了饭店连锁集团中第四类成员饭店的队伍。

由于饭店连锁集团所拥有的管理实力和竞争优势，特别是基于它们已经在市场上树立起来的形象和市场声誉，可以断言，饭店连锁集团的发展今后将会继续下去。

（2）饭店合作集团

饭店连锁集团势力的不断扩张对大多数独立饭店的生存无疑是一种威胁。面对饭店连锁集团的发展，越来越多的独立饭店经营者都认识到，单靠自己的力量去单打独斗，远非饭店连锁集团的对手。为了争取缩小同饭店连锁集团在规模经济上的差距，增强自己的竞争地位，很多独立经营的单体饭店开始谋求在某些方面采取联合行动，以求借助联合起来的集体力量同饭店连锁集团相抗衡。饭店合作集团也便由此而产生，并成为住宿业中的另一个发展趋势（Goeldner and Ritchie, 2006:162）。

饭店合作集团（Hotel Consortia）实际上是若干独立经营的饭店为了追求通过联合集体行动所能带来的规模经济，而自愿组合建立起来的一种饭店合作组织。这种合作组织通常设有一个中央机构，负责主持该组织合作领域内的有关工作，所需的活动经费通过征收会员费及认捐等形式，由加盟该组织的成员饭店共同分担（Littlejohn, 1982）。

显然，饭店合作集团是一种以共同利益为纽带，在自愿基础上形成的松散型联合组织（voluntary membership associations）。这类饭店合作集团自出现以来，发展速度非常迅速。"饭店合作集团之所以盛行，其中的一个原因是，对于那些非连锁集团成员的独立饭店企业来说，通过加盟饭店合作集团，能够获得如同饭店连锁集团所拥有的营销优势"（Goeldner and Ritchie, 2006:162）。时至今日，在抗衡连锁集团的竞争方面,饭店合作集团已发展成为饭店业中一支颇有生气的力量。以当今世界上最大的饭店合作集团——最佳西部国际饭店集团（Best Western International）为例，目前加盟该合作集团的成员饭店已达4110座，分布于全球80多个国家和地区，客房总量超过31万间。

根据成员饭店间的主要合作领域，饭店合作集团可分为以下几种类型。

① 营销合作集团

在饭店合作集团中，最早出现的一类便是营销合作集团。最初，加盟这种合作集团的成员饭店都是独立经营的单体饭店。组建这类饭店合作集团的目的，是为了使成员饭店能够以较为平等的地位，同饭店连锁集团竞争客源。通常的做法是，由加盟该合作集团的饭店共同组建一个联合营销机构。该机构以合作集团的名义，为全体成员饭店开展促销宣传，招徕客源，并协调各成员饭店在这些方面的合作，从而形成一个规模较大的促销和销售网络。

这类营销合作集团可进一步分为两个亚类。一是地域性的营销合作集团，即加盟该合作集团的成员饭店都来自同一地域或者都位于同一城市，工作重点在于加强将该地域作为旅游目的地的营销宣传活动。因此，这种营销合作集团的活动往往都会得到当地旅游局或有关政府部门的支持。例如，英国的"泰晤士流域饭店集团"和"南安普敦旅游饭店集团"便是属于这一亚类。另一个更为普遍的亚类是基于共同目标市场而组建的营销合作集团，即加盟该合作集团的成员大都是面向同类目标市场经营的同档次饭店。这种营销合作集团的成员饭店往往都分布于世界上不同的国家和地区。我国广州白天鹅宾馆所加盟的"世界第一流饭店"组织（Leading Hotels of the World）便是这种营销合作集团中的一例。该组织的成员分布在世界各地，并且都是以商务旅游者为主要目标市场的高档饭店。

② 采购合作集团

这是继营销合作集团之后出现的一种饭店合作集团，并且其中有一些是在营销合作的基础上发展起来的饭店合作组织。目前，这类合作集团在全部饭店合作集团中所占的比例最大。这类合作集团得以发展的原因在于，它们可借助集团大批量购买的有利地位，同有关供应商进行谈判并实现压价购买，从而使很多独立饭店纷纷联合起来组织这种采购合作集团。同时，通过集团批量购买所形成的采购优势，也不断吸引新的饭店加盟，从而使得这种合作集团的规模不断扩大。例如，"最佳西部国际饭店集团"便是其中的一个典型。该集团的历史可以追溯到半个多世纪之前的"最佳西部汽车旅馆"，1974 年重新定为现名，并开始以联合起来的集体力量与饭店连锁集团相抗衡。1980 年，"最佳西方饭店"合作集团在全世界的成员饭店已发展到 2654 座。20 多年后的今天，该集团的成员饭店进一步扩大到 4110 座。

③ 员工培训合作集团

员工的素质和技术能力是保障饭店企业服务水平的基础条件之一。这类饭店合作组织最初出现的背景是，很多独立饭店无力单独设立自己的培训中心，因而希望借助联合起来的力量，共同组建一个培训中心服务于各加盟饭店员工培训工作的需要，以便能够在员工素质方面与饭店连锁集团相抗衡。

但随着后来情况的变化，目前这种类型的饭店合作组织已经所剩无几。主要原因在于，很多饭店连锁集团设立的培训中心后来也开始对外承接培训业务。特别是，随着后来旅游教育机构和职业培训中心的发展，这些教育培新机构也都承接旅游业界委托的培训工作，并且可满足饭店企业对不同层次员工培训的需要。

④ 预订系统合作组织

在与大型饭店连锁集团竞争客源方面，独立经营的单体饭店一般都无力建立自己的预订系统。预订系统合作组织的出现主要便是为了迎合独立饭店在这方面的需要。这类预订合作组织参加者的范围较广，没有经营规模、经营地域或目标市场等方面的限制。这类预订合作组织可细分为两种情况：最为常见的是纯粹的预订系统合作组织，即除了为参加该预订系统的饭店提供预订服务之外，不再有其他方面的联合活动；另外一种情况是，该预订系统合作组织除了为加盟的成员饭店提供预订服务之外，还提供某些其他的营销服务（例如英国的 U-tell 预订系统组织）。无论如何，这类预订系统合作组织的结构实际上很松散，特别是纯粹的预订系统组织更是如此。加盟这类系统的成员饭店除了缴纳费用使用该预订系统之外，基本上没有什么真正意义上的合作发生。所以，严格地讲，这类预订系统组织并不真正具备集团的性质。

总之，就目前情况而言，大多数饭店合作集团的工作都旨在为加盟的成员饭店吸引和扩大客源，以帮助成员饭店提高客房出租率和增加营业收入；或者旨在为加盟的成员饭店节省采购费用，帮助其降低营业成本。这种通过集体合作而带来的规模经济，在一定程度上增强了这些独立饭店在与连锁饭店竞争中的地位。

实际上，随着时间的发展，在如今的饭店合作集团中，其加盟成员已不再完全都是独立经营的单体饭店，而是也已吸收了一些连锁集团所属的饭店。例如，英国美丽殿饭店连锁公司下属的海德公园饭店同时也是"世界第一流饭店"合作集团的成员。此外，同一家饭店加盟多个饭店合作集团的情况也已开始发展。此外，有些连锁集团下属的饭店为了强化自己的竞争地位，也采取类似方式成立了自己的合作组织。例如，在现有的饭店合作集团中，有一类便是挂靠航空公司的饭店合作集团。这些饭店合作集团的特点是，其加盟成员都来自主要饭店连锁公司下属的饭店，而非吸收独立饭店加盟。目前"英航联合饭店"组织和"日航联合饭店"组织都属这类挂靠式合作集团（Referral Groups）。它们的主要工作是向航空公司的旅行市场介绍和推荐本集团的成员饭店。因此，将住宿市场和旅行市场结合起来进行开发是这类合作集团的一大特点。一些饭店连锁集团的下属饭店之所以加盟这种合作组织，其重要原因就在于，它们试图借助该组织与航空公司的关系，争取率先将航空公司的旅行市场转化为自己的住宿客源市场。在自己难以自行打入这一市场的情况下，便采用加盟这种合作组织的办法解决这一问题。

因此，饭店合作集团的出现只是在一定程度上增强了某些独立饭店在与饭店连锁集团竞争中的地位。随着饭店连锁公司的成员饭店也加盟合作集团，这使得它们不仅能获得自身母公司的支持，同时还可分享合作集团在开拓市场方面的好处。在这个意义上，独立饭店与连锁饭店之间的竞争远未形成均势，两者在条件或实力上的差距依然存在。但尽管如此，我们仍应看到，饭店合作集团的发展确实为众多势单力薄的独立饭店带来了集体的规模经济，在一定程度上打破或减缓了饭店连锁公司垄断市场的发展趋势。

有必要说明的是，这里对集团化经营趋势的强调，并非意味着独立自营的单体饭店将会失去生存机会。事实上，特别是近些年来，随着住宿需求市场散碎化的发展，为一些独立自营的单体饭店发展专门化经营带来了很多新的市场机会。在这方面，近年来新出现的一类实行专门化经营的住宿设施，即国际文献中所称的"生活方式饭店"（Morrison, 2010），其中包括近些年来我国内地也时而有人谈论的"主题饭店"（themed hotel）。值得注意的是，按照国际上旅游学界与业界的通识，这类饭店通常都是一些实行专门化经营的小型住宿设施，其目标客源多为高端市场中某一规模不大的特殊人群（a niche）。这类主题饭店的主要特征包括：

- 个性化的现代设计；
- 规模较小；
- 高水准的个性化服务；
- 反映着设计者/业主/经营者的个性或风格；
- 精心设计的时髦建筑与内装修。

实际上，除了独立自营的单体饭店之外，一些连锁饭店公司旗下的某些品牌的成员饭店也可纳入这类"生活方式饭店"的范畴。目前在我国上海和天津可见到的这类例子便是洲际集团下属的"英迪格饭店"（Indigo Hotels）。

五、我国饭店业的发展

自从我国开始实行改革开放政策至今，30多年来，同整个旅游业的情况一样，饭店业的发展也取得了令世人瞩目的成就。1978年以前，我国有条件接待入境旅游者的住宿设施为数很少，总计不过百十处。这些住宿设施中有一部分是1949年前遗留下来的老饭店，其余部分则是新中国建国后各地为了接待来华访问的外国政府官员、海外华侨以及来华工作的外国专家而兴建的国宾馆、华侨饭店和高级招待所。这些涉外住宿设施虽然大都冠以"饭店"或"宾馆"之称，但在管理方式上都属招待所的性质。改革开放以来，我国饭店业的发展在经历了起步开拓、高速发展等阶段之后，如今正在朝着国际化、现代化的方向稳步前进。

1. 规模与结构

在改革开放之初的 1980 年，我国具备涉外接待条件的饭店仅有 203 家，客房总计 3 万多间，不仅总体规模小，而且绝大多数饭店功能单一，设备陈旧，难以满足入境旅游迅速增长的需要。在此后的几年中，我国各地在对原有涉外住宿设施进行更新改造的同时，通过利用内资和引进外资等方式增建了一大批现代化的新饭店。到 1985 年，我国的饭店数量比 1980 年翻了一番。1985 年，国务院关于发展旅游业的"五个一起上"政策的颁布，有力地调动了中央、地方、部门、集体和个人投资旅游设施建设的积极性，特别是旅游饭店的建设出现了空前的高涨势头。在此后的 20 年中，随着新增饭店设施的不断出现，饭店业的供给规模持续增长。表 6-4 为进入 21 世纪以来我国星级饭店的规模发展情况。

表 6-4　全国星级饭店的供给规模（2001～2011）

年份	星级饭店数（家）	年增长率%	客房数（间）	年增长率%
2001	7358		816260	
2002	8880	21	897206	10
2003	9751	10	992804	11
2004	10888	12	1237851	25
2005	11828	8.6	1332083	7.6
2011	11676		1474889	

资料来源：中国旅游年鉴（2001～2006，2012）。

在供给规模增长的同时，饭店设施的档次结构也发生了明显的变化（表 6-5）。改革开放之初那种只提供食宿接待服务、实行招待所式管理的老饭店已经完全为服务功能多样化、经营管理专业化的现代化饭店所取代。特别是进入 21 世纪以来，我国饭店业的发展明显呈现出朝高档化升级的趋势（张辉、秦宇，2006：151）。2005 年，全国星级饭店中，五星级饭店 281 座（2.4%），客房 10.65 万间（8.0%）；四星级饭店 1146 座（9.7%），客房 24.04 万间（18.1%）；三星级饭店 4291 座（36.3%），客房 54.22 万间（40.7%）；二星级饭店 5497 座（46.5%），客房 41.10 万间（30.9%）；一星级饭店 613 座（5.2%），客房 3.19 万间（2.4%）。到 2011 年时，五星级饭店增至 645 座，客房数在总量中所占的比重增至 14.8%；四星级饭店增至 2148 座，客房数在总量中所占的比重增至 28.7%；三星级饭店增至 5473 座，但客房数在总量中所占的比重减为 27.8%；二星级饭店减至 3276 座，客房数在总量中所占的比重也由 2005 年的 30.9%减为 14.5%；一星级饭店大幅下降至 164 座，客房数在总量中所占的比重由 2005 年的 2.4%下降为 0.5%。

表 6-5 2005~2011 年全国星级饭店的规模和档次结构

星级饭店规模		2005 年		2011 年	
		饭店数（座）	客房数（间）	饭店数（座）	客房数（间）
		11828（100%）	1332000（100%）	11676（100%）	1474889（100%）
档次结构：	五星级	281（2.4%）	106500（8.0%）	645（5.5%）	217563（14.8%）
	四星级	1146（9.7%）	240400（18.1%）	2148（18.4%）	424643（28.7%）
	三星级	4291（36.3%）	542200（40.7%）	5473（46.9%）	410598（27.8%）
	二星级	5497（46.5%）	411000（30.9%）	3276（28.1%）	214368（14.5%）
	一星级	613（5.2%）	31900（2.4%）	164（1.4%）	7717（0.5%）

资料来源：中国旅游年鉴（2012）；张辉、秦宇，2006。

2. 集团化发展

如前所述，在当今世界的饭店业发展中，走集团化经营之路已是非常明显的发展趋势。据估算，世界上排位前 300 家的饭店连锁公司占据了全球饭店业国际客源市场的 90%。对于这一点，国人早已认识得非常清楚。饭店业经营走集团化发展之路的重要性不仅仅在于实现规模扩张，更重要的在于树立自己的饭店品牌，建立自己的管理模式。面对中国加入世界贸易组织之后面临的压力，应当加快集团化建设的步伐已成为我国本土饭店业界的普遍共识。尽管我国本土饭店在迈向集团化发展方面困难重重，但近十年来取得了较快的进展。

进入新千年之前，世界排名前 200 位的饭店集团中的中国企业只有锦江和凯莱两家公司，其中锦江集团排名第 75 位，凯莱集团排名第 180 位。进入新千年后，我国本土饭店的集团化发展步伐明显加快。根据《饭店》杂志 2012 年按客房量对全球饭店公司的排序，锦江国际、如家、首旅建国等 8 家中国的饭店公司已进入前 50 名的行列。另据中国饭店业协会的《2011 中国饭店集团化发展研究报告》，在规模位居前 30 名的我国饭店集团中，除了经济型连锁饭店外，锦江国际、开元集团、港中旅酒店、金陵酒店和首旅建国这 5 家公司的客房量均达 20000 间以上，可视作我国本土饭店集团中的第一阵营。客房量介于 10000~20000 之间的饭店公司为 10 家，分别是山东蓝海、碧桂园凤凰、岭南国际、雷迪森旅业、湖南华天、国宾友谊、世贸君澜、粤海国际、河南中州和岷山饭店，可视作我国本土饭店集团中的第二阵营。其余 15 家则皆为客房量不足 10000 间的饭店集团（管理公司）。

第三节 旅游交通

在我国的旅游研究中,"旅游交通"是人们长期以来约定俗成的一个惯用表述。也就是说,在国际上,不论是在旅游学界还是在旅游业界,似乎皆无"旅游交通"这一用语,而通常都是泛称"交通运输"(transportation)或"客运交通"(passenger transportation)。虽然如此,不论是国际文献中所通称的"交通运输",还是国人所惯称的"旅游交通",其实都是指旅游者通过某种交通手段或旅行方式,实现从一个地点到达另外一个地点的空间转移过程。在务实的意义上,交通运输或旅游交通既是旅游者"抵达旅游目的地的手段,同时也是在旅游目的地之内进行活动往来的手段"(Burkart and Medlic,1981)。

一、旅游交通的任务和作用

根据上述对旅游交通的界定,我们不难得知,旅游交通的任务旨在解决旅游者在客源地与旅游目的地之间的往返,从一个旅游目的地前往另一个旅游目的地,以及在所到访目的地内的不同区域之间便利往来的问题。这意味着,在旅游业中,交通运输部门的任务不仅在于帮助旅游者克服在不同地点间往来的空间距离问题,而且更重要的是帮助旅游者解决在不同地点间实现便利往来的时间距离问题。

交通运输对旅游活动的发展一直有着十分重大的影响。历史表明,旅游活动的发展与交通运输的发展这两者之间有着密切的联系。在早期的旅游研究中,人们曾争论究竟是交通运输的发展拉动了旅游活动的发展,还是旅游活动的发展推动了交通运输的发展,到头来却是无果而终,因为正像后来有人指出的那样,这无异于争论是先有"鸡"还是先有"蛋"的问题。其实,很多事实都证明,旅游活动的发展与交通运输的发展这两者之间实际上存在着相互制约、相互促进的关系。但无论如何,现代旅游活动之所以能发展到如今的规模,旅游者的活动范围之所以能够遍及世界各地,其中一个重要的技术前提显然便是现代交通运输的发展。交通运输在旅游业中的作用主要表现在:

首先,从需求方面看,交通运输是旅游者得以完成旅游活动的先决技术条件。对于外出消遣旅游,人们首先需要解决的问题,便是如何抵达旅游目的地。由于人们可用于外出旅游的时间有限,倘若旅途中所需耗费的时间超过可以接受的限度,那么人们要么会改变对出游目的地的选择,要么则干脆会取消外出旅游的计划。在这个意义上,人们外出旅游的实现离不开交通运输这一技术条件。

其次,从供给方面看,交通运输是目的地旅游业的命脉。对于一个旅游目的地来说,旅游业的生存和发展有赖于客源的充足。只有在该地的可进入性程度能够使众多旅游者前来光顾的情况下,该地的旅游业才有可能实现生存和发展。交通运输网络犹如旅游目的地的血管,担当着在各地间输送游客的任务,因而成为目的地旅游业的命脉。

最后,交通运输作为旅游业的一个部门,本身也是旅游创收的重要来源。人们在外出旅游期间,用于支付交通运输的开支属于必不可少的基本旅游消费,因而也是目的地旅游收入的稳定性来源。

就国内旅游而言,无论任何国家,得自于旅游交通的收入在该国国内旅游总收入中都占有相当大的比重。例如在美国的国内旅游收入中,得自于旅游交通的收入一般约占40%。在某些年份中,所占的比例可能会更高。在我国,根据国家旅游局和国家统计局近些年的抽样调查,在我国城镇居民国内旅游的人均消费构成中,城市间交通费和市内交通费两者合计所占的比重通常都为28%~30%左右。

国际旅游方面的情况更是如此。以2010年我国旅游外汇总收入的情况为例。该年我国的旅游外汇总收入为458.14亿美元,其中来自我国内地长途交通的外汇收入占28.6%;来自市内交通的外汇收入占2.3%,两者合计约占该年我国旅游外汇总收入的30.9%。这当中还不包括入境旅游者乘坐我国航空公司的航班往返于其惯常居住地与我国内地之间的国际间交通旅费开支。倘若再加上我国航空公司的这笔收入,那么旅游交通外汇收入在我国旅游外汇总收入中所占的比例无疑将会更高。另据有关调查,欧美旅游者来我国旅游时,就一般情况而言,国际间交通费往往占其来华旅游开支的半数以上。

二、主要旅行方式

在当今世界上,人们外出旅游时所采用的主要旅行方式(mode of travel)包括乘坐汽车、飞机、火车和轮船。这些旅行方式之间的相互衔接与补充,为人们旅游活动的开展提供了便利的代步条件。

1. 汽车旅行

汽车旅行包括自驾车、搭乘城际公共汽车、包乘旅行大客车等多种不同的形式。汽车是人们作中短程外出旅游时乐于选用的旅行方式。这一情形的出现,有着多方面的原因。其中主要的原因包括:

- 私家车的普及;
- 公路的建设和高速公路网的发展;
- 很多中短程的旅游目的地只有公路可通;
- 最重要的是,与其他各种旅行方式相比,汽车旅行——特别是自驾车旅行——具有自由、便利、灵活等优点，不仅使人们能根据自己的意愿随时停留，而且能机动地安排自己的行止时间。

随着社会经济的发展，在包括我国在内的很多国家中，居民的私家车拥有率都在不断攀升。美国是当今世界上私家车拥有率最高的国家，注册私家乘用车的普及率为平均 1.7 个人一辆。在欧洲，私家乘用车的普及率大约为平均每 4 人一辆。在我国，特别是进入 21 世纪以来，私家乘用车也在迅速增多和普及。由于上述的原因，人们普遍喜欢以自驾车的方式开展中短程旅游，特别是外出一日游和短期度假。在设有国际公路的情况下，人们在前往接壤的邻国旅游时，也往往愿意选用自驾车这一旅行方式。例如，在西欧不少国家之间、美国与加拿大之间以及美国与墨西哥之间的跨国旅游活动中，自驾车旅游都占有很大的比重。面对自驾车旅游的增多，许多国家中都开办了相应的业务，以适应这一市场的需要。常见的这类业务包括：组织并推出以自驾车方式开展的包价旅游；发展汽车租赁（car-rental）业务，以满足旅游者对自驾车旅行的需要；在高速公路沿线兴办汽车旅馆、餐饮设施等供自驾车旅游者途中停歇的服务设施，等等。

自驾车旅行虽然对于旅游者来说有很多优点，但随着这种旅游活动规模的增大，不可避免地也会带来某些副作用。其中最典型的问题，便是容易造成或加重旅游接待地区的交通拥挤和环境污染。此外，对于很多旅游度假地或景区景点来说，由于土地资源有限，加之为了保护旅游景观等原因，当地不可能无止境地增建或扩建道路以及停车场地。面对自驾车游客的不断增多，世界上很多著名旅游景区景点都采取了一系列的应对性管理措施。其中最常见的举措即为限制私家车的进入，通常都是要求自驾车来访者将车辆停放在一定距离之外的指定地点，然后换乘公共代步工具或步行抵达景区景点的入口。

在公共客运方面，由于大客车节能效率为小汽车的三倍（Goeldner and Ritchie, 2006:131），因而在很多国家中，汽车公共客运服务的价格都相对低廉。更重要的是，在组织包价汽车游的情况下，汽车旅游公司通常都会派车上门接送参团游客，从而可免除游客在出游过程中的行李安排以及转车换乘等麻烦问题。在乘车旅游过程中，除特殊情况外，通常都是由司机同时兼任领队和导游。所以，在很多国家中，包价汽车游不仅是为老龄市场所欢迎的出游方式，而且对消费层次较低的旅游者——特别是青年学生——也有很大的吸引力。

当然，与其他旅行方式相比，汽车旅行也有其缺点，其中主要包括：

- 不适用于长途旅行，因为长时间乘坐汽车会令人疲惫和感觉不适。也正是因为如此，人们一般都是将 1~1.5 小时的汽车旅行距离，作为划定一日游地域范围的半径。近些年来，一些长途汽车客运公司试图通过改进汽车旅行的舒适程度——如改善座位的舒适度、设置车上厕所等——去争取更多的客源，然而尽管如此，人们对汽车不适合用于长途旅行这一传统看法，并未因此而改变。
- 人均能耗/废气排放量大，尤其自驾车旅行更是如此，因而不利于环保。
- 安全性较差。据有关统计，在各种交通运输工具中，汽车交通的事故率最高。

2. 航空旅行

半个多世纪以来，随着喷气推进技术在民用航空运输中的应用、大型宽体客机的广泛使用，加之航空公司间的竞争和机票价格的不断下调，航空旅行的市场规模也在不断增大。特别是在远程客运方面，航空业在旅游交通中的地位也因而得到确立。

与其他旅行方式相比，航空旅行的主要优点是速度快。目前大中型客机的飞行时速一般为700~800公里，数倍于汽车、火车的运行时速。对旅游者来说，这意味着旅途中所需耗费的时间最少。与之相应的另一显著优点则是旅行舒适，乘客可轻松地完成旅途。由于这些优点，航空旅行深受远程旅游者的欢迎，因而已成为当今人们远程旅行时的主要交通方式。

在经营客运业务方面，航空公司所提供的服务分为两种，一种业务是经营定期航班服务，另一种业务则是提供包机服务。

定期航班服务指航空公司在既定的运营航线上，按所公布的航班时刻表提供客运服务。届时不论乘客多少，飞机都须按航班时刻表规定的时间启程（除非有意外情况发生）。对于那些不能维持全年经营的航线，航空公司则会根据对市场需求波动情况的评估，规定季节性的定期航班时刻表。定期航班服务的最大特点是：航班时间固定，乘客能够预知抵达有关目的地的时间。因此，定期航班服务不但能吸引那些注重效率、追求服务可靠的商务旅游者，而且为那些不愿在旅途上耗费时间和精力的消遣旅游者所欢迎。然而对于航空公司来说，由于成本的原因，定期航班也是最为昂贵的航空服务产品，特别是飞行旅程相对较短的航线，情况更是如此，因为在飞短程航线时，飞机无法实现较为经济的巡航速度。为了维持和提高航班的载客率或座位利用率（load factor），航空公司往往会采取某些营销策略，其中比较典型的做法包括推出提前预付款旅行机票（APEX）和当场付款旅行机票（1PEX）。前者是面向按规定提前一定时间预订并付款的乘客提供的一种减价机票，乘客购票之后不得再行更改；后者则是一种当航班即将到期时，或是在航班起飞之前的某一特定时间内，所临时推出的减价机票，旨在使那些否则将会闲置的剩余座位能尽可能多地得到利用。

与定期航班服务相比，包机服务则是一种不定期的航空包乘服务业务。自20世纪60年代以来，随着大众旅游的兴起，航空公司的旅游包机业务有了很大的发展。特别是在欧美国家中，很多旅行社在组织包价旅游时，都将包机旅行作为主要的团体旅行方式。对于航空公司来说，包机业务的经营有两大特点或优势：

①价格低。首先，由于包机公司一般不面向大众开展促销，因而可节省促销费用。第二，包机客运只为乘客提供简单的机上服务，因而可使营业成本得以节约。第三，包机公司业务机构的设置一般都比较简单，从而可使管理费用得以降低。由于这些原因，加之包机的载客率较高，从而使得包机公司能够降低其运输价格。

②没有固定的航班时刻表，并且一般也不设固定的运营航线。因此，对于预订量不足的航次，包机公司一般有两种选择，一是取消该航次，将已经预订的乘客转给其他的包机公司，二是同遇有类似情况的其他包机公司开展合作，将其乘客合并过来，实行并团飞行。

对于组团量很大的旅行社来说，使用包机服务通常都比较划算。所以，在欧美国家中，不少大型旅游经营商之所以都拥有自己经营的包机公司，或是与经营包机业务的航空公司有密切的业务合作关系，其中的原因也尽在于此。

总之，航空运输在旅游交通中的重要性主要体现在远程旅游方面。因为就外出远程旅游而言，乘坐飞机往返比较经济，特别是考虑到其中的时间因素时更是如此。

但在另一方面，航空旅行也有一定的局限性，主要反映在：

● 有些人对乘坐飞机旅行怀有恐惧心理。尽管航空公司为此在开展宣传教育方面做过很多努力，但收效并不明显；

● 有很多地点都不在航空运输的服务范围之内，因而在这方面不具备可进入性；

● 由于选址要求，机场通常都是建于距离城市市区较远的地点。因此，人们抵离机场所需的时间可能会很长，甚至会超过旅途的飞行时间；

● 能耗/噪声大，对机场周围的环境质量影响很大。尤其是一些起降大型超音速客机的机场，周围几十公里之内，人和动物都难以忍受飞机起降时所产生的噪声。

3. 铁路旅行

在世界旅游发展史上，火车曾经是人们外出旅游的主要交通工具。但是，在北美和欧洲，自20世纪50年代起，火车在客运交通中的地位逐渐被飞机和汽车所取代，铁路运输的地位不断下降，在客运市场中所占的份额越来越少。这一情况的出现，除了技术方面的原因之外，很大程度上是由于铁路公司面对其他运输公司的挑战，"很少提供高质量的服务"（Cooper，1993）。然而，在中国、印度和俄罗斯等国家中，铁路在客运交通领域中一直扮演着重要的角色。

实际上，铁路客运有很多其他运输方式所不具备的优点，主要表现在：

● 运力大。一列火车可同时运载上千名旅客。

- 票价低。对于中低收入或价格敏感的旅游者具有较大的吸引力。
- 安全性高。在所有各类交通运输手段中,铁路运输事故的人员伤亡率最低。
- 不会受到交通堵塞问题的干扰。
- 车内活动自由。乘客能够在车厢内自由走动和伸展放松,并可观赏沿途风光。
- 人均能耗低,污染小,环保性强。

自20世纪80年代开始,很多国家的铁路公司都试图通过推出新的服务项目、改进铁路运输技术和改善设施设备等措施去维护和争取扩大自己在客运市场中的份额。这些措施包括:在主要城市间开设城际直达列车;提高列车坐席的舒适程度;开发和研制高速列车以提高火车的运行速度,等等。有些欧洲国家的铁路公司在某些沿途景观优美的线路上重新启用旧式蒸汽机车推出专项铁路旅游,包括重新推出横贯欧亚的古老东方列车之旅,以重振铁路旅游对人们的吸引力。不过,这些做法很大程度上已不再是将铁路用作交通运输手段,而是已演变为一种特别旅游项目。

尤其值得注意的是,随着人们环境意识的增强以及对可持续发展的关注,铁路运输对环境污染较小的特点也越来越多地得到了人们的重视。很多国家都开始重新重视铁路运输的发展。高速铁路的建设和高速列车的研制已成为很多国家关注的重点。例如,西欧各国曾在20世纪90年代计划投资1000亿美元发展高速铁路。法国先是于1989年开通了巴黎和布里塔尼两地之间的高速列车,最高运行时速可达298公里,此后于90年代中期将运行线路延伸至西班牙。德国于1991年在曼海姆和斯图加特这两个城市间开通了时速可达248公里的高速列车。西班牙、瑞士、瑞典和意大利等国也都纷纷投巨资对其铁路运输进行更新。英国各主要城市间的城际客运列车早在20世纪80年代便已经实施快速运行。在人称"建在汽车轮子上的国家"的美国,大规模的高速铁路建设计划也于90年代开始实施。在日本,继著名的"子弹列车"推出以来,也在继续扩大其运行的线路网络。在澳大利亚,悉尼与珀斯之间总长为3802公里的铁路旅游线也已投入运营。在我国,世界上第一条磁悬浮列车运输线也于2002年在上海开始运营。所有这一切都表明,随着高速铁路的发展,铁路运输将有可能扭转长期以来的颓势而进入新的复兴时期。

4. 水路旅行

世界各地的水路客运业务主要包括远洋定期班轮服务、海上短程渡轮服务以及内河客运服务。

20世纪50年代之后,有固定航线的远洋定期班轮服务很快走向衰落,目前这种服务几乎已不存在。这种远洋客运业务的衰落，有客观方面的原因，也有轮船公司方面的主观原因。客观方面的原因是，20世纪50年代之后，随着航空运输技术的发展以及航空公司间市场竞争的加剧，大部分远程航线的机票价格都渐趋下降，乘飞机旅行比乘坐轮船更显划算。与此同时，在远洋客运经营方面，许多客轮都因陈旧过时而不能满足市场的需要。另一方面，更新船只的费用又相当高。按乘客愿意支付的船票价格计算，要在客轮正常使用寿命的15年至20年间回收一条新船的投资，已经十分困难。此外，远洋客运业务的营业成本也在不断上升，加之航空公司在远距离客运方面占有快速、安全、舒适等高标准服务的优势，使得轮船公司无力与之竞争。主观方面的原因则是，轮船公司没能及早意识到航空运输的发展对海上客运业务的威胁，未能使其产品及时适应市场需求的变化，最终致使远洋客运业全线崩溃，出现了难以挽回的败局。

同远洋客运业务相比，短程海上渡轮业务自"二战"后，特别是自20世纪60年代大众旅游兴起以后，曾有过相当长一段时期的较大发展。这主要是因为，在很多欧美国家中，随着私人小汽车数量的增多，人们喜欢自驾车旅游，甚至带车出国旅游，从而扩大了对渡轮服务的需求。渡轮公司针对这一市场的需要，也不断采用新型轮船（包括气垫船在内），制定新的舒适标准，配置快速装卸设备，增添新的服务项目，扩充航线的抵达范围，等等。但就世界范围看，这种渡轮服务网主要是在欧洲，特别是在希腊海域、英吉利海峡、爱尔兰海、地中海等地区流行。另外，新西兰南、北岛之间的库克海峡也是世界上渡轮业务较多的地区之一。不过，随着英法之间海底公路和铁路隧道的开通使用，英法之间的轮渡业务已遭到沉重的打击。

内河航运在一些国家中也是旅游交通中的重要组成部分。例如我国的长江、北美的密西西比河、南美的亚马逊河、爱尔兰的香农河、欧洲的多瑙河以及英国的泰晤士河等，都是重要的内河航运河道。但是，如今大多数内河航运业务实际上已向游船服务业务发展，作为旅行方式的意义已经不大。

5. 海上巡游

随着远洋客运业务的衰落，海上巡游——即国人通常所称的邮轮旅游——开始发展起来。事实上，邮轮旅游业务的出现可上溯至第二次世界大战之前，最初的情况是，到了冬季，由于远洋客运业务量不大，有些远洋客运公司遂开始去加勒比海域开辟海上巡游度假业务。"二战"结束之后，由于当时二手客轮价格低廉，希腊和挪威的一些轮船公司借机大举进军海上巡游业务。与此同时，随着远洋客运的衰落，其他轮船公司也都逐渐转向经营海上巡游业务。随着这种情况的出现，乘坐邮轮已不再是旨在解决旅途交通的旅行方式，而是发展成了一种新型的海上旅游度假项目。

邮轮度假的最大特点是悠闲、舒适。在海上巡游过程中,人们既可在不同的地点登岸旅游,又可随时回船休息,免除了每到一地时上下搬运行李和寻找下榻旅馆的麻烦。此外,邮轮上也提供多种多样的消遣娱乐设施及相关服务。因此,邮轮常被人们称作是"漂浮的度假村"或"漂移的旅馆"。在传统上,这种邮轮度假通常为高端产品,价格昂贵,加之这种邮轮的航行速度不能太快,比较耗费时日,所以收入低和闲暇时间较少的旅游消费者难以享用。

就全球情况而言,20世纪70年代初期,海上巡游比较盛行。70年代中期以后,海上巡游市场曾一度衰落。但是,从20世纪80年代中期开始,这种旅游度假形式再次重又流行,邮轮旅游业的规模也在不断扩大。从整个世界看,传统上最为活跃的海上巡游区域为美洲的加勒比海域和欧洲的地中海海域。这主要是因为,这些地区一则气候温暖,二则可登岸游览的旅游地为数众多,而且彼此相距不是很远,因而是较为理想的邮轮度假活动区域。此外,北美的阿拉斯加海域每年夏天也是邮轮度假活动较为集中的海域。20世纪80年代中期之后,东南亚地区也开始发展成为世界上第三个较为兴旺的邮轮度假海域。由于邮轮的航行速度较慢,而人们的假期时间又有限,所以大部分邮轮度假活动的参加者都是先乘飞机到有关邮轮公司的母港,然后登船巡游度假,等游程结束后,再乘飞机返回自己的惯常居住地。2012年,我国的海航旅业集团开始推出邮轮度假业务,该公司的"海娜号"于转年首航,成为国人自己经营的第一艘海上邮轮。

从经营角度讲,海上巡游业务存在的主要问题是:第一,它是一种劳动密集程度较为突出的旅游业务。就全球邮轮旅游业的总体情况而言,据统计,在邮轮公司的营业成本中,大约65%为工资成本。在有些邮轮上,工作人员与乘客的比例高达1:2.1。这难免会给价格竞争带来不利影响;第二,建造新邮轮的投资很高。平均铺位的投资额通常都高于饭店平均床位的投资额。由于这些原因,海上邮轮度假产品的目标人群只能是中高端市场。

表 6-6 世界大型邮轮公司

公司名称	邮轮数(条)	舱位(下铺)总数
1. 皇家加勒比国际邮轮公司(Royal Caribbean)	22	52838
2. 嘉年华邮轮公司(Carnival)	22	50882
3. 公主邮轮公司(Princess)	16	34110
4. 挪威邮轮公司(Norwegian)	12	25326
5. 歌诗达邮轮公司(Costa)	12	23265
6. 荷兰美洲轮船公司(Holland America)	13	18915
7. 美国MSC邮轮公司(MSC Cruises USA)	8	13548
8. 名流邮轮公司(Celebrity)	8	13388

续表

公司名称	邮轮数（条）	舱位（下铺）总数
9. 卡纳德轮船有限公司（Cunard）	3	6411
10. 挪威 ASA 邮轮公司（Hurtigruten ASA）	13	5923
11. 迪士尼邮轮公司（Disney）	2	3508
12. 丽晶七大洋邮轮公司（Regent Seven Seas）	5	2422
13. 大洋洲邮轮公司（Oceania）	3	2052
14. 水晶邮轮公司（Crystal）	2	2014
15. 壮美邮轮公司（Majestic）	7	1588
16. Azamara 邮轮公司（Azamara）	2	1420
17. 银海邮轮公司（Silversea）	4	1356
18. AMA 航运公司（AMA Waterways）	9	1294
19. 寰球江河邮轮公司（Uniworld River）	9	1206
20. 东方轮船公司（Orient）	1	826
21. 海韵邮轮公司（Seabourn）	3	624
22. 风星邮轮公司（Windstar）	3	608
23. 美洲邮轮公司（American）	4	302
24. 海梦游艇俱乐部豪华邮轮公司（SeaDream）	2	110
合计	185	263936

资料来源：2008 CLIA Cruise Market Overview。
注：按 2007 年底的舱位下铺数排序。

三、我国旅游交通的发展

改革开放以来，我国的交通运输业有了很大的发展，无论是铁路运输、公路运输，还是航空运输，都为我国发展旅游业做出了贡献。我国交通运输业的发展目标是：到 21 世纪中叶，建成一个可持续性的、以高速化和智能化为目标的新型综合交通运输体系，在交通科学技术方面达到世界先进水平，在交通运输技术装备、业务组织和运输管理方面跻身世界先进行列。

1. 航空运输

1980～2000 年期间，中国民用航空业以近乎两倍于国民经济增长的速度迅速发展（参见表 6-7）。

表 6-7 中国民用航空业的发展（1990～2000）

指标	1990 年	2000 年
民用航空航线数（条）	437	1165
其中：国际航线	44	133
国内航线	385	1032
港澳地区航线	8	42
民用航空航线里程（公里）	506762	1502887
其中：国际航线	166350	508405
国内航线	329493	994482
港澳地区航线	10919	55759
民用航班飞行机场（个）	94	139
民用飞机数量（架）	503	982

资料来源：根据中国民航网站资料整理。
注：民用飞机中含教学校验用飞机。

进入新千年后，我国民用航空旅客运输量的增长很快。新千年初，我国民航业的年旅客运输量为 8000 万人次。2005 年增至 13827 万人次，2011 年已上升至 2.9 亿人次。

根据国际民航组织的统计，进入新千年以来，世界航空运输量的年均增长率一般保持在 6% 左右的水平。据中国民航管理局预测，2010～2030 年期间，我国民航业预计也将实现这样的增长速度。这意味着，到 2030 年时，我国民航业的旅客运输量将达到 6.6 亿人次。航空运输在我国综合交通运输体系中的地位将会大幅提高，成为国民远程外出的主要旅行方式。

在 21 世纪中，民用机场仍将是我国航空基础设施建设工作中的重点。2010 年，我国民航航班使用的国内机场已达到 175 个。预计到 21 世纪中叶，在合理布局的前提下，我国大陆各地区（州、盟）都可实现通航，一部分有条件的重要县级城市也将有望实现通航。根据发展需要，今后将在一些重要城市建设第二机场，使全国三分之二的机场都能起降中型以上的飞机，并形成若干个设施先进、功能完善、服务一流、高度现代化的、具有中心辐射功能的大型枢纽航空港。

今后，中国国内航线布局的发展重点将放在沿海开放地区、西部交通不便的地区以及中部地区的一些旅游城市。因此，今后将继续扩大以北京、上海、广州等城市为中心的航线网络布局；增加省会、自治区首府城市及旅游城市之间的航班密度；同时，进一步完善和发展中西部地面交通不便的地区和东南沿海经济较发达地区的支线航线。

2. 铁路运输

在铁路运输方面，一个以北京为中心的全国铁路网已经形成。根据我国铁路部门的计划，在 21 世纪初至 21 世纪中叶，我国铁路运输的发展将经历两大阶段。第一阶段的任务是，在 21 世纪头 10 年中，铁路运输的营业里程将达到 8 万公里以上，使运输能力适应国民经济和社会发展的需要；第二阶段的任务是，到 21 世纪中叶，铁路运输的营业里程将是 2000 年的 1.75 倍，使铁路运输能力适度超前于国民经济和社会发展的需要。在 21 世纪前半叶，我国将集中力量建设一批对国民经济全局有重要影响的，在路网上起骨干作用的大能力干线，与此同时，还要建设一批区域性的线路，建成布局合理、干支协调、四通八达的铁路网，使得全国各省、市、自治区首府都有铁路线与北京贯通，并在幅员辽阔的西部地区形成合理的路网布局；进一步提高铁路路网的开放度，使全国各边境地区都有铁路线贯通全国，并实现与邻国铁路的连接。

在铁路营业里程不断延长，路网不断完善的同时，我国在发展高速铁路方面也取得了令世界瞩目的成绩。继 2008 年京津高速铁路建成和通车之后，连接"环渤海"和"长三角"两大经济区的京沪高铁也于 2010 年建成，并于 2011 年开通运营，成为目前世界上线路里程最长的高速铁路。高速铁路具有速度快、运能大、能耗省、污染轻等优势，因而已成为当今世界各地在发展铁路运输方面的一大趋势。按照计划，我国将在 21 世纪前半叶中，争取分步在京广、京沈、陇海等铁路线上，以及在其他一些重要城市之间，建成高速铁路或高铁客运专线，形成以北京为中心，连接全国各主要大城市的高速铁路运输框架。

3. 公路运输

在公路运输方面，截止到 2011 年末，我国的公路运输线路已达到 410.64 万公里，其中高速公路已达 8.49 万公里。关于进入新千年后我国公路客运的发展情况，可参见表 6-8。

表 6-8 中国公路客运的发展（1980~2011）

年份	运输线路长度（万公里）	高速公路（万公里）	公路客流量（亿人次）
1980	88.3	—	—
1990	102.8	0.05	—
2000	140.3	1.63	—
2005	334.5	4.10	168.4
2006	345.7	4.53	186.05
2007	358.4	5.39	205.07
2008	373.0	6.03	269.2

续表

年份	运输线路长度（万公里）	高速公路（万公里）	公路客流量（亿人次）
2009	386.1	6.51	277.91
2010	400.8	7.41	305.27
2011	410.6	8.49	328.62

资料来源：根据有关网站资料整理。

在公路交通的发展布局方面，我国已建成"五纵七横"12条国道主干线，贯穿全国所有省、市、自治区，连接所有百万人口以上的大城市和大部分五十万以上人口的城市。在此基础之上，我国将进一步完善公路网络，形成以高速公路为骨架，主要公路客货运输段为枢纽，实现全国重要城市、工农业生产中心、交通枢纽和主要陆上口岸的连接，并通过发达的干支线公路和农村道路连接全国各地，形成国道主干线、干线、支线相衔接、高速便捷的全国公路网。

我国的12条国道主干线分别是：

① 同江—哈尔滨—长春—沈阳—大连—烟台—青岛—连云港—上海—宁波—福州—厦门—深圳—珠海—湛江—海口—三亚

② 北京—天津—济南—合肥—南昌—福州

③ 北京—石家庄—郑州—武汉—长沙—广州—深圳

④ 二连浩特—太原—西安—成都—昆明—河口

⑤ 重庆—贵阳—南宁—北海—湛江

⑥ 绥芬河—哈尔滨—满洲里

⑦ 丹东—沈阳—北京—呼和浩特—银川—兰州—西宁—格尔木—拉萨

⑧ 青岛—济南—石家庄—太原—银川

⑨ 连云港—徐州—郑州—西安—兰州—乌鲁木齐—霍尔果斯

⑩ 上海—南京—合肥—武汉—重庆—成都

⑪ 上海—杭州—南昌—长沙—贵阳—昆明—瑞丽

⑫ 衡阳—桂林—南宁—昆明

在高速公路方面，目前我国各地已建成的高速公路主要包括：

西宝高速（西安—宝鸡）；西铜高速（西安—铜川）；西临高速（西安—临潼）；广深高速（广州—深圳）；广珠高速（广州—珠海）；广佛高速（广州—佛山）；深汕高速（深圳—汕头）；成渝高速（成都—重庆）；贵黄高速（贵州—黄果树）；宁合高速（南京—合肥）；宁连高速（南京—连云港）；宁通高速（南京—南通）；福厦高速（福州—厦门）；郑洛高速（郑州—洛阳）；京沪高速（北京—上海）；京津塘高速（北京—天津—塘沽）；京石高速（北京—石家庄）；京沈高速（北京—沈阳）；沈大高速（沈阳—大连）；沈丹高速（沈阳—南芬河段）；四长高速（四平—

长春）；沪宁高速（上海—南京）；沪杭高速（上海—杭州）；杭甬高速（杭州—宁波）；济青高速（济南—青岛）；烟青高速（烟台—青岛）；海南岛东环岛公路，等等。

尽管我国在发展客运交通方面成就巨大，但在我国旅游业中，交通运输仍属薄弱环节。这主要表现在两大方面：一方面，运力不足的问题仍未完全得到解决，旅行难的现象在很多地区和线路上依然存在。虽然航空、铁路、公路和水路等交通线路已将全国各地连接成网，但由于受交通基础设施规模和质量的制约以及定期或定时客运班次数量的影响，很多旅游目的地的可进入性程度仍然较低；另一方面，交通运输部门的服务质量落后于其他旅游服务部门。交通运输服务所涉及的内容很多，其中主要为两个方面，一是机场、车站、码头等在旅客候乘期间的服务，一是运输途中的旅行服务。我国交通运输部门在前一方面普遍存在服务质量差的问题，旅客登乘时普遍存在的拥挤和混乱现象便是其中最突出的反映。在途中服务方面，除了航空公司之外，其他客运部门都存在较多的问题。这些情况说明，随着市场经济的发展，虽然很多交通运输企业已经感受到竞争的压力，但是距离现代营销观念的真正树立尚有一段路程。

四、影响旅游者选择旅行方式的因素

一般地讲，旅游者对交通运输服务的要求，涉及安全、便利、快速、高效、舒适、经济等诸多层面。实际上，不同的旅行者对上述各个层面的强调程度或重点，往往会有顺序上的区别。这意味着，人们在外出旅行时，对旅行方式往往会有不同的选择。对于客运服务经营者来说，面对市场竞争的加剧，了解影响人们选择旅行方式的因素无疑很是重要。虽然影响人们选择旅行方式的因素会有很多，但归纳起来讲，其中较大的影响因素主要包括以下四项。

1. 旅行目的

在前面的第三章中，我们曾将旅游者划分为消遣型、因公差旅型和因私事务型三大类。因公差旅者的最大特点是，他们外出旅行的目的旨在完成既定的工作任务。这不仅决定了他们不能随意更改外出旅行的目的地和动身出发的时间，而且决定了他们在一定程度上不大考虑旅行费用问题。对于外出旅行，除了安全因素之外，他们最为关心的往往是便利、快速和舒适。因此，他们所乐于选择的旅行方式通常是航空、铁路和小汽车旅行，一般很少乘坐长途汽车和轮船。

消遣型旅游者的外出目的是为了消遣或度假，在外出动身时间的安排上，不像因公差旅者那样严格受限，因而对不同旅行方式的选择性较大。由于这类消费者对价格敏感，所以他们可能会尽量选择那些运输价格较为低廉的旅行方式，有时甚至可能不使用商业性的运输服务，而采取诸如徒步、骑自行车、自驾车，乃至顺路免费搭车等方式外出旅行。但一般地讲，对于距离较短的旅行，在条件允许的情况下，多数消遣型旅游者都喜欢采取以自驾车的方式出行。在外出远程旅游、特别是出国旅游的情况下，乘坐飞机或火车则是其常会选用的旅行方式。总之，对于因消遣性目的而外出旅行的人来说，他们在选择旅游方式时，除了安全因素之外，所注重考虑的因素往往是经济和高效。

因私事务型旅游者的需求特点虽然难以一概而论，但在以下两点上则具有共性：第一，出行目的地已确定，无法随意更改；第二，在动身出发的具体时间上，有某种程度的选择余地，既不像消遣型旅游者那样对出行时间有很大的选择自由，也不像因公差旅者那样在出发时间上几乎没有选择余地。所以，他们在选择旅行方式时所依据的标准，除了安全因素之外，一般都是既追求高效，又追求价廉。

2. 运输价格

由于因公出差和旅费报销的缘故，差旅型旅游者在选择旅行方式时，对运输价格一般都不大敏感。与之相比，其他各类旅游者在选择旅行方式时，对运输价格普遍都很敏感。由于非差旅型旅游者在旅游市场中占绝大比重，所以对于交通运输公司来说，其客运服务价格稍有变动，都有可能导致营业量发生很大的变化。特别是在客运市场供大于求、竞争激烈的情况下，尤其更是如此。对于大多数旅游消费者来说，由于其家庭收入毕竟有限，因而在计划外出旅游时，往往都会考虑和比较各种可供选择的旅行方式的价格。甚至在选定了某一旅行方式之后，譬如在选定了航空旅行之后，还会就不同航空公司的服务价格进行比较，甚至还会考虑抵离机场的交通费用。

3. 旅行距离

旅行距离通常涉及空间距离和时间距离两个方面。一般地讲，空间距离越大，完成旅行所需的时间也就越多，旅费开支也就越高。对于大多数消遣旅游消费者来说，用于外出旅游的预算以及可用于外出旅游的时间都有其限度，特别是，为了更有效地利用自己有限的度假时间，人们都会尽力缩短用于旅途的时间。所以，对于长距离的旅行，特别是 1000 公里以远的旅行，人们通常都会倾向于选择使用航空这种旅行方式，因为航空旅行不仅速度快，而且相对也比较经济。相比之下，对于中、短距离的外出旅行，人们则通常都比较倾向于选择乘坐汽车或火车，因为这不但比航空旅行经济，而且也相对便利。

4. 个人偏好与经验

我们常会发现，在同时有多种旅行方式可供选择的情况下，即使是其他条件完全相同的人，对于所选用的旅行方式，不同的旅游消费者很可能会有不同的选择。这一情形的出现往往是因个人旅行偏好和经验的不同而导致的结果。

一般地讲，外出旅行者对特定旅行方式的偏好往往会受其个人人格或心理类型的影响。关于这一点，可参见第三章中的有关内容。例如，调研结果证实，依赖型人格或心理类型的人远不及冒险型人格或心理类型的人富有冒险精神。因而，在对旅行方式的选择方面，不论旅途远近，依赖型人格或心理类型的人往往都倾向于自驾车前往，而不愿、甚至惧怕乘坐飞机。而冒险型心理类型的人恰恰相反，他们在外出作中远程旅行时，则喜欢乘坐飞机而不是自己驾车。除了个人人格或心理类型的影响之外，一个人对某种旅行方式的偏好，还往往会与自己先前的旅行经验有关。例如，不论是在中国，还是在其他国家，人们都不难发现，有些人外出远程旅行时之所以宁愿多花时间乘坐火车也不肯选择航空旅行，是因为他们自己过去的旅行经验使其深信，乘火车旅行要比乘飞机安全，尽管很多统计数据都表明航空旅行的安全系数实际上很高。

当然，除上述因素之外，有可能会影响人们选择旅行方式的其他因素还有很多，例如天气、旅伴、目的地的地理位置特点，等等。实际上，所有各种因素在决定人们对旅行方式的选择时，都是相互联系、相互影响、综合起作用。因此，我们只能在假定其他因素不起作用的前提下，讨论某一因素的影响作用。不论一个人对某种旅行方式如何偏好、其依赖型的心理类型多么典型、其外出旅行的距离多么遥远，如果他不具备足够的支付能力，也不便选择自己所喜欢的那一旅行方式。在这种情况下，经济因素（运输价格或收入水平）也便成为影响其选择旅行方式的决定因素。反之，假定一个人经济条件十分宽裕，或者航空票价非常便宜，但他仍然倾向于选择乘火车而不是乘飞机，则往往是因为他个人认为火车运输的安全记录高，乘火车比乘飞机在安全方面更为保险。

第四节 旅游景点

在任何一个旅游目的地，旅游景点往往代表着该地旅游资源中的精华。对旅游者来说，对交通运输及住宿产品的需求大都属于派生性需求。因此，在旅游业中，交通运输及住宿产品的供给对旅游者的来访活动实际上起着一种支持或后援作用。与之相比，旅游景点对旅游者的来访则起着一种激发或吸引的作用。旅游者之所以去某地访问，从根本上讲是受该地旅游资源吸引的结果。所以，人们对景点及其游览服务的需求，也就成了来访该地时的根本性需求。正是在这个意义上，对于一个旅游目的地来说，旅游景点作为该地旅游资源中的精华，在该地整体旅游产品供给中处于中心地位。对此，国际旅游学术界也有同样的认识："旅游景点是人们外出旅游的吸引因素……是旅游系统中最重要的组成部分。……毫无疑问，旅游景点是旅游活动的主要刺激因素。(就消遣旅游活动而言)，倘若没有景点对游客来访的吸引，对所有其他旅游服务的需求——例如对交通运输服务、住宿服务、餐饮服务、购物服务等方面的需求——将几乎不存在。"所以，旅游景点"在决定一个旅游目的地的竞争力方面扮演着重要的角色"(Goeldner and Ritchie, 2006:210)。

一、认识旅游景点

人们很容易发现，不论是在中国还是在其他国家，任何一个"旅游"景点所接待的游人中，并不都是来自他乡的旅游者。特别是那些地处大城市或人口密集区的旅游景点，在其所接待的来访游人中，相当多的人其实是当地的居民，而非他乡来访的游客。虽然人们通常称之为"旅游"景点，实则为面向所有公众开放的公共景点（public attractions）。了解这一点，对于旅游景点的成功经营与管理，有着非常重要的意义。当然，鉴于"旅游景点"这一称谓已然约定俗成，我们也没有必要为了正名而去坚持改称"公共景点"。

1. 广义的认识

从广义上讲，任何一个可供公众参观游览或开展其他消遣活动的场所，皆可被看作是旅游景点。这种场所的地域概念可以很小，譬如仅为一座历史建筑，一处名人故居，一所学校，一个博物馆，一所幼儿园，或是一所敬老院等；然而这种场所的地域概念也可以很大，甚至实际上是一处面积巨大的游览区，例如我国杭州的西湖风景区、美国科罗拉多的大峡谷、肯尼亚的野生动物保护区，等等。在我国组团旅行社的业务经营中，在为观光旅行团安排活动线路时，对于其中所涉及的每一处参观点或游览场所，通常也都泛泛地称作该线路中所包含的"景点"。

2. 规范意义上的旅游景点

但是，上述广义理解的旅游景点由于概念范围过于宽泛，往往会误导人们将作为旅游资源的旅游吸引因素与作为旅游业经营部门之一的旅游景点混为一谈。事实上，无论是在旅游研究中，还是在景点行业（attractions industry）经营者的生意经讨论中，人们所称的旅游景点都是指其狭义概念。也就是说作为旅游业中景点行业的基本细胞，规范意义上的旅游景点是指那些由某一组织或企业行使管理的封闭式旅游景点（managed attractions），其突出特征表现在：有明确的界线与外界隔开，并设有固定的出入口，能够对来访游人的出入行使有效控制。所谓有明确的界线，是指该景点通过圈以围墙、或设以栅栏、或借助某种天然条件（如借助河流、山沟等难以逾越的自然屏障，将自己与外界隔离开来。换言之，在正规的旅游研究中，人们所称的旅游景点，皆为这种规范概念上的旅游景点，即那些"专供来访公众参观、游乐或增长知识，而设立和管理的长久性消遣活动场所"

(Middleton, 1988)。

在对旅游景点所下的这一定义中,所反映和强调的要点是,作为规范意义上的旅游景点,需符合以下几个方面的条件,或者说需有以下几个方面的表现特点:

① 专用性。旅游景点是指用来供游人参观、游览、或开展某些其他消遣活动的场所。这一专用性的指定,要么是出于商业性决策,要么是出于有关政府部门的公益性政策。但不论是出于哪一种情况,作为旅游景点,这一专用型职能不得改变。倘若发生改变,这一场所则不再属于是景点行业意义上的旅游景点。譬如,工厂、学校、幼儿园、养老院、部队军营等,虽然也都有可能供外来旅游者参观,但它们都不属规范意义上的旅游景点,因为它们的职能并非是专供游人或公众参观。只有那些专供游人或公众参观、游览或开展某些其他消遣活动的场所,方为规范意义上的旅游景点。

② 长久性。这里所称的长久性,是指作为规范意义上的旅游景点,必须要有其长期固定的场址。这里对长久性的强调,主要是用以将旅游景点同那些没有固定场址的旅游吸引物区别开来,后者如在临时利用某一场地举办的展览、庙会、流动演出、民俗表演,等等。由于这类暂时性的旅游吸引物有其不同的组织和营销方式,特别是由于它们没有长期固定的专用场址,因而并不属于规范意义上的旅游景点,尤其是在讨论旅游景点的经营管理时更是如此。

③ 可控性。作为规范意义上的旅游景点,必须有人行使管理,能够对游人的出入行使有效控制,否则,这一场所便不属于真正的旅游景点,不能成为该地景点行业中的一员,而只能是一般意义上的开放式公共活动区域。但是,这一定义下的旅游景点并非仅仅限于指那些实行收费准入的景点,同时还包括那些有人行使管理、但实行免费参观的旅游景点。后者多见于政府部门和社会团体出于社会公益目的而兴办和管理的各种参观/游览场所。

目前世界各国的大多数旅游景点都在实行购票准入的做法。对于商业性的旅游景点来说,这样做的目的旨在通过门票收费,去补偿其全部成本并获取利润。但对于由政府和社会团体兴办的公益性旅游景点来说,这样做的目的有些是旨在通过门票收费去补偿其流动费用,而不是用于补偿其建设投资,有些则仅仅是为了减小产权所有者支付的费用补贴。总之,从全球各地的发展趋势看,不论是出于上述何种目的,在对旅游景点的管理方面,今后的主流将是实行收费准入,而非完全免费使用。

二、旅游景点的类别

在旅游研究中,由于研究目的的差异,人们对旅游景点的分类不尽相同。一般地讲,对于旅游景点的类别划分,有以下几种情况:

1. 按性质进行分类

依据旅游景点的设立性质，可分为商业性的旅游景点和公益性的旅游景点。

①商业性景点：指投资者完全是出于营利目的而设立和经营的旅游景点，因而这类旅游景点的性质纯属企业。

②公益性景点：指政府或社会团体出于社会公益目的而设立和管理的旅游景点。在这类公益性景点中，虽然有不少景点如今也在采用收费准入的做法，但实行收费的目的并不是为了营利，而是为了补充该景点维护费用的不足。

2. 按成因进行分类

依据景点吸引因素的成因，可分为自然旅游景点和人造（或人文）旅游景点。前者所依赖的吸引因素为大自然的造物；后者所依赖的吸引因素则属人为产物，不论是历史上的人为遗产，还是现代的人造结果。

3. 按复杂程度分类

依据景点所含内容的复杂程度，可分为单一型的旅游景点和复合型的旅游景点。前者指那些主题单一，或仅供开展某一类活动内容的旅游景点，例如某一历史建筑、某一人类遗址、某一名人故居等；后者则是指那些主题多样，或可供多种活动内容的旅游景点，例如综合性的游乐场、多主题的主题公园，等等。

4. 按表现形式分类

依据景点的展示内容或表现形式，可分为以下几种主要类别（Middleton，1988）。

①古代遗迹（Ancient Monuments）

尤其是指那些经挖掘出土，并加以管理和保护的历史古迹，例如古城防建筑、古墓葬，等等。我国西安的半坡遗址、秦俑坑，北京周口店的北京猿人遗址，洛阳的古墓葬展览馆等，都是属于这种类型的景点。

②历史建筑（Historic Buildings）

指那些以历史上遗留下来的各种建筑物为主要吸引因素而设立和管理的旅游景点。这类建筑物包括：历史上遗留下来的城堡、宫殿、名人故居、寺庙、传统民居，等等。

③博物馆（Museums）

博物馆的系列划分比较庞杂。一般地讲。主要可分作两大类，一类是以特定藏品为展示内容的博物馆，例如各种科学博物馆、历史博物馆、军事博物馆、交通运输博物馆，等等；另一类则是以特定场址为展示内容的博物馆，如我国的故宫博物院、英国的铁桥堡博物馆，等等。此外，对于那些以特定藏品为展示内容的博物馆来说，还可进一步按其藏品的来源范围做进一步的类别划分，如国家博物馆、地区博物馆、地方博物馆，等等。

④美术馆（Art Galleries）

多数都是以收藏和展览历史或传统美术作品为主。

⑤公园和花园（Parks and Gardens）

作为景点的类别，这里所称的"公园和花园"是指那些以具有某种特色的自然环境和植物景观为主要观赏内容的旅游景点，如国家公园、自然保护区、著名的园林，等等。

⑥野生动物园区（Wildlife Attractions）

指那些以观赏野生动物为主要活动内容的景点，如动物园、水族馆、观鸟园、天然动物园、蝴蝶庄园，等等。

⑦主题公园（Theme Park）

这类旅游景点多为以某些中心主题为基调，而兴建和管理的大型人造游览和娱乐园区，以美国佛罗里达州的迪士尼世界最为著名。

⑧早期产业旧址（1ndustrial Archeology Site）

指那些在已经遗弃的早期工矿产业旧址的基础上开发形成的旅游景点，主要供参观者了解该地历史上的社会生产及技术状况，例如早期的采矿业、纺织业、铁路运输业以及运河码头等产业旧址。

顺便一提的是，在我国有人曾提出，可根据旅游景点的内容或功能特点，将其划分为游览型景点、知识型景点和康乐型景点三个类别。实际上，除了极个别的情况之外，人们很难就某一景点在这三者之间进行截然区分。至少大多数旅游景点都同时兼有游览型和知识型特点。即使是本节中按内容和表现形式所列举的上述景点类别，也仅是一种基本的分类。具体就某个景点而言，上述所列的不同类别的旅游景点在某些方面很可能也会有所重叠。例如，就主题公园而言，虽然其中多为现代人造建筑，但有的主题公园内也借用一些该地原有的历史建筑或其他一些原有的景观。诸如此类的情况并非罕见。但尽管如此，就某一景点而言，在本节所列的多个类别间出现完全重叠的可能性很小。

5. 依据旅游景点的质量等级进行分类

这种分类法很大程度上为我国所独有。在我国，关于评定旅游景点质量等级的国家标准——《旅游区（点）质量等级的划分与评定》——问世于1999年，并在此后的几年中进行了修订。该评定标准中规定，旅游区（点）质量的等级依据"景观质量与生态环境评价体系"和"旅游服务要素评价体系"中各考核项目的得分情况，并参考"游客意见评价体系"中各评价项目的游客满意率得分情况进行综合评定。

现行标准将我国的旅游区（点）按质量划分为五个等级，从高到低依次为5A级、4A级、3A级、2A级和A级。旅游区（点）质量等级的标志、标牌、证书，由国家旅游行政主管部门统一制作和颁发。

旅游区（点）质量等级评定工作按国家和地方两级进行。国家旅游局负责组织全国旅游区（点）质量等级评定委员会；各省、自治区、直辖市旅游局负责组织地方旅游区（点）质量等级评定委员会。全国旅游区（点）质量等级评定委员会负责5A级、4A级和3A级旅游区（点）的评定工作。地方旅游区（点）质量等级评定委员会负责本行政区域内2A级和A级旅游区（点）的评定工作。

三、旅游景点实现长期成功的关键

一般地讲，对于大多数旅游景点来说，其经营状况受突发性外部因素冲击的影响程度通常都不是很大。这一点与饭店企业和交通客运企业的情况不大相同。形成这一情况的原因主要在于两个方面，一方面是因为大多数旅游景点的经营规模都比较小，另一方面则是与客源市场中包含大量的当地居民有关。但是，一个旅游景点的经营若要实现长期成功，经营者除了需要做好内部的管理工作之外，还必须重视以下几项长远性外部环境因素的影响。

1. 竞争状况

旅游景点行业中的竞争突出地表现为两个方面。一方面是地处同一地域内的同类景点之间的竞争。由于大多数旅游景点所实行的通常是无差异目标市场策略，所面对的都是同样的客源市场，因此，同一地域内同类景点数量的增加，意味着景点经营者必须更加努力工作才有可能维持其市场份额不减。另一方面则是与周边相邻地区同类景点的竞争。由于越来越多的地区出于发展经济和增加就业的原因都在致力于发展旅游业和开发旅游景点，从而使旅游景点的市场供给也在增加，并在一定的距离范围内构成对周边地区旅游景点的竞争。随着新景点的出现和竞争，一些原有的旅游景点有可能不再能够吸引足够数量的游人来访，甚至有可能会被排挤垮台。因此，旅游景点的经营者必须要随时关注竞争状况的发展，以便策划和实施相应的对策。

2. 顾客需求层次的变化

随着社会经济和现代技术的发展，人们通过电视和互联网对国内外旅游发展情况的了解也在增多。由于这些情况的影响，旅游消费者往往会以国际水准去衡量和要求国内的旅游景点。或者，随着国内某些一流景点开发水准和服务水平的更新，旅游消费者同样也会以此为参照，去衡量和要求其他的旅游景点。所有这些因素的影响，都会促使人们提升对旅游服务的需求层次，对旅游景点产品质量的要求也会因之变得愈加挑剔。这意味着，随着顾客需求层次的提高，过去曾令其满意的接待条件和服务安排，将会变得不再能够令其满意。因此，旅游景点经营者必须注意观察和了解旅游消费者需求层次的变化，及时更新旅游景点的接待条件和服务质量水准。

3. 新型应用技术的发展

随着现代科技的发展，一些新型应用技术的出现，会为旅游景点的建设和更新改造带来新的机会。例如，目前，声、光、电、激光等现代技术以及塑料和碳纤维等新型材料都已应用于景点展示手段的现代化，过山车之类游乐设施所使用的传统滑道，也早已让位于新式的螺旋轨道和立式环形轨道。例如，美国的六面旗游乐园于 1992 年推出世界上第一部倒悬式过山车——"蝙蝠侠过山车"(Batman the Ride)，在市场上产生了巨大的轰动效应。此后，1997 年，该公司又应用新技术推出了更加令人刺激的过山车游乐项目——"超人过山车"(Superman the Ride)，以过去无法想象的高度（415 英尺）和速度（时速 100 英里）运行，因而进一步带来了游客的大量增加。此外，随着技术的发展和生产能力的提高，利用电脑操纵的各种模拟器已不再像过去那样昂贵。由于这些模拟技术可以创造出令人如临其境的逼真动感和视听效果，因而也越来越多地应用于旅游景点的建设与更新改造之中。总之，如果旅游景点经营者不注意观察和了解新技术的发展，不能及时地引入和应用这些新的技术，那么加之前述两项因素的影响，其后果将不难想象。

【重点术语】

旅行社行业（the travel trade）
旅游批发商（Tour Wholesaler）
旅游经营商（Tour Operator）
旅游零售商（tourism retailer）
旅行代理商（travel agent）
包价旅游（Package Tour）
团体旅游（group travel）
散客旅游（independent travel）
住宿业（lodging industry）
饭店业（the hotel industry）
星级饭店（star-rated hotel）
独立饭店（independent hotel）
饭店集团（hotel groups）
饭店连锁集团（hotel chains）
饭店合作集团（hotel consortia）
规模经济（economy of scale）

管理合同（management contract）
特许经营（franchising）
旅行方式（mode of travel）
航空业（the airline industry）
航空旅行（air travel）
定期航班（scheduled flight）
包机（charter）
邮轮旅游（cruising）
旅游景点（tourist attraction）
景点行业（attractions industry）
主题公园（theme park）

【思考题】

1. 解释下列概念：旅行社；旅游批发经营商；旅游零售商；包价旅游；旅游景点
2. 比较欧美国家与我国对旅行社的分类。
3. 简述第二次世界大战后团体包价旅游迅速普及的原因。
4. 饭店等级评定标准所涉及的内容主要包括哪些方面？评定工作的主要原则有哪些？
5. 同独立自营的饭店相比，饭店连锁集团何以会有竞争优势？
6. 目前可供人们外出旅游时选用的旅行方式主要有哪些？各自有哪些主要特点？
7. 影响人们选择旅行方式的主要因素有哪些？
8. 在对旅游景点进行分类方面，常用的依据有哪些？
9. 在旅游景点的经营中，实现长期成功的影响因素主要有哪些？

第七章 政府调控与旅游组织

【学习目的】

通过本章的学习，了解政府支持发展旅游业的动机，对旅游发展行使干预的必要性，以及用以调控旅游发展的手段；熟悉各类非营利性旅游组织的作用，了解与我国有关的主要国际旅游组织。

【主要内容】

1. 政府对旅游发展的干预

政府支持发展旅游业的动机；政府干预的必要性；政府常用的调控手段

2. 国家旅游组织

国家旅游组织的概念及设立形式；国家旅游组织的基本职能

3. 我国旅游业中的非营利组织

旅游行政组织；旅游行业组织

4. 国际旅游组织

国际旅游组织的概念与分类；有我国加盟的国际旅游组织

第一节 政府对旅游发展的干预

随着旅游活动规模的扩大，加之人们认识到旅游业的发展所带来的各种影响，所有国家或地区的政府几乎无不关注本国或本地区旅游业的健康发展。很多国家或地区的政府都已将发展旅游业列入本国或本地区重要的工作议程，并以各种直接或间接的方式，对旅游业的发展行使干预和调控。当然，在支持和调控旅游业的发展方面，各国政府的干预方式和干预程度不尽相同。这一方面是因各国的国情存在差异，另一方面则是与该国政府支持发展旅游业的动机倾向有关。

一、政府支持发展旅游业的动机

在支持本国发展旅游业方面，各国政府的动机并非完全相同。即便是就同一个国家而言，随着时代的发展和国情的变化，政府支持旅游业发展的动机倾向也有可能会发生调整。归纳起来讲，政府在支持发展旅游业方面，主要涉及以下几个方面的动机：

1. 政治动机

早在16世纪，人们就已经认识到，旅行活动的开展有助于"增加对异国他乡的风土民情、生活方式及政体组织的了解"（Young，1973）。进入现代社会后，国际旅游活动规模的扩大和民间交往的增多，客观上也起到了增进国际间的相互了解、促进世界和平的作用。事实上，对于一个国家来说，国际旅游的发展不仅有助于"了解别人"，而且可有效地"宣传自己"（已故周恩来总理1971年关于旅游工作的讲话），因而客观上可起到民间外交的作用。国际旅游的这一作用，一直都为联合国和世界旅游组织所强调和看重。此外，现代旅游发展的历史还表明，有些国家政府之所以支持发展旅游业，其中一个重要的动机便是与该国的政治和外交需要有关。以新中国建国初期的情况为例，当时我国政府之所以安排组建华侨旅行社（时称华侨服务社）、中国国际旅行社，以及兴建旅游接待设施，根本目的就在于通过发展同友好国家和国际友好人士的交往，粉碎当时帝国主义孤立和封锁红色中国的图谋。事实上，一直到1978年实施改革开放政策之前，我国涉外旅游工作的开展，一直都带有服务于外交工作的政治色彩。

2. 社会动机

世界旅游组织（WTO）在《马尼拉宣言》中提出，旅游度假已成为现代社会中人类的基本需要之一，并因此倡议各国政府应将国民旅游纳为本国社会发展的内容，为国民参与旅游活动创造条件，使旅游度假成为人人享有的权利。在现代社会中，人们的工作和生活节奏都已明显加快。特别是，随着工业化和城市化的发展，人们在工作和生活方面所感受的紧张和压力也在加大，从而影响和威胁着人们的身心健康。这一情况无疑有悖于人类社会发展经济的目的，因而必须设法加以解决。经验表明，旅游活动的开展不仅有益于人们恢复体力和放松身心，而且有助于人们开阔视野，增加阅历，在促进社会发展方面，有助于改善和提高国民素质。

正因为如此，很多国家都已将发展旅游业和推动国民旅游活动的开展纳入本国社会发展的工作议程。例如，1961年美国联邦政府开始设立"美国旅游事务署"（USTS）。该机构的三大宗旨之一便是"尽最大可能为美国人民的健康和福利作贡献"。此后，在美国正式颁布的《国家旅游政策法案》中，也强调指出："旅游和娱乐业对美国之所以重要,不仅是因为其市场和产业规模庞大,而且是因为它们会给个人及整个社会带来巨大福祉。"法国政府在其有关政策中也明确提出,法国发展旅游业的目的旨在提高国民的生活质量。随着大众旅游的兴起,西欧各国几乎都倡导并以不同的方式支持发展"社会旅游",以帮助本国国民中的低收入阶层能够享有旅游度假的机会。所有这些事实都显示,助推本国的社会发展是很多国家政府支持发展旅游业的一项重要考虑。

3. 经济动机

在当今世界上,人们更为普遍的认识是,旅游者在所到访国家或地区逗留期间的消费开支作为外来的经济注入,可起到刺激该地经济发展的作用。基于这一认识,时下世界各地的政治家们都普遍将发展旅游业视为自己辖区内的一种财富因素(Goeldner and Ritchie, 2008:5)。因此,事实上,通过发展旅游业去刺激和促进本国经济的发展,如今已成为众多政府支持发展本国旅游业的直接动机。具体地讲,这类经济性动机主要反映于三个方面:

- 通过发展旅游业去扩大外汇收入来源,改善本国的国际收支平衡;
- 通过发展旅游业增加就业机会,为实现国民充分就业创造条件;
- 通过发展旅游业去缩小地区差别。

以上只是对政府支持发展旅游和旅游业的动机所做的简单归纳。实际上,就多数情况而言,在支持发展旅游和旅游业方面,政府所持的动机往往不止一种,而通常都是在偏重某一动机的同时,兼有其他方面的动机。

二、政府介入和干预旅游发展的必要性

如前所述,目前世界各地政府都在以不同形式对本国或本地区的旅游发展进行介入和干预。政府对旅游发展进行介入和干预的原因很多,并且世界各地的情况不尽相同。一般地讲,政府之所以有必要对旅游业的发展进行介入和干预,主要原因涉及以下几个方面:

1. 刺激经济增长

人们通常都认为,旅游业并不像教育事业和社会治安那样,属于政府必不可少的介入或服务范畴。然而,至少是站在地方层次上去认识,设法推动本地经济的发展往往都是各地政府借以改变当地现状的重点工作(Dredge, 2001)。事实上,这方面的例子在世界各地都举不胜举。

旅游业作为发展经济的一种载体,可给旅游接待地区实现经济发展带来众多的机会。长期以来,这一直是世界各地政府对旅游业的发展进行干预的主要动机。以我国的情况为例,自改革开放以来,不论是中央政府还是地方政府,为了推动国家和地方旅游经济的发展,都推出了一系列的鼓励政策。其实,发达国家中的

情况同样也是如此。例如，在美国，为了吸引旅游投资，几乎所有各个州都推出了相关的鼓励政策（Hefner et al. 2001）。在澳大利亚，政府对发展旅游业所给予的鼓励政策，传统上也完全是出于对经济利益的考虑（Craik 1991:4）。对很多发展中国家来说，发展旅游业不仅是增加外汇收入的可行途径，而且旅游贸易不像很多其他的出口产业那样会受到有关国家在进口配额和关税等方面的限制（Jenkins，1991）。

在另一方面，为国民提供就业机会也是政府的一项基本职责。由于旅游业具有劳动密集的特点，自然也会受到很多国家和地方政府的关注。根据世界旅游理事会（WTTC）的估算，目前全球每 12 个就业岗位中，便有一个是源自旅游业，换言之，旅游业所创造的就业量约占全球就业总量的 8%（WTTC，2003）。表 7-1 中所列，为旅游业所带来的全职性就业量在部分国家和地区就业总量中所占的比率。务实地讲，正是由于世界各地政府认识到旅游业带给当地的经济价值，才导致了旅游目的地管理组织在世界各地的普遍出现。

表 7-1 旅游业所带来的全职性就业量在部分国家和地区就业总量中的比率

国家或地区	旅游业创造的全职就业量所占比率（%）	数据来源
全世界	8	WTTC（2003）
欧洲联盟	6	Akehurst, Bland & Nevin（1993），Jeffries（2001）
中欧和东欧	12	WTTC/WEFA（1997, in Hall 2002）
澳大利亚	6	Jenkins（1995）
英格兰	7	Elliott（1997）
苏格兰	8	Kerr & Wood（2000）
威尔士	9	Shipton（1997, in Pritchard & Morgan 1998）
美国	6	Goeldner, Ritchie & McIntosh（2000）
斐济	10	http://www.tcsp.com/invesfftable_A2.shtml, viewed 25/3/04
新西兰	9	Tourism Auckland（2002）
塞浦路斯	10	Ionnides & Apostolopoulos（1999）
阿姆斯特丹	6	Dahles（1998）
美国新奥尔良	16	Dimanche & Lepetic（1999）
英格兰的剑桥	6	Cambridge City Council（1995, in Davidson & Maitland 1997）
新西兰的奥克兰	5	Tourism Auckland（2002）

2. 应对市场失灵

众所周知，旅游业是一个集合性产业（one-industry）。这一特点意味着，对于一个旅游目的地来说，尽管其中各旅游企业都有其自身的发展目标，但在实现旅游者满意方面，该地旅游业的成功，有赖于所有利益相关者之间的有效互动（Collier 1997），因为在消费者看来，在外出旅游或度假方面，自己的所购与消费实为一次完整的经历或体验（Medlik & Middleton, 1973）。就一个旅游目的地而言，这意味着该地任何一个相关行业所提供的服务倘若品质不佳，都会影响或制约该地其他旅游行业的成功经营。所以，在该地旅游业中，各利益相关者对内需要通过协同合作，去确保该地旅游供给的品质，对外则需要团结一致、协同竞争。所有这一切，都意味着需要有一个能够统观全局的领导者。对于旅游目的地来说，这无疑是一个挑战。原因在于，就完善旅游供给而言，虽然旅游业中在发展纵向整合方面有不少成功的案例，但普遍都缺乏横向协调（Lickorish, 1991）。从理论上讲，旅游业中各利益相关者间的协同合作，能够给各参与方带来经济利益。尽管如此，在实践中这一点却很少为旅游经营者所接受。正如有关调研结果所发现的那样，在这方面，旅游经营者首先考虑的，往往是自己为此而需付出的代价，而不是这种协同合作将会给自己带来哪些利益（Machiavelli, 2001）。换言之，实践证明，在旅游业的发展中，市场机制并不能使各利益相关者之间自动实现协调，从而形成"市场失灵"（Market Failure）。

旅游业的另一个突出特点是，绝大多数旅游企业都是中小型企业（SMEs）。这一点已经为世界各地很多调查和统计结果所证实。例如，

● 在整个欧洲，员工人数不足 10 人的旅游企业约占旅游企业总数的 95%（Middleton, 1998）。另据世界旅游组织的统计，在欧洲的 130 万家旅馆和餐馆企业中，有 96%的企业雇员人数不足 9 人（WTO 1997 in Jeffries, 2001）。

● 在英国,年营业额不足 25 万英镑的中小型企业在旅游业中所占的比例高达 75%（Frisby, 2002）。

● 在英格兰的住宿业中，70%的企业仅拥有 10 间或以下的客房（McIntyre 1995, in Davidson & Maitland, 1997）。

● 在瑞典，旅游企业总计约为 20000 家，平均雇员人数为 10 人（Swedish Tourist Board 1990, in Pearce, 1996）。

● 在美国，97%的旅行社皆为小型企业（Jeffries, 2001）。

所以，由于旅游企业自身实力或能力的限制，旅游目的地在客源竞争方面所面临的普遍问题都是：①对外缺乏足够的营销传播；②对内各旅游企业间很难实现互通信息与协调合作。这种情况在很大程度上意味着，唯有政府才有能力担当这种对外促销和对内协调的角色（WTO, 1983）。这类经验案例在世界各地比比皆

是。托贝湾（Torbay）是地处英格兰的一个海滨小镇。该地景色秀丽，度假设施完备，历史上素有"英格兰度假天堂"之称（English Riviera）。旅游业不仅是该地的重要收入来源，而且是该地民众主要的就业部门，从业人数高达16000人。但是后来，由于欧洲大陆各地包价度假产品的竞争，该地的游客接待量出现大幅下滑，以致严重危及了该地的经济。对于出现这一情况的原因，以及解决问题的途径，曾有分析报告指出："很多旅游目的地都因试图去吸引所有各类旅游者，其结果则往往是降低了来访游客体验质量的水准。在托贝湾，其主要问题在于旅游经营者不够专业，而且自以为自己很懂行。实际上，该地很多加盟旅游业的经营者此前都不曾有这方面的知识背景，都没有受过这方面的专业训练，对旅游业经营所知甚少……很多经营者只考虑短期利益，几乎没有哪个旅游企业订有经营计划或发展战略。正是由于这些弱点的存在，导致了该地的旅游经营工作缺乏专业水准。此外，很多旅游企业还认为，自己只是在当地进行竞争，而看不到该地的旅游业是在整个英国、整个欧洲，甚至是在整个世界上进行竞争，因而各旅游行业间不能协同工作。总之，该地几乎没有哪家旅游企业是基于长期利益进行投资，工作标准参差不齐，差异很大。所以，调研结论还显示，在该地，很多支持发展旅游业的人都希望看到政府能更多地介入，都认为在领导和调控旅游业的发展方面，政府需扮演重要角色。"（English, 2000：96）

面对旅游业发展中诸如此类的问题，新西兰国家银行的经济学家们也明确提出，为了吸引更多的国际游客前来消费，新西兰需要加强自己的海外促销工作，并根据测算提出，如果每年加增1000万美元用于开展海外促销，有可能会使新西兰的国际旅游接待量增加31000人次，从而带来3.85亿美元的旅游增收。他们认为，倘若没有政府进行组织和领导，旅游业在发展中势必会出现诸多方面的市场失灵问题。换言之，如果没有政府去进行组织和领导，而是让旅游业的发展放任自流，旅游企业势必会基于自身狭隘利益的考虑而各行其是（Edlin, 1999）。

总之，由于旅游业结构的综合性以及整体旅游产品集合性（amalgam），一个国家或地区的旅游政策目标不可能仅靠旅游企业自身的行为去实现。通过观察世界各国的旅游发展，我们不难发现，在任何一个国家中，旅游业的发展都表现有政府介入与干预的特点。尽管各国政府对旅游发展的介入和干预程度因国情而有所不同，但普遍都对旅游业的发展行使调控这一事实本身，已经反映出人们对其必要性的普遍共识。

在大众化旅游兴起之后的相当长一段时期中，直至20世纪80年代中期，主张将旅游业的发展完全交由市场力量去主宰的观点曾经非常流行，并因此招致了不少人质疑政府对旅游发展进行介入和干预的必要性，并认为政府干预所导致的结果，将会是市场的扭曲而非市场的规范。但是此后，世界上的主流认识开始出现逆转。特别是自20世纪80年代中后期开始，随着可持续发展思想的深入人心，人们从世界各地已然出现的众多教训中越来越多地认识到，政府放弃自己对旅游业发展的影响力不仅不明智，同时也是与可持续发展思想相违背的（Cooper，1993），因为可持续发展观的提出，本身就意味着对包括旅游业在内的经济发展完全交由市场力量去主宰的否定。

三、政府对旅游发展行使调控的手段

政府用于对旅游发展进行调控或干预的方式很多，其中既包括通过设立旅游行政机构进行直接干预，也涉及通过某些间接方式进行介入和干预，例如出入境政策、相关的立法、基础设施的规划与建设以及通过国有旅游企业去进行示范，等等。

一般地讲，政府在对旅游发展行使调控或干预时，所使用的手段可分为两大类，一类用于影响和控制旅游需求，一类用于影响和调控旅游供给。

1. 调控需求

综合国内外已有的经验，在影响和控制来访旅游需求方面，旅游目的地政府常用的手段主要包括：

（1）对外传播和促销宣传。旅游目的地政府可根据情况的需要，通过目的地营销组织去控制对外营销传播的力度，以达到刺激或抑制来访旅游需求的目的。

（2）控制游客来访量。这一手段既可用于限制游客的过量来访，也可用于对已经到访的游客进行分流。就国家层面而言，在某些特定时期，旅游接待国政府可通过限制签证的发放量，去控制入境旅游需求。此外，有的国家还通过禁止外国客运包机入境这一做法，向国际旅游市场传递自己限制游客大规模来访的信息。就地方层次的旅游目的地而言，对于已经到访的游客，则是通过采取各种形式的控制准入做法，尽量避免游客过度集中地流向某些热点区域，以减小因此而导致的人满为患，以及避免因局部区域游客接待量的超载，而对该地环境和旅游资源造成危害。

（3）影响价格。旅游目的地政府可用于影响当地旅游价格的途径很多，其中分作两大类，一类是行使直接影响，另一类则是行使间接影响。所谓行使直接影响，主要是指旅游目的地政府可通过控制国有旅游企业的产品价格或服务收费标准，借助其对该地旅游供给市场的示范性影响，去刺激或抑制来访旅游需求。所谓行使间接影响，则是指旅游目的地政府可通过颁布有关的经济性指令，其中包括诸如实行外汇管制、实行差别税率、设立免税商店等，去刺激或抑制游客的来访量。

（4）提供信息。到访游客在旅游目的地开展活动时的客流分布，很大程度上

取决于对该地旅游供给情况,特别是对该地景点情况的了解。就一般情况而言,到访游客首先会去寻找和游历该地那些最具代表性的知名景点或景物,然后再根据自己停留时间的允许,向那些次级的景点或景物进行分散。所以,当地政府和旅游行政管理部门可通过在适当地点设立游客问讯中心或游客问询点这类管理手段,通过为到访游客提供信息服务去行使需求管理,以减小对某些敏感地点的压力。常见的具体做法包括:

- 大力宣传该地所有各景区景点都值得外来游客前去一游;
- 限制对该地某些景区景点的过度宣传;
- 告知旅行社和到访游客,哪些时间前去游览可避免遇到人流拥挤,等等。

在有些旅游目的地,旅游管理部门还会利用提供信息服务这一手段,去影响到访游客的"行为"。具体做法包括:

- 审定各旅游企业宣传册中对有关该地情况的介绍,避免使游客产生不现实的期望值;
- 告知和提醒游客在该地开展活动时应予注意的事项,特别是那些行为属当地社会不可接受的行为,以维护当地的旅游资源和社会环境,避免发生不可接受的文化冲突。

2. 调控供给

在影响和调控旅游供给方面,旅游目的地政府通常使用的手段主要包括:

(1)控制土地的用途。这是旅游目的地政府用于控制旅游供给的最基本的方法。在当今世界上,各地大都有某种形式的城乡规划立法。根据这类立法,凡是扩大或改变有关土地的原有用途或原计划用途时,都必须事先获得政府批准。制订和执行用地规划,以及在必要时实行强制性土地征购,都是世界各地政府用于干预或调控旅游开发的基本手段。

(2)行使建筑物管制。这一手段经常用以配合用地控制。就一般情况而言,这方面的管制内容包括:规定有关区域内建筑物的规模、高度、风格、颜色,以及与之配套的停车场安排。世界上很多著名旅游城市——如英国伦敦、法国巴黎、意大利罗马等——之所以能长期保持其传统的景观格局,并在世界各地旅游者中获得同样的口碑流传,很大程度上归因于这些城市的管理者对建筑物长期行使一贯性管制的结果。近年来,随着私家车的增多,一个值得关注的情况是,在开发新的旅游接待设施时,应建有与之配套的停车场。事实上,这一点常为人们所忽视,因此很多旅游接待设施的开发者往往都因开设停车场的收益不大,而不愿提供。如此一来的后果是,那些驾车前来光顾的顾客只能将车辆停放在附近的街道边上,不但很容易造成交通不畅,而且会引发当地居民的不满。诸如此类的教训世界各地都有很多。无数的事实都表明,在自驾游规模不断增大的今天,在对新增旅游接待设施的建设行使管制方面，要求开发者配建停车场，应是一项不容忽视的重要内容。

（3）行使市场管制。旅游目的地政府可通过有关立法，对旅游企业的市场行为进行必要的管制。这类手段的使用，一般旨在控制某些经营领域的市场准入、维护公平竞争，以及保护旅游消费者的利益。当然，在对旅游企业的市场行为行使管制方面，立法不一定是唯一的手段。例如，在民间部门实力很大、行业自律能力很强的情况下，政府还可借助旅游行业协会的力量，由有关的行业协会去制订并组织实施本行业的行为规范，从而以间接方式实现政府对某些市场行为进行管制的目的。

（4）实行特别征税。在有些国家或地区，政府还通过对旅游税的征收，去影响和调控旅游供给。这方面的通常做法是，将规定税率的应纳税额摊入饭店的房价，由饭店经营者上缴政府税务部门。征收旅游税的理由或依据是，外来旅游者在目的地停留期间所使用的公共产品，本来是由该地政府使用来自纳税人的财政收入为当地社会提供，而外来旅游者不可避免地也会使用，从而增大了政府提供这些公共产品的外部成本，因而外来旅游者有义务对此做出补偿。实际上，由于这种旅游税通常是采用摊入饭店房价的形式进行征收，因而事实上并非完全是由外来旅游者独力承担，而是由外来旅游者与饭店经营者共同分担。但是，双方各自分担的部分并不存在固定的比例。一般地讲，饭店的房价越高，旅游者一方所承担的部分则会越大；反之，饭店经营者一方所承担的部分便会增大。关于这方面的经济分析，这里不再展开讨论。就本课程的教学目的而言，学生只要知道征收旅游税这一手段，以及征收旅游税的基本依据，也就足够了。除了上面所述的旅游税之外，有些国家或地区还对某些旅游行业实行特别征税，机场税便是这方面的常见案例。另外，有些国家或地区还可能会对某些类型的旅游企业实行特别税率。以欧美国家中的情况为例，在允许开设赌场的地区，当地政府得自于赌场的税收高达赌场赌金收入净额的 50%。

（5）实行投资鼓励政策。为了鼓励发展旅游业，协调旅游业开发的区域布局，以及为了消除旅游供给中的某些"瓶颈"问题，很多目的地政府都对有关开发项目的投资者实行这样或那样的鼓励政策。这些鼓励政策大致上可分为三类：

① 与减小项目投资额有关的优惠政策。这方面的优惠政策通常包括：提供投资补贴、低息贷款、无息贷款、延长还贷期、提供基础设施、以低于市场价的价格提供建设用地、对有关开发项目所需建材的进口实行减免关税，等等。

② 与减小项目经营成本有关的优惠政策。这方面的优惠政策通常包括：在规定时期内实行减免纳税（即外国文献中所称的"tax holiday"，例如开业 5 年内实行免税，此后 5 年中实行减税）、提供员工培训补贴、对营业所需物资的进口实行

减免关税、提供特别折旧免税，等等。

③与保证项目投资安全有关的政策。例如，由政府提供担保，保证该投资项目日后不会被国有化；保证外国投资者的资本、利润、利息可自由汇出境外；帮助提供贷款担保、提供投资咨询服务，等等。

第二节 国家旅游组织

为了管理和引导旅游业的发展，贯彻和组织本国旅游政策的实施，几乎所有的国家都设立了全国性的旅游行政管理组织。对于这类全国性的旅游行政管理组织，旅游学术研究中一般统称国家旅游组织（简称 NTO，即 National Tourism Organization，或 NTA，即 National Tourism Administration）。

一、国家旅游组织的定义及设立形式

按照世界旅游组织（WTO）所做的解释，国家旅游组织泛指一个国家中为中央政府所承认，负责管理全国旅游行政事务的机构。一个国家中的最高旅游行政管理机构通常都代表该国的国家旅游组织。

根据这一定义，在任何一个国家中，凡是为中央政府所认可，负责对全国旅游行政事务行使管理的机构或实体，皆可作为该国的国家旅游组织。这意味着，国家旅游组织的设置既可以是政府编制，也可能不是政府机构。综观世界各国的情况，国家旅游组织的设置形式大致分三类：

1. 由国家政府直接设立，并在编制上设为国家政府的一个部门

在不同的国家中，以这类形式设置的国家旅游组织又可区分为以下几种情况：
- 单设为旅游部或相当于部级的旅游局；
- 设为一个混成部，如意大利的旅游与娱乐部、葡萄牙的商务与旅游部、斯里兰卡的旅游与民航部；
- 设为某一行政部的下辖机构，如日本在运输省下设国际观光局、韩国在交通部下设旅游管理局、匈牙利在商业部下设旅游局，等等。

2. 经国家政府承认，代表国家政府执行全国旅游行政工作的半官方组织

以这种形式设立的国家旅游组织多见于西欧一些国家。在这些国家中，虽然有关国家旅游事务的重大政策是由该国政府中的某个职能部制定，但是该职能部并不承担具体的旅游行政管理工作，因而往往会另设一个法定组织执行全国性的旅游行政事务。换言之，该组织在编制上并非政府机构，其工作人员的身份也不

是公务员。但是，该组织的主要负责人需要由国家政府任命，并且该组织的工作经费至少有半数来自国家政府的拨款。英国、爱尔兰、瑞典、挪威、丹麦和芬兰等国的国家旅游局都属于这种法定组织。此外，加拿大旅游委员会（Canadian Tourism Commission）以及澳大利亚旅游局（Tourism Australia）也都是这种法定组织。

3. 经国家政府承认，代表国家政府行使旅游行政管理职能的民间组织

这种设置形式的国家旅游组织多是由民间自发成立、有着广泛影响力的全国性旅游协会。国家政府同意由该组织代行旅游行政职权后，通常会向其提供一定的财政拨款。虽然该组织扮演国家旅游组织的角色，但其主要领导人并非是由政府指定，而是由该组织的会员选举产生。德国和新加坡的国家旅游组织都是由这种民间组织兼任。

二、国家旅游组织设置形式存在差异的原因

各个国家的国家旅游组织除了在设置形式上不尽相同之外，有些在职权上也会有所差异。对于其中的原因，人们通常可从以下几个方面进行综合分析：

1. 政治经济制度

世界各国的政治经济制度不尽相同。一般地讲，大凡在政治上实行中央集权、在经济上实行计划经济的国家中，由于旅游业中的私营成分很小，主要旅游企业多为国家所有，所以在发展旅游业方面，政府通常需要作较大程度的直接干预。因此人们很容易发现，在社会主义国家以及在发展中国家中，国家旅游组织多是直接由政府设立，并将其作为政府部门编制。国家政府通过这一机构直接指挥、管理和介入本国旅游业的发展工作。

与之相比，在实行资本主义政治制度和自由市场经济的国家中，由于旅游业中的私营部分十分强大，旅游业的发展主要靠民间力量。所以在这类国家中，国家旅游组织多是设为半官方的法定机构，甚至是由民间组织扮演。

2. 旅游业发达程度

在多数发展中国家中，旅游业的发展历史一般都比较短，有些甚至尚处在起步阶段。为了促进旅游业的迅速成长，政府不得不进行直接介入。因此，在这些国家的国家旅游组织不仅常会设为政府部门，而且拥有的权力也相对较大。这主要反映在，国家旅游组织不仅是该国旅游政策的监督执行者，而且很大程度上也是该国旅游政策的制定者，并且一般都有权解释本国发展旅游业的政策和方针。

相比之下，在经济发达的工业化国家中，由于对旅游经济的开发较早，旅游业不仅成熟而且发达程度很高，加之私营部门力量强大，在旅游业中扮演主力角色，所以政府对旅游业的介入以及直接干预的程度，一般都相对较低。因此人们

很容易发现,在这类国家中,很多国家的国家旅游组织都不是设为政府编制,而是设为半官方的法定组织,甚至是由民间旅游行业组织扮演。这类国家旅游组织一般都无权制定该国发展旅游的大政方针,多数情况是,由该国政府就发展旅游业的重大方针做出决定之后,授权这类机构去组织实施。

3. 旅游业在该国经济中的地位

人们可能会发现,在有些发达国家中,其国家旅游组织不仅是由该国政府直接设立,而且在编制上也设为政府职能机构。这又该如何解释?应当说,这在很大程度上是因为旅游业在这些国家的经济中占据了非常重要的地位。由于旅游业对该国经济干系重大,所以政府对旅游业的开发与管理不能掉以轻心。例如,在法国,旅游业实现的总产出大约相当于该国 GDP 的 13%,缘于旅游业的就业人数约占该国就业总量的 12.8%;在意大利,旅游业实现的总产出大约相当于该国 GDP 的 12.9%,缘于旅游业的就业人数约占该国就业总量的 13.8%;在西班牙,旅游业实现的总产出大约相当于该国 GDP 的 18.4%,缘于旅游业的就业人数约占全国就业总量的 20%。因此,尽管上述这些国家皆为实行市场经济且旅游业十分成熟的发达国家,但仍然都是将国家旅游组织直接设为政府的职能机构,目的就在于强化政府对旅游业的管理。

总之,由于众多因素的影响与作用,世界各国对国家旅游组织的设置在形式上并无整齐划一的模式,都是根据本国的国情而决定。

三、国家旅游组织的基本职能

虽然世界各国的国家旅游组织在设置形式和权力地位等方面多有差异,但都是代表本国政府开展工作,负责组织国家旅游政策的实施,引导本国旅游业朝最优化方向发展。在这个意义上,各国家旅游组织的职能其实也都基本相同,所不同的只是有关职能的偏重程度。就大多数国家的情况而言,国家旅游组织的基本职能一般包括:

- 组织国家旅游政策的实施;
- 海外促销,包括在主要国际客源地设立旅游办事处;
- 确定需要由国家重点支持的旅游开发地区,并负责由国家财政资助的旅游开发项目的审批及其开发工作的监督与控制;
- 就推进旅游业发展方面的有关配合问题,同其他相关政府部门进行协调;
- 旅游调研与统计,特别是分析和预测未来的市场需求;
- 在与旅游相关的外交事务中代表本国政府;
- 支持和参与旅游业人力资源的开发,即支持和组织旅游教育与培训,以满足旅游业发展对专业人才的需要。

第三节 我国旅游业中的非营利组织

根据其性质,我国旅游业中主要的非营利组织分为两类,一类为旅游行政组织,另一类为旅游行业组织。

一、旅游行政组织

早在1985年,我国国务院在批转国家旅游局《关于当前旅游体制改革几个问题的报告》时便已提出:"国家旅游局作为国务院的职能部门,要面向全行业,统管全国旅游事业。各省、自治区、直辖市可根据国际、国内旅游发展的需要设置旅游局,经管本地的旅游工作。"所以,从本着与国际接轨的理论上讲,同世界上其他大多数国家中的情况一样,我国对旅游行政组织的设置,同样也是分为两个层次——国家层次的旅游行政组织和地方层次的旅游行政组织。

1. 国家层次的旅游行政组织

在国家层次上,中国国家旅游局(CNTA)作为全国的最高旅游行政主管机构,对外代表我国的国家旅游组织,对内负责领导和统管全国旅游业的发展工作。

现今国家旅游局的最早前身是1964年成立的"中国旅行游览事业管理局"。根据当时呈报中央政府的《关于开展我国旅游事业的请示报告》,其中提出要"改组和扩大国际旅行社总社为旅游事业管理局,直属国务院,负责对外国自费旅行者的旅游管理工作;领导各有关地区的国际旅行社和直属服务机构的业务;组织我国公民出国旅行;负责有关旅游的对外联络工作和旅行宣传工作"。这些情况表明,当时的旅行游览事业管理局的职权范围其实很是有限。虽然该组织名义上为负责统管全国旅游事务的"旅行游览事业管理局",但很大程度上实为职责范围有所扩大的"中国国际旅行社"。事实上,在开展工作方面,该"旅行游览事业管理局"与当时的中国国际旅行社总社也是同一班人马。上述《请示报告》中对该局职能的表述,不仅说明了当时这一机构政企合一的程度,并且也反映了当时人们对于旅游业的理解。

到了20世纪70年代末,随着我国改革开放政策的实施,旅游工作开始由先前服务于政治的外事接待活动,转变为以发展旅游经济为主旨的产业活动。我国的旅游管理体制以及旅游行政机构的职能也随之开始发生变化。1978年3月,党中央和国务院同意将原"中国旅行游览事业管理局"改为直属国务院的"中国旅行游览事业管理总局"(简称"旅游总局"),并且同意各省、自治区和直辖市设立旅游局。此后，根据我国发展旅游业的需要，国务院进一步确定该旅游总局为我国的国家旅游行政机构，从而确立了该旅游总局作为我国国家旅游组织的地位。1982年初，该旅游总局和国旅总社正式分开，分别履行各自的职责。

1982年8月，全国人民代表大会常务委员会在《关于批准国务院直属机构改革实施方案的决议》中，决定将"中国旅行游览事业管理总局"进一步更名为"中华人民共和国国家旅游局"，对外英文名称为"China National Tourism Administration"（简称CNTA）。

作为国务院的职能部门和全国旅游工作的主管机构，目前国家旅游局的主要职责包括：

● 统筹协调全国旅游业发展，制定发展政策、规划和标准，起草相关法律法规草案和规章并监督实施，指导地方旅游工作。

● 制定国内旅游、入境旅游和出境旅游的市场开发战略并组织实施，组织国家旅游整体形象的对外宣传和重大推广活动。指导我国驻外旅游办事机构的工作。

● 组织旅游资源的普查、规划、开发和相关保护工作。指导重点旅游区域、旅游目的地和旅游线路的规划开发，引导休闲度假。监测旅游经济运行，负责旅游统计及行业信息发布。协调和指导假日旅游和红色旅游工作。

● 承担规范旅游市场秩序、监督管理服务质量、维护旅游消费者和经营者合法权益的责任。规范旅游企业和从业人员的经营和服务行为。组织拟订旅游区、旅游设施、旅游服务、旅游产品等方面的标准并组织实施。负责旅游安全的综合协调和监督管理，指导应急救援工作。指导旅游行业精神文明建设和诚信体系建设，指导行业组织的业务工作。

● 推动旅游国际交流与合作，承担与国际旅游组织合作的相关事务。制定出国旅游和边境旅游政策并组织实施。依法审批外国在我国境内设立的旅游机构，审查外商投资旅行社市场准入资格，依法审批经营国际旅游业务的旅行社，审批出国（境）旅游、边境旅游。承担特种旅游的相关工作。

● 会同有关部门制定赴港澳台旅游政策并组织实施，指导对港澳台旅游市场推广工作。按规定承担大陆居民赴港澳台旅游的有关事务，依法审批港澳台在内地设立的旅游机构，审查港澳台投资旅行社市场准入资格。

● 制定并组织实施旅游人才规划，指导旅游培训工作。会同有关部门制定旅游从业人员的职业资格标准和等级标准并指导实施。

● 承办国务院交办的其他事项。

为了与时俱进，国家旅游局曾对其内部组织结构做过数次调整，目前设为七个职能司（室），分别为：

- 办公室（综合协调司）；
- 政策法规司；
- 旅游促进与国际合作司；
- 规划财务司；
- 监督管理司；
- 港澳台旅游事务司；
- 人事司。

2. 地方层次的旅游行政组织

其中主要包括：

①省、自治区和直辖市旅游局

我国各省、自治区和直辖市均设有旅游局或旅游管理委员会。它们分别主管所在省、自治区和直辖市的旅游行政工作。这些旅游行政机构的设置，在组织上为地方政府职能部门编制，在工作上由当地政府领导，并接受国家旅游局的指导。它们的主要职能包括：负责本省、市、自治区的旅游业规划与开发工作、旅游促销宣传工作，以及旅游行政管理工作。尽管这些地方层次的旅游行政管理机构与国家旅游局之间在组织上并不存在直接的隶属关系，但为了便于接受国家旅游局的业务指导，在组织结构上基本上都采取了同国家旅游局各主要职能司对接的做法。

②省级以下的地方旅游行政机构

在省级以下的地方层次上，目前很多的地、市、县也都设立了该地的旅游行政管理机构，负责辖区范围内的旅游业发展与管理工作。在未设立专职旅游行政机构的县、市，有关旅游业发展与管理事务，则是在上一级政府旅游行政部门的指导下，由本地政府承担与配合。

二、旅游行业组织

在我国，旅游行业组织通常是指由有关的社团组织和企事业单位在平等自愿的基础上组织成立的各种行业协会。就其组织性质而言，这些行业协会也都是非营利组织，具有独立的社团法人资格。

1. 宗旨与任务

概括地讲，我国旅游行业组织的基本宗旨是：代表本行业，维护本行业的共同利益以及本组织会员的合法权益，在政府有关业务主管部门的指导下，为本行业以及本组织的会员服务，在政府与本组织会员之间发挥桥梁和纽带作用，以促进我国旅游业持续、快速、健康地发展。在开展工作方面，旅游行业组织的任务通常包括：

- 向有关的旅游行政主管部门反映本组织会员单位中带有普遍性的问题和合理要求，向会员单位宣传政府的有关政策、法律、法规，并协助贯彻执行。
- 协调本组织会员间的相互关系；发挥行业自律作用，制订本行业的自律公约，并督促会员共同遵守。
- 开展调查研究，向本组织会员提供国内外有关本行业的信息、资料和咨询服务。
- 组织有关本行业发展问题的研讨和经验交流，推动和督促会员单位提高服务质量和管理水平。
- 根据本行业发展情况的需要，为本组织会员开展业务培训活动。
- 加强与旅游行业内外有关组织、社团的联系与合作；以民间组织身份对外开展国际交流与合作。
- 承办政府主管部门交办的其他工作。

2. 全国性的旅游行业组织

在作为独立社团法人的意义上，目前全国性的旅游行业组织主要有中国旅游协会、中国旅行社协会、中国旅游饭店协会和中国旅游车船协会。由于后三者的工作开展都接受中国旅游协会的指导，所以也可以说，目前我国最具代表性的全国性旅游行业组织是中国旅游协会，其英文名称为 China Tourism Association（CTA）。

中国旅游协会是一个带有总会性质的综合性旅游行业组织。该组织实行团体会员。凡在旅游行业内具有一定影响的社会团体和企、事业单位，以及与旅游业相关的其他社团组织，均可申请入会。该组织的宗旨是：在国家法律与政策的框架内，代表全国旅游行业，维护全行业的共同利益以及本组织会员的合法权益，在政府与本组织会员之间发挥桥梁纽带作用，促进中国旅游业的持续、快速、健康发展。该组织的主要任务包括：①就我国旅游业的发展战略、旅游业管理体制、国内外旅游市场的发展态势等方面开展调研，向国家旅游行政主管部门提出意见和提供建议；②向业务主管部门反映会员的愿望和要求，向会员宣传政府的有关政策、法规并协助贯彻执行；③组织会员订立行业自律公约并监督遵守，协助行政部门维护旅游市场秩序；④协助业务主管部门建立旅游信息网络，监督质量管理工作，并接受委托，开展规划咨询、职工培训、组织技术交流、举办展览、专项调研、安全检查等方面的工作，以及对旅游专业协会进行业务指导；⑤组织开展对外交流与合作；⑥编辑出版有关资料、刊物，传播行业信息和研究成果；⑦承办业务主管部门委托的其他工作。在组织机构方面，中国旅游协会的最高权力机构是会员代表大会。会员代表大会每四年召开一次会议。会员代表大会的执行机构是理事会。理事会由会员代表大会选举产生。理事会每届任期四年，每年召开一次会议。在理事会休会期间，由常务理事会行使其职权。常务理事会由理事会选举产生，每年召开两次会议，常务理事会由会长、副会长、常务理事和秘书长组成。常务理事会设办公室作为办事机构，负责日常具体工作。目前，中国旅游协会下设5个分会——旅游城市分会、旅游区（点）分会、旅游教育分会、妇女旅游委员会和旅游商品及装备专业委员会；此外还有4个相对独立开展工作的专业协会——中国旅行社协会、中国旅游饭店业协会、中国旅游车船协会和中国旅游报刊协会。

3. 地方性的旅游行业组织

在地方层次上，我国各省、自治区、直辖市也大都成立了多种名称不一的旅游行业协会。这些地方性旅游行业组织的成员中，既有团体会员，也涉及个人会员。这些会员多来自本行业中的有关企业、与本行业密切相关的其他部门单位，旅游科研单位及旅游教育机构。这些协会在性质上也都属于非营利性的社团组织，但在开展工作方面都接受该地旅游行政组织的指导。

第四节　国际旅游组织

国际旅游组织是一个泛称。根据世界各地的旅游研究文献，大凡那些其职能或工作内容与国际间旅游事务有牵连的国际性非营利组织，皆可纳入国际旅游组织的范畴。所以，国际旅游组织这一概念实际上有狭义和广义之分。狭义的国际旅游组织是指那些其成员来自多个国家，并服务于多国利益的专职性旅游组织，如世界旅游组织（WTO）。广义的国际旅游组织则除此之外，还包括那些其工作内容会部分地涉及国际间旅游事务的国际性组织，如联合国（UN）。

一、国际旅游组织的分类及成因

人们对国际旅游组织的分类，常因所用依据或标准的不同而有差异。在这方面，比较常见的分类依据包括：

- 按加盟成员的身份进行划分，可分成以个人为基本成员的国际旅游组织、以公司为基本成员的国际旅游组织、以社会团体为基本成员的国际旅游组织，以及以国家政府代表为基本成员的国际旅游组织。
- 按该组织的性质或地位进行划分，可分成政府间组织和非政府间组织。
- 按该组织工作涉及的地域范围进行划分，可分成全球性的组织和地区性的组织。

- 按该组织的职能范围或工作领域进行划分，可分成全面涉及国际间各种旅游事务的专职性组织、只涉及某一旅游行业领域事务的国际同业组织，以及工作领域中部分地涉及国际间旅游事务的一般性国际组织。

就广义上的国际旅游组织而言，其中有不少组织的工作原本并不涉及国际间旅游事务。这些国际组织的最初形成，一方面是由于通信、交通技术及贸易的发展使得众多国家在经济方面的彼此依赖程度不断增大、从而需要有相应的联合组织就有关问题共同努力的产物，另一方面也是由于很多国际性的政治、经济及社会问题需要由各相关国家共同合作研究和寻找解决办法、从而需要有多国代表共同参与这些工作的结果。但是，自第二次世界大战结束以来，国际旅游活动规模的快速增大，一方面促成了很多专门以促进国际旅游发展为己任的国际组织的问世，同时也使得不少其他国际组织在开展工作方面不得不将国际间有关旅游事务的处理纳入本组织的工作领域，其中包括设立自己的分支机构或代理机构去研究和参与处理国际间有关旅游发展的问题。

在部分地涉及国际旅游事务的全球性政府间国际组织中，规模最大的组织当属联合国（UN）。虽然该组织的根本宗旨在于维护国际和平与安全，但具体的工作目标中则包括促进所有各个领域的国际间合作，以及发展国家之间的友好关系。因此，除了致力于维护国际和平与安全之外，联合国也很关注国际经济和社会问题，特别是经济发展、国际贸易以及社会福利等方面的问题。这些方面的问题主要由联合国下属的经济及社会理事会（ECOSOC）负责处理。所以，全球的旅游发展问题自然也便因此成了联合国经社理事会的工作内容之一。

事实上，伴随着国际间大众旅游的兴起，联合国曾对全球国际旅游发展问题多次做过重大努力，其中包括主办1963年于罗马召开的联合国国际旅游会议、宣布1967年为全球国际旅游年，等等。此外，联合国贸易和发展会议（UNCTAD）为了帮助各成员国收集旅游数据资料，还专门编写和出版了《旅游统计准则》。

联合国经社理事会（ECOSOC）对国际间旅游事务的参与和处理，主要是通过联合国组织框架内的有关机构以及其他一些特别代理机构来进行。根据这些机构在其工作中所涉及旅游事务的范围与程度，大致可分为以下几种情况：

- 与国际旅游发展间接相关的国际机构。例如，万国邮政联盟（UPU）。
- 工作内容部分地涉及国际旅游某些方面事务的国际机构。例如，国际劳工组织（ILO）、世界卫生组织（WHO）、世界银行中的国际复兴开发银行（IBRD）、国际金融公司（IFC）、国际开发协会（IDA）、联合国教科文组织（UNESCO）。
- 专门涉及旅游业中某些具体部门的国际机构。例如，国际民航组织（ICAO）、政府间海事协商组织（IMCO）。
- 全面涉及全球国际间旅游事务的特别代理机构。例如，世界旅游组织

(WTO)。

虽然大多数地区性政府间组织的工作开展都很少涉及旅游事务,但也有少数地区性政府间组织的工作开展会涉及国际旅游事务。后者大致上可分为以下三类:

①区域集团。例如,欧洲联盟(EU)、美洲国家组织(OAS)。

②共同利益集团。例如,经济合作与发展组织(OECD)。

③行业组织。例如,欧洲民航会议(ECAC)、欧洲投资银行(EIB)

除少数国际旅游组织为政府间组织之外,很多国际性旅游组织都是非政府间组织。所谓非政府间组织,是指那些不是由国家之间签约,而是由来自多个国家的个人、企业或团体出于共同兴趣或共同利益,而成立的国际组织。一般地讲,这类国际组织中的成员并非是代表本国政府,而是代表其个人、企业或团体。但是,这类国际组织并不排斥有些代表本国政府的机构加盟成员行列。

对于非政府间国际旅游组织,可做如下分类:

● 以个人为成员的组织。例如,国际旅游科学专家联合会(AIEST)、国际旅游学会(IATS)、旅游职业培训联合会(AMFORT)、旅游研究联合会(TTRA)等。

● 以公司为成员的组织。其中可进一步分为全球性组织与地区性组织,前者如:世界旅游理事会(WTTC)、国际航空运输协会(IATA)、国际铁路联盟(IUR)、国际旅馆协会(IHA)、世界旅行代理商协会(WATA)、国际会议组织商协会(ICCA)等;后者如欧洲航空公司协会(AEA)等。

● 以机构/团体为成员的组织。这类国际旅游组织同样可进一步分为全球性组织和地区性组织。前者如:国际旅游联盟(AIT)、国际社会旅游协会(BITS)、国际海运联合会(ICS)、国际青年旅舍联合会(IYHF)、旅游代理商协会国际联合会(UFTAA)等;后者如:欧洲旅游委员会(ETC)、拉美旅游组织联盟(COTAL)、太平洋亚洲旅游协会(PATA)、加勒比旅游协会(CTA)、非洲旅游协会(ATTA)等。

二、有我国加盟的国际旅游组织

改革开放以来,随着我国入境旅游和出境旅游规模的不断增大,我国正在朝着建设旅游强国的方向发展和迈进,对世界旅游事务的参与越来越广泛。另一方面,我国在世界旅游业中的地位提升,也使得越来越多的旅游接待国和国际旅游组织都在注意发展同我国的关系和谋求与我国的合作。在这一过程中,自20世纪80年代以来,我国不少旅游组织和企业都已成为很多国际旅游组织的加盟成员,在这里我们不可能对所有这些国际旅游组织逐一进行介绍。但对于其中那些影响力较大者,不论是我国的旅游学界还是业界,都应有一个基本的了解。

1. 世界旅游组织

世界旅游组织的英文全称是 World Tourism Organization，最初曾简称 WTO。后来，由于世界贸易组织（World Tourism Organization）的英文简称同样亦为"WTO"，所以，为了避免发生理解上的混淆，从 2003 年开始，世界旅游组织将其英文简称改用"UNWTO"，意指作为联合国特别代理机构的世界旅游组织。

世界旅游组织是目前世界上唯一全面涉及国际间旅游事务的全球性政府间机构，同时也是当今旅游领域中最具知名度并且最具影响力的国际性组织，堪称"世界旅游业的道义领袖"（the moral leader of world tourism. 引自 Ritchie and Crouch, 2003）。

世界旅游组织的最早前身是 1925 年成立的官方旅游宣传组织国际联盟（IUOTPO），总部设在荷兰的海牙。虽然该组织在名称上使用了"官方"这一字样，但实际性质却是一个民间的国际协会。当时加盟该组织的成员大约为 15 个，其中有些成员的身份为国家机构，但多数成员都是旅游书刊的出版商及销售商。当初组建该组织的目的是，通过向全世界宣传旅行和发现对人类的价值和意义，推动人们参加旅游活动。后来，该组织的工作因第二次世界大战的爆发而陷入停顿。在"二战"结束后的 1946 年，该组织中来自英国的成员发起伦敦会议，提议重新创建一个新的国际旅游组织。但这一提议遭到多数成员的反对。大多数成员都主张在加强原有联盟组织的基础上，通过更改名称、修订宗旨、改造该组织的地位，面向全世界进行推广，以吸收更多的成员加盟。1947 年，该组织在法国巴黎召开全体大会，宣布将该组织更名为官方旅游组织国际联盟（IUOTO），并将总部迁至瑞士的日内瓦。

更名后的官方旅游组织国际联盟，在性质上依然为一个非政府间组织，宗旨是促进旅游活动的发展，并以此推进各国经济、社会和文化的发展。当时，世界大战刚刚结束，虽然很多国家都有恢复和发展旅游的意愿，但当务之急首先是要医治战争创伤。换言之，虽然历时多年的战争、恐怖和贫困激发着人们对追求欢乐、追求探索、追求旅行与个人发展的需要，然而当时人们所面对的现实，却是连年战祸对经济的破坏，以及国际政治紧张带给民间国际交往活动的种种障碍和限制。因此，很多国家政府不得不将重建国家经济作为工作中的首要考虑。事实上，对于很多国家来说，除了重建经济之外，还有很多其他方面的问题也都亟待解决。其中有些问题的紧迫性程度之大，远远超出了当时人们对重建旅行自由的决心。所以，官方旅游组织国际联盟成立之后，在工作的开展上曾一度艰难。但由于该组织的不懈努力，后来在推动国际旅游发展方面取得了很大的成绩。例如，1963 年联合国国际旅游会议的成功召开，实际上就是官方旅游组织国际联盟力促的结果。在这次著名的会议上，与会的各成员国充分肯定了官方旅游组织国际联盟多年来的工作成绩,并建议联合国将该组织作为联合国推动旅游发展的主要工具。

后来,随着大众旅游的蓬勃兴起和国际间旅游往来的日益增多,很多国家都相继遇到由此而带来的种种新问题,对于这些问题,人们深感需要能有一个政府间的机构去协助处理和加以解决。为此,在联合国的支持下,人们决定将官方旅游组织国际联盟改组为一个新的政府间机构,并提议将这一改组后的机构定名为世界旅游组织(WTO)。1970年9月,官方旅游组织国际联盟在墨西哥城召开特别代表大会,通过了拟成立的世界旅游组织的章程。1975年1月2日,世界旅游组织正式宣告成立,并于1975年5月在马德里召开了该组织第一届全体大会。1976年初,在西班牙政府的邀请和支持下,世界旅游组织将总部迁往马德里。

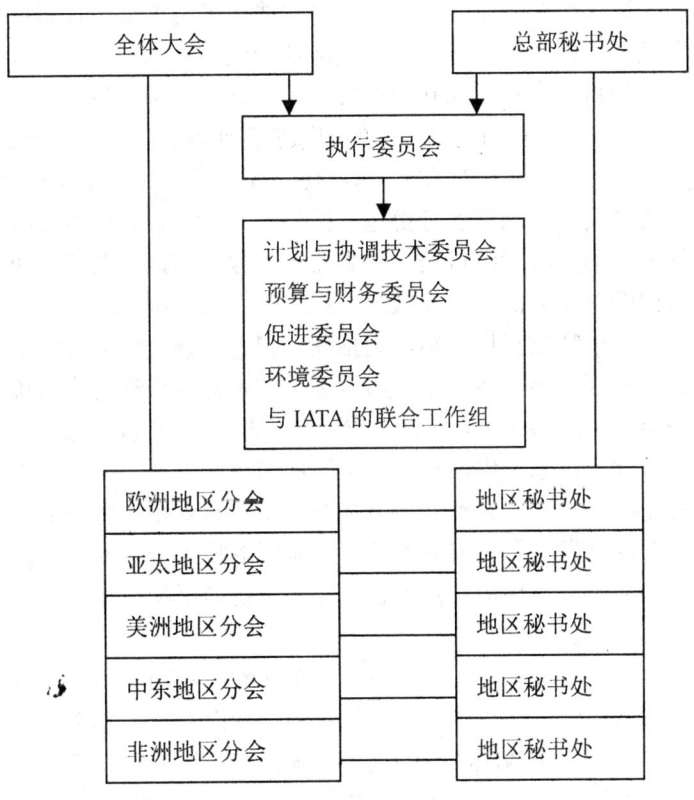

图 7-1 世界旅游组织结构示意图

世界旅游组织的基本宗旨是,通过推动和发展旅游,促进各国的经济发展与**繁荣**,增进国际间的相互了解,维护世界和平。在努力实现这一目标的过程中,世界旅游组织特别关注发展中国家在旅游领域中的利益。

世界旅游组织的最高权力机构是全体大会。全体大会每两年举行一次，会议期间主要讨论世界各地的旅游进展、今后的工作计划以及对有关问题的研究。在全体大会休会期间，由所设的执行委员会负责行使全体大会的职权。执行委员会每年至少召开两次会议。执行委员会的日常行政工作由世界旅游组织秘书处领导。执行委员会下面设有若干负责分管具体事务的机构，其中包括：计划与协调技术委员会、预算与财务委员会、促进委员会、环境委员会，以及一个负责与"国际航空运输协会"（IATA）进行协调配合的联合工作组。

世界旅游组织全体大会最初设有6个地区性分会，目前已调整为5个，分别是：欧洲地区分会、美洲地区分会、亚太地区分会、中东地区分会和非洲地区分会。这些地区性分会的任务是在各自地区内负责执行全体大会及执委会的有关决定和建议。各个地区分会分别设有秘书处。这些地区秘书处都直属世界旅游组织秘书处，主要负责帮助各地区分会召集地区性会议。

世界旅游组织目前有将近500个成员，其中分为三种类型。第一类是正式成员，皆代表主权国家，通常为这些国家的国家旅游组织。目前这类成员为155个。第二类成员是联系会员，皆为未独立领地的旅游代表机构。目前这类成员为7个。第三类成员是附属会员，加盟者身份包括民间旅游企业、旅游教育机构、旅游社团组织以及地方性的旅游行政机构。这类成员为数最多，目前已达400多个。

在与联合国的关系方面，世界旅游组织是联合国在国际旅游事务方面的一个特别代理机构。所谓特别代理机构，是指联合国允许该机构实行自治，有自己的规章、预算、管理委员会、雇员以及出版物。这种特别代理机构需每年或隔年向联合国经社理事会（ECOSOC）报告工作。换言之，作为联合国的特别代理机构，世界旅游组织是联合国系统内，在促进世界旅游健康发展方面起核心作用的决策机构。世界旅游组织同时还是联合国开发规划署（UNDP）的一个执行机构，专门负责执行联合国开发规划署有关旅游开发领域的技术合作项目。此外，世界旅游组织还与教科文组织、环境规划署、国际海事协商组织、世界卫生组织等联合国机构签有合作协定。

作为世界上全面涉及国际间旅游事务的全球性政府间机构，世界旅游组织在开展工作方面所涉及的活动很多。就全球性的活动而言，其中主要包括：

● 向发展中国家传播旅游目的地管理知识。在这方面，世界旅游组织尤其旨在以其在旅游领域内长达几十年的工作经验，帮助各国实现旅游业的可持续发展，以确保旅游经济效益的实现不会以破坏环境和破坏当地文化为代价。

● 开展旅游统计与调研。世界旅游组织以其统计和调研工作最受人们推崇。世界旅游组织在这方面的工作主要包括：制订有关旅游测量工作的国际标准、测量旅游业对各国经济的影响、预测旅游业发展的未来趋势、出版旅游调研成果、等等。
- 支持旅游领域内的人力资源开发。近些年来这类工作的开展主要涉及两个方面：一是为旅游教育工作设立标准，包括推出旅游教育机构的资质认证（TedQual），以及旅游专业毕业生的能力测试（GTAT）。这些工作的开展，客观上起着推进旅游专业教学课程的标准化、使旅游专业学位具有国际可比性的作用；二是为成员国中负责旅游管理工作的官员举办专题讲座，并为其提供远程教育及实习机会。
- 采取务实措施推动世界旅游的发展。在这方面，世界旅游组织开展的工作主要包括：①致力于消除或减小政府对入出境旅游的限制；②制订有关旅行自由、残疾人无障碍旅行、旅行安全等方面的技术标准；③充当国际旅游信息交流中心的角色。

除了上述这些全球性活动之外，世界旅游组织还通过其下设的各地区分会，组织开展地区性的活动，其中包括：
- 作为成员国旅游行政机构与联合国开发计划署之间的桥梁和纽带，帮助促成某些特定的旅游开发项目；
- 为该地区内的成员举办专题研讨会；
- 针对各国普遍存在的问题，组织召开地区性会议，交流经验和探讨解决方案。

另外，世界旅游组织也介入有关地区性旅游开发项目的宣传推广工作。例如，世界旅游组织曾会同联合国教科文组织，联手推广丝绸之路开发项目。该项工作启动于1994年，旨在通过联合推广活动的开展，使这一历史上的著名古道重获新生。中国、日本、韩国、朝鲜、哈萨克斯坦、吉尔吉斯斯坦、巴基斯坦、乌兹别克斯坦、塔吉克斯坦、土库曼斯坦、伊朗、阿塞拜疆、土耳其、格鲁吉亚、希腊和埃及等16个国家都参与了这一工作，联合行动的内容包括：制作有关丝绸之路旅游的各类宣传品、邀请媒体前来熟悉有关情况、在重大旅游交易会上举办有关的专题宣讲活动，等等。

世界旅游组织近年来的优先性工作（UNWTO Annual Report 2011）包括：
- 倡导世界各国重视发展旅游业。
- 提升旅游竞争力。
- 促进可持续旅游发展。
- 增大旅游业对消除贫困和实现发展的贡献。
- 强化知识传播、旅游教育和工作能力的培育。
- 倡导并组织联手合作。

我国于1983年正式加盟世界旅游组织，并在该组织1999年召开的第十三届全体大会上被推选为该组织执行委员会的成员。

表 7-2　世界旅游组织大事记

1970　9月27日，经官方旅游组织国际联盟（IUOTO）特别全体大会通过，宣布改组为世界旅游组织（WTO）。从1980年起，这一天成为世界旅游日。
1975　任命首届秘书长；全体大会决定将总部设于西班牙的马德里。
1976　经签署协议，世界旅游组织成为联合国规划开发署（UNDP）的执行机构。
1998　成立旅游教育培训基金会（THEMIS Foundation）。
1999　在法国召开全球会议，批准了用于测量旅游经济影响的"旅游卫星账户"（TSA）。同年，在智利圣地亚哥召开的第13届全体大会通过了"全球旅游伦理规范"。
2000　世界各国领袖在联合国总部举行会议，通过了联合国新千年宣言，各与会国承诺最迟于2015年落实宣言中提出的各项发展目标。同年，联合国统计委员会批准了旅游卫星账户中所涉及的各项国际标准。
2001　联合国大会正式认可了"全球旅游伦理规范"。
2002　以世界旅游组织名义参加了在南非约翰内斯堡召开的可持续发展世界峰会，并在会上宣讲了题为"可持续旅游—消除贫困"的报告（ST-EP）。
2003　正式加入联合国系统，并启用"UNWTO"这一英文简称，成为旅游事务方面的联合国专门机构。同年，在突尼斯召开首届关于"气候变化与旅游业"的国际会议。
2005　世界旅游组织的"可持续旅游—消除贫困"基金会（ST-EP Foundation）办事处在韩国首尔挂牌。
2007　在达沃斯召开第二届关于"气候变化与旅游业"的国际会议，会上通过了关于旅游部门应对气候变化挑战的"达沃斯宣言"。
2008　推出旨在保护儿童，反对在旅游业中使用童工的宣传运动。
2009　第18届全体大会通过了旨在使旅游部门度过2008~2009全球经济危机的行动路线图。
2011　第19届全体大会全票通过了标题为"世界旅游组织工作改革进程"的白皮书。

2. 世界旅游理事会

世界旅游理事会（World Travel and Tourism Council，简称 WTTC）是一个全球性的非政府间组织。该组织成立于1990年，成员由世界上百家著名公司的总裁、董事长或首席执行官所组成。这些公司的业务都直接或间接地涉及住宿业、游船业、娱乐业、交通运输业，以及其他与旅游相关的服务行业。

世界旅游理事会的领导班子是一个由19名成员组成的执行委员会。该执委会的主要工作是，每年召开两次执委会会议，并在该组织全体成员出席的年会上报告理事会的工作。至于该组织日常工作的运作，则是由会长和为数不多的工作人员以伦敦为基地进行开展。

世界旅游理事会的使命，一是促使人们深入认识旅游业对经济和社会的贡献，二是谋求与各国政府开展合作，以便通过制定相应的政策，去发掘旅游业的潜力，从而实现增加就业和创造财富的目的。在发展旅游业方面，该理事会所憧憬的是，使所有利益相关者都成为合作伙伴，从而使旅游企业的需要、国家经济的需要、各级政府的需要、当地社会的需要实现协调统一。实现这一理想的基础是：

- 政府能认识到，应将旅游业置于优先发展地位；
- 企业能做到注意经济效益与社会效益、文化效益以及环境效益之间的平衡；
- 各利益相关者都能着眼于追求长期的经济增长与社会繁荣。

世界旅游理事会的活动开展，可归纳为三个方面：

①全球性活动。主要包括：预测和研究全球旅游业面临的各种挑战与机遇；代表其成员与世界各地政府进行对话；积极推广世界各地在旅游实践方面的成功案例。

②地区性活动。主要是在旅游业发展潜力巨大但缺乏管理或缺乏资金的那些国家和地区发起行动，旨在将该组织的使命转化为实际行动，会同该国政府、当地领袖和该地区内的本组织成员，一起联手努力，找出并消除制约该地旅游业成长的障碍因素。

③经济研究。近年来，世界旅游理事会一直在通过牛津经济预测公司（Oxford Economic Forecasting Ltd.）开展研究、测算和评估世界旅游业的总体规模，以及旅游业对全球经济及国家经济的贡献。此外，在世界旅游组织的赞助下，世界旅游理事会已开发出国际标准的旅游卫星账户系统（TSA）。总之，在增强人们对旅游经济的重要性的认识方面，世界旅游理事会做了大量的工作。

3. 太平洋亚洲旅游协会（PATA）

在我国，人们通常将太平洋亚洲旅游协会简称为亚太旅游协会。该组织成立于1951年，最初的用名为太平洋地区旅游协会（Pacific Area Travel Association），1986年起改用现名（Pacific Asia Travel Association）。

太平洋亚洲旅游协会是一个地区性的非政府间国际组织。该组织的宗旨是：发展、促进和便利世界其他地区的游客前来太平洋周边地区各国旅游，以及发展、促进和便利该地区内各国居民在该地区之内开展国际旅游。由于该组织多年来在推动旅游业发展方面所发挥的巨大而务实的作用，特别是其所成功组织的年会和旅交会令与会者深感受益，因而该组织历来受到人们的认可与看重。

该组织的会员范围很广。其中有些会员是该地区内有关国家的旅游行政机构，但绝大多数会员都是来自该地区内各地的旅游行业协会、旅游企业，以及其他各种与旅游业有关的社团。目前，该组织的会员范围涉及40多个国家和地区，包括

2000多个来自不同国家或地区的旅游行业组织,40多家在该地区有业务的航空公司和海运公司,400多家住宿企业以及将近600家旅行社企业。

在提供信息服务方面,该组织通过所设立的战略信息中心,及时为会员提供有助于其业务策划、产品开发、市场营销等方面工作的调研信息,使会员能够把握最新的行业发展趋势。除了出版旅游统计资料和市场调研报告之外,该组织出版发行的期刊包括:

● PATA 电子版新闻(News@PATA Biweekly):主要内容为发布有关该协会大事与活动的电子新闻。

● 《问题与趋势》(Issues & Trends):月刊,主要内容为介绍和分析时下影响旅游业发展的有关问题与趋势。

● 《PATA 指南》(PATA Compass):双月刊,主要内容为介绍亚太地区各旅游目的地的发展情况、业界在开展工作方面的实战方案,以及业界人士对某些问题的观点。

在市场营销方面,该组织的工作重点是争取世界各地更多的人前来亚太地区旅游,以及促进本地区居民在本地区内开展旅游。为此,该组织致力于帮助各地会员提高营销技术,开拓新的客源市场。

在旅游开发方面,该组织的工作主要集中于改善和提升新兴目的地的设施与服务,提高现有旅游目的地的接待能力,维护区内各地的旅游资源,特别是保护区内各旅游目的地的遗产资源。

在旅游调研方面,该组织每年召开一次旅游调研工作会议,出版亚太地区旅游统计年度报告,并组织会员开展合作调查研究。

该协会组织举办的大型活动主要为两项,一项是本组织的年会,另一项则是商业性色彩较浓的 PATA 旅游博览会。全体成员参加的年会,每年选在某个成员国举办,主要讨论本地区旅游发展方面的目前状况、有哪些需要,以及存在哪些问题,并参加本组织每年一度的年度业务会议。每年的年度业务会议都有特定的选题,以帮助会员更新旅游业务知识。PATA 旅游博览会(PATA Travel Mart)的举办,旨在将旅游产品的买卖双方聚到一起,为其洽谈业务提供机会与活动场所。

太平洋亚洲旅游协会在世界各地还有很多联系分会。目前这些地区之外的联系分会大约为80个,由17000多个个人会员所组成。这些联系分会的成员定期集中会面,通过举办报告会或实地考察活动的开展,了解亚太地区有关旅游目的地的发展情况。

太平洋亚洲旅游协会(PATA)的行政总部设在美国加州的奥克兰,运营总部自1998年9月迁至泰国的曼谷,其他办事机构分设在悉尼和摩纳哥。

我国国家旅游局于1993年代表中国加入该协会。

4. 国际航空运输协会

国际航空运输协会的英文全称是 International Air Transport Association，简称 IATA。该组织成立于 1945 年，是一个以全世界国际航空运输企业为会员的全球性民间组织。

该组织的使命是代表并服务于世界航空运输业，宗旨是：促进世界航空运输安全，倡导规范、经济的航空运输服务；促进世界航空运输业的发展；密切与国际民航组织（ICAO）的合作关系。

该组织的主要工作是，为世界航空运输业制定和规范业务标准，使各国际航空公司在客运机票、货运单据、安全条款等方面实行国际标准化，并通过建立一整套稳定的国际运价模式，使国际间快速的联运预订和航班衔接成为可能，从而将许多航空公司各自经营的国际航线连结起来，形成一个统一的公共服务系统。此外，该组织的活动还涉足很多其他领域，例如提供行业支持、环保问题、消费者问题、行业监督、法律援助、会员情况交流、航班时刻表的制定、飞行安全以及其他方面的会员服务。

该组织是有关世界航空运输业情况的重要信息来源。在这方面，该组织的"航空公司产品数据库"（Airline Product Database）可使人们对世界上 30 家主要航空承运商的产品进行比较。该组织出版的《世界航空运输统计》年报是有关国际航空运输业数据的权威来源。另外，该组织对客运市场和货运市场所做的预测和市场调研报告可帮助各航空公司制定其战略性或战术性营销计划。

该组织的最高权力机构是全体大会，常设机构包括执行委员会、常务委员会和秘书处。该组织的总部设在加拿大的蒙特利尔，执行办公室设在瑞士的日内瓦，并在世界各地设有地区办事处。

我国的多家航空公司都已加盟该组织，成为该组织的会员。

5. 国际民用航空组织

国际民用航空组织的英文全称是 International Civil Aviation Organization，简称 ICAO，是一个以促进世界各地民用航空发展为目的的政府间国际组织。该组织成立于 1944 年，后来成为联合国属下的一个专门机构，工作宗旨是推进国际间的航空运输安全与合作。该组织的总部设在加拿大的蒙特利尔。

该组织的最高权力机构是全体大会，每三年举行一次。该组织的常设机构是理事会，常设执行机构是秘书处。该组织的主要刊物是《国际民航组织公报》（月刊）。近年来，该组织一直在实施其标题为"引领民用航空迈进 21 世纪"的战略行动计划，旨在更为有效地应对民用航空所面临的各种挑战，尤其是飞行安全方面的挑战。有关这一战略行动计划的详情，可访问该组织的网站：http://www.icao.int。

我国于1974年正式加盟该组织,并在同年的全体大会上被推选为理事单位。

6. 世界旅行社协会联合会

世界旅行社协会联合会(UFTAA)是世界上规模较大的民间性国际旅游行业组织之一,成立于1966年,总部设在比利时的布鲁塞尔。

该组织的宗旨和职能包括:①团结世界各地的全国性旅行社行业协会,协助解决会员间在开展业务方面有可能发生的纠纷;②在国际上代表旅行社行业与其他旅游行业组织或旅游供应企业(交通运输企业、住宿企业等)建立联系和开展合作;③促进旅行社行业在经济、法律和社会领域内最大限度地实现协调、赢得信誉、受到保护和得到发展;④在物质上、业务上和技术上向会员提供必要的指导和帮助。

该组织的正式会员为世界各地的全国性旅行社行业协会。此外,该组织也接纳有营业执照的旅行社企业为"联系会员"。

该组织的最高权力机构是全体大会,负责决定该组织工作的大政方针。该组织的理事会由全体大会选出的18名理事组成,负责管理该组织和行使权力。理事会下设总秘书处,由秘书长负责组织执行理事会的各项决定。

中国旅游协会于1995年加入该组织,成为该组织的正式会员。

7. 国际饭店业协会

国际饭店业协会(IHA)是一个全球性的民间组织,成立于1947年,总部设在法国巴黎。该组织的宗旨是:联络世界各国的饭店业协会,推动各国饭店业界的人员接触,促进会员间的交流与技术合作;研究国际饭店业和国际旅游交往的有关问题;协调饭店业与其他旅游行业的关系;维护本行业的利益。

该组织的工作内容主要包括:①同各国政府磋商,促使各国政府实行有利于饭店业发展的政策;②参与联合国跨国公司委员会有关饭店业跨国经营方面的工作;③制定饭店行业的行为规范,协调饭店业与其他相关行业的关系;④开展市场调研,收集和传发市场信息;⑤为会员提供人员培训服务。

国际饭店业协会每两年举行一次会员大会。会议的主要任务包括:商讨饭店业发展中的重大问题、修改或制定有关的政策和行业规范、选举该组织的下一届领导班子。该组织内设有9个工作委员会,分别为财务委员会、法律委员会、经济政策研究会、出版发行委员会、促销宣传委员会、旅行社事务委员会、饭店专业培训委员会、季节性饭店和度假地饭店事务委员会、会员联系事务委员会。该组织出版的刊物主要有:《国际饭店与餐馆》(月刊)、《国际饭店业评论》(季刊)、《国际饭店指南》、《旅行杂志》、《旅游机构指南》(年刊)等。

中国旅游饭店协会于1994年加盟该组织,成为该组织的正式成员。

【重点术语】

国家旅游组织（National Tourism Organization, NTO; National Tourism Administration, NTA）

国际旅游组织（international tourism organization）

旅游政策（tourism policy）

世界旅游组织（World Tourism Organization, UNWTO）

世界旅游理事会（World Travel and Tourism Council　WTTC）

太平洋亚洲旅游协会（Pacific Asia Travel Association　PATA）

国际航空运输协会（International Air Transport Association　IATA）

中国国家旅游局（China National Tourism Administration　CNTA）

【思考题】

1. 名词解释：国家旅游组织。
2. 政府对旅游发展进行介入和干预的必要性何在？
3. 在对旅游发展进行调控方面，政府所使用的手段主要有哪些？
4. 在推动发展旅游业和招商引资方面，政府有可能采取的投资鼓励政策通常包括哪些？
5. 国家旅游组织的基本职能包括哪些方面？
6. 简述我国旅游行政组织的设置状况。
7. 简述我国旅游行业组织的目前状况。
8. 简述你对世界旅游组织（UNWTO）、太平洋亚洲旅游协会（PATA）以及世界旅游理事会（WTTC）的了解。

第八章 旅游市场

【学习目的】

通过本章的学习,掌握旅游市场及市场细分的知识,了解全球国际旅游客源和客流的地区分布格局,熟悉旅游客流的流动规律。了解我国旅游业入境旅游市场的构成情况,熟悉国内旅游市场的发展现状与特点,并熟悉一个旅游目的地在选择重点客源市场时应予考虑的主要因素。

【主要内容】

1. 旅游市场的概念

    市场的概念与旅游市场;客源市场的重要性

2. 旅游市场细分

    市场细分的概念;市场细分的基本方法

3. 全球国际旅游市场基本状况

    市场规模;国际旅游客流的地理分布格局;全球国际旅游客源的地区分布;基本客流规律

4. 我国旅游业的入境市场

    入境市场的发展与现状;主要客源市场;重点客源市场的选择;国际市场竞争中的问题

5. 我国的国内旅游市场

    国内旅游市场的基本特点;国内旅游市场的发展趋势

6. 我国大陆居民的出境旅游

    出境旅游活动的类别;出境旅游活动的活动特点;出境旅游活动的发展趋势

第一节 旅游市场的概念

一、市场的概念与旅游市场

在时下的中国,随着改革开放的深入和社会主义市场经济的发展,"市场"成了社会各界几乎无不谈论的热门话题。值得注意的是,人们对"市场"一词的理解和使用,因具体语境的不同而常有差异。回顾国内外辞书中对"市场"(market)一词所作的释义,我们同样也会发现,其中有的释义是对"市场"作为一般日常用语时的解释,有的释义是基于经济学视角而做的界定,有的释义所反映的则是基于市场营销学视角的认识。以我国 1982 年出版的《简明社会科学词典》和西方国家出版的《管理学词典》(*Dictionary of Management*)(French and Saward, 1983)为例,其中对"市场"这一词条所做的释义,大致涉及以下几种:

①市场是商品买卖的场所。

②市场是商品交换关系的总和,是不同的生产资料所有者之间经济关系的体现。它反映社会生产和社会需求之间、商品可供量与有支付能力的需求之间、生产者和消费者之间以及国民经济各部门之间的关系。

③市场是在一定时间、一定地点以及在一定的人群或企业之间决定商品交易数量与性质的条件。这些条件包括:需要有可供的商品量(或可供的服务能力)、对这些商品的需求、这些商品的价格,以及有政府或其他组织机构参与管理。

④市场指某一特定产品的现实购买者或潜在购买者。

⑤市场指具有某些相同特点、被认为是某些特定产品之潜在购买者的人群或企业。

在上述各项对"市场"所做的解释中,第①项释义通常是人们将"市场"一词用作日常用语时的解释;第②项和第③项释义是经济学理论中对于"市场"的解释,而第④项和第⑤项释义则是基于管理学或市场营销学的视角对"市场"的解释。

就旅游研究以及旅游管理实务中的情况而言,"市场"一词通常用于指上述中的第④项或第⑤项释义。也就是说,可以将旅游市场定义如下:

> 所谓旅游市场,通常是指旅游产品的经常购买者和潜在购买者人群,即通常为旅游购买者市场或旅游需求市场。

当然,在某些情况下,特别是在某些旅游经济研究中,其中所称的旅游市场有时也会指旅游供给市场,但这种情况相对较少。

这里有必要提醒注意的是,有人时常将旅游需求市场说成是旅游消费者市场。如此表述难免有时会引发误解,致使有人误将旅游需求市场等同于旅游消费者市场。实际上,特别是在旅游业实务中,所谓旅游需求市场,实为旅游客源市场或旅游产品的购买者市场。就这一市场的构成而言,虽然其中多为使用该旅游产品的最终消费者,但同时也涉及并非最终消费者的组织购买者。事实上,以航空公司和饭店企业为代表的很多旅游供应商,不仅面向最终消费者出售其产品或服务,而且还会批量销售给经营组团业务的旅行社以及其他类型的组织购买者。在这方面,最具典型的例子莫过于饭店、会议中心之类的旅游企业所经营的会议服务业务,因为这类服务产品的客源市场无疑多为组织购买者,而很少是作为最终使用者(end users)的消费者。北美各地的旅游行政组织之所以都普遍称之为"Convention and Visitor Bureau",似乎在某种程度上也是与此有关。当然,我们也应看到,只有在介绍和研讨有关旅游市场营销的一般原理时,为了不至于使读者理解起来太过复杂,人们才普遍都是以旅游消费者市场为例去进行阐释。

二、客源市场的重要性

不论是旅游企业,还是以旅游目的地为单位的整体旅游业,客源市场对于其实现长期生存和成功发展的重要性,无论怎样强调都不过分。正如人称"管理学之父"的彼得·德鲁克(Peter Drucker, 1973)所指出的那样,对于任何一个商业组织来说,"顾客即是生意","做生意的工作目标在于招徕顾客"。原因就在于,唯有顾客来光顾之时,经营者才真正能有机会实现自己的获利。本书第五章中也曾提到,对旅游企业来说,从长远上看,只有首先满足顾客的需要,进而才有可能使本组织自身的需要获得满足。对此,旅游实业界中一些有识之士的领悟则是,满足客人的需要实际上也就是在满足本企业的需要。

以上这些观点听上去似乎很简单,并且理解起来也不困难,但在实际工作中具体落实起来,却并非轻而易举。例如,在我国旅游业发展步入正轨后的初期阶段,曾有不少人都以为,只要将饭店等接待设施建起来,就等于是成功发展旅游业了。这种认识显然有误。在这方面,曾有人举过这样一个真实的案例:某位精通印刷技术的工程师自己开设了一家技术先进、设备精良的印刷厂。然而,尽管其印刷技术一流,工作上也兢兢业业,但开业之后却鲜有生意。其中的问题就在于,该工程师不了解市场需求,建厂时也没没有认真去考虑该地区这一业务领域中的供给状况。同样,饭店行业中也有不少类似的例子:一座建筑美观、设施豪华的饭店建成并开业之后,前来光顾的客人却寥寥无几。我们在此无意去细究出现这一结果的各种可能性原因。但所有这类事实都表明,倘若没有顾客光顾,企业的生产或投资无异于浪费。

无论是旅游项目还是旅游目的地的开发，如果不了解市场需求，不了解客源市场的规模，不了解目标市场人群的来源地域和利益追求……那么这种开发难免盲目。当然，我们并不否认，这种带有盲目性的旅游开发，或许也有成功的可能，因为历史经验显示，某种天时地利的巧合也有可能会给这种开发带来成功。但这毕竟是一种毫无把握可言的成功，更是一种难能持久的成功。在旅游业竞争激烈的今天，这种靠"撞大运"实现长期成功的可能性早已不复存在。

第二节 旅游市场细分

一、市场细分的概念

所谓市场细分（segmentation），亦称市场细分化，严谨地界定应是指营销者依据其产品购买者的某一或某些特点，将整体购买者市场划分为若干不同购买者群的工作过程。不过，为了便于初学者理解，人们在介绍和讨论市场细分时，往往都是以消费者市场为例。因此，通俗地讲，市场细分即是营销者依据其产品消费者的某一或某些特点，将整体消费者市场分解为若干不同消费者人群的工作过程。作为这一过程的直接结果，所分解出来的每一个消费者群便是一个市场部分，通常称之为细分市场（segment）。据此，所谓旅游市场细分即是将旅游市场细分化，通常用于指依据旅游消费者的某一或某些特点，将整体旅游市场划分或分解为不同细分市场的工作过程。

人们之所以有必要对整体旅游市场进行细分，基本道理是因为，第一，对于大多数旅游企业/旅游目的地来说，一般都难有足够的实力去吸引和满足所有各类旅游消费者的需要，所以有必要从整体旅游市场中，选择某些适合自己经营的客源人群作为自己的目标市场；第二，对于有些旅游企业/旅游目的地来说，尽管它们可能客观上有足够的实力，有能力满足多种不同类型旅游消费者的需要，然而出于优化经营的考虑，主观上并无意面向所有的旅游消费者人群提供服务。所以，不论是出于上述哪一种缘故，大多数旅游企业/旅游目的地通常都需要对整体旅游需求市场进行细分，以便有效地开展经营。为了能够有效地选择目标客源市场，旅游企业/旅游目的地首先需要以市场细分为基础，然后根据自己的供给能力和竞争实力，从所划分出来的诸多细分市场中去挑选适合自己经营的目标市场。换言之，开展市场细分工作的直接目的，是为了选择和确定目标市场。

对于大多数旅游企业/旅游目的地来说，对整体旅游市场进行细分，有着多方面的意义。一般地讲，主要方面的意义在于：

- 有助于选择和确定理想的目标客源市场

通过对整体旅游市场进行细分，便于旅游目的地或旅游企业分析各个细分市场的人群规模、需求特点和销售潜力。在此基础上，旅游企业/旅游目的地便可根据自己的供给实力及营销能力，有效地从中选定适合自己经营的目标市场。

- 有利于有针对性地开发产品

通过市场细分工作的开展和目标市场的择定，旅游企业/旅游目的地便可根据这些目标市场人群的特点与需要，有针对性地开发与之对路的产品或服务项目。这样不仅可避免因盲目开发而造成的失误和浪费，而且可为实现顾客满意奠定基础。无论如何，只有做到产品对路，才有可能实现产品适销。

- 有利于有针对性地开展促销

众所周知，无论是一个旅游企业，还是一个旅游目的地，在实现成功经营方面，促销工作的开展至关重要。道理很简单，即使是有了再好不过的旅游产品，倘若这些产品不为市场人群所知，将无异于这些产品客观上不存在。在另一方面，无论是一个旅游企业还是一个旅游目的地，可供使用的营销预算毕竟有限。因此，如何使有限的营销预算发挥最大效用，也是旅游促销工作中一项重要而现实的课题。瞄准目标市场人群，有针对性地安排各项促销工作的开展，不仅可避免因促销宣传的盲目开展而造成的资源浪费，而且将有助于提升营销工作的绩效。

二、用于开展旅游市场细分工作的基本方法

如前所述，旅游市场是由旅游产品的购买者所构成，或者简单地讲，是由具有支付能力的旅游消费者所构成。在这些为数众多的旅游消费者中，有些人往往会有着某些可辨认的相同特点或共同之处。根据某些共有的特点或相同之处，人们有可能将旅游消费者划分为若干不同的人群。因此，这类可辨认的特点或相同之处也便成了旅游企业/旅游目的地对客源市场进行细分的依据或标准。

可用于对旅游市场进行细分的依据很多。综合国内外的相关研究以及旅游业管理实践，这些依据基本上可归纳为四大类，分别为地理因素、消费者特征、需求或购买行为特点，以及消费者的心理特点。由于各类依据中所涉及的具体标准往往会有很多，因而不同的旅游目的地，特别是不同的旅游企业，通常都是根据自己的情况和需要，选择使用对自己营销工作的开展具有实际意义的细分标准。譬如，饭店企业使用的依据或标准很可能与交通客运企业或旅行社企业有所不同。而且，即便是同一家旅游企业，所采用的依据或标准也可能会随着时间和市场条件的变化而做出调整。关于这些方面的详细情况，读者可去参阅有关旅游市场营

销方面的专门著述。作为旅游学基础理论教科书，我们在这里仅就旅游业中最为常见的两类市场细分做法做一简要介绍。

1. 依据地理因素对旅游市场进行细分

用作旅游市场细分依据的地理因素有着若干不同的表现形式。人们很容易发现，有些旅游者都是来自同一地域或行政区域。因此，旅游企业/旅游目的地常常会将产生旅游客源的地理区域或行政区域这类地理因素作为依据，对整体旅游市场进行细分。

就国际旅游客源市场的细分而言，用作细分依据的地理因素可以是国别，也可以是洲别或世界大区，等等。例如，在进入21世纪之前，世界旅游组织（UNWTO）基于对全球旅游发展进行统计和分析的需要，曾按地理区域将全球国际旅游市场分作六大市场——欧洲市场、美洲市场、东亚和太平洋市场、非洲市场、中东市场和南亚市场。进入新千年之后，世界旅游组织对此做了调整，但仍是按地理区域，将全球国际旅游市场更新为五大地区市场，分别为欧洲市场、美洲市场、亚太市场、非洲市场和中东市场。对于国际旅游接待国来说，则通常都是按游客来自的国别或地区去划分其入境旅游市场，并且有时会根据各个细分市场的重要程度排定其主次地位，例如一级市场、二级市场、机会市场，等等。

就国内旅游客源市场的细分而言，用作细分依据的地理因素则通常为省（州）、城市等行政区域。同样，对于具体的旅游目的地来说，有时也会根据各个细分客源市场的重要程度，分别将其列为自己的一级客源市场、二级客源市场或机会客源市场。

对于旅游企业/旅游目的地来说，通过对客源市场做这类细分，不仅有助于了解自己旅游客源的地域分布状况，而且还会促使营销者进一步分析和发现为什么某些国家或地区产生旅游者较多，而另一些国家或地区产生旅游者较少的原因，从而为制定自己的旅游营销战略和旅游营销决策提供必要的基础信息。

2. 依据旅游消费者的某些特征对旅游市场进行细分

一般地讲，较为常用的这类市场细分依据或标准包括：

● 来访游客的人口学特征，即某些有关的人口统计因素，譬如年龄、性别、职业、家庭收入水平，等等。

● 游客的来访目的，如消遣旅游市场、商务旅游市场、会议旅游市场、奖励旅游市场、特殊兴趣旅游市场，等等。

● 游客来访的旅行方式，如航空来访者市场、邮轮来访者市场、自驾游市场，等等。

● 来访游客的活动形式，如团体市场、散客或自由行市场。

● 来访游客的停留时间，如过夜旅游市场，一日游市场。

在旅游市场营销工作中，选用上述依据或标准对旅游市场进行细分时，很大程度上是一种侧重于战术上的划分，并且一般都是在已经确定了目标地域客源市场的情况下，用于对来自该市场地域的旅游者做进一步的人群细分。这主要是因为，虽然某一地理区域已经确定为目标市场地域，但该地域内的居民因自身情况的差异，不大可能都会对某一旅游产品感兴趣，因而不大可能都能成为该旅游产品的购买者。因此，旅游营销者往往需要使用某些更为详细具体的依据或标准，对产生于该目标地域的旅游消费者做进一步深入的人群细分，以确保所拟营销举措的针对性。我们不难发现，在历年的《中国旅游统计年鉴》中，除了使用洲别、国别或地区等地理因素对入境旅游市场进行分析之外，通常还会按入境旅游者的年龄、职业、性别、旅行方式等方面做进一步的市场分析。

一般地讲，当站在旅游目的地的立场去细分旅游市场时，通常多是以地理因素为依据。而对于微观层次上的旅游企业来说，则更宜依据旅游消费者的某些技术特征对客源市场进行细分。

第三节　全球国际旅游市场基本状况

一、市场规模

自第二次世界大战结束以来，全球国际旅游客流的规模除了在某些个别年份遭遇挫折之外，总体上呈上升趋势。根据世界旅游组织历年发布的统计数字，在1950～2011年的60多年间，全球国际旅游客流总量增长了将近39倍，全球国际旅游收入总量增长了将近490倍（表8-1）。如今，全球每年的国际旅游客流量已超过10亿人次，全球国际游客的消费开支总额已超过10000亿美元。

表8-1　1950～2011年全世界国际旅游人次和国际旅游收入

年份	旅游人次（百万）	旅游收入（亿美元）
1950	25.3	21
1960	69.3	69
1965	112.7	116
1970	159.7	179
1975	214.4	407
1980	288.0	1024

续表

年份	旅游人次（百万）	旅游收入（亿美元）
1985	329.5	1174
1990	459.2	2647
1995	561.0	3807
2000	687.3	4960
2005	806.2	6800
2010	939.0	9280
2011	982.0	10300

资料来源：根据世界旅游组织（UNWTO）有关资料汇集。

二、国际旅游客流的地理分布格局

如此庞大的国际旅游客流在世界各地的分布状况如何，或者说，这些国际旅游客源主要流向了世界上的哪些地区或国别？

根据世界旅游组织1986～1991年的统计数字，国际旅游接待量（不含国际一日游接待量）居世界前10名的国家一直都是法国、美国、西班牙、意大利、匈牙利、奥地利、英国、墨西哥、德国和加拿大。这10个国家的国际旅游接待人次合计，超过当时全球国际旅游人次总量的60%。在当年的这10大国际旅游接待国中，有7个是欧洲国家，3个是美洲国家。

进入20世纪90年代后，世界10大国际旅游接待国的构成及其排位情况开始出现一些新的变化。其中在10大国际旅游接待国构成方面最明显的变化便是中国（内地）作为唯一亚洲国家的入围。根据世界旅游组织1999～2000年的统计，该年世界10大国际旅游接待国的构成和排名顺序依次为法国、美国、西班牙、意大利、中国（内地）、英国、俄罗斯、墨西哥、加拿大和德国。这10个国家的国际旅游接待人次合计，约占全球总量的54%。在这10大国际旅游接待国中，欧洲国家占了6个，美洲国家有3个，亚洲国家则是中国。

进入21世纪之后，除了加拿大的退出，以及中国香港地区和土耳其分别在2004年和2005年的入围之外，世界10大国际旅游目的地的构成情况基本维持稳定，没有出现比较显著的变化（见表8-2）。但是，从表8-2中我们可以发现，2006年这10大国际旅游目的地的接待人次合计，约占全球总量的46.7%，与2000年时的54%相比，在全球国际旅游市场中所占的份额已经明显减小。此外，我们还可从表7-3中发现，2006年这10大旅游目的地的国际旅游收入合计，约占全球总额的50.5%，与20世纪90年代之前超过60%的情况相比，在全球国际旅游收入总额中所占的比例更是已经明显缩水。

表 8-2　2000~2006 年世界 10 大国际旅游目的地（接待量：百万人次）

国家/地区	2000	排名	2004	排名	2005	排名	2006	排名	2006 市场份额（%）
法国	75.5	1	75.1	1	76.0	1	79.1	1	9.3
西班牙	48.2	3	53.6	2	55.6	2	58.5	2	6.9
美国	50.9	2	46.1	3	49.4	3	51.1	3	6.0
中国（内地）	31.2	5	41.8	4	46.8	4	49.6	4	5.9
意大利	41.2	4	37.1	5	36.5	5	41.1	5	4.9
英国	25.2	6	27.8	6	30.0	6	30.7	6	3.6
德国	19.0	10	20.1	9	21.5	8	23.6	7	2.8
墨西哥	20.6	8	20.6	8	21.9	7	21.4	8	2.5
奥地利			19.4	10	20.0	10	20.3	9	2.4
俄罗斯	21.2	7					20.2	10	2.4
加拿大	20.4	9							
中国香港			21.8	7					
土耳其					20.3	9			

资料来源：根据世界旅游组织（UNWTO）和亚太旅游协会（PATA）相关资料整理。

表 8-3　2004~2006 年世界 10 大国际旅游收入国（单位：十亿美元）

国家/地区	2004 收入额　份额%		排名	2005 收入额　份额%		排名	2006 收入额　份额%		排名
美国	74.5	(12.0)	1	81.7	(12.0)	1	85.7	(11.7)	1
西班牙	45.2	(7.3)	2	47.9	(7.3)	2	51.1	(7.0)	2
法国	40.8	(6.6)	3	42.3	(6.6)	3	42.9	(5.9)	3
意大利	35.7	(5.7)	4	35.4	(5.7)	4	38.1	(5.2)	4
中国（内地）	25.7	(4.1)	7	29.3	(4.4)	6	33.9	(4.6)	5
英国	27.3	(4.4)	6	30.7	(4.4)	5	33.7	(4.6)	6
德国	27.7	(4.4)	5	29.2	(4.1)	7	32.8	(4.5)	7
澳大利亚	13.0	(2.1)	10	15.0	(2.1)	10	17.8	(2.4)	8
土耳其	15.9	(2.6)	8	18.2	(2.6)	8	16.9	(2.3)	9
奥地利	15.4	(2.5)	9	15.5	(2.5)	9	16.7	(2.3)	10

资料来源：根据亚太旅游协会（PATA）相关资料整理。

如果我们按照世界旅游组织对全球五大旅游区的划分，对其中各个地区的国际旅游接待量作一番观察，便可更为清楚地发现全世界国际旅游客流的基本流向，以及全球国际旅游接待量的地区分布格局（表 8-4）。

表 8-4　1997~2006 年全球国际旅游接待量的地区分布格局（单位：百万人次）

地区	1997	2000	2004	2005	2006	1997~2006 年均增长率
全世界	619.6	686.8	763.0	803.0	846.0	3.5
非洲	23.2	28.2	33.2	37.3	40.7	6.4
美洲	118.9	128.1	125.8	133.2	135.9	1.5
亚太	92.8	110.5	152.5	155.3	167.2	6.8
欧洲	369.8	395.8	416.4	438.7	460.8	2.5
中东	14.1	24.2	35.4	38.3	41.8	12.8

资料来源：根据世界旅游组织（WTO）和亚太旅游协会（PATA）相关资料整理。

通过观察表 8-4 中的统计数字，我们可以发现：

● 在国际旅游接待量方面，欧洲在全球市场中一直都占有最大的份额。以 2006 年的情况为例，欧洲的国际旅游接待量为 4.6 亿人次，占全球总量的 54.5%。这意味着，全球超过半数的国际旅游活动都是在欧洲开展，说明欧洲是当今世界上国际旅游活动的中心接待地区，因而也是世界上国际旅游业最发达的地区。

● 进入 21 世纪后，亚太地区的国际旅游接待量开始超过美洲。2006 年，亚太地区的国际旅游接待量达到近 1.7 亿人次，约占全球总量的 20%，在各地区中居第二位。

● 美洲地区的国际旅游接待量已退居第三位。2006 年，美洲的国际旅游接待量为 1.36 亿人次，约占全球国际旅游人次总量的 16%。

● 上述三个地区的国际旅游接待量合计，占全球总量的 70%。其余不足 10%的市场份额则由中东和非洲地区分享。

上述数字显示，与进入 21 世纪之前的情况相比，全世界国际旅游客流分布格局的最大变化在于，欧—美—亚太"三足鼎立"的传统格局已经为欧—亚太—美"三足鼎立"的新格局所取代。导致这一变化的基本原因便是从 20 世纪 80 年代以来，上述各地区国际旅游接待量增长速度的变化，特别是亚太地区的迅速崛起。

根据世界旅游组织的有关统计数字，在从 1960 年到 2006 年的近半个世纪中，欧洲的国际旅游接待量在全球市场中所占的份额从 1960 年的 72.5%下降为 2006 年的 54.5%，减少了 18 个百分点；美洲所占的市场份额也从 1960 年的 24.1%下降为 2006 年的 16%，减少了 8 个百分点。与之相比，亚太地区始终保持了强劲的增长势头，国际游客接待量在全球市场中所占的份额从 1960 年的不足 2%增至 2006 年的 20%。基于长期以来亚太地区国际旅游业远远领先于欧美的发展速度，人们早在 20 世纪 80 年代就普遍预测，21 世纪全球国际旅游发展的重心将会向亚太地区倾斜。这一预测如今已经为事实所验证。

表 8-5　2010～2020 年全世界及各地区国际旅游接待量预测

地区	国际旅游接待量（单位：百万人次）		
	2000 年	2010 年	2020 年
欧洲	390	527	717
东亚/太平洋	116	231	438
美洲	134	195	284
非洲	27	46	75
中东	19	37	69
南亚	6	11	19
世界	692	1 047	1 602

资料来源：世界旅游组织（UNWTO）。

促成全球国际旅游分布格局这一变化的原因是多方面的。其中主要原因包括：

第一，随着亚太地区经济的迅速崛起和该地区居民出国旅游需求的发育，区内客源市场的规模有了很大的增加。在另一方面，由于该地区旅游业开发工作和对外营销的力度不断加强，增大了该地区的旅游吸引力，从而吸引了更多的区外旅游者——特别是欧美旅游者——前来该地区访问。

20 世纪 70 年代以来，亚太地区的经济发展迅速。在这一地区中，除了日本和澳大利亚等少数发达国家不计，韩国、新加坡等国和我国的香港、台湾地区的经济实力迅速增强，已经被国际社会认定为中等发达程度的国家和地区。东盟组织成员国中的马来西亚、泰国也已经实现经济起飞。特别是进入 80 年代后，作为该地区大国的中国和印度迅速崛起，所取得的经济发展成就更是令国际社会瞩目。总之，在亚洲社会经济繁荣与发展的过程中，该地区各国中的中产阶级队伍得以壮大。这些有支付能力的旅游消费者在出国旅游时，首先会选择的旅游目的地便是本地区内的邻近国家，从而增大了区内国际旅游客源的基础。世界旅游组织（UNWTO）和亚太旅游协会（PATA）的统计数据都显示，在 20 世纪 80 年代后期，该地区的区内国际游客接待量平均每年增长 15%，到 1990 年已达到 2500 万人次。在另一方面，随着该地区社会经济的发展和旅游开发实力的增强，使得很多区内国家和地区在开发旅游资源和增强旅游设施建设的同时，旅游接待工作的质量和水平都有了迅速的提高，从而吸引了更多的欧美旅游者来访。

第二，自 20 世纪 80 年代以来，随着欧美地区各国旅游需求市场的成熟，增长速度已经明显放缓，有些国家的出国旅游市场规模已接近"封顶"程度，因而其出国旅游人次很难再有大幅度的增长。由于欧美地区的国际旅游客源主要为区内客源，以及欧美两地互为主要客源地，因此，不论是欧洲还是美洲，在国际旅游接待量方面都难以有很大的增长空间。

第三，作为世界上最大的国际旅游客源地，欧洲的旅游消费者对欧洲区内各主要旅游目的地多已比较熟悉，因而在条件允许的情况下势必会寻求去欧洲以外的国家或地区作长距离旅游，以寻找新的乐趣与满足，其中一个主要去处便是亚太地区。最近20年来，欧洲居民的远程出国旅游一直呈明显的增长趋势。这在一定程度上也证明了这一点。

三、全球国际旅游客源的地区分布

以上我们简要归纳和分析了全世界国际旅游客流的主要流向和地区分布格局。那么，这些国际旅游客源来自何处？其地理分布情况又是怎样的？

根据世界旅游组织（UNWTO）的统计数字，20世纪90年代之前，在世界上位居前10名的国际旅游支出国一直都是美国、德国、日本、英国、意大利、法国、加拿大、荷兰、奥地利和瑞士。虽然其具体的排名顺序有时会有变化，但10大国际旅游支出国的构成范围保持了稳定。这10个国家的国际旅游支出额合计，大约占全球国际旅游支出总额的69～70%左右。不论是这一时期中的哪一年，情况都是如此。从地理分布上看，这10大国际旅游支出国中，有7个是欧洲国家，其国际旅游支出额合计，约占全球国际旅游支出总额的39%；有2个是美洲国家，其国际旅游支出额合计，约占全球国际旅游支出总额的21%；亚洲国家只有一个日本，其国际旅游支出额约占全球国际旅游支出总额的10%。更为明显的是，当时的这10大国际旅游支出国无一例外地都是世界经合组织（OECD）成员国，也就是说，都是世界上的经济发达国家。

进入21世纪后，随着亚太地区经济的快速增长和出国旅游市场的迅速发育，全球10大国际旅游支出国的构成情况有了一定的变化（表8-6）。

根据表中的统计数字，我们可以发现：

- 进入21世纪后，就世界10大国际旅游支出国的构成范围而言，亚洲国家明显增加，即除了日本之外，中国已稳入其中，韩国也时会加盟。
- 10个国家的国际旅游支出额合计，大约占全球国际旅游支出总额的50～54%左右。

与1986～1991年期间所占比例为70%的情况相比，这并非意味着世界10大国际旅游支出国的支出额已经缩水，而是反映出更多的国家或地区已加盟国际旅游客源地的行列。

- 10大国际旅游支出国的地理分布范围没有发生变化，仍是涉及欧洲、美洲和亚洲。

其中，欧洲国家5～6个，其国际旅游支出额合计，约占全球国际旅游支出总额的29～33%；美洲国家有2个，其国际旅游支出额合计，约占全球国际旅游支出总额的 13%；亚洲国家为 2～3 个，其国际旅游支出额约占全球国际旅游支出总额的 9～10%。

表 8-6　2005～2006 年世界 10 大国际旅游支出国

国别	2006 年排位	2005 年排位	支出额（亿美元）		占世界份额（%）	
			2006	2005	2006	2005
德国	1	1	748	727	10.2	10.7
美国	2	2	720	692	9.8	10.2
英国	3	3	631	596	8.6	8.8
法国	4	5	322	312	4.4	4.6
日本	5	4	269	375	3.7	5.5
中国	6	7	243	218	3.3	3.2
意大利	7	6	231	224	3.2	3.3
加拿大	8	8	205	184	2.8	2.7
俄罗斯	9	9	188	178	2.6	2.6
韩国	10	—	182	—	2.5	—
荷兰		10		162		2.4
					50.1	54.0

资料来源：亚太旅游协会（PATA）。

这些情况在一定程度上暗示了全世界国际旅游客源的地区分布状况，即全世界国际旅游客源主要产生于欧洲地区、美洲地区和亚太地区。

四、旅游客流规律与发展趋势

不论是国际旅游还是国内旅游，在客流发展方面都具有某些共同的规律。所谓旅游客流规律，所反映的是旅游者在流向与流量方面变化与发展的基本法则。一般地讲，这些基本法则主要包括以下几个方面。

1. 从总体上讲，人们外出旅游地域范围的发展总是由近及远

无论是国内旅游还是国际旅游活动的发展，人们对旅游目的地的选择通常都遵循先近后远的原则。正因为如此，我们很容易发现，除了极个别的小国之外，国内旅游活动的规模总是大于出国旅游活动的规模，并且近距离旅游的客流量总是占据很大的比重。形成近程旅游所占比重较大的基本原因包括：

● 旅行距离近，交通费用较小。这意味着，在近程旅游方面，拥有这种支付能力的人数无疑较多，因而需求量较大。

● 往返的旅程时间较短。这意味着，在近程旅游方面，拥有时间条件的人数较多,特别是寻常周末休假时间也可用于外出旅游,因而需求量较大。
- 风俗习惯和文化传统比较接近,易于适应。由于地缘和文化相近,旅游客源地社会与旅游目的地社会之间的社会文化障碍较小,因而乐于互访的人数较多。
- 在旅行手续以及交通情况方面相对便利。就国际旅游而言,很多国家对邻国居民的旅游来访都实行免办签证或者只需在入境口岸办理简单的临时签证。国内旅游活动的开展通常无需办理旨在准入的履行手续。此外,由于距离较近的旅游客源地和旅游目的地之间的交通条件通常都比较便利,因而来往旅游者人数众多,甚至会有很多自驾车旅游者。

2. 旅游客流主要源自于经济发展水平较高的国家和地区

这主要是因为这些国家和地区:
- 人均收入水平高,消遣型旅游需求市场的发育程度较高;
- 工商业发达,差旅型旅游需求市场规模较大;
- 居民受教育程度较高,容易把握旅游信息。

除了上述基本法则之外,与旅游客流有关的一些发展趋势包括:

1. 超大型城市往往都会形成重要的旅游中心

所谓超大型城市,即国外旅游研究中近年来经常强调的"city-state",通常是指居民人口过千万的大城市,例如美国的纽约、法国的巴黎、英国的伦敦、意大利的罗马、我国的北京,等等。世界各地的情况都表明,这类超大型城市不仅是重要的旅游客源地,而且是重要的旅游接待中心。在发展旅游业方面,这些超大型城市的实力之强大,甚至可与很多国家匹敌。出现这一趋势的主要原因在于:
- 这类城市集中地代表着该国或该地区的经济、社会和文化发展水平,拥有较多的旅游吸引物,并且旅游服务设施完备;
- 这类城市往往都是交通枢纽,是来访游客的重要集散地。

2. 亚太地区在全球旅游业中的地位持续提升

这一趋势的发展已经持续了半个多世纪。以1996~2004年的情况为例,在这期间,全球入境旅游接待量的平均年增长率为3.1%,而亚太地区实现的平均年增长率约为6.3%,增长速度远远高于全球平均水平。世界旅游组织的统计资料显示,从2003年起,亚太地区的入境旅游接待量已经超过美洲,从而改变了全球入境旅游业"三足鼎立"的地区排序传统格局。

3. 全球远程国际旅游的增长速度将会继续高于区内国际旅游

这一趋势始自于20世纪80年代。根据对这一发展趋势的检测和评估,世界旅游组织在其《2020年旅游愿景》中曾做出预测:到2020年,全球国际旅游活动的规模将超过15.6亿人次。其中区内国际旅游的规模将为11.8亿人次,另外

3.37 亿人次为远程国际旅游者。根据世界旅游组织所做的分析,在 1995~2020 年期间,全球国际远程旅游将会以每年 5.4%的速度递增,同期内区内国际旅游的平均年增长率为 3.8%。这意味着全球远程国际旅游的增长速度将会继续高于区内国际旅游。两者之间在规模上的比率将会从 1995 年的 82∶18 演变为 2020 年的 76∶24(Goeldner and Ritchie,2006:376)。无论是现状还是对未来的预测,在远程国际旅游客流中,欧洲、亚太地区和美洲这三地之间的客流一直都是并将继续是其中的主流。

第四节 我国的入境旅游市场

对于大多数作为旅游目的地的国家或地区来说,其客源市场通常涉及入境旅游市场和国内旅游市场这两个组成部分。当然,如果是站在旅行社行业/企业的业务角度去观察,其客源市场则可能还会涉及该国或该地区的出境旅游市场。就国际上长期以来旅游研究的通常情况而言,基于旅游目的地的角度或立场去观察和研究有关旅游业发展的问题,早已是国际旅游学术界和绝大多数国家/地区旅游行政管理组织的普遍共识。正因为如此,我们很容易发现,在研究旅游市场开发的国际文献中,多是基于旅游目的地角度对入境旅游市场(或客源地的出境旅游市场)的研究,而鲜见基于旅游目的地的立场去研究如何开发本国或本地的"出境旅游市场"。本节对我国入境旅游市场的讨论,实为旨在介绍和分析我国旅游业的入境旅游市场基本情况。

一、入境旅游市场的发展与现状

我国旅游业的入境旅游市场从前曾被海外来华旅游市场。这一市场的现有人群,即是我国旅游统计中所称的入境游客。在本书第三章中,我们已经介绍过我国旅游统计中对入境游客所做的技术性定义。根据这一定义,我国旅游业的入境旅游客源市场由三部分人员构成:

- 来我国旅游的外国人(包括外籍华人);
- 来我国旅游的海外华侨;
- 来内地旅游的港澳同胞以及来大陆旅游的台湾同胞。

改革开放以来,我国的入境旅游接待规模有了巨大的增长。表 8-7 中的统计数据表明,在入境来访的上述人员中,由于海外华侨所占的比重相对很小,所以从 2001 年起,《中国旅游统计年鉴》中不再对入境游客中的海外华侨进行单独列项。在这个意义上，我们也可简单地理解为，我国旅游业的入境旅游市场主要由两大部分构成——外国人市场和港澳台市场。以 2010 年的情况为例，该年来我国旅游访问的入境游客规模为 13376.22 万人次，其中外国人入境游客为 2612.69 万人次，占入境游客总量的 19.5%；港澳台同胞入境游客为 10249.48 万人次，占入境游客总量的 76.6%。

表 8-7　1978～2010 年入境旅游规模（单位：万人次）

年份	总计	外国人	华侨	港澳台同胞
1978	180.92	22.96	1.81	156.15
1979	420.39	36.24	2.09	382.06
1980	570.25	52.91	3.44	513.90
1985	1783.31	137.05	8.48	1637.78
1990	2746.18	174.73	9.11	2562.34
1995	4638.65	588.67	11.58	4038.40
2000	8344.39	1016.04	7.55	7320.80
2005	12029.22	2025.51		10003.71
2010	13376.22	2612.69		10249.48

资料来源：根据历年《中国旅游统计年鉴》整理。

有必要注意的是，这些数字实际上来自我国公安部对边防入境人员的登记和统计，其中不仅包括了大量不经我国旅游部门接待，而是自行活动并在亲友家中过夜的港澳台回乡探亲人员，甚至将很多港澳地区居民早来晚归、当日往返的日常生活跨境活动，从而原本不应属于旅游统计范畴的入境人员也包括了在内。因此，在使用这些统计数据做有关入境旅游的情况分析时，特别是在同其他国家的入境旅游规模进行比较时，应当有所谨慎。

二、主要客源市场

在中国旅游业的入境旅游客源中，由于港澳台游客的来源地域已经十分明确，因此在了解入境旅游客源方面，真正值得注意的是外国人入境旅游市场的来源地域。表 8-8 中为近年来外国人入境旅游市场的来源地域分布状况。

表 8-8 2001～2010 年外国人入境游客来源的地区分布（单位：万人次）

市场 年份	全球	亚洲	欧洲	美洲	大洋洲	非洲及其他
2001 人次	1122.64	698.24	256.73	127.84	31.02	8.82
比重%	100	62.2	22.9	11.4	2.8	0.72
2002 人次	1343.95	864.38	282.59	150.96	35.37	10.66
比重%	100	64.3	21.0	11.2	2.6	0.8
2003 人次	1140.29	726.50	259.76	113.29	30.01	10.72
比重%	100	63.7	22.8	9.9	2.6	0.9
2004 人次	1693.25	1073.66	377.58	178.95	45.21	17.86
比重%	100	63.4	22.3	10.6	2.7	1.0
2005 人次	2025.51	1250.63	478.49	222.39	57.36	24.45
比重%	100	61.75	23.6	11.0	2.7	1.2
2010 人次	2612.69	1620.37	567.28	299.54	78.93	46.57
比重%	100	62.0	21.7	11.5	3.0	1.8

资料来源：根据《中国旅游统计年鉴》整理。

表 8-8 中的统计数字表明，按近年来世界各地区的来华旅游人次进行排列，中国入境旅游的外国人市场依次为：

- 亚洲市场；
- 欧洲市场；
- 美洲市场；
- 大洋洲市场；
- 非洲市场。

其中，就来华旅游的规模而言，同 20 世纪 80 年代的情况相比，欧洲市场的排序已由过去的第三位升至第二位。出现这种变化的基本原因是，伴随着我国改革开放的深入和国际地位的提高，欧洲旅游者的来华人数有了较快的增长。有关统计数字表明，到了 20 世纪 90 年代，在传统的西欧来华旅游市场中，英、德、法来华旅游的年客流量皆已超过 10 万人次；进入新千年后继续逐年增加；目前这三个欧洲国家来华旅游的年客流量更是皆已超过 50 万人次。同 20 世纪 80 年代的情况相比，外国人来华旅游市场中的另一个显著变化是，自 20 世纪 90 年代起，随着前苏联的解体和社会变化，俄罗斯也从过去的潜在市场，转变为现实且日渐重要的来华旅游客源市场。

进入 21 世纪后，中国旅游业主要国际旅游客源国的构成及其排序情况基本上已趋稳定。这一点可在表 8-9 中得到反映。

表 8-9 中国旅游业 10 大国际客源国的构成和排序

排序	1981	1988	1991	1995	2001	2005	2010
1	日本	日本	日本	日本	日本	韩国	韩国
2	美国	美国	美国	韩国	韩国	日本	日本
3	英国	英国	俄罗斯	美国	俄罗斯	俄罗斯	俄罗斯
4	澳大利亚	德国	英国	俄罗斯	美国	美国	美国
5	菲律宾	菲律宾	菲律宾	蒙古	马来西亚	马来西亚	马来西亚
6	法国	泰国	马来西亚	新加坡	新加坡	新加坡	新加坡
7	新加坡	新加坡	新加坡	马来西亚	菲律宾	菲律宾	越南
8	德国	法国	德国	菲律宾	蒙古	蒙古	菲律宾
9	泰国	加拿大	泰国	英国	英国	泰国	蒙古
10	加拿大	澳大利亚	法国	泰国	泰国	英国	加拿大

资料来源：根据历年《中国旅游统计年鉴》整理。

在整个 20 世纪 80 年代，位居前 10 位的客源国构成一直维持不变，其中亚洲国家有 4 个（日本、菲律宾、新加坡、泰国），大洋洲国家 1 个（澳大利亚），欧洲国家 3 个（英国、德国、法国），美洲国家 2 个（美国、加拿大）。换言之，在这 10 大国际客源国中，近距离的周边国家和远距离的欧美国家各占一半。

进入 20 世纪 90 年代后，我国旅游业的主要国际客源国构成及其排序情况陆续出现了一些明显的变化，主要反映在：

● 俄罗斯、韩国、马来西亚和蒙古这 4 个周边国家的来华旅游人数迅速增加，并使得这些国家进入了我国旅游业 10 大国际客源国的行列。

● 日本和美国虽然维持了其作为我国旅游业主要国际客源国的地位，但在整个国际来华旅游市场中所占的份额，开始时有下降。特别是美国，在 10 大国际客源国中的排序由 20 世纪 80 年代中的第二位，降至目前的第四位。

● 欧洲来华旅游的规模虽然一直在不断增长，但增速相对缓慢，从而在外国人来华旅游市场中所占的份额也呈下降趋势。其中的英、德、法这三个国家在 20 世纪 80 年代一直位居我国旅游业的 10 大国际客源国之列，然而自 20 世纪 90 年代以来，随着其地位的逐渐下降，目前皆已被淘汰出 10 大客源国之列。

以 2010 年的情况为例。在国际来华旅游市场中，位居前 10 位的客源国依次为韩国、日本、俄罗斯、美国、马来西亚、新加坡、越南、菲律宾、蒙古和加拿大。在这 10 大国际旅游客源国中，有 7 个是在亚洲，1 个在欧洲（实为横跨欧亚的俄罗斯），2 个在美洲。也就是说，在中国旅游业目前的 10 大国际客源国构成中，近距离的周边国家由过去的 5 个增加到了 8 个，远距离的客源国则由过去的 5 个缩减为 2 个北美国家。

上述情况反映出，我国旅游业主要国际客源市场的构成，呈现出明显的近程化趋势。这意味着，我国旅游业的国际客源今后将会更加集中于亚洲。这一趋势的出现，在很大程度上也意味着中国旅游业的国际客源市场已经趋于成熟，因为这一趋势的出现符合国际旅游客源市场构成的普遍规律。

然而，在旅游目的地市场营销的意义上，上述这些地区和国家是否果真就是我国旅游业应当致力于开发的重点目标市场？如果单纯以其目前的来华旅游人次去衡量，上述这些地区和国家的确可以说是中国旅游业的重点国际客源市场。至于它们是否完全都是应予致力开发的重点目标市场，问题的答案可能并非如此简单。在选择重点国际客源市场方面，有关地区和国家目前来访的游客数量固然是重要的考虑因素，但并非是选择重点客源市场的唯一依据。抛开重点客源市场的质量标准暂且不论，即使是侧重于客流量去考虑，目前现有的游客来访量也不应成为选择重点客源市场的唯一标准，因为有些目前似乎表现为重点的客源市场未必会经受住时间的考验。随着时间的推移，其中有些国家或地区可能会退化为非重点客源市场；而有些目前似乎表现为非重点的客源市场亦可能转而成为重点客源市场。

三、关于重点客源市场的选择

对于任何一个旅游目的地来说，对重点目标客源市场的选择都是一项非常重要的工作。这主要是因为，一方面，对任何一个旅游目的地来说，可供使用的营销预算都是有限的。面对为数众多的潜在客源人群，若要使有限的营销预算发挥其最大效用，就必须要有重点地将这些资源用于最具价值的那些客源市场，而不是面向所有的潜在市场"撒芝麻盐"；在另一方面，任何一个目的地的旅游业开发，都会以当地社会成本的付出为代价，因此如何以尽可能小的社会成本去实现旅游经济收益的最大化对该地旅游业的可持续发展将至关重要。对于一个旅游目的地来说，所有这些情况都决定了选择重点目标客源市场的重要性。

1. 旅游产品需求函数模型

以作为国际旅游目的地的我国为例。在对重点国际客源国的选择方面，所需考虑的因素可能会有很多。这主要是因为，在影响某客源国来华旅游需求的各种变量中，既涉及该客源国方面的因素，也涉及我国（作为旅游接待国）自身方面的因素。因此，我们可通过对旅游需求函数模型的分析，去认识在选择重点客源国时所需考虑的因素。根据有关的经济学原理，一般的商品需求函数通常表达为：

$$D_n = f(Y, P_n, P_1, \cdots P_{n-1}, T, \cdots)$$

其中：

D_n＝对商品 n 的需求量；

Y＝消费者的收入水平；

Pn＝商品 n 的价格；

$P_1=P_{n-1}$＝其他同类商品的价格；

T＝消费者对商品 n 的兴趣或偏好。

通过对这一模型中所涉及的各项变量略加改造，即可推演出一个相应的旅游产品需求函数模型。首先，我们可将上述模型中的各项变量做如下改造：

● Dn：所代表的是某客源国市场对我国旅游产品的需求量。对于用以表示需求量的单位，可根据工作需要去进行选定，譬如可以是某一给定时期内（通常为一年），该客源国居民来我国旅游的人次数、在我国停留的人天数、在我国停留期间的消费额，等等。在这里，我们不妨选用来华旅游人次去表示需求量，即，Dn ＝NA。

● Y：在一般的商品需求函数模型中，消费者的收入水平是具有决定意义的主要变量之一。在旅游研究中，消费者收入水平通常是指某客源地居民的可支配收入或可随意支配收入水平。因此，可支配收入或可随意支配收入水平也就成了决定该客源地居民旅游需求规模的另一主要变量。但是，我们在第三章中已经知道，有效旅游需求的形成并非单纯取决于客源地居民的可支配收入或可随意支配收入水平，而是同时还会受到其他某些因素的影响，例如该客源地居民享有闲暇时间或带薪假期的情况、就业率的高低、人口的年龄构成以及职业构成，等等。由于这些原因，我们不便将可支配收入或可随意支配收入水平作为模型中 Y 的代表内容。由于这些因素共同决定着该客源国居民出国旅游的潜在规模，所以我们不妨使用市场潜力或者潜在市场规模这一概念作为 Y 的代表内容，即 Y＝MV。对于此处的市场潜力或潜在市场规模（MV），同样也可根据工作的需要，选用该客源国居民中有可能出国旅游的人数、人天数，或出国旅游消费额等单位去表示。需要注意的是，这并非意味着该客源国居民只是选择来中国旅游，由于受内外各种因素的影响，实际上有可能会流向若干不同的旅游目的地。

● $Pn, P_1, \cdots P_{n-1}$：我们在第五章中已经知道，从旅游者的角度看，旅游产品即是在旅游目的地所实现或所能实现的一次完整经历。因此，该旅游产品的价格实际上主要由两大部分所组成，即：

①在该客源国和我国之间进行往返的旅行开支，即旅游者所需支付的国际间交通费用。对此，我们可使用 TC 去表示。

②在我国停留期间，用于购买各种产品和服务的开支总额。对此，我们可使用 HC 去表示。

也就是说，我们可将原模型中的"$Pn, P_1, \cdots P_{n-1}$"改造为"TC, HC"，即，$Pn, P_1, \cdots P_{n-1}$＝TC, HC

- T：对于原模型中"消费者的兴趣"这一变量，我们可代之以该客源国居民对我国各旅游供给方面所持有的印象，即东道国的旅游供给形象（UI）。这主要是因为，客源国居民对某一旅游目的地国家的兴趣如何，实际上是该目的地国家的旅游供给情况及其营销传播成效的反映。也就是说，我们可将原模型中的"T"这一变量改造为"UI"，即，T=UI。

通过对原模型中各项变量的上述改造，我们便可将旅游产品需求函数模型表达为：

$$NA=f(MV，TC，HC，UI，O)$$

其中：

NA＝某客源国市场对特定东道国旅游产品的需求量（例如可选用来访旅游人次进行表示）；

MV＝该客源国居民出国旅游的市场潜力；

TC＝在两国间往返所需支付的交通费用；

HC＝在该东道国停留期间所需支付的消费开支；

UI＝该东道国的旅游供给形象；

O＝其他变量。

2. 选择重点客源市场时所需考虑的因素

根据上述旅游产品需求函数模型，我们将不难发现，对于旅游目的地营销者来说，在选择重点客源市场时——以选择重点国际客源国为例，主要应就以下三个方面进行综合考虑：

（1）考虑影响该客源国居民出国旅游市场潜力的因素，即决定该客源国居民的出国旅游人数、出游人天数及旅游消费额的有关因素。这类因素主要包括该客源国方面的：

- 人口规模；
- 人均收入水平或人均 GDP；
- 国民收入/财富分配状况（贫富差异状况）；
- 国民受教育程度；
- 城市化程度；
- 人口年龄构成以及职业构成；
- 休假制度安排，特别是国民享有带薪假期的天数。

（2）考虑该客源国居民前来本目的地旅游时，有关消费开支的影响因素。如前所述，就出国旅游而言，旅游者实现一次完整旅游经历所需支付的消费开支可分为两大类，一类是在两国间往返所需支付的旅行开支，即交通运输费用；另一类则是在目的地停留期间所需支付的消费开支。

影响交通运输费用大小的因素主要包括两国之间的旅行距离、旅途时间，以及旅途中的通常性开支，等等。

影响在旅游目的国停留期间全部必需费用大小的因素主要包括该客源国与该目的地国家的物价以及货币汇率等。

（3）考虑该客源国居民对本目的地的旅游供给所持有的形象，尤其是可影响该客源国旅游消费者在所需开支大致相同的各旅游目的地间进行选择的那些因素，其中包括：
- 本国作为旅游目的地的知名度；
- 该客源国民众对本目的地持有的形象；
- 本国可供参观游览的景点数量；
- 本国提供旅游问讯服务的便利程度；
- 是否存在语言障碍及其程度；
- 本国与该客源国的历史文化联系；
- 本国的气候；
- 本国的交通和通讯服务情况；
- 本国的卫生与健康情况；
- 饮食适应情况；
- 住宿设施的便利情况；
- 人流拥挤情况，等等。

从近年来我国接待世界各地游客来访的情况看，我国旅游业的国际客源构成呈现出明显的多元化趋势。这一情况的出现是作为旅游目的地的我国与各客源地有关上述因素综合作用的结果。但是，客源市场的多元化并非意味着没有重点可以选择。选择重点客源市场的主要目的一方面是为了便于有重点地开展营销宣传，使有限的营销预算开支获得最佳的市场开发效益，另一方面则是为了通过有重点地选择高质量的客源市场，在增大旅游收入的同时，尽可能减小因此而付出的社会代价。当然，对于一个旅游接待国来说，过分依赖少数几个国际客源国的做法同样也不足取。原因在于，一旦这些国家中出现经济危机、政治危机、经济保护主义、重大自然灾害，或居民出游兴趣潮流的转移等变故，该接待国的旅游业将不得不承受客源断绝或大幅度骤减的风险。这方面的例子并非罕见。例如，由于对美国市场的严重依赖，致使一些西欧国家的旅游业在20世纪80年代中期遭受了重大挫折。在我国，时下中日关系的恶化，注定也将会使日本来华旅游人数大幅下降。

所以，对于一个旅游接待国来说，客源市场的多元化有助于分散市场风险，而目标市场的重点化则有利于集中有限的营销资源，更为有效地开展目的地营销。

换言之，这两者皆不可偏废，兼顾两者的适当调配应是理想的旅游市场战略。

四、我国作为旅游目的地在国际市场竞争方面的问题

自改革开放以来，我国在发展入境旅游和开拓国际客源市场方面取得了令世人瞩目的成绩。进入21世纪后，我国在入境旅游接待量方面，已步入世界10大旅游目的地行列，目前居世界第四位。在国际旅游收入方面，我国也已进入世界10大旅游收入国行列，目前居世界第五位。

应当看到，我国旅游业的成长，特别是在改革开放之初20年中所实现的高速发展，很大程度上是起点较低所带来的必然表现。旅游业是一个市场导向的行业，也是国际上竞争激烈的行业。在全球旅游业的发展已经进入买方市场的今天，为了使我国作为国际旅游目的地的地位能够更上一层楼和实现打造旅游强国的奋斗目标，我们有必要对我国旅游业在国际客源市场竞争中的处境和存在的问题有一清醒的认识。

就客观方面情况而言，我们至少应认识以下几点：

第一，在地理区位上，我国地处东亚，距离欧美这两个世界上最主要的国际旅游客源产生地相对遥远。这一情况客观上不利于竞争欧美客源。其中的不利主要反映在两个方面：

①从欧美地区前来我国旅游的交通运输费用相对昂贵。据我国旅游部门的有关调查，北美游客来华旅游的国际间交通费用，约占其来华旅游基本开支总额的40%；欧洲各主要国际旅游客源国与中国之间的旅行距离也均在1.2万千米左右。以近些年来的情况为例，从欧洲各主要城市至中国各口岸城市的定期航班的往返票价为1200～1500美元，占欧洲游客来华旅游2周所需全部基本费用的半数左右。虽然这些欧美客源国多为经济发达国家，但大多数居民家庭的收入、特别是可用于旅游的收入部分毕竟有限。这意味着很多欧美家庭难有支付能力经常前来我国旅游或度假。在另一方面，虽然从西欧乘火车前来中国的旅费（往返约500美元）会低于航空票价，然而仅是从莫斯科乘火车来华便需要7天时间，连同从西欧各主要城市乘火车到莫斯科的时间一起计算，来中国旅游的往返旅途便需要用去15～25天的时间。此外，从西欧乘火车前来中国还需要办理各途经国家的签证，从而也增添了旅行手续方面的麻烦。因此，对于带薪假期有限的广大工薪阶层来说，时间距离也将成为前来中国旅游的又一客观障碍。总之，经济距离很容易使欧美地区居民的来华旅游需求受到制约。

②由于我国与欧美客源地之间距离遥远，来华旅游需求很容易遭受经济危机和国际油价上涨的打击。特别在接待一般观光/度假旅游方面，由于世界上很多国家都拥有同类的旅游资源，都可提供类似的旅游体验，因而在出现与客源国有关

的经济危机或交通运输服务价格上涨的情况下,首先会因此遭受打击的便是距离这些客源国较远的那些旅游目的地。

第二,在争取国际旅游客源方面,我国(大陆)旅游业面临着周边众多国家和地区的激烈竞争。如果我们注意观察我国周边国家/地区的旅游业发展情况,便不难发现,这些周边国家/地区旅游业的主要国际客源市场与我国旅游业的主要国际客源市场有着惊人的共同性。以对日本客源市场的竞争为例。2006年,对于中国旅游业来说,按到访旅游人次进行衡量,日本是亚太区域内的第2大客源市场。然而与此同时,日本也是韩国旅游业在亚太区域内的第1大客源市场、是菲律宾旅游业在亚太区域内的第1大客源市场、是泰国旅游业在亚太区域内的第1大客源市场、是我国香港和台湾地区旅游业在亚太区域内的第1大国际客源市场、是新西兰旅游业在亚太区域内的第1大客源市场、是澳大利亚旅游业在亚太区域内的第2大客源市场、是印度和缅甸旅游业在亚太区域内的第2大客源市场、是印度尼西亚、蒙古及越南旅游业在亚太区域内的第3大客源市场,同时还是新加坡旅游业在亚太区域内的第4大客源市场。在吸引北美和西欧游客来访方面,同样也存在着类似的情况。

在这些周边国家/地区中,有不少国家和地区在发展旅游业方面都比我国起步早,在经验积累等诸多方面都有着不同程度的优势。有调查显示,近些年来,在一次外出旅游过程中接连串游多个目的地国家的旅游活动有增多的趋势。从逻辑上讲,这种多地串游式旅游活动的发展似乎为同一地区内相邻目的地之间发展营销合作提供了可能,但美国和日本的有关调查结果都表明,其国民在以这种方式出游的过程中,全程访问和停留的目的地国家平均不超过 1.8 个。这些事实意味着,就地处同一地区的各国际旅游目的地而言,在开拓国际客源方面,成功合作的空间其实很有限,更多的则是竞争。

第三,我国各地在开发旅游产品和提高产品质量方面尚存在问题。

旅游目的地营销的成功以该地旅游产品能够符合并且能够满足目标旅游市场的需要为基础。如果旅游产品本身就不能适应目标消费者市场的需求变化,那么无论该地怎样强化销售工作也难以获得成效。长期以来,除了海南省在面向入境旅游市场开发度假产品方面做得比较成功之外,其他各地入境旅游业务的开展一直都是主要依赖接待被动式参观的团体观光旅游。这种在产品类型上的单一化,已落后于国际旅游新潮的变化。

这并非意味着我国作为一个国际旅游目的地应放弃发展观光旅游。国际上很多地方的旅游开发经验都证明,观光产品、特别是都市观光旅游产品的生命周期最为持久,并且通常都有长盛不衰的表现,因而都市观光游往往是大城市旅游产品中的脊梁。事实上,观光旅游在我国旅游产品的开发和经营中今后仍将继续扮演绎对重要的角色。但是,对于旅游消费者来说,观光旅游产品实际上分为两类。一类是被动参观型的观光旅游产品,即旅游者在导游人员的带领和解说下对有关景物进行参观和游览。显然,对于一个旅游目的地来说,这类被动参观型的观光旅游产品不足以吸引游客多次购买或经常故地重游,除非该地能够年年推出对游客有吸引力的新的观光线路或内容,否则,如同一部影片一样,谁都不会不厌其烦地反复观看。另一类是活动参与型的观光旅游产品,即旅游者在参观游览过程中,能够以适当的参与方式亲身体验有关的景物或与之有关的活动内容。实际上,这类活动参与型的观光旅游在某种程度上是观光和娱乐的结合。

此外,我国的旅游产品在质量方面仍存在着不少一直没有得到完全解决的问题,主要表现在:①旅游设施,特别是旅游基础设施不足或不便;②清洁卫生条件差;③旅行日程和交通安排变故多;④接待散客旅游的条件不足,等等。尽管我国旅游业有关部门一直在努力解决这些问题,但其中有些问题单靠旅游业部门不可能得到完全解决。

这些问题的存在很大程度上影响了中国作为国际旅游目的地的竞争力。例如,世界经济论坛在 2008 年 3 月发表了其最新一期的世界"旅游业竞争力"调查报告,其中公布了 130 个国家和地区旅游业竞争力的排名情况。中国在其中排名虽然比上一次排名有了较大的跃升(跃升了 9 位),但仍居中下水平(第 62 位)。排在中国(内地)之前的亚洲国家和地区包括中国香港(第 14 位)、新加坡(第 16 位)、日本(第 23 位)、韩国(第 31 位)和马来西亚(第 32 位)(参见《旅报大中国》2008(49):17)。

第四,目的地营销和海外促销工作仍有待改进。

改革开放以来,我国作为国际旅游目的地,在开展目的地营销和海外促销方面已经取得了很大的进展。除了在各主要客源地设立驻外旅游办事处外,举办或参加国际旅游博览会、旅游展销会,邀请客源地旅游业界人士和旅游记者来访,制作有关介绍中国旅游产品的电影、录像带、幻灯片、光盘,以及编印旅游宣传册等促销手段都有了很大的进步。但至今为止,我国旅游业的对外宣传和海外促销工作仍存在很多问题。其中较为突出的问题包括:

①营销经费不足。世界旅游组织很早以前就曾提出,一个国家应将其旅游收入的1%用作国家旅游行政组织的预算,其中包括用于开展旅游促销工作。我国不但远未做到这一点,就是海外促销经费一项,也一直低于我国周边的任何竞争对手。

②营销工作的水准和促销技术尚需改进和提高。例如,对于拟开展的促销活动以及已经开展过的促销活动,各级旅游营销组织很少进行认真评价,因而这方面的技术也难以提高。旅游营销工作的一个重要问题就是使有限的预算经费最大

限度地发挥其效用。反之，如果不知其效用如何，就不可能发现在营销方式和促销技术上存在的问题。

第五节 我国的国内旅游市场

随着我国改革开放以来的经济发展和社会进步，国民对外出旅游的需求——首先是对国内旅游的需求——也在发育和成长。从20世纪80年代起，国内旅游市场的规模开始迅速扩大。据我国国家旅游局的调查和统计，1984年全国国内旅游活动的规模为2亿人次，2005年增至12.12亿人次，2010年达到21.03亿人次，实现国内旅游收入12579.77亿元人民币。如今，国内旅游市场已成为我国旅游业的一个至关重要的市场部分。

一、国内旅游市场的基本特点

综观我国近些年来国内旅游市场的表现，可发现以下一些主要特点：

1. 市场规模大，发展潜力足

近年来我国国内旅游需求的发展，无论是从人次规模上，还是从旅游消费总额上去衡量，都已大大超过入境旅游市场。以2010年的情况为例。该年全国国内旅游的活动规模高达21.03亿人次，是同年入境旅游接待量1.34亿人次的16倍。2010年我国实现的国内旅游收入总额为12579.77亿元人民币，相当于同年我国旅游外汇收入458.14亿美元的4.5倍。比较世界上很多旅游发达国家中的经验：一个国家的国内旅游收入一般可达到该国同期国际旅游收入的7~8倍。这在一定程度上可以说明，同很多发达国家的情况相比，我国的国内旅游市场仍有相当大的发展潜力。

2. 短程比重大

目前我国国民中多数人的旅游支付能力仍比较有限，加之带薪年假制度在我国尚未实行，多数人所能有的闲暇时间仍很分散。所有这些情况都使得我国国民国内旅游活动的开展多表现为短程旅游。以国家旅游局2005年的有关调查为例，在参加国内旅游的城镇居民中，每次出游只游历一个省（区、市）的短程游客所占的比例最高，为95.5%；每次出游平均游历两个省（区、市）的游客约占3%；而每次出游平均游历三个以上省（区、市）的游客仅占1.5%。另外，人们在参加国内旅游活动时，每次外出的旅游天数也比较短，多为全程5天以下。

3. 散客比重大

在国内旅游活动中，绝大多数旅游者都不使用旅行社提供的商业性服务。根据国家旅游局 2005 年的有关抽样调查，在国内城镇居民的外出旅游活动中，参加旅行社组织的团体旅游的游客只占 29.7%，而以散客形式开展自助旅游的人所占的比例高达 70.3%。另据国家旅游局的统计，2010 年全国国内旅游的规模为 21.03 亿人次，其中由旅行社组团出游的国内旅游者为 1.19 亿人次（《中国旅游年鉴 2011》），仅占 5.7%。

4. 消费总额增长速度快，但人均消费水平仍显较低

从全国国内旅游消费开支总额看，2000 年为 3175.54 亿元，2005 年增至 5285.86 亿元，2010 年达到 12579.77 亿元，可见增长速度很快。但就国内游客的人均花费而言，2000 年为 426.8 元，2005 年为 436.1 元，2010 年为 598 元，特别是与同年入境游客的人均消费额相比，仍明显较低。这在某种程度上反映出，目前我国国内旅游市场的发展仍处在人次规模扩张阶段，在质量上仍显较低。

二、国内旅游市场的发展趋势

随着我国经济的发展、国民收入和生活水平的提高以及拥有闲暇时间的增多，国民对旅游和休闲的需求无疑将会继续增长。这决定了国内旅游市场的规模将会继续增长和扩大。自 1995 年 5 月我国开始实行每周 40 小时工作制以来，加之公共节假日放假制度的改革，全国各地周末旅游活动的迅速增多和"黄金周"旅游高峰的形成，便是这一发展趋势的明证。

除了国内旅游市场的规模将会进一步增大之外，国内游客的旅游消费水平今后也将会不断提升。原因在于，随着人们富裕程度的提高，人们对旅游生活质量的追求必然也会随之变化。虽然目前整个国内旅游市场的人均消费水平仍然较低，但其中的某些市场部分——例如国内商务旅游市场以及消遣旅游市场中的高端部分——消费水平实际上已经相当可观，有些甚至已经超过了入境旅游者的平均消费水平。

随着我国国内旅游的需求规模不断增大，我国很多旅游服务企业已经开始重视对国内市场的开发和经营。更重要的是，由于 2008 年世界性"金融海啸"的影响和入境旅游需求的萎缩，国家旅游政策的制定者将会进一步认识国内旅游市场的重要性，并会将国内旅游作为国家旅游经济发展的基点。事实上，这一点已经为我国国务院颁发的 2009 年 41 号文件所证实。

第六节　我国居民的出境旅游

这里首先有必要说明的是，对于任何一个国家来说，本国居民的出境旅游不仅无助于本国的经济增收，反而会造成本国经济的"漏损"。原因在于，本国居民出境旅游活动的开展，所购买和消费的内容实际上并不是本国的旅游产品，所以，根据本章开头部分对旅游市场的界定，这些出境旅游者自然也就根本谈不上是本国旅游产品的客源"市场"。也正是由于这一原因，在国际社会中，我们似乎见不到有人会基于发展本国或本地旅游经济的立场，去讨论本国或本地的出境旅游"市场"。当然，对于某些旅游咨询机构因受个别委托方的委托（譬如受某旅行社或某国外目的地营销组织的委托）而开展的这类市场调研，则另当别论，因为此时的这种研究已不再是基于发展本国或本地旅游经济的立场去考虑问题，而是站在有关委托方的立场，服务于委托方的某种商业性需要。

另一方面，历史上确实曾经出现过个别国家在某个特定时期鼓励本国国民出国旅游的情况。例如，第二次世界大战结束后，美国政府在实施援助欧洲经济复兴的"马歇尔计划"时，便曾鼓励美国国民前往西欧国家旅游。另一个例子则是，20 世纪 80 年代中期，日本为了缓和同贸易伙伴国的摩擦，也曾出台过鼓励国民出国旅游的《海外旅游倍增计划》。对于这些个别案例，我们应该看到，首先，美、日两国当年这些政策的推出，其目的并非旨在发展本国的旅游业，而是服务于其他政治或经济方面的考虑；其次，这些政策的推出其实都是该国政府的一种对外姿态。换言之，即使是在这些政策的执行期内，不论是在当年的美国，还是在当年的日本，都不曾有研究者将本国国民中的出境旅游者称作是本国旅游业的客源"市场"。

本节之所以仍会将我国民众的出境旅游作为讨论话题，主要目的在于通过这一侧面去观察和发现我国国民旅游需求的发展及变化动向。

一个国家的国民旅游（national tourism）包括两个部分，一是本国居民的国内旅游（domestic tourism），再则是本国居民的出境旅游（outbound tourism）。我国国民旅游的发展现状是，在国内旅游的规模不断增大的同时，国民对出境旅游的需求也在快速发育和成长。虽然参加出境旅游的人数在我国人口中所占的比例目前仍然很小，但就绝对数量而言，已经形成了足以令很多发展旅游业的国家和地区感兴趣和重视的规模。根据中国国家旅游局的统计，进入新千年以来，2000 年我国国民的出境旅游规模为 1047 万人次，2005 年增至 3103 万人次，2010 年进一步上升至 5738 万人次，为 10 年前的 5.5 倍。

一、我国对国民出境旅游活动的类别划分

在国际旅游文献中，出境旅游即出国旅游，指一个国家的居民跨越国界前去其他国家或地区开展的国际旅游活动。由于第二章中所述的原因，根据我国的国情及旅游管理工作的需要，国家旅游局目前将我国国民的出境旅游界定为"我国公民的自费出境旅游"，并将其划分为三个组成部分，出国旅游、边境旅游和港澳台旅游。

1. 出国旅游

作为对我国国民出境旅游活动的一种分类，此处所称的出国旅游，实际上是指居住在中国的公民自己支付费用，在具备出境旅游经营权的旅行社的组织下，以旅行团的形式，前往经中国政府批准的外国旅游目的地开展的国际旅游活动。

我国公民目前的自费出国旅游，是从最初的出境探亲旅游逐渐发展而来的。1983 年，广东省旅游公司率先开始面向省内居民组织"赴港探亲旅游团"。此后，国务院做出规定，关于组织赴港澳地区探亲旅游团的业务，统一由中国旅行社总社负责委托各地的中国旅行社具体承办。1990 年 10 月，国家旅游局经与外交部、公安部、国务院侨务办公室等部门协商，并经国务院批准，颁布了《关于组织我国公民赴东南亚三国旅游的暂行管理办法》。根据这一文件，我国公民在由自己的海外亲友付费和担保的前提下，可赴新加坡、马来西亚和泰国开展探亲旅游。继此之后，国家旅游局又于 1992 年 7 月颁布文件，将菲律宾增辟为我国公民出境探亲旅游的目的地国家。经过几年的发展，有关我国公民出国探亲游的初始政策开始出现变化，例如，所需费用的支付从最初由出国旅游者的海外亲友负担，转变为由出国旅游者自付；出国访问的目的也由最初的探亲访友，放宽为更加广泛的观光和游览。由于政策上的这些变化，经国务院批准，国家旅游局和公安部于 1997 年 7 月 1 日联合颁布了《中国公民自费出国旅游管理暂行办法》。这在很大程度上标志了中国公民出国旅游的正式开始。目前，经我国政府批准的出国旅游目的地（ADS），已由最初的新、马、泰三国，扩大到世界各地的逾百个国家。

2. 边境旅游

同样，作为对我国国民出境旅游活动的一种分类，此处所称的边境旅游，是指居住在中国的公民在获有特别经营权的旅行社的组织下，以旅行团的形式，从指定的边境口岸出境，到邻国指定的边境区域进行的国际旅游活动。

这种边境旅游活动的出现，最早始于 1987 年辽宁丹东市所组织的前往朝鲜新义州的团体"一日游"活动。此后，经我国主管部门批准，黑龙江、内蒙古、辽宁、吉林、新疆、云南、广西等 7 个省/自治区先后开始组织赴俄罗斯、蒙古、朝

鲜、哈萨克斯坦、吉尔吉斯斯坦、塔吉克斯坦等国的边境旅游。

3. 港澳台旅游

作为对我国国民出境旅游活动的一种分类，此处所称的港澳台旅游，最初为我国居民在获有特别经营权的旅行社的组织下，以旅行团形式前往香港和澳门地区开展的旅游活动，但后来也包括了我国居民赴港澳地区的"自由行"。港澳游的发端始于1983年广东省旅游公司组织的"赴港探亲旅游团"。1984年，国务院批准了国务院侨办、港澳办和公安部联合上报的《关于拟组织归侨、侨眷和港澳台眷属赴港澳地区探亲旅行团的请示》，规定此项组织工作由中国旅行社总社负责委托国内各地的中国旅行社承办，由香港和澳门的中国旅行社负责在当地的接待业务。此后，这种最初的赴港澳地区探亲旅游逐渐演变为今日我国居民的自费港澳游。2008年，随着海峡两岸"三通"的实现，我国居民的赴台湾旅游也自此正式开始。

二、我国居民出境旅游的特点

根据进入新千年以来的有关观察，我国居民出境旅游的发展表现有以下一些方面的特点：

1. 增长速度快

进入21世纪以来，我国居民出境旅游的规模持续增大，出境旅游人次已由2000年的1047万人次增至2010年的5738万人次。这期间，虽然因私出境人次和因公出境人次都在增加，但因公出境人员所占的比例相对下降，因私出境人员所占的比例则在增大。另一方面，与旅行社组织的出境旅游人数相比，散客所占的比重在不断增大。

表8-10　出境旅游规模

年份	2000	2005	2010
规模（万人次）	1047.26	3102.63	5738.65
同比增长率%	13.4	7.5	20.4

资料来源：国家旅游局。

此外，出境旅游消费额也在快速增大。根据世界旅游组织（UNWTO）公布的统计数字，1982年中国公民的出境旅游消费总额仅为6600万美元，1996年上升至44.74亿美元，2004年为191亿美元，2005年上升至218亿美元，占全世界国际旅游消费总额的3.3%，已进入世界10大国际旅游支出国的行列。在人均消费额方面，我国公民出境旅游者在海外逗留期间的人均消费开支，已超过海外来华旅游者在华停留期间的人均消费额。

2. 国际客流主要流向亚太区内

就出国旅游的客流格局而言，尽管可供选择的目的地增加了很多，但客流的流向仍主要为近距离的国家和地区，尤其是那些获准时间较早、距离较近的亚太地区的旅游目的地。以 2004 年的情况为例。该年中国居民的出境旅游规模为2885.29 万人次。其中前往亚洲国家的旅游者为 2582.06 万人次，占 89.5%；前往美洲国家的旅游者为 68.02 万人次，占 2.4%；前往欧洲国家的旅游者为 180.74 万人次，占 6.3%；前往大洋洲国家的旅游者为 36.08 万人次，占 1.3%；前往非洲国家的旅游者为 11.54 万人次，占 0.4%。

3. 港澳游份额最大

香港和澳门作为我国居民的出境旅游目的地，具有旅行距离近、文化障碍小等优势。尤其是在中央政府批准开放"港澳自由行"之后，我国居民前往港澳地区旅游的客流量不仅一直稳居最大，而且始终保持着较高的增长速度。以 2010 年的情况为例，我国居民赴香港旅游的规模为 2309.90 万人次，赴澳门旅游的规模为 1611.24 万人次，两者合计约占居民出境旅游总量的 68%。

表 8-11 中国（内地）居民出境旅游客流的主要流向

年份	按出境首站计列的前 10 位出游目的地
2000	中国香港、中国澳门、泰国、日本、俄罗斯、韩国、美国、新加坡、朝鲜、澳大利亚
2001	中国香港、中国澳门、泰国、日本、俄罗斯、韩国、美国、新加坡、朝鲜、澳大利亚
2002	中国香港、中国澳门、日本、俄罗斯、泰国、韩国、美国、新加坡、朝鲜、马来西亚
2003	中国香港、中国澳门、日本、俄罗斯、越南、韩国、泰国、美国、新加坡、马来西亚
2004	中国香港、中国澳门、日本、俄罗斯、越南、韩国、泰国、美国、新加坡、马来西亚
2010	中国香港、中国澳门、日本、韩国、中国台湾、越南、美国、马来西亚、泰国、新加坡

资料来源：中国旅游统计年鉴。

三、出境旅游的发展前景

21 世纪，我国居民的出境旅游规模将会继续增长，不仅出境旅游人次将会继续增加，出境旅游的人员范围以及出游目的地的地域范围也将继续扩大。作为这一总趋势的依据和表现，人们将会发现：

● 随着我国社会经济的繁荣和建设小康社会目标的实现，国民家庭的实际收入水平将会继续提高。这意味着，除了那些目前已经率先致富的人群之外，未来将会有更多的家庭具备出境旅游的支付能力。另一方面，随着未来国民休假制度的完善，特别是带薪年假的有望实行，越来越多的人将会具备实现出境旅游需求的时间条件。这预示着在未来的发展中，中国居民出境旅游需求得以发展壮大的客观条件将会变得更加成熟，因消遣性目的而出境旅游的人群规模将会进一步增大。
- 随着经济全球化的发展，中国与世界各国的经济联系将会更加紧密。以此为基础，各个领域中的对外交流与联系也将会更加频繁。这意味着，以商务旅游为代表的因公出境旅游的规模也将会进一步增大。
- 我国政府对国民出境旅游的开放政策，例如不断放宽允许旅行社组团出境旅游的目的地范围、增大国民用于出境旅游的换汇额度等，加之我国"全球通"等移动通信业务所带来的便利，以及我国"银联卡"在国际上的使用范围不断拓展，所有这一切皆可成为助推出境旅游发展的环境条件。
- 我国国民出境旅游需求的迅速发育与成长，已经引起国际社会越来越多的关注和重视。国际上越来越多的旅游目的地国家都已开始着手来我国设立旅游办事机构，并采取多种招徕措施，面向我国旅游消费者实施促销宣传活动。这一情况的出现和发展，也将对中国出境旅游客流形成一定的刺激和拉力。

总之，我国居民出境旅游规模不断向上的攀升趋势，已经预示出今后这一趋势将会继续下去。在这方面，世界旅游组织（UNWTO）早在20世纪90年代后期便曾做出预测——到2020年，中国居民将有1亿人次出境旅游，届时中国将成为高居世界第四位的国际旅游支出国。

【重点术语】

旅游市场（the tourist market; the market of tourism）

旅游客流（the tourist flow）

市场细分（market segmentation）

细分市场（segment）

目标市场（target market）

全球市场（the global market）

国际旅游市场（the international tourism market）

入境旅游市场（the inbound tourism market）

出境旅游市场（the outbound tourism market）

国内旅游市场（the domestic tourism market）

远程旅游市场（the long-haul market）

近程旅游市场（the short-haul market）

旅游目的地（destination）

市场地域（market area）

旅游接待国（东道国）（tourist receiving country）

旅游客源国（tourist generating country）

来访旅游人次（the tourist arrivals）
游客消费开支（the tourist expenditure）
市场份额（market share）

【思考题】
1. 解释下列概念：旅游市场；市场细分。
2. 为什么要对旅游市场进行细分？其意义何在？
3. 简述划分旅游市场的常用标准。
4. 简述全球国际旅游客流和国际旅游客源的地区分布格局。
5. 简述旅游客流的基本规律和发展趋势。
6. 在全球国际旅游人次中，近距离的国际旅游何以会占绝大比重？
7. 简述我国入境旅游客源市场的发展现状。
8. 选择重点国际旅游客源市场时，应考虑哪些因素？
9. 你如何认识我国旅游业在国际客源市场竞争中存在的问题？为什么？
10. 简述我国国内旅游市场的特点。
11. 简述我国出境旅游市场的特点。
13. 简述并解释我国目前对出境旅游类别的划分。

第九章 旅游的影响

【学习目的】
　　通过本章的学习，熟悉旅游和旅游业的发展对旅游目的地经济、社会文化和环境的影响，了解其中正面影响和负面影响的主要表现，熟悉产生这些影响的基本原理。掌握可持续发展的概念，熟悉可持续旅游发展的提出背景和基本目标；掌握旅游承载力的概念、实质和认识意义；熟悉可用于预防和控制旅游消极影响的基本举措。

【主要内容】
　　1. 旅游的经济影响
　　正面作用；负面影响
　　2. 旅游促进经济发展的理论依据
　　旅游收入的乘数效应；旅游乘数的类型；影响旅游乘数效应的因素
　　3. 旅游的社会文化影响
　　积极方面的影响；消极方面的影响；正确认识旅游的社会文化影响
　　4. 旅游的环境影响
　　积极方面的直接影响；消极方面的直接影响
　　5. 可持续旅游发展
　　可持续旅游发展的含义；可持续旅游的内容；实现可持续旅游发展的关键

第一节 旅游的经济影响

在现代社会中，各种旅游活动的开展都伴有消费行为的发生。对于一个旅游目的地来说，来访游客在该地停留期间的消费开支，不仅可成为该地的直接旅游收入，而且这些资金在该地经济体系内的流转，还将带来一系列的继发效应，从而会对该地经济中的很多其他层面产生间接影响。

实际上，旅游消费所带来的经济影响具有双向性，即不仅会刺激旅游目的地的经济，而且对旅游客源地的经济也会产生影响。以国际旅游活动的开展为例，入境旅游者在旅游接待国停留期间的消费开支，无疑会形成该国的国际旅游收入，从而带来该国财富的增加；但对于旅游客源国来说，这些消费开支则会形成该国的国际旅游支出，致使该国财富的流出。就一个国家中的国内旅游而言，如果是站在整个国家经济的立场上进行观察，当然不会有旅游输入和旅游输出之分。但倘若是站在地区经济的立场上去分析，国内旅游者的消费开支对旅游接待地和旅游客源地双方经济的影响，则同样也会存在。尽管如此，人们在研究和评价旅游的经济影响时，所关注和讨论的重点通常都是旅游业的发展带给旅游目的地方面的经济影响。所以，在本节中，我们同样也是主要讨论一个国家的入境旅游及国内旅游的发展对该国经济的影响。

旅游业的发展对一个国家的经济既有正面作用，也有负面影响。

一、正面作用

主要涉及：

1. 有助于增加外汇收入

在接待国际/入境旅游方面，最明显的经济作用之一便是可增加一个国家的外汇收入，提高该国的国际支付能力，并有助于国际收支平衡。

外汇是用于国际间经济结算的一种支付手段。一个国家的外汇储备量，反映着该国的国际支付能力，并在一定程度上体现着该国的经济实力。所谓国际收支（Balance of Payments），是指一个国家在给定时期内（通常为一年）同其他国家发生经济往来的全部收入和支出。当国际收入大于国际支出时，其国际收支账户便会呈现顺差或剩余；反之则会出现逆差或赤字。当一个国家的国际收支为顺差时，应当说是一件好事，因为这至少说明该国能够借助国际市场去发展和壮大自己的经济。但是在另一方面，如果这种顺差长期过大，则难免会招致同贸易伙伴国家的经济摩擦。倘若一个国家的国际收支为逆差，则无论如何都会对该国不利，因为国际支付能力的软弱将会使该国难以从国际市场上购买本国经济建设所急需的进口技术以及进口物资与设备。因此，具备并保持足够的创汇能力对于一个国家来说有着十分重要的意义。一个国家国际收支逆差的出现有多种原因。对于大多数发展中国家来说，由于在生产技术方面相对落后，致使物质商品的出口数量有限，然而为了发展本国经济，又必须从外国进口某些必需的先进技术与设备，因而往往会造成国际收支账户出现赤字。一个国家外汇收入的获取主要有两条途径：一是对外贸易的外汇收入，二是非贸易外汇收入（亦称无形贸易外汇收入）。前者是指通过出口物质商品所实现的外汇收入，后者则主要是指国际间有关保险、运输、旅游、利息、居民汇款、外交人员费用等方面带来的外汇收入。

所以，就实现创汇这一目的而言，接待国际/入境旅游与对外出口物质商品可谓异曲同工。所以，对于一个国家来说，接待国际/入境旅游实际上也是一种出口，通常称之为"旅游出口"。不过，与传统的商品出口有所不同的是，在旅游出口中，旅游接待国所出口的是旅游产品——即外来旅游者可在该国获得的某种旅游经历或体验。由于旅游者必须前来旅游产品的生产地点进行消费，因此在旅游出口中，旅游者的流向与出口产品的付款流向全然相同；与之相比，在传统的商品出口中，由于这些商品必须运销于客户所在之地，因此出口商品与客户付款这两者的流动方向会截然相反，如图 9-1 所示。

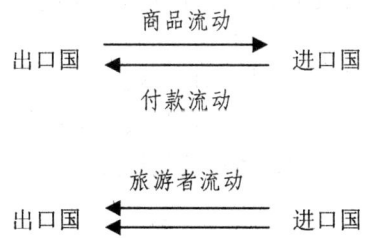

图 9-1　商品出口与旅游出口的比较

作为非贸易外汇创收的组成部分，旅游创汇具有传统商品出口所不具备的很多优点，其中包括：

（1）换汇率高，即旅游产品的换汇率高于外贸商品的换汇率。形成这一情况的直接原因在于，旅游产品的换汇成本低于外贸商品的换汇成本。旅游出口是一种无形贸易，并且旅游者必须来旅游产品的生产地进行消费，所以旅游出口可省却商品外贸出口过程中所必不可少的运输费用、仓储费用、保险费用、有关税项开支,以及与进出口业务有关的各种繁杂手续,并且旅游出口也不存在传统商品出口运销过程中难免会发生的损耗问题。此外,由于旅游消费者的最终所获实为一次非物质的个人经历或体验,因而旅游产品的生产对传统物产资源的消耗相对很少。所有这些情况都意味着,旅游产品的出口换汇,远比传统的商品出口更为划算。

(2) 结算及时。在传统商品的外贸出口方面,从出口方的发货,到进口方的结算支付,其间往往会间隔很长一段时间,在有些情况下这一间隔时间甚至会长达数月甚至逾年。与之相比,在旅游出口方面,按照旅游业中的国际惯例,买方通常都须采用预付或现付的方式进行结算。这意味着卖方(即旅游出口国一方)能立即得到该笔外汇。众所周知,同一笔外汇收入,即时结算与延期结算的意义会大不相同。两者之间不但会有现值(present value)差异,而且还可能会涉及利息问题。特别是在旅游出口国急需外汇的情况下,结算的尽早实现可使所获外汇发挥更大的效用。

(3) 免受关税壁垒影响。在传统商品的国际交易中,进口国往往会对所进口的商品数量实行配额限制。一旦进口量超出这一限额,便会提高进口关税。即便是在对进口商品不作配额限制的情况下,为了控制进口商品的数量,进口国也会以调高进口关税作为常用手段。这便是人们通常所称的关税壁垒。显然,在国际旅游方面,作为进口方的国际旅游客源国通常不存在此类的关税壁垒。

由于旅游出口创汇具有上述诸多优点,所以,对于大多数国家来说,通过发展旅游业去赚取外汇,去支援本国的对外贸易、弥补外贸逆差和改善国际收支平衡,不失为一种理想的途径。

当然,在另一方面,对于某些国际贸易顺差巨大的国家来说,通过鼓励国民出国旅游,也可在另一种意义上改善国际收支平衡,从而起到减小国际贸易摩擦的作用,20世纪80年代中期的日本可谓是这方面的一个典型案例。但事实上,这种情况并不多见。

2. 有助于拉动内需

在对国家经济的影响方面,国内旅游的一项重要作用便是有助于拉动内需,从而有助于促成国家经济的稳定发展。以我国的情况为例。在改革开放后的前30年中,我国经济的快速发展很大程度上得益于良好的外部机遇和外贸出口的大幅成长。然而,在30年后的今天,随着外部环境的变化和国际竞争的加剧,外需市场的规模已经相对收缩,继续依靠争取外需去发展经济的难度,也因此而明显增大。这意味着,我国经济继续快速增长的实现,将越来越多地转向对内需的发掘。在这方面,国内旅游将会在其中扮演重要角色。

这首先是因为,很多事实表明,作为改革开放的成果,我国人民的生活水准和生活方式已经并且仍在继续发生变化。尤其明显的是，与对物质产品的需求相比，国人对旅游度假的需求不仅一直在迅速增长，而且表现得似乎没有止境。对此，国务院在2009年41号文件中明确提出，要以国内旅游为重点，将旅游业发展成为国民经济中的战略性支柱产业和令人民群众更加满意的现代服务业。继此之后，2012年中共18大也提出，到2020年，我国将实现建成小康社会、使国民的收入较之2010年翻一番的发展目标。尽管人们对于小康社会或许会有不同的解读，但参照国际社会中的经验，特别是根据最近20多年来我国国民旅游需求规模持续快速的增长趋势，人们有理由相信，当经济和社会发展步入小康社会时，旅游和度假当会真正成为我国社会生活的基本要素。并且，这一点在某种程度上也应该成为用于评价和衡量小康社会的一项指标，因为这不仅是社会进步和民生改善的标志之一，而且也是对落实社会主义生产目的客观反映。所有这些，都决定了我国国民旅游需求的巨大潜力。

重要的是，在拉动内需方面，旅游消费有以下诸多特点：

（1）广泛性。从旅游消费所直接涉及的产品或服务进行分析，人们通常将其范围概括为六个方面——"行、游、住、食、购、娱"。这反映出，旅游产品的提供涉及众多不同行业的共同参与。仅是其中的直接参与方，就包括各类交通运输行业、景点行业、住宿业、餐饮业、零售业、娱乐业、旅行社行业，等等。这意味着，人们的旅游消费对于国内众多行业的发展，都会起到直接的拉动作用。

（2）频度高。这反映在，人们对旅游产品的每一次购买，都需在特定的空间和时间内，一次性地完成对该产品的消费。当下一次仍要消费时，则需重新另行购买。这显然不同于人们对耐用消费品的购买，后者经一次购买之后，人们通常会持续使用多年。这一高频特点意味着，旅游消费不仅可直接拉动众多相关行业的发展，而且这种拉动作用的发挥具有不断反复的持续性。

（3）经济效应的继发性。在刺激经济发展方面，旅游消费可引起一连串的继发效应。原因在于，人们对旅游产品或服务的消费，本身也会创造大量的中间需求，从而会刺激国内众多相关行业为增加其产品供给而扩大生产规模。而且，倘若旅游业所需的某些产品领域存在供给空白，则很可能还会刺激社会去发展有关的新兴产业——例如刺激开发游艇制造业等与旅游业所需有关的装备制造业。

此外，由于旅游产品的生产对环境的依赖，任何整体旅游产品的生产都无法转往其他空间去进行，从而使得旅游业成为旅游目的地中一个不可外移他乡、永远服务于本地经济的产业部门。在当今经济全球化的背景下，对这一点的认识尤具重要的现实意义。随着全球化的发展，发达国家已然经历的教训是，由于许多制造业大公司的外迁，不少地方都出现了经济空心化以及由此而带来的种种社会问题。面对这一现实，很多地方都已将着力发展旅游业作为一项重要的应对举措，因为人们从上述教训中已经领悟到，旅游业作为当地经济中不可外移的产业，永远值得自己依赖。

3. 有助于增大旅游目的地的经济总量

无论是接待国际入境游客还是国内游客，都可使一个旅游目的地的财富或经济总量得以增加。显然，在接待国际入境旅游方面，来访游客在我国停留期间的消费开支，无论是对于整个国家还是对于有关接待地区来说，都会形成一种外来的经济"注入"，从而增大我国以及有关接待地区的经济或财富总量。倘若是站在整个国家的角度进行观察，本国居民用于国内旅游的消费开支并不能形成外来的经济"注入"，并不能直接带来整个国家财富总量的增加，而只是形成财富在本国境内各相关地区间的流动或重新分配。或许正是因为如此，我们很容易发现，在国际社会中，不论是学术界还是国家政府，长期以来在对发展旅游的讨论中，所关注的重点几乎无一例外地都是国际旅游。但是，如果是换一个角度，譬如说站在某个省、某个城市或某个地区的立场上进行观察，那么来访游客在该地停留期间的消费开支对于该地经济来说，无疑也会形成一种外来的经济"注入"，也可直接增大该省、该城市或该地区的经济或财富总量。

4. 有助于带动相关行业的发展

在一个国家或地区中，旅游业的发展无疑有赖于该国或该地众多相关经济部门或行业的配合与支持。这同时也意味着，旅游业的开发与经营注定会带动和促进众多其他经济部门或行业的发展或扩大生产规模。其中的根本原因就在于，在面向旅游者开展经营方面，旅游业需要配备足够数量的相关设施和设备，并且需要耗用大量的相关物资，旅游业也因此会成为许多其他行业产品的购买者或需求市场，从而会刺激这些相关行业的发展或扩充其生产规模。例如，旅游企业作为其所需产品或服务的购买者或需求市场，可有效地刺激飞机制造业、建筑业、家具制造业、家用电器制造业、日用化工行业、农副产品生产等众多相关产业或行业的发展，或扩大其生产规模。换言之，倘若没有旅游业的发展所带来的对这些产品或服务的需求增大，这些产业或行业没有理由去扩大其生产规模。

此外，旅游业的发展还可有助于扩大外界对该旅游目的地国家或地区的了解，从而有助于该国或该地的招商引资工作，并因此促进该国或该地经济领域中其他产业或行业的发展。

5. 有助于增加政府税收

旅游业的发展和规模增长，显然会起到扩大政府税收来源和增加政府税收的作用。税收是政府借以为该地社会提供"公共产品"的资金来源。以国家为例，如果没有足够的税收，国家政府将难以有效地提供国防及维护社会治安之类的公共产品。

政府直接得自于旅游业的税收，主要涉及三个方面：
- 得自于旅游者的税收，如签证费、海关税、机场税、消费税，等等；
- 得自于旅游企业的营业税、所得税以及各种执照费；
- 得自于旅游从业人员的个人所得税。

此外，由于旅游业对很多其他相关部门和行业的扩大发展具有刺激和带动作用，当所有这些部门和行业因此而增大其生产或经营规模时，政府还可从这些部门和行业获得更多的税收。

6. 有助于平衡地区经济发展，缩小地区差别

站在全球立场上去认识，旅游者国际旅游活动的开展，可将旅游客源国的部分财富转移到旅游接待国，从而客观上起着对世界社会财富进行再分配的作用。同理，对于一个国家来说，本国居民国内旅游活动的开展，则可使本国的部分财富从旅游客源地区转移到旅游接待地区，从而客观上起着将国内财富在各有关地区间进行再分配的作用。

如前所述，倘若将省、市或地区作为旅游目的地和旅游客源地的单位，那么国内旅游中同样也会存在着类似"出境"和"入境"这两种类别的旅游活动。对于某一个地区来说，该地居民离开该地区前往他乡开展的旅游活动，所导致的将是该地区的旅游支出，而国内他乡居民前来该地区进行的旅游活动，所带来的则是该地区的旅游收入。

就世界各地的通常情况而言，经济发达地区所产生的出游人数较多，而经济落后地区所产生的出游人数较少。当经济落后地区的某些旅游资源足以吸引经济发达地区居民前去访问时，这些游客在旅游目的地的消费开支——即经济落后地区的旅游收入——对当地来说显然也会形成一种外来的经济"注入"。这些新增资金在该地经济体系中的流转，无疑将会刺激该地经济的扩大发展，加速该地经济发展的步伐，从而有助于缩小地区差别。很多地区之所以经济落后，往往是因为传统的物产资源贫乏，因而限制了该地物质生产的发展。但是，不少这类地区往往都有较好的景观资源，对于这些地区来说，发展旅游业在经济上尤其具有重要意义。

7. 有助于创造和增加就业机会

旅游业的发展可创造和增加就业机会。安排国民充分就业历来都是为各国政府所重视和关切的重要工作。任何一个国家在某些时期中都有可能存在某种程度的失业现象。但如果失业者过多，则会带来诸多的问题，从而影响社会的和谐与稳定。所以，争取实现国民充分就业往往会成为政府工作中的头等要务。

从历史上看，在用以解决国民失业问题的途径方面，可供考虑的方案主要涉及三种选择。第一种选择方案是：通过削减劳动力价格和实行低工资去实现增加

就业。然而，对劳动力的需求实际上派生于社会对商品的需求。也就是说，如果生产部门预见不到其产品的销量将会上升，则肯定不会去提供更多的就业岗位。不论劳动力价格多么低廉，这些生产部门也不会去多雇人员。此外，从根本上说，低工资往往意味着低需求，因为劳动者本身便是商品的需求方或购买者。因此，过度依赖实行低工资这一传统做法去解决就业问题，对经济的发展显然不利，从而也难以使问题得到有效解决。第二种选择方案是：大力发展制造业，通过多生产在技术含量上具有竞争力的产品，去争取和扩大市场需求，从而在增大产量的同时，扩大生产队伍，提供更多的就业机会。在现代经济中，工业确实早已取代农业而成为国家经济发展的主要引擎，并因此而成为社会中重要的就业部门。然而实际问题是：①与发达国家相比，发展中国家在竞争中存在很大的技术差距，并往往会因此而产生一种恶性循环——竞争愈是不利，发展也就愈加缓慢，因而扩大就业也就愈加困难；②若要克服技术差距，便需要采用高新技术，但随着高新技术的采用和生产效率的提高，对劳动力的需求也会随之减少。这些情况说明，单是靠振兴和发展制造业，不可能解决当今社会所面临的就业问题。第三种选择方案是：通过发展第三产业去增加就业机会。随着社会经济的进步，发展服务业成为解决就业问题的重要出路。自20世纪70年代以来，很多发达国家在就业结构方面所发生的变化，已为此提供了明证。如同最初农业技术发展的结果一样，由制造业的高科技化而产生的剩余劳动力，今后会不断地流向服务业。在这种情况下，服务业的扩大发展将使社会增大对劳动力的需求，原因在于对服务产品需求的收入弹性，无疑会高于对物质商品需求的收入弹性。所以，随着经济朝向现代化发展，服务业在国内生产总值中所占的比重将会有大幅提升的空间。

旅游业作为服务业的重要组成部分，在提供就业机会和解决就业问题方面，尤其具有重要意义。这是由旅游业的主要特点决定的。

（1）旅游业是一个以人为本的产业，同时也是一个劳动密集型产业。在旅游接待工作中，许多工作都必须靠员工手工操作，而且需要直接面对客人提供富有人情味的服务，因而会需要大量的劳动力。以饭店业提供就业的情况为例，《世界住宿业》杂志（Worldwide Lodging Industry）曾对分布在世界各地的400多家饭店的人员配备情况进行过调查统计，结果如下（表9-1）：

表9-1中的数字是对世界各地不同规模、不同类型、不同等级、不同经营方式的400家饭店人员配备情况进行调查后，综合计算出来的平均数。其中高工资成本地区，例如欧美地区的饭店为了减少营业开支中的工资成本，往往采用节省人力的技术设备和经营方法，因而在这些地区的饭店中，平均客房员工数较低。但是在低工资成本地区，例如在远东、亚洲和非洲，平均客房员工数则为1.5～2.0人不等。我国地处世界上饭店业经营的低工资成本地区，目前有星级饭店大约

表 9-1 世界各地区饭店人员配备情况

地区	平均每间客房员工数（人）
全世界平均	1.02
欧洲	0.85
中东	1.32
亚洲	1.5
远东	1.93
澳洲	0.90
夏威夷和太平洋群岛	0.73
加拿大	0.77
美国	0.48
墨西哥	1.03
中美洲	1.26
南美洲	1.14
加勒比海地区	1.12
非洲	1.92

资料来源：Medlik（1980：87）。

12000座，客房数总计大约150万间，按照远东地区的平均客房员工率1:1.93计算，星级饭店就业人数当为290万人（含全职岗位和非全职岗位）（注：我国官方统计数字为大约160万人，显然仅指就业于星级饭店的全职员工）。但这还仅仅是星级饭店的直接就业人数，并没有将非星级饭店以及其他类型旅游住宿设施的就业人数包括进去。根据世界许多地区的一般经验，饭店业中每增加一间客房，其他类型的直接旅游企业中便可相应增加2.5～3人的就业机会，也就是说，整个旅游业的直接就业人数同当地饭店客房数的比例大约为4.5:1。如果再进一步考虑到其他间接旅游就业的情况，特别是由于旅游业职工及其家属又需要购买生活消费品、服务、教育……从而进一步导致在当地工商及教育、卫生部门出现诱导就业机会的情况，那么因旅游业的发展而带来的就业机会就更多了。

（2）旅游业中就业的另一个特点是，就业岗位层次众多。特别是，在旅游业中，很多服务岗位的工作并不涉及高难技术，所以可为不具备技术专长的各类人员提供就业机会。当然，这并不是说旅游服务工作不需要知识和技术。为了保证旅游产品的质量，当然也需要对这些从业人员进行必要的教育和训练。但是同对技术程度要求较高的就业领域相比，很多旅游服务工作只需接受较短时间的培训便可胜任。

根据世界旅游理事会（WTTC）的估算，自20世纪90年代以来，因全球旅游经济的发展而带来的就业机会（包括直接旅游就业和间接旅游就业）约占全球就业总量的8~10%，也就是说，全球每10~12个就业岗位中就有一个是源自于旅游业。预计到2015年时，全球旅游经济发展所带来的就业岗位将为269556000个，约占全球就业总量的8.9%，即每11.2个工作岗位中就有1个是源自旅游业。

上述情况都说明，发展旅游业是增加就业机会的重要途径之一。特别是在传统产业吸纳就业能力有限的情况下，尤其更是如此。在我国力推经济体制改革和现代化建设过程中，安排国民就业将始终会是一个严峻的问题。扩大对第一产业和第二产业的投资固然可带来就业机会增多，但这一点很可能会被新技术的采用和劳动生产率的提高、人口的增长以及人口结构的成年化所抵消，因此失业问题将会持续长期存在。鉴于第一产业和第二产业吸收失业人口的能力有限，所以解决就业问题的出路在于，要加速发展那些就业成本较小的劳动密集型产业。这意味着，在吸收失业人员方面，旅游业将会继续扮演重要角色。

二、负面影响

虽然旅游业的发展对旅游目的地经济有着很多的正面作用，但如果一个国家或地区不是量力而行，而是一味地强调扩大开发旅游业，则很可能会助长旅游发展所带来的副作用，甚至有可能导致出现得不偿失的后果。关于造成这一情况的原因，我们将在下一节关于旅游乘数的理论中进行分析和解释。一般地讲，旅游业的发展有可能会给旅游目的地经济带来的负面影响包括：

1. 有可能引起物价上涨

就一般情况而言，由于外来旅游者的收入水平相对较高，或是为了实现外出旅游而长期积蓄的缘故，他们的支付能力通常会高于东道地区的当地居民，加之他们在外出旅游期间有支付高价的心理准备，因此在东道地消费和购物时，往往肯于支付较高的价格。因此，在经常有大量旅游者来访的情况下，难免会引起或助推当地物价的上涨。这势必会损害当地居民的利益。尤其是当波及食品、服装、交通、住房等生活必需品的价格时，这种影响会表现得更加明显。

此外，随着旅游业的开发，当地的地价会迅速攀升。无论是在哪一个国家，哪一个地区，大量事实都证明，最初在游客来访量不多的地区兴建旅馆时，对土地的投资在该项目的全部投资中所占的比重很小。但随着该地旅游业的发展，新建旅馆的地皮投资很快便会上升，通常都会占全部投资的20%，甚至更高。由此而造成的地价上涨，显然会给当地居民的住房建设等方面的社会发展带来不利影响（Lundberg, 1974: 30-45）。

2. 有可能影响产业结构发生不利变化

这方面的负面影响在某些农业地区表现得尤其明显。由于天赋条件，有些地区适合并且历来都是以农副业为该地的经济基础和经济支柱。然而,随着旅游业的开发,由于从事旅游服务的所得高于务农的收入,因此致使大量的青壮年劳动力弃田从事旅游工作。旅游业的开发非但未能使该地的产业结构得到优化,反而起了破坏作用。其结果是,一方面旅游业的发展扩大了对农副产品的需求,另一方面却是当地农副业生产的衰退。倘若再加上该地农副产品价格上涨的压力,则很可能还进一步会影响当地社会和经济的稳定。世界各地诸如此类的案例都说明,如果管理不善,乡村旅游的开发不但没有带来乡村经济的多样化,反而使旅游业取代了农业,成了新的单一产业(Goeldner and Ritchie, 2006:392)。

3. 过重依赖旅游业会影响国民经济的稳定

在当今世界上,除了领土和人口规模很小的某些个别国家之外,对于大多数国家来说,通常不宜主要依赖旅游业去实现经济发达,尤其对于像我国这样的大国来说,更是如此。事实上,当今世界上的各发达国家虽然无不重视旅游业的发展,但没有哪一个发达国家将旅游业作为自己的经济基础。这主要是因为:

(1)作为现代旅游活动主要组成部分,消遣旅游的一大特点是具有季节性,即市场需求的波动性。尽管其波动程度有可能通过旅游目的地方面的营销努力而得到某种程度的削弱,但毕竟不可能完全消除。所以,倘若一个国家将旅游业作为其经济的基础,那么到了市场需求的淡季,将会不可避免地出现劳动力和生产资料的闲置,从而不可避免地导致经济受挫和失业问题。

(2)从根本上讲,来访旅游需求的产生及其规模取决于客源国居民的收入水平、闲暇时间,以及有关外出旅游的社会潮流或流行时尚。而所有这一切,皆非旅游接待国所能控制。一旦旅游客源国出现经济不景气,其国民对外出旅游的需求势必会随之削弱。在这种情况下,旅游接待国方面将很难保住自己所需的客源规模。并且,一旦客源国居民因兴趣变化而对出游目的地有了新的选择,上述问题同样也会出现。更为严重的可能是,倘若旅游接待国与旅游客源国的国家关系因某种因素的作用发生不利变化,前者的经济命脉将随时都有可能会被切断。从长远着眼,所有这些情况都有可能发生,因而值得考虑和警惕。事实上,没有哪个国家会甘愿将自己的经济命运交由他人摆布和控制。

(3)除了受制于人的问题之外,从供给方面看,来访旅游需求还会受到旅游接待国中各种政治、经济、社会乃至某些自然因素的影响。一旦这些非旅游业所能控制的因素发生不利变化,同样也都会致使游客来访量大幅下滑,整个国家经济都将因此严重受挫。

总之,从国家经济安全的长远观点去认识,上述可能性的存在,足以说明对旅游业的发展应进行宏观控制与规划的必要性。对此,即便是那些多年来一直在竭力倡导重视发展旅游业的国际知名学者,也清醒地指出:"特别是对于一个国家来说，完全依赖某个单一产业是很不明智的。倘若对此不能避免，那么很多情况下即便是依赖国内农业，也会比依赖旅游业要好得多。数百年来，世界各国都是尽可能地使自身经济和社会适应农业的需要。由于民以食为天，所以对农业产出的需求，不大可能会出现急降。并且，在发展农业方面，直接受益者是当地的居民，而非来访的外国旅游者。"（Goeldner and Ritchie, 2006:392）

第二节　旅游促进经济发展的理论依据

旅游业的开发何以能够刺激和促进旅游接待地区的经济发展？对于其中的原理，我们可借助旅游乘数理论（Theory of Tourism Multiplier）来加以解释。

一、旅游收入的乘数效应

为了便于解释旅游收入在旅游目的地经济中的流转以及由此而产生的乘数效应，让我们仍以国际入境旅游为例，并将一个国家作为旅游目的地的单位。在上一节中，我们已经知道，对于作为旅游目的地的一个国家来说，来访游客在该国境内停留期间的消费开支，会形成一种外来的"经济注入"，进入到该国的经济之中。这些外来资金的注入，不仅会直接增大该国的财富，而且通过在该经济中的流转，从而可起到刺激该国经济发展的作用。

来访游客在旅游接待国境内停留期间的各种消费开支，首先会成为该国旅游业的营业收入，称之为该国的直接旅游收入（direct revenue）。这一结果便是人们所称的直接效应（Direct Effects）。当然，这些资金并非全都成为该国居民的家庭收入，也并非全都成为该国得自于旅游业的净收入。原因在于，各旅游企业出于自己日后继续营业的需要，势必需要将其中的一部分钱用于采购自己营业所需的物资以补充库存、用于维修自己的设施和设备、用于向政府缴纳各种税金、用于支付员工的工资，以及用于向其他部门支付各种有关的应付款项。

在该国旅游企业与外国公司签有管理合同、聘用外国雇员、购买进口设备与物资，或是在其他方面欠有外债的情况下，则还需要分别向各有关外方支付有关的款项。如果存在这类情况，那么上述直接旅游收入中的一部分资金将会重又流向国外，形成所谓的"漏损"（leakage）。此外，按照旅游乘数理论中所做的假设，旅游企业上缴政府的税金，以及用作储蓄的那部分资金，也都被视作"漏损"——意味着这些资金将不会对该旅游接待国的经济产生刺激作用。

从全部直接旅游收入中扣除上述这些"漏损"部分的资金之后，所剩下来的余额部分则会继续留在该旅游接待国的经济之内。在对这一余额部分的处置方面，旅游企业首先会将其中一部分钱用于从本国其他经济部门购买自己营业所需的各种产品和服务，从而增大了这些相关经济部门的业务量。这些相关经济部门中的企业为了满足来自旅游业的新增需求，便需要扩大生产，从而需要增添雇员或是向现有雇员支付加班工资。除此之外，这些企业同样也需要将自己因此而新增的营业收入，用于补充自己生产工作中所需的各种原材料、用于维修生产设备、用于缴纳税金，以及用于支付其他方面的营业费用，从而启动了新一轮的经济活动。随着这笔直接旅游收入在该国经济中的流转和渐次渗透，该国的经济产出总量、就业机会，以及居民家庭收入等都会因此而得以增加。这一结果便是人们所称的间接效应（Indirect Effects）。

如前所述，旅游企业会将直接旅游收入的一部分用于支付本国员工的工资。随着本国员工工资收入的增加，其家庭消费也将随之增加。由于这些工资收入中的一部分是用于购买本国生产的各种商品和服务，从而会进一步刺激本国经济活动的扩大。这同样也使得本国各有关企业的营业量得以扩大，并因此导致本国居民收入和就业机会的进一步增加。这一结果便是人们所称的诱导效应（Induced Effects）。这种诱导效应的作用之大非常可观。在有些国家和地区中，根据人们对有关情况所做的测算结果，这种诱导效应的增收作用之大，相当于前述间接效应的3倍。

上述间接效应和诱导效应两者合在一起，有时也被称作"继发效应"（Secondary Effects）。用以测量来访游客在某一特定旅游目的地停留期间的消费开支（即该目的地的直接旅游收入）所带来的全部经济效应（直接效应+继发效应）大小的系数，便是学术研究中所称作的旅游乘数（tourism multiplier）。换言之，旅游乘数即是用以测定来访旅游者的单位消费（额）对旅游目的地经济的影响程度的系数。

为了便于理解，对于来访游客在旅游目的地停留期间的消费开支（即该目的地的直接旅游收入）在该地经济中的流转过程，可如图9-2所示。

二、旅游乘数的类型

在旅游经济研究中，人们所使用的旅游乘数有多种不同的类型，其中比较常用的乘数为以下三种：

● 营业额乘数或营业收入乘数（Sales Multiplier 或 Transactions Multiplier）

这一乘数的使用，旨在测量来访游客的单位消费额对该旅游目的地经济活动的影响。换言之，营业额或营业收入乘数，顾名思义，所表示的是单位直接旅游收入与由其所带来的该地全部有关企业的营业收入增量之间的比例关系。

- 收入乘数(Income Multiplier)

这一乘数的使用,旨在测量来访游客的单位消费额对该旅游目的地净收入或居民家庭收入的影响程度。换言之,这一乘数所表示的是单位直接旅游收入与因其而带来的该地净收入或该地居民家庭收入变化量之间的比例关系。

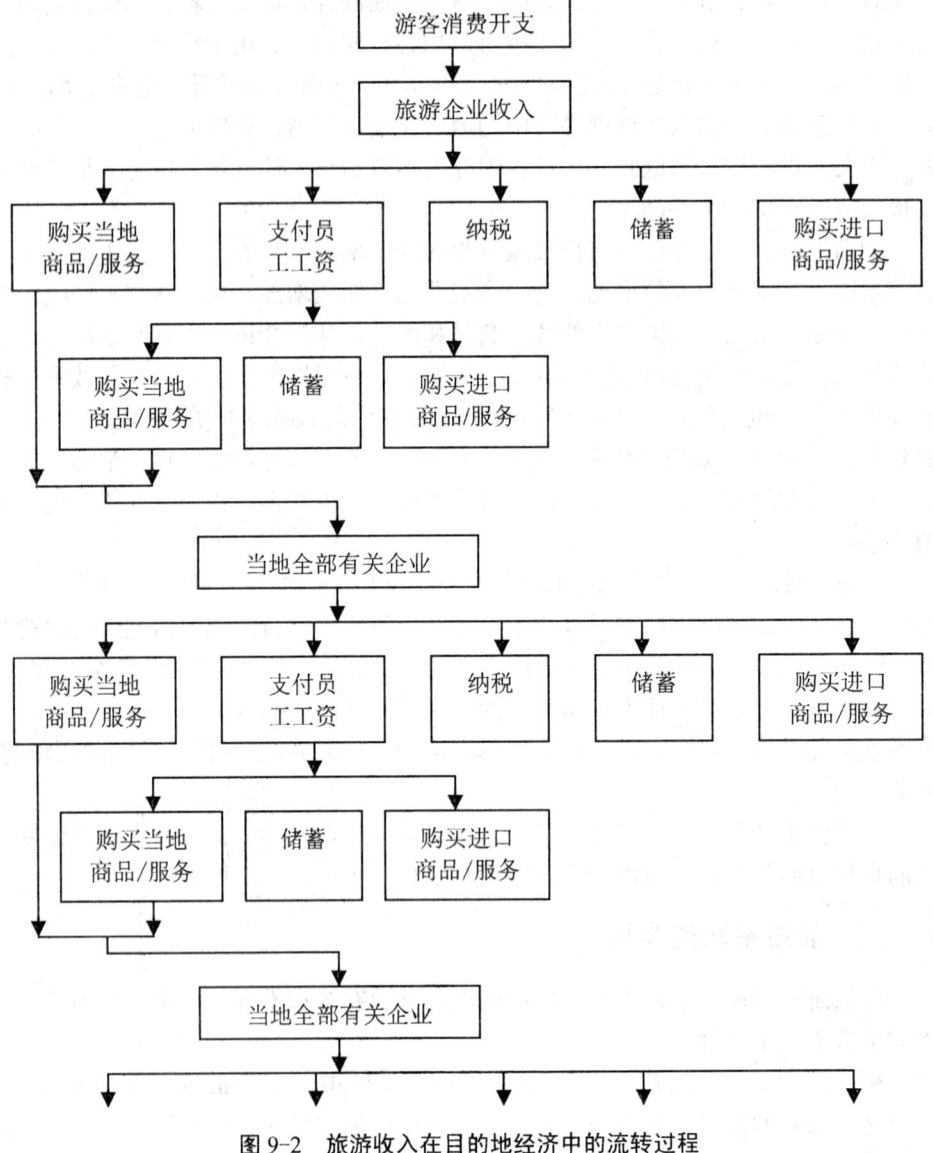

图 9-2 旅游收入在目的地经济中的流转过程

- 就业乘数(Employment Multiplier)

这一乘数有两种表示方法：①表示某一特定数额的游客消费所创造的全部就业人数；②表示由某一特定数额的游客消费所带来的全部就业人数（即直接旅游就业人数＋继发性就业人数）与所创造的直接旅游就业人数这两者之间的比例关系。例如，就某一旅游接待国而言，假定来访游客每100万美元的消费开支，可为该国创造出200个直接旅游就业机会和180个继发性就业机会，那么如果是采用上述第①种方法去表示，则就业乘数为3.8（即每1万美元的游客消费额，可为该国创造出3.8个就业机会；倘若是采用上述第②种方法去表示，就业乘数则为1.9，即（200＋180）÷200＝1.9。

三、影响旅游乘数效应的因素

虽然旅游乘数的类型不尽相同，但在决定乘数效应的大小方面，其影响因素都完全相同。概括地讲，对于一个旅游目的地来说，这些影响因素主要是该地旅游收入的漏损量，以及该地的产业结构和生产能力。

1. 旅游收入的漏损量

我们在前面已经提到，来访游客的消费开支"注入"旅游目的地经济后，形成该地的直接旅游收入。由于这些直接旅游收入在该地经济中的流转，继而又会引发一连串"消费——收入——消费"过程的发生。根据凯恩斯（J. M. Keynes）所提出的乘数基本模型，旅游乘数的计算是用来访游客的消费额（即该旅游目的地的直接旅游收入）除以其中流失出该地经济体系的漏损量。用公式表示，即：

$$乘数 = \frac{1}{1-c+m}$$

其中：

c＝边际消费倾向（即在所增加的收入中，用于购买本国产品和服务所占的消费比例）；

m＝边际进口倾向（即在所增加的收入中，用于购买进口品及其他对外支付的比例）。

从这一模型中，我们可以看到，漏损的表现形式有两种：一种形式的漏损是1－c，即在得自于游客消费的新增收入中，扣除用于购买本国产品和服务所占的消费比例之后，所节余下来的储蓄部分所占的比例。按照乘数理论中的假定，这部分储蓄金额不但不用于消费，而且在规定期间内（通常为一年）不再贷放给其他用款人。另一种形式的漏损则是m，即在得自于游客消费的新增收入中，用于购买进口商品/服务以及其他方面的对外支付所占的比例。因此，上面的乘数计算公式也可改写为：

$$乘数 = \frac{1}{s+m}$$

其中：

s=边际储蓄倾向（即在所增加的收入中，用于储蓄的比例）；

m=边际进口倾向（即在所增加的收入中，用于购买进口品及其他对外支付的比例）。

例如，假定某地的直接旅游收入在该地经济体系内流转的过程中，每一轮用于购买当地产品/服务的消费比例为 30%，用于购买进口品及其他对外支付的比例为 10%，那么该地旅游收入带给该地经济的乘数效应则为 1.25（=1÷[(1−30%)+10%]）。

实际上，来访游客在旅游目的地停留期间的消费开支（即该地的直接旅游收入）不一定都能进入该地经济中流转。以国际入境旅游为例。入境游客的消费开支在真正进入该旅游接待国经济之前，就很可能有一部分已经漏损出境外，例如旅游企业支付外方员工的工资、支付给外国的贷款利息，以及外资旅游企业汇出境外的部分收入，等等。这种在进入该国经济之前便已发生的漏损，一般称为直接漏损。因此，上述乘数基本模型也可进一步改写成：

$$乘数 = \frac{1-L}{1-c+m}$$

其中：

L=直接漏损。

显然，无论是直接漏损部分，还是此后的储蓄部分以及用于支付进口商品/服务的部分，都不会起到刺激该旅游目的地经济发展的作用。所以，在上述模型中，旅游收入的漏损量越大，乘数的数值也就越小。换言之，对于一个旅游目的地来说，在所实现的旅游收入中，用于储蓄以及用于购买进口品和其他对外支付的数额越大，该地旅游收入的乘数效应也就越低。

2. 该地的产业结构和生产能力

仍以一个国家为例。如果该国的经济实力很强，技术先进，并且生产门类齐全，经济上的自给程度很高，无论是在数量上还是在质量上都能满足旅游者、旅游企业以及本国居民对各种商品/服务的需要，那么便有可能使所获旅游收入更多地留在本国经济体系之内，从而减少对进口商品/服务的购买。自给的程度越高，旅游收入的乘数效应也就越大。反之，如果该国经济落后，生产能力低下，生产门类很少甚至单一，不能满足旅游者、旅游企业以及本国居民对各种商品/服务的需要，则该国势必会在这些方面依赖进口，其旅游收入的乘数效应必然会很低。

旅游乘数的作用旨在用于测量目的地旅游业的发展对该地经济产生的近期影

响，特别是用于研究外来游客的消费开支对该地的营业收入、净收入、就业机会等经济方面的影响程度。尽管旅游乘数理论本身存在某些难切实际的假设前提（例如所储蓄的金额在给定时期内不再用于消费，并且不再贷放给其他用款人），并且在计算过程中难以获得全面而准确的数据资料，但乘数分析仍不失为分析旅游对目的地经济之影响的一项有力工具，从而可为一个国家或地区制定其旅游政策，提供有价值的参考依据。

【附录】

旅游经济影响研究中的前沿概念：旅游卫星账户

在尝试测量旅游对目的地的经济影响方面，为了确保测量工作的准确性和可靠性，世界旅游组织（WTO）与世界旅游理事会（WTTC）一道，在加拿大旅游委员会（CTC）的支持下，已开发出一整套旅游账户系统。该系统的内容不仅准确，而且能与各国的国民账户相一致。这一系统被命名为旅游卫星账户。

1. 什么是旅游卫星账户

旅游卫星账户（TSA）是由联合国组织开发的一种测量系统，用以测量未被作为标准产业或行业列入国民账户的那些经济部门的规模。例如，旅游业就是一个涉及交通运输、住宿、饮食服务、娱乐表演、旅行代理等多种行业的经济集合体。

作为一独特现象，旅游业是依据游客消费进行界定的。外来游客在旅游目的地的消费，既涉及该地旅游企业提供的商品和服务，也涉及很多非旅游企业所提供的商品和服务。从测量工作的立场看，关键问题是如何将游客的各项所购同该地与此有关的总供给联系起来。

TSA 作为一种新的统计工具，其目的就是按国际标准的概念、分类和定义去评估外来游客所购买的这些产品和服务，从而达到评估结果能在所有相关产业之间、最终在国与国之间具有可比性的效果。并且，这种评估与其他国际认可的经济统计结果同样也具有可比性。

此外，这种旅游卫星账户具有以下一些特征：
- 在有关旅游对经济及就业的影响程度方面，能提供可信赖的数据；
- 为旅游统计指标的设计提供了一个标准框架；
- 为联合国统计委员会所认可的新的国际标准；
- 在设计同发展旅游业有关的经济政策方面，是一个有力工具；
- 可为了解旅游对国际收支平衡的影响提供数据；
- 可提供有关旅游人力资源特点方面的信息。

尽管上述这些特征显而易见，但这里仍有必要强调指出何以需要搞这种旅游卫星账户。简单地讲，从世界范围来看，对于旅游在促进国家经济发展中日益增大的作用，各地都严重缺乏有关这方面的信息。因此，在测量旅游业的重要程度及其对经济的影响方面，人们有必要像其他产业中的情况一样，都使用相同的概念、相同的定义和相同的测量手段，以便能够提供可以信赖的数据。有了这一旅游卫星账户，政府和企业将能更好地设计有关旅游业的公共政策及经营战略，同时也能更好地评估它们的效果和效率。

旅游卫星账户的实施，将有助于增强和改进人们对旅游业在一个国家整体经济活动中的重要性的了解和认识，正是基于这一认识，才推动了对旅游卫星账户的开发工作。旅游卫星账户的推出，为更有效地设计与旅游及其就业相关的政策提供了一项工具，同时能唤起人们对旅游经济重要性的认识，并通过参与游客所需产品和服务的生产，强化旅游对各相关行业的拉动作用。

2. 旅游卫星账户的测量内容

旅游卫星账户旨在以科学方式，对旅游需求和旅游供给进行全面测量。为了使测量结果可信，并能够与该国经济中的其他产业相比较，对于旅游测量指标的设计，在概念及定义上都必须遵循国际公认的宏观经济学原则，例如必须要与国民账户体系（the System of National Accounts）中的指标相一致。

因此，旅游卫星账户的基本结构所依赖的是经济中的供求平衡关系，即，其中一方是由旅游者和其他消费者所产生的对有关产品和服务的需求，另一方则是这些产品和服务的总供给。其基本思想是，详细分析经济系统中与旅游相关的对所有产品和服务的需求，并测量这些需求与同一经济系统中这些产品和服务的供给之间的关系。具体地讲，旅游卫星账户所测量的内容包括：

- 旅游业对国内生产总值（GDP）的贡献；
- 旅游业与其他经济部门相比的总体规模；
- 旅游业所创造的就业量；
- 旅游投资量；
- 得自旅游业的税收；
- 旅游消费额；
- 旅游对国家收支平衡的影响；
- 旅游人力资源的特点。

正因为旅游卫星账户测量内容的全面性，从而使其能够成为决策者用于策划和制定政策的有用工具，特别是，在了解旅游业对该地经济和就业的影响程度方面，旅游卫星账户可为决策者提供可靠的测量数据。同时，它还能够测量国内旅游的经济影响、入境旅游的经济影响，以及与二者分别相关的就业情况。其实，旅游卫星账户的作用远不止这些，下面便是几个例子。

旅游卫星账户能提供国民经济中有关旅游业产出值的信息，以及这一产出值与其他产业、其他国家相比较的情况。借助这种对旅游业规模的证明，旅游官员和旅游企业可对各级政府的政策制定者施加更多的影响。同时，旅游卫星账户还能清楚地表明从旅游中获益的是哪些行业，以及它们各自的获益是多少——尤其是传统上以为与旅游不相干的那些行业。例如，商业企业可从中识别出，在自己的成功经营中旅游所扮演的角色，从而有助于制定出相应的经营战略。

旅游卫星账户还能就旅游业对政府税收的贡献提供具体的信息。这种信息能使政府确信自己应该加大对旅游的投资。

除此之外，旅游卫星账户还可就外来游客有哪些需求，以及该地在供给上予以满足的情况，提供确切的信息。旅游卫星账户还使得旅游经济影响模型的建立成为可能，这种模型能用来估算不同数额的旅游消费对该地经济以及对该地的就业所能产生的影响程度。

旅游卫星账户的开发过程至少可追溯到1993年。最为晚近的重点活动是2001年在加拿大温哥华举行的国际TSA会议。这次会议连同其他几次会议的召开，吸引了很多组织和机构共同参与，其中包括：世界旅游组织（WTO）、世界旅游理事会（WTTC）、经济合作和发展组织（OECD）、联合国（UN）、欧盟统计局，以及一些国家的政府统计机构、国家旅游管理组织和中央银行，等等。

这种众多组织的共同参与表明了这样一个总的原则，即对于一个国家来说，在编制旅游卫星账户时，有必要让国内各主要的有关方面参与其中。其中最重要的参与者应包括：

- 国家统计局，国家旅游管理局，中央银行，以及全国性的旅游行业协会；
- 有关信息的提供单位，如旅游企业以及其他有关的公共部门；
- 旅游卫星账户信息的使用者，负责编制国民账户及国际收支平衡的单位，等等；
- 参与协作的旅游企业，确切地说应是这些企业所属的全国性协会。

3. TSA中所使用的数据来源

以加拿大为例。

在加拿大旅游卫星账户的计算工作中，所用的数据来自加拿大统计局所做的各种相关调查。对旅游需求的评估涉及若干专项调查，这些调查记录了有关在加拿大境内外旅游的加拿大人以及非加拿大居民前来加拿大旅游的消费信息。这些调查包括：

- 加拿大旅游调查；
- 加拿大居民出境旅游调查；

- 加拿大居民美——加汽车一日游问卷调查；
- 美国居民美——加汽车一日游问卷调查；
- 关于美国游客来加拿大旅游情况的政府旅游调查；
- 关于外国游客来加拿大旅游情况的政府旅游调查。

用于估算供给情况的信息大都来自于国民账户体系中涉及的工业、商业和就业投入产出表中所使用的工作表。此外还使用了很多来自相关出版物的数据、相关商业性调查的数据，以及有关行业管理数据，以便尽可能多地获得从旅游商品销售中所产生的收入的详细信息。

总之，根据旅游卫星账户，旅游并非是传统意义上的产业——并非是国民账户体系中所确认的产业，因为传统的产业是依据所生产的商品和服务进行划分（如林业），而旅游业是一个基于消费的概念，取决于消费者的情况。再者，旅游者会如同其他消费者一样，都购买同样一些产品，包括购买通常不是与旅游相关的产品如服装、食品杂货。同样，在家生活的加拿大人也会因非旅游的原因而购买某些旅游产品和服务——例如去餐馆用餐、购买明信片及娱乐服务，等等。

旅游卫星账户通过将旅游维度纳入到国民账户体系的框架中，从而达到了将旅游的这些不同方面聚集在一起的目的。它使整合系统中对需求与供给的分离和检查成为可能，该系统描述了整个经济的生产和需求两个方面。

目前已有十多个国家有了自己的旅游卫星账户，另有 30 多个国家正在着手开发其旅游卫星账户，其中包括奥地利、加拿大、智利、多米尼加、法国、墨西哥、新西兰、挪威、新加坡、瑞典、美国、西班牙和意大利。

（资料来源：Goeldner and Ritchie, 2006）

第三节　旅游的社会文化影响

旅游业的发展不仅会影响旅游目的地的经济，随着旅游者的大规模来访，对旅游目的地的社会文化同样也会产生影响。这主要是因为：第一，旅游活动是一种以不同地域、不同社会、不同民族、有着不同文化传统的人群之间的交往和接触为基本特征的访问活动。了解和接触异域社会及其文化，既是很多旅游者的主要出游动机，同时也是所有旅游者访问异国他乡所产生的必然结果。旅游者在旅游目的地停留期间的活动表现，不论是"有心栽花"还是"无心插柳"，都会通过其客观上的行为"示范"而影响当地社会。第二，如今旅游活动之普及，已使其成为当今世界上规模最大的社会现象。就单个旅游者而言，同东道地居民之间的接触都相对短暂,似乎不足以对当地的社会和文化产生实质性的影响。但是,随着成千上万旅游者的不断来访,外来旅游者与当地居民之间的个体接触将会演化为群体性的社会接触,其规模之大,历时之久,不可避免地会对该地的社会和文化产生某些影响,在有些情况下甚至会产生相当大的影响。

同旅游的经济影响一样,旅游活动的开展对社会文化的影响既有积极的一面,也有消极的一面。其中积极方面的影响既涉及旅游目的地的社会与文化,也涉及旅游客源地的社会与文化;而消极方面的影响则主要是针对旅游目的地而言。

一、积极方面的影响

主要包括:

1. 有助于提高国民素质

这一点主要是针对国民旅游而言。这一积极影响主要反映在三个方面:(1)旅游活动的开展有助于增进人们的身心健康。随着现代社会中的城市化发展,各种都市公害的出现、快节奏生活所造成的紧张,都使得人们更加向往能够适时地变换一下自己的生活环境,特别是更加向往回归自然,以便能够重新"充电"和恢复身心健康。这既是大众化旅游的重要动机之一,同时也反映出旅游活动的开展在增进身心健康、提高人口素质方面所起的重要作用。(2)旅游活动的开展有助于突破惯常环境对人们思想的束缚,能使人开阔眼界,增长见识。历史表明,在古今中外各个领域的杰出人士中,几乎没有哪一位不曾有过外出旅行的经历。对于青年人来说,外出旅游更是一种学习和接受新事物启迪的有效途径。通过旅游活动的开展,人们能够以自己亲历的方式去了解世界、熟悉社会,从而增长知识和才干。也正是因为如此,人们才有了"行万里路,读万卷书"的经验总结。(3)旅游活动的开展有助于培育和强化人们的爱国情感。无论是在国内旅游过程中亲眼目睹各地的自然名胜、历史文化和建设成就,还是在国外旅游过程中看到或听到对祖国历史文明和建设成就的称颂,都会格外地激发和增强人们的民族自尊心和自豪感,从而会培育和强化人们的爱国情感。

2. 有助于促进民族文化的弘扬与保护

民族文化是一个国家或地区中重要的旅游资源。由于旅游业的发展和接待外来旅游者的需要,使得很多原先几乎已经被人们遗忘了的传统习俗和文化活动重又得到恢复和开发;传统的手工艺品因市场需求的扩大而重又得到发展;传统的民族音乐、舞蹈、戏剧等重又受到重视和发掘;长期濒临湮灭的历史建筑重又得到维护和管理。所有这些原先几乎已被遗忘,甚至已被抛弃了的文化遗产,不仅随着旅游业的开发而获得了新生,而且成了很多其他旅游目的地国家或地区所没有的独特文化资源,不仅深受外来旅游者的欢迎,而且使当地民众因此对自己的民族文化增添了新的自豪感。

3. 有助于促进生活环境的改善

为了发展旅游业，旅游接待地区不仅会改善该地的基础设施，而且该地的生活服务设施以及其他方便旅游者的设施也都会因此有所增加。虽然这一切都始自发展旅游业的需要，但客观上也改善了当地居民的生活环境，方便了当地人民的生活。

4. 有助于推动科学技术的交流和发展

科学技术是推动旅游活动发展的重要力量。这一点已经为世界各地旅行和旅游活动的发展历史所证实。但在另一方面，旅游活动的开展也是实现科学研究及其传播与交流的一种重要方式。在旅行和旅游活动发展的各个历史阶段，都曾有人以科学考察为主要目的，为完成某项研究而外出旅行或旅游。许多主观上是出于其他目的而开展的旅游活动，客观上也起到了传播和交流知识和技术的作用。现代商务旅游、专业会议旅游，以及消遣旅游中的访问同行活动，都使得这种交流的广度和深度不断有新的发展。在另一方面，旅游活动的开展和旅游业的经营，也都不断地对科技进步提出新的要求，尤其是在交通运输工具、通讯手段以及在提供旅游服务的设施设备方面，人们要求其更加快速、便利、舒适和安全，从而也推动着这些领域中科技研究的发展。

5. 有助于增进国际间的相互了解和促进世界和平

国际旅游活动的开展客观上具有民间外交的作用。由于现代旅游是不同国度、不同民族、不同信仰以及不同生活方式的人们之间大规模的直接交往，而不是以技术媒体或者是由个别人作为代表而进行的信息传递和间接沟通，所以更有助于增进国际间的相互了解和彼此友谊。在这个意义上，国际旅游活动的开展在缓和国际关系以及促进人类和平共处方面，起着非常重要的作用。这并非只是学术认识上的假设。实际上，只要人们通过旅游交往，彼此能更好地相互了解，人类整体和世界大同的观念将会随之得到推广和加深。此外，对于一个作为旅游接待方的国家来说，发展旅游业也是可用于对外树立国家形象的有效手段。由于众多外国旅游者在该国旅游过程中都亲眼目睹该国的情况，因而其事后的口碑传播会有很高的可信度，很少会有人对这些亲历者所做的情况介绍产生怀疑。不仅如此，在当今的互联网时代，国际旅游者访问该国之后的观感和体会，不仅会经由他们的亲友和熟交，而且还会通过微博之类的互联网方式，传递到更大范围。所以，国际旅游的开展在这方面所起的作用，会比传统的外交和宣传手段更加有效。

【附录】

旅游促进和平国际联合会与《安曼宣言》

旅游促进和平国际联合会（IIPT）是一个非营利的全球性国际组织，致力于通过促进旅游的发展，增进世界各地间的理解与合作，提高环境质量，保护遗产，促进世界和平和可持续发展。自1986年成立以来，该组织主办了一系列的全球会议、高峰论坛、圆桌会议、研讨会等活动，旨在通过旅游去打造和平的文化。

2000年，该组织在约旦首都安曼举办了第一届关于和平旅游的全球高峰会议，并发表了《关于和平促进旅游的安曼宣言》。该《宣言》的主要内容如下：

我们是和平旅游全球高峰会议的代表和与会者，本次会议于2000年8～11月于约旦的安曼召开……

……我们认识到，旅游是一种世界性的社会与文化现象，世界各地人民互为东道主和客人，因而是一项真正的全球性活动。

……旅游业是世界上规模最大，并且成长速度最快的产业之一。全球每11个工作岗位中，就有1个是源自于旅游业，旅游业的发展促进了地区和世界的经济增长，有助于填平发达国家和不发达国家之间的鸿沟，从而带来和平环境下的繁荣。

……和平是实现旅游活动以及实现人类各方面发展的一个前提条件。

……发展旅游能够在全球范围内促进了解、信任，造就美好的愿望，因而需要有合适的政治和经济框架作为支撑。

……因此，我们就"旅游促进和平文化"发表声明，并拥护以下原则：

1. 旅游活动是涉及社会、文化、宗教、经济、教育、环境，以及涉及政治价值与责任的最基本的人类活动。

2. 参加旅游活动是基本的人权之一，包括那些因残障或其他缘故而有特殊需要的人士，因此不应对人们参加旅游活动加以限制。

3. 提高社区的生活质量，促进社会和谐。社区及其居民皆为系统地展示传统文化的有机组成部分。

4. 发展可持续旅游，尊重人类的宝贵财富——民族的差异性和文化的多元性，改善人际关系。

5. 必须随时保护、修缮、恢复历史古迹和遗址，作为人类留给后代的宝贵遗产，应让每一个人都能有机会进行欣赏和参观。

6. 保护并合理利用环境，维持生态平衡，对于旅游发展的未来极其重要。尊重并认可当地人的古老智慧和对地球的关注。

7. 抓住旅游业全球化发展的机遇，在全世界不同地区之间搭建起沟通的桥梁。

……我们尊重侯赛因国王所持的理念：以地区和平为基础，使哈桑王族治下的约旦成为一处和平的土地、热情的土地，欢迎世界各地怀有和平之心的游客来访约旦。阿布拉二世殿下一直致力于使侯赛因国王的这一和平思想发扬光大，约旦王国的政府及平民百姓也都对本次会议的召开给予了无私的热情支持。

……我们赞赏旅游促进和平国际联合会所提出的和平旅游这一视角，并自始至终地对本次会议给予支持；感谢所有的赞助者以及其他为此作做出了贡献的人们，是他们推动了旅游和平事业的发展。

……欢迎美国将 2000 年作为和平文化年和世界无暴力儿童年。

……牢记美国行动声明中提出的目标，并致力于通过我们的行动去加以实现。

……祝愿地球永远和平。

2000 年 11 月 11 日于安曼

（资料来源：http://www.iipt.org）

二、消极方面的影响

主要包括：

1. 不良的"示范效应"

随着旅游活动的开展，外来旅游者不可避免地会将自己的生活方式带到旅游目的地。特别是在国际旅游方面，由于旅游者是来自世界各地，有着不同的价值标准、道德观念和生活方式，因而所有这些方面无形之中也都在传播和渗透，并且会对旅游接待地区的社会产生"示范效应"（demonstration effect）。

在这些方面，虽然说外来旅游者与当地居民之间是在相互作用和相互影响，但实际上，外来旅游者所带给东道地社会的影响，远比他们接受东道地社会影响的程度大得多。这主要是因为，就旅游者一方而言，他们与当地人的接触一般都比较短暂。此外在另一方面，就广大的大众型旅游者而言，他们与东道地民众的接触不仅时间较短，而且所接触的人员范围也很有限，通常主要是当地旅游企业的员工。由于这些接触都是在旅游企业员工的工作时间内发生，加之此时双方的关系基本上是一种消费者与服务者之间的不平等关系，所以外来旅游者难以为旅游服务人员所影响。而且，在这样一种情况下，旅游企业工作人员的言谈行为也不大可能真正反映当地居民的生活方式和价值观念。外来旅游者在该地逗留期间，虽然也可能会与当地的其他居民发生接触，但在很多情况下，由于语言方面的障碍，也往往会制约他们对东道地社会的深入了解。

相比之下，对于东道地社会的民众来说，他们同外来旅游者的接触却是长期不断的。原因在于，他们所接触的并不只是哪一个旅游者，而是持续不断前来访间的旅游者人群。所以，外来旅游者所带来的思想和文化对东道地社会的影响，乃是一种潜移默化的长期性影响。正因为如此，有些学者在研究了国际旅游活动的大规模开展带给第三世界国家社会的消极影响之后，认为"发达世界是在通过旅游将其生活方式输出到第三世界国家"。虽然这一观点未免带有偏激的意识形态色彩，但是，外来旅游者的生活方式对东道地社会的影响，特别是带给发展中国家社会民众的负面影响，毕竟是不容忽视的事实。这方面的具体表现包括：

（1）长期目睹外来旅游者的行为"示范"，东道地社会民众的感觉会从最初的"新奇"转为"寻常"，有些人的思想和行为甚至会因此发生变化，开始对自己的传统生活方式不满。常见的情况是，他们对外来旅游者的生活方式先是盲目模仿，继而发展到有意识地追求，最终致使该地社会中赌博、卖淫、诈骗、贪污受贿、走私贩私等犯罪行为和不良现象增多，从而影响该地的社会安定。在这方面，人们很容易发现，在世界各地大凡旅游者云集的热点地区，同时也多是上述犯罪行为或社会不良现象的高发区。

（2）受外来思想和行为的影响，当地社会中传统的道德观念受到冲击，致使当地社会中婚变家庭的增多和离婚率的上升。

（3）媚外思想的泛滥。在很多发展中国家，由于历史社会因素的影响，旧时代外国人特权的遗毒仍未完全灭绝，加之外国来访旅游者在生活方式上的"示范"和影响，致使东道地社会中不乏有人以为，外国来访旅游者的生活方式是经济发达国家财富力量的鲜活象征，是资本主义成功的物质证明，并因此贬低本国社会，对本国社会不满。事实上，有调查显示，即便是在当今世界上的一些发达国家中，这类因羡慕外来入境旅游者的生活方式而滋生对本国社会不满的情况，同样也不乏存在。

2. 干扰东道地居民的正常生活

任何一个旅游目的地的承载能力都是有限的。由于旅游目的地中的很多空间和社会服务设施为当地居民和外来游客所共享，因此，随着外来旅游者的大量涌入和游客密度的增大，当地居民的生活空间不可避免地会相对缩小，从而干扰当地居民的正常生活，侵害当地居民的利益。这种情况发展到一定程度时，当地居民在旅游发展初期那种对外来游客的热情与欢迎，很可能会转化为不满，甚至怨恨。不可否认，在旅游目的地访问期间，旅游者所希望获得的是某种特定的个人经历或体验，并要求能享受到至少符合其本国水准的生活条件。然而，旅游接待地区的各类经营者所看重的则是自己的商业利润。在该地供应能力有限的情况下，当地经营者往往会将其产品和服务优先出售给肯于出高价购买的外来旅游者。此外，由于诸多因素的影响，即便是作为公共事业的水电供应，当地政府也往往会优先考虑接待外来旅游者的需要。所有这些同当地居民争夺利益的情况，都难免会激起当地居民的怨恨,从而造成外来旅游者与当地居民之间的关系紧张。

3. 当地文化的过度商品化

在展现当地的传统文化方面,大凡民俗活动和传统节日庆典的举办,都有其传统的特定时间、特定地点及特定内容。然而,由于发展旅游业的需要,很多这类传统的文化活动都已被商品化。通常的表现是,这类活动不再按传统上的特定时间和特定地点举办,而是随时都会搬上"舞台"进行表演,而且,为了迎合旅游者的观看兴趣,活动内容常会被压缩,活动节奏会明显加快。所有这一切意味着,这些活动很大程度上已经失去了其传统上的意义和真正的文化价值。此外,为了满足旅游者的购物需要,当地的很多手工艺品都会转用机器进行大批量生产,甚至粗制滥造,致使很多这类产品实际上已不再能反映其传统风格和制作技艺。对于那些只求价廉而不计货真的旅游者来说,这或许无关紧要。但是,一旦旅游者误以为他们所购买的就是反映当地传统工艺和地方特色的艺术真品,并带回本国向亲友展示,则难免会使该旅游目的地文化的形象和价值受到损害和贬低。

三、正确认识旅游的社会文化影响

从逻辑上分析,旅游对社会文化的潜在影响似乎有其必然性,然而很多对实践的观察显示,这些影响能否演化为真正值得关注的事实,实际上并非没有条件。例如,就积极方面的影响而言,国际旅游者的来访未必肯定能使旅游接待国经由旅游者的口碑传播而树立或改善自己在世界上的形象。事实上,这一影响结果的实现,很大程度上取决于国际游客在该国的实际经历是否满足了自己事先的预期或愿望,取决于他们通过自己的访问经历是否产生或加深了对该国的好感。换言之,倘若他们在该国旅游期间没有获得预期的满足,甚至发生了不愉快的经历,那么他们所带回去的非但不是对该国的好感,反而是牢骚、怨恨和批评。人们不难想象,倘若这类问题屡屡发生,该旅游接待国不但无法通过游客的口碑传播去改进和提升自己的对外形象,而且有可能会带来相反的结果。

再如,旅游活动的开展也未必会对所有的出游者都能产生陶冶情操和增长知识的教育效果。早在18世纪时,亚当·斯密在观察了当时欧洲青年学生的"大游学"(Grand Tour)现象之后,便曾指出,"人们通常认为,这些年轻人通过外出旅行,回来以后会有很大的长进"。但是实际上,很多人这种"大游学"的结果都令人失望。虽然"在这些年青人的旅行过程中,通常都会学到一两门外语知识,但实际掌握程度之肤浅,使其很少有能力正确地用以交流或写作。在其他方面,他们旅行归来之后,通常都变得骄傲自负、不懂道德、行为放荡、不能认真从事学习或工作。由于他们年纪轻轻便外出旅行,脱离了父母和亲友的监护和控制,将自己一生中最宝贵的年华用于放任轻浮的消遣,致使他们在早期教育阶段可能已经形成的良好习惯不仅没能得到巩固和增强,反而几乎肯定被削弱或忘却了"(亚当·斯密的评论,转引自 Young, 1973:17)。

时至今日,世界旅游组织(WTO)有关青年旅游的研究也曾指出,虽然青年旅游作为一种教育手段可起到开阔眼界、增长知识、了解世界、培养和增强良好的个人习惯和社会习惯的积极作用,但在现实中,如果计划不周或所采取的形式有误,青年旅游同样也可能会导致产生负面的教育结果。

同理,在对旅游目的地社会文化的消极影响方面,实际上也并非旅游发展的必然产物。西方社会学家在论及旅游对接待地区社会文化的影响时,所强调的通常都是消极的一面,并往往会以已经发生了的大量事实作为结论的依据。事实上,在世界各地的旅游发展过程中,特别是在一些发展中国家和地区,的确也因此出现了这样或那样的负面问题。但是,这些问题的形成和严重化并非没有条件,也并非不可克服或不可控制。任何问题的形成都有一个从量变到质变的发展过程。在这个意义上,旅游对社会文化的消极影响一般应是就其潜在性或可能性而言。事实上,这些潜在的消极影响在某些旅游接待国或地区确实演化成了现实的社会问题,但在另外一些旅游目的地,却一直保持了潜在状态,并未形成真正的社会问题。这些情况说明,如果说旅游对社会文化的潜在影响是绝对的,那么它们能否在当地形成真正值得关注的社会问题,至少是有条件的。否则,人们便不能解释为什么在某些地方形成了社会问题,而在另外一些地方则没有形成社会问题。

当然,致使潜在的消极影响转化为实际社会问题的条件可能会有很多。其中很重要的一点便是,这与一个国家或地区的旅游规划工作有很大的关系。随着旅游者的大量涌入和游客密度的增加,带给当地社会的消极影响的程度也会随之增加。这一程度一旦超越了当地社会的承载能力,便会演变成为显性的现实问题。所以,根据当地的社会条件及管理能力制订与之相应的旅游发展规划,防止和控制旅游饱和或超负荷接待是非常重要的。通过制订量力而行的旅游发展规划,既要主动地去控制游客大规模来访所带来的消极影响,同时又要尽力促成旅游交往所能带来的好处。

在认识旅游对社会文化的影响时,我们还应看到,任何文化交流,不论是旅游带来的文化交流还是通过其他途径形成的文化交流,都不可避免地使交流双方都会面临对方的影响。至于双方会在多大程度上接受和吸收对方的影响,则取决于对有关影响的认识情况。只有在对由此而产生的各种可能性影响有了足够的认识的情况下,才有可能真正做到吸取其精华而去除其糟粕。古今中外的历史皆可表明,在很多情况下,一个国家和地区的社会文化需要得到外来文化的促进,才能实现完善、发展和前进。面对大规模旅游发展有可能会对社会文化产生的影响,人们不应因噎废食,不应因此而去反对发展旅游,因为旅游的发展对一个国家或地区的经济和社会文化毕竟有众多的积极作用，而且很多不利问题的出现未必是发展旅游所带来的必然结果。认识旅游对社会文化的影响，主要目的是在澄清认识的基础上采取措施，努力促成旅游发展对社会文化的积极作用，最大限度地抑制其消极影响。对我国来说，这既是实现旅游业健康发展的需要，同时也是社会主义精神文明建设的需要。

第四节　旅游的环境影响

在有关环境影响研究的国际旅游文献中，其中所称的"环境"，主要是指旅游目的地的物质环境（physical environment），其中既涉及该地的自然环境，也涉及诸如城市环境之类的人为物质环境。

环境与旅游这两者之间有着非常密切的联系。由于大多数的旅游资源，无论是自然旅游资源，还是人造旅游资源，本身就是旅游目的地环境的组成部分，加之外来旅游者在该地停留期间的活动开展无一不是以该地的环境为依托，从而使得一个旅游目的地的环境成了该地整体旅游产品中最基本的构成要素。它不仅是吸引旅游者来访的重要因素，而且很大程度上还会影响来访游客对该地整体旅游产品的体验质量和满意程度。

由于旅游业的开发和旅游者的大规模来访，不可避免地会使旅游目的地的环境因此而出现某些变化。这意味着，旅游对目的地环境的影响从一开始就不单是有其潜在性，而且有着客观上的现实性。也正是因为如此，随着大规模旅游活动的发展，人们对由此而产生的环境影响也愈加关注。时至今日，在不少国家和地区，保护环境或至少不会使该地环境出现不可接受的变化，已经成为旅游开发工作中首先考虑的问题。

在东道地环境发生变化方面，旅游业的开发和游客的大规模来访，既存在积极的影响，也存在消极的影响；既存在直接影响，也存在间接影响和诱导性影响。在本节中，我们主要讨论其中的直接影响。

一、积极方面的直接影响

主要反映在：
- 使历史建筑和古迹遗址得到维护、恢复和修整。
- 使休闲和娱乐场所以及相关设施的数量得以增加。
- 使道路、交通运输服务等基础设施得以改善。

- 使旅游接待区的环境卫生得以重视和维持。

以上情况的出现虽然可能是缘自于旅游目的地方面为了发展旅游业和吸引旅游者来访而完善该地旅游供给的需要,但在客观上都可带来使该地的物质环境得以改善的结果。

事实上,上述情况能否作为旅游业的发展所带给东道地环境的积极影响,最终将取决于该地社会的认同。一般地讲,旅游研究人员对上述方面的环境变化都会给予积极的肯定。至于当地社会是否对此认同,则有可能会因地而异。例如,在英国苏格兰地区旅游协调委员会(1992)提交的环境影响报告中,详细汇总并罗列了旅游业的发展给该地的物质环境所带来的一系列具体影响,其中积极方面的影响包括上述各项在内。但与之相反的例子是,在非洲的一些地区,不少天然动物园区的开辟在当地居民中不仅没有被看作是可对该地环境有维护作用的积极之举,反而被认为是限制了游牧部落的放牧,制约了当地的食物生产能力。换言之,当地居民否认因此而带来的环境改变具有积极作用。

二、消极方面的直接影响

主要反映在:

1. 致使水体和空气的质量下降,以及噪声的增加。通常表现为:随着外来旅游者的大量涌入和由此而导致的排污量的增加,以及机动船只使用量的增大,致使旅游接待地区的水体污染问题严重化;旅游交通运输量的增大,机动交通工具废气排放量的增多,以及因旅游接待设施(特别是空调和冷藏设备)用电量的增大而致使的发电燃油废气排放量的增多,都会加重当地空气质量的下降;旅游交通运输量的增大以及夜总会和歌舞厅的增多,都将会加重当地(特别是城市环境中)的噪声污染程度。

2. 致使人口密度增大,交通阻塞,造成当地居民生活空间的相对缩小。

3. 长期大量接待来访旅游者,会损害历史古迹的原始风貌,甚至会使其生存寿命受到威胁。其中的原因不仅与旅游者的触摸攀爬、乱刻乱画、违规使用闪光灯拍照之类的不当行为有关,而且游客接待量的增大本身就会侵害历史古迹的生存寿命。

4. 大规模旅游活动的开展将会加剧自然环境和生态系统的损害或破坏。例如,旅游者的渔猎活动会影响野生动物的生存环境;沙丘会因游人的过度践踏而遭受侵蚀;植被会因人们的过度踩踏而遭受破坏;旅游者(特别是探险旅游者)使用野营篝火有可能引发森林火灾;旅游者乱丢废弃物不仅会影响环境的视觉质量,而且还会危及野生动物的生命,等等。

5. 旅游接待设施的过度开发和不当建设致使当地的原有景观遭到破坏。这方面最典型的例子莫过于在滨海沙滩的近水区域建造高层饭店。在20世纪80年代以前，这种事例在欧美国家中多有发生，曾成为媒体批评和报道的热点问题。尽管这类事例在今天的发达国家中已经比较少见，但是在发展中国家，特别是在该国旅游业发展的初期阶段，这类事例依然是比较常见的问题。正因为如此，很多国家对此都采取了控制措施。例如在毛里求斯，政府规定在海滩地区兴建旅游接待设施时，建筑物的高度不得超过当地椰树的高度。再比如，在印度的滨海地区，当地政府规定建筑物的兴建必须退后于滨海沙滩一定的距离。

虽然旅游业的发展将会给环境带来种种不利的变化，但是，对于这类负面影响的程度究竟有多大，到目前为止，似乎并没有为人们所公认的评估结果。在这方面，世界旅游理事会曾发表过一份报告（参见UNWTO, 1999），专门针对旅游与环境问题做了分析，并提出了应支持发展旅游业的依据。在这份报告中，世界旅游理事会指出："对于环境问题的成因，人们多有争论；至于结论究竟如何，谁都无法做出有把握的预测。……但有一点非常清楚，即全世界的环境正在因人类的活动而改变，倘若不采取补救措施，其后果可能是灾难性的。"

第五节 可持续旅游发展

上一节中所述的只是旅游业的开发和旅游活动的开展对目的地环境产生的直接影响。同旅游对目的地经济的影响一样，旅游对目的地的环境除了可产生直接影响之外，还可产生间接影响和继发性影响。简单地讲，由于旅游业的发展需要有众多其他行业的支持，因此，旅游业的发展和来访旅游者的增多必然会扩大对其他行业产品和服务的需求，很多其他行业因此而需要扩大其生产和再生产。这些生产和经营活动规模的扩大，必然也会增加对环境的影响，这些影响虽然不是由旅游业和旅游者所直接造成，但追根溯源也都与旅游的发展有关。

一、可持续旅游发展的含义

对于旅游的发展带给旅游目的地的各种消极影响，特别是对旅游目的地物质环境的消极影响，人们早就有所察觉。面对大众旅游的蓬勃发展，20世纪70年代初出版的不少有关著述，都对旅游所带来的消极影响表示过种种担忧并提出过警告。但是，在大众旅游兴起之后的相当长时间内，由于当时人们主要关注的是旅游发展所带来的经济收益，因而这方面的巨大声浪淹没了一些有识之士关于警惕消极影响的呼喊。

从 20 世纪 80 年代初开始，情况出现了较为明显的变化。随着旅游活动规模的扩大和一些旅游接待地区接待能力饱和现象的出现，人们对旅游的消极影响开始重视，并逐渐有了较为全面的了解和认识。除此之外，20 世纪 80 年代中期至末期环境保护主义的兴起与人们"绿色"意识的形成和普及，进一步提高了人们对环境问题的关注程度。所有这一切都使得人们开始重新评价旅游对国家或地区发展的作用与价值。在这一评价过程中，人们提出了一系列旨在降低和控制旅游消极影响的旅游发展概念，如：低影响旅游（low-impact tourism）、选择性旅游（alternative tourism）、负责任旅游（responsible tourism）、温和旅游（soft tourism）、绿色旅游（green tourism）等，并在联合国世界环境与发展委员会提出"可持续发展"这一口号之后，最终归结为"可持续旅游"（sustainable tourism）这一概念。

"可持续发展"（Sustainable Development）一语源自于"可持续性"（sustainability）这一概念，对于这一概念，人们有着不同的解释。例如，人们最初将"可持续性"解释为"保护和增强自然环境系统的生产和更新能力"。后来，人们对"可持续性"这一概念的解释不断有所延伸，因而随之出现了诸如社会可持续性、经济可持续性等方面的解释。但无论如何，对于"可持续性"最具权威性的解释，莫过于联合国世界环境与发展委员会的"布伦特兰报告"中所做的解释。

1987 年，由布伦特兰夫人担任主席的联合国世界环境与发展委员会以《我们共同的未来》为标题，提出了一份研究报告。该报告就人类在经济发展与环境保护方面存在的问题，做了系统而全面的评价，并正式提出了"可持续发展"这一概念和口号。这一著名的研究报告就是国际上人们通常所称的《布伦特兰报告》（The Bruntland Report）。

该报告中对"可持续性"（sustainability）这一概念做了简短而明确的解释，即"满足当代人的需要而又不损害子孙后代满足其自身需要的能力"。也就是说，所谓"可持续发展"，就是既要以满足当代人的需要为目的，同时也要以不损害后代人为满足其自身需要而进行发展的能力为原则。根据人们此后对"可持续发展"这一概念所做的延伸性解释，人们普遍认为：在社会发展方面，可持续发展观所强调的是代际公平，旨在使当代人和后代人的需要都能够有条件得以满足；在经济发展方面，可持续发展观所强调的是，经济增长的实现必须建立在维护地球自然系统这一基础之上；在生态环境方面，可持续发展观所强调的是，人类应与大自然和谐相处，使人类赖以生存的自然环境能够切实得到保护。显然，可持续发展观的提出，是对过去人们一味追求效率的传统发展模式的挑战，是为谋求新的发展模式而创立的新的科学发展观。

事实上，这一可持续发展观的提出，正值人们对旅游的影响进行全面评价之时，因而很快便为旅游学界和业界所接受，并成为人们对开发旅游业进行重新评价的中心议题,"可持续旅游"(Sustainable Tourism)一语也因此而产生。可持续旅游的提出,要求人们以长远的眼光去对待旅游经济开发活动,质疑旅游经济规模不断增长的必要性,并要求确保旅游接待量或旅游活动的规模不会超越旅游接待地区未来亦有条件吸引和接待旅游者来访的能力(Cooper,1993)。

二、可持续旅游的内容

对于可持续旅游发展所涉及的内容,人们有着不同的归纳和表述。根据"Globe'90"国际大会以及1992年可持续旅游发展世界会议上所提出的有关目标,可做如下归纳:

- 增进人们对旅游所带来的环境影响与经济影响的理解,增强人们的生态意识;
- 促进旅游的公平发展;
- 改善旅游接待地区社会的生活质量;
- 为旅游者提供高质量的旅游经历;
- 保护未来旅游开发赖以可行的环境质量。

从上述这些目标中可以看出,可持续旅游发展的内涵涉及多个不同的层面。其中最核心的要点,即是当代人在进行旅游开发的同时,要确保不损害后代人为满足他们的旅游需求而进行旅游开发的可能性。换言之,这一核心要点就是,应从长远观点出发,全面认识旅游的影响,在满足当代人和后代人开发旅游业及开展旅游活动的需要方面,实现代际平衡。

基于这一长远观点,在更为务实的意义上,可持续旅游发展的直接目标就是:在可持续发展基本原则的指导下,实现保证游客经历质量与维护旅游环境质量这两者的兼顾。

根据这一目标,对于任何一个作为旅游目的地的国家和地区来说,一方面应满足旅游消费者对高质量旅游经历的追求,同时又要确保该地的环境质量不会因此而出现不可接受的下降,从而实现经济效益、社会效益和环境效益的统一。这意味着,对于旅游业的发展,任何一个旅游目的地都要从该地社会的长远利益出发。在经济效益方面,应实现当地社区的参与,以及旅游收益在不同利益相关者间的合理分配;在社会效益方面,应能促进当地社区各项事业的发展和居民生活质量的改善;在环境效益方面,应能做到旅游资源和生态环境质量的保护和可持续性利用。

三、实现可持续旅游发展的关键

在实现可持续旅游发展方面,对于旅游目的地管理者来说,核心关键在于了解该地的旅游承载力，并据此行使有效的管理。同前面讨论社会文化影响时的情况一样，通过观察世界各地的旅游发展情况，人们很容易发现，有些地方确实因此导致出现了严重的环境问题和社会问题，然而有些地方则并未出现问题，而是始终维持了该地环境与社会的健康发展。这些事实的存在，一方面说明此类问题的发生或严重化未必是发展旅游的必然结果，另一方面也促使人们去考虑这样一个问题，即为什么旅游的发展在有些接待地区导致了严重的环境问题和社会问题，而在另外一些地区却没有形成明显的或不可接受的消极影响。如前所述，任何问题的形成都会有一个从量变到质变的演进过程。旅游的发展对接待地区的环境和社会文化固然具有潜在的消极影响，但未必会形成真正的现实问题。在这方面，问题性质的转化是有条件的。其中最重要的条件便是与该地的旅游承载力，以及与该目的地管理者的管理水平和管理能力有关。

1. 旅游承载力

旅游承载力是一个比较复杂的概念。严格地讲，旅游承载力（carrying capacity）指的是，在不至于导致该地的环境质量和来访游客的旅游经历质量出现不可接受程度的下降这一前提之下，一个旅游目的地所能接纳的最大游客活动量。但通俗地讲，旅游承载力也可理解为在不至于导致该地的环境质量和来访游客的旅游经历质量出现不可接受程度的下降这一前提之下，一个旅游目的地所能接纳外来游客的最大能力。

对于一个旅游目的地来说，承载力构成所涉及的因素可能会有很多。按照国际研究文献中的普遍看法，旅游承载力所涉及的主要层面一般包括：

● 旅游用地和接待设施的承载力——该地适合用于旅游开发的土地数量，以及有关旅游设施的最大接待能力。

● 物质环境的承载力——在不至于导致该地旅游环境的对外吸引力出现下降的前提下，该地所能接纳来访游客的最大数量。

● 生态环境的承载力——在不至于导致该地的生态环境和生态体系发生不可接受的变化这一前提之下，该地所能接纳来访游客的最大数量。

● 社会承载力，有时亦称社会心理承载力——在不至于导致该地社会公众的生活和活动受到不可接受的影响这一前提之下，该地所能接纳来访游客的最大数量。

显然，对于一个旅游目的地来说，在实现可持续旅游发展方面，旅游承载力决定着该地在开发旅游方面的规模极限。随着游客来访量的增大，所带给该地环境和社会文化的负面影响的程度也会随之加重。游客来访量一旦超越了该地的旅游承载力，这些负面影响的程度便会突破该地环境的自净能力以及该地社会自身的免疫能力，从而很容易使原本处于潜在状态的负面影响转化为显性的严重问题。

与可持续发展概念一样，旅游承载力这一概念的实质同样也在于资源管理问题。在这个意义上，我国在开发旅游业之初所提出的关于"量力而行"的发展原则——不论当时人们怎样去理解——在力行可持续发展的今天，仍然具有重要的指导意义。

2. 管理者的水平与能力

旅游承载力在理论上不难为人们所理解，但在旅游目的地管理的实际工作中，却往往不大容易真正受到重视。这主要是因为，对于环境质量下降到何种程度方为"不可接受"，以及对于游客旅游经历的质量下降将于何时发生等问题，实际上分别是由旅游目的地管理者和旅游者来决定。换言之，就一个旅游目的地的承载力极限而言，一方面取决于该地的客观物质条件，同时在一定程度上也取决于该地的管理决策。

这意味着，在其他条件给定的情况下，致使旅游的潜在负面影响转化为显性问题的一个重要影响因素，便是该旅游目的地管理者的管理水平和管理能力。在有些旅游目的地，游客接待量可能并未超越该地本应具有的承载力，但旅游的潜在负面影响已经转化成显性的严重问题，其中的原因就在于该地旅游管理者的水平和能力低下。无论是从逻辑上进行分析，还是基于对实践的观察，我们都会发现，面对旅游业的发展及其有可能带来的负面影响，旅游目的地管理者的态度不外乎有三种选择：

- 放任自流，任其自然发展；
- 等到问题严重时，再去设法治理；
- 未雨绸缪，提前采取预防措施，努力将问题禁于未发。

显然，理想的管理态度应该是最后一种。所以，依据该地的承载力去制订该地的旅游业发展规划以防止超负荷问题的发生，无疑是十分重要的。尽管如此，由于种种因素的作用，在旅游发展过程中，某些负面问题仍有可能会出现。所以，采取有效措施对已经开始出现的负面问题进行控制同样也不可忽视。

3. 基本举措

总之，对于一个旅游目的地来说，可用于预防和控制负面影响扩大化的举措会有很多。概括地讲，最基本的应对措施包括以下几个方面：

（1）端正认识

不能只是单纯从经济观点考虑旅游业的开发，对其经济效应和环境影响应有全面的理解和认识，追求并落实旅游业的可持续发展。

（2）加强旅游规划，防止超负荷开发

为了防止旅游负面影响的扩大，必须要量力而行地进行旅游开发，将开发规模和游客接待量控制在该地承载力容许的范围之内。在制订规划时，应注意旅游开发的合理布局。在实施规划时，应注意根据情况的发展变化，对出现的问题行使有效控制。

（3）健全法制，强化管理

旅游目的地政府和旅游行政部门应建立和健全有关的法律和法规，并在民间社团组织的配合下，切实履行执法与管理的责任，将旅游企业和旅游者有损环境的行为置于法律和法规的监督之下。

（4）加强宣传教育，倡导旅游伦理

旅游目的地管理者应向旅游从业人员和该地民众进行保护环境的宣传教育，应使其明白，如果连自己都不关心和爱护该地的环境，则没有理由要求外来旅游者注意爱护该地的环境。同时，各旅游接待地应以各种有效方式，告知到访旅游者有关的注意事项，使其了解哪些行为不可为，尽可能避免危害该地环境和社会规范的行为发生。

有关保护环境和旅游资源方面的其他可能性举措，读者可参阅第四章中的有关内容，此处不再重复。

【重点术语】

旅游的影响（impact of tourism）

消极（负面）影响（negative impact）

积极（正面）影响（positive impact）

经济影响（economic impact）

国际收支（平衡）（Balance of Payments）

旅游出口（export of tourism）

旅游乘数（tourism multiplier）

旅游卫星账户（TSA）

直接效应（direct effects）

间接效应（indirect effects）

诱导效应（induced effects）

继发效应（secondary effects）

社会文化影响（social-cultural impact）

差异文化（contrasting cultures）

示范效应（demonstration effect）

环境影响（environmental impact）

可持续发展（sustainable development）

环境保护（environmental preservation）

可持续旅游（sustainable tourism）
得当旅游（appropriate tourism）
低影响旅游（low-impact tourism）
选择性旅游（alternative tourism）
负责任旅游（responsible tourism）
温和旅游（soft tourism）
绿色旅游（green tourism）
文化旅游（cultural tourism）
体验生活旅游（life-seeing tourism）
承载力（carrying capacity）
旅游规划（tourism planning）
伦理规范（code of ethics）

【思考题】

1. 解释下列概念：国际收支平衡；旅游出口；旅游乘数；可持续发展；旅游承载力。
2. 试归纳旅游的发展对目的地经济的正面影响和负面影响。
3. 有观点认为，对于一个大国来讲，其经济不宜过重依赖旅游业。你在何种程度上赞成或反对这种观点？为什么？
4. 解释旅游乘数理论的主要内容及其基本公式。
5. 试观察和归纳旅游对目的地社会文化的影响。
6. 试观察和归纳旅游对目的地环境的影响。
7. 可持续旅游的基本内容涉及哪些方面？
8. 在预防和控制旅游的消极影响方面，你认为应采取哪些措施？

参考文献

1. 〔美〕阿拉斯泰尔·莫里森著．李天元主译．旅游服务业市场营销（第4版）[M]．北京：中国人民大学出版社，2012
2. 《中国旅游年鉴》编辑委员会．中国旅游年鉴[M]．北京：中国旅游出版社，2011～2012
3. 〔澳〕安东尼·威尔著．李天元，徐虹译．休闲和旅游供给：政策与规划[M]．北京：中国旅游出版社，2010
4. 世界经济论坛．旅游业竞争力调查[J]．《旅报大中国》，2008（49）
5. 〔美〕查尔斯·格德纳，（加）布伦特·里奇著．李天元，徐虹，黄晶译．旅游学（第10版）[M]．北京：中国人民大学出版社，2008
6. 〔美〕Stanley C. Plog 著．李天元，李曼译．旅游市场营销实论[M]．天津：南开大学出版社，2007
7. 杜江，戴斌．中国出境旅游发展年度报告[M]．北京：旅游教育出版社，2006
8. 〔加〕布伦特·里奇，杰弗里·克劳奇著．李天元，徐虹，陈家刚，王素洁译．旅游目的地竞争力管理[M]．天津：南开大学出版社，2006
9. 〔加〕Stephen L. J. Smith 著．李天元，徐虹，黄晶译．旅游决策分析方法[M]．天津：南开大学出版社，2006
10. 张辉，秦宇．中国饭店业发展报告（2005）[M]．北京：旅游教育出版社，2006
11. 〔澳〕克里斯·库珀主编．钟林生，谢婷主译．旅游研究经典评论[M]．天津：南开大学出版社，2006
12. 张辉，厉新建．中国旅游产业转型年度报告 2004[M]．北京：旅游教育出版社，2005
13. 〔澳〕克里斯·库珀等编著．张俐俐，蔡利平主译．旅游学：原理与实践（第二版）[M]．北京：高等教育出版社，2004
14. 〔英〕莱斯·拉姆斯顿著．旅游市场营销[M]（英文影印版）．大连：东北财经大学出版社，2004

15. 魏小安. 旅游纵横——产业发展新论[M]. 北京：中国旅游出版社，2002

16. 〔美〕威廉·瑟厄波德主编. 张广瑞等译. 全球旅游新论[M]. 北京：中国旅游出版社，2001 年

17. 〔英〕维克多·密德尔敦著. 向萍等译. 旅游营销学[M]. 北京：中国旅游出版社，2001 年

18. 谢彦君. 基础旅游学[M]. 北京：中国旅游出版社，2001

19. 何光暐主编. 新世纪、新产业、新增长：旅游业成为新的经济增长点研究[M]. 北京：中国旅游出版社，1999

20. 邓观利. 旅游学[M]. 天津：天津人民出版社，1994 年

21. 国家旅游局. 中国旅游资源普查规范[M]. 北京：中国旅游出版社，1992

22. 孙尚清主编. 中国旅游经济研究[M]. 北京：人民出版社，1990

23. 〔美〕小爱德华·J. 梅奥，兰斯·P. 贾维斯著. 南开大学旅游系译. 旅游心理学[M]. 天津：南开大学出版社，1987

24. 王章耀等. 世界经济概论[M]. 北京：中国人民大学出版社，1986

25. 邢道隆. 开发旅游资源[J].《旅游论坛》，1986（3）

26. 集体编写组. 旅游概论[M]. 天津：天津人民出版社，1983

27. 编委会. 简明社会科学词典[M]. 上海：上海辞书出版社，1982

28. 马克思和恩格斯著. 中共中央马克思恩格斯列宁斯大林著作编译局译. 马克思恩格斯全集（第 7 卷）[M]. 北京：人民出版社，1974

29. 马克思和恩格斯著. 中共中央马克思恩格斯列宁斯大林著作编译局译. 马克思恩格斯全集（第 7 卷）[M]. 北京：人民出版社，1972

30. 马克思和恩格斯著. 中共中央马克思恩格斯列宁斯大林著作编译局译. 马克思恩格斯全集（第 7 卷）[M]. 北京：人民出版社，1963

31. 马克思和恩格斯著. 中共中央马克思恩格斯列宁斯大林著作编译局译. 马克思恩格斯全集（第 7 卷）[M]. 北京：人民出版社，1959

32. 翦伯赞. 中国史纲（第 1 卷）[M]. 上海：生活书店，1946

33. Akehurst, G., Bland, N., and Nevin, M. Tourism policies in the European community member states [J]. *International Journal of Hospitality Management*, 12(1),1993

34. Berlyne, D. E. *Conflict, Arousal and Curiosity* [M]. London: McGraw-Hill, 1966

35. Burkart, A. J., and Medlik, S. *Tourism: Past, Present and Future* [M]. London: Heinemann, 1974, 1981

36. Clawson, M., and Knetsch, J. *The Economics of Outdoor Recreation* [M].

Baltimore, Md.: Johns Hopkins University Press, 1966

37. Collier, A. *Principles of Tourism – A New Zealand Perspective* [M]. (4th ed.). Auckland: Addison Wesley/Longman, 1997

38. Cooper, C. (ed.). Progress in Tourism, Recreation and Hospitality Management [M]. London: Belhaven, (annual)

39. Cooper, C., Fletcher, J., Gilbert, D., and Wanhill, S. *Tourism: Principles and Practice* [M]. Essex: Longman, 1993

40. Craik, J. *Government Promotion of Tourism: The Role of the Queensland Tourist and Travel Corporation* [M]. Brisbane: The Centre for Australian Public Sector Management, Griffith University, 1991

41. Dahles, H. Redefining Amsterdam as a tourist destination [J]. *Annals of Tourism Research*, 25(1), 1998

42. Davidson, R., and Maitland, R. *Tourism Destinations* [M]. London: Hodder & Stoughton, 1997

43. Davidson, T. L. What are travel and tourism: are they really an industry? In: William, F. T. (Ed.) *Global Tourism: The Next Decade* [M]. Oxford: Butterworth-Heinemann, 1994

44. Dimanche, F., and Lepetic, A. New Orleans tourism and crime: A case study [J]. *Journal of Travel Research*, 38, 1999

45. Dredge, D. Local government tourism planning and policy making in New South Wales: Institutional development and historical legacies [J]. *Current Issues in Tourism*, 4 (2/4), 2001

46. Drucker, Peter. *Management – Tasks, Responsibilities, Practices* [M]. New York: Harper and Row, 1973

47. Edlin, B. Too much tax to tourism? [J]. *Management*, (May), 60, 1999

48. Edwards, A. *Leisure Spending in the EEC: Forecasts to 1990* [R]. E. I. U., 1981

49. Elliott, J. *Tourism: Politics and Public Sector Management* [M]. London: Routledge, 1997

50. English. Government intervention in tourism: Case study of an English seaside resort [C]. In: Robinson, M., Evans, N., Long, P., Sharpley, R., and Swarbrooke, L. (Eds.). *Management, Marketing and the Political Economy of Travel and Tourism* [M]. Sunderland: Centre for Travel and Tourism, 2000

51. French, D., and Saward, H. *Dictionary of Management* [M]. Second Edition,

London and Sydney: Pan Books, 1983

52. Fridgen, J. *Dimensions of Tourism* [M]. Educational Institute, AHS, 1991

53. Frisby, E. Communicating in a crisis: The British Tourist Authority's responses to the foot-and-mouth outbreak and 11th September 2001 [J]. *Journal of Vacation Marketing*, 9 (1), 2002

54. Go, F. Emerging issues in tourism education. In: William, F. T. (Ed.) *Global Tourism*: *The Next Decade* [M]. Oxford: Butterworth-Heinemann, 1994

55. Goeldner, C., Ritchie, B., and McIntosh, R. *Tourism*: *Principles, Practices, Philosophies* [M]. New York: Wiley, 2000

56. Goeldner, C., and Ritchie, B. *Tourism*: *Principles, Practices, Philosophies* [M]. Hoboken, NJ.: John Wiley, 2006

57. Gray, P. Contribution of economics to the study of tourism [J]. *Annals of Tourism Research*, vol.6, no.4, 1983

58. Gronroos, C. *Strategic Management and Marketing the Service Sector* [M]. Helsinki: Swedish School of Economics and Business Administration (in US published by Marketing Science Institute, Cambridge, Mass.), 1982

59. Heath, E., and Wall, G. *Marketing Tourism Destinations* [M]. New York Wiley, 1992

60. Hefner, F., Crotts, J. C., and Flowers, J. The cost-benefit model as applied to tourism development in the state of South Carolina, USA [J]. *Tourism Economics*, 7 (2), 2001

61. HOTELS. 2010. *Hotels' Corporate 300 Ranking*

62. Hunziker and Krapf, 1942（参见集体编写组. 旅游概论[M]. 天津：天津人民出版社，1983，2）

63. Jafari, Jafar. Editor's page, *Annals of Tourism Research*, V, Special Number, October/December, 1977

64. Jeffries, D. *Governments and Tourism* [M]. Oxford: Butterworth-Heinemann, 2001

65. Jefferson, A., and Lickorish, L. *Marketing Tourism* [M]. Longman, Harlow, 1988

66. Jenkins, C. L. Development strategies. In: Lickorish, L. (Ed.). *Developing Tourism Destinations*: *Policies and Perspectives* [M]. Harlow, Essex: Longman, 1991

67. Jenkins, J. A comparative study of tourist organizations in Australia and Canada [J]. *Australia-Canada Studies*, 13 (1), 1995

68. Kerr, B., and Wood, R. C. Tourism policy and politics in a developed Scotland [C]. In: Robinson, M., Evans, N., Long, P., Sharpley, R., and Swarbrooke, L. (Eds.), *Management, Marketing and the Political Economy of Travel and Tourism* [M]. Sunderland: Centre for Travel and Tourism, 2000

69. Kleinwort Benson Securities. *Quoted Hotel Companies: The World Markets – 5th Annual Review* [R]. Slattery, P., and Johnson, S. M., London, 1991

70. Kotler, P., Bowen, J., and Makens, J. *Marketing for Hospitality and Tourism* [M]. Upper Saddle River, NJ: Prentice Hall, 1996

71. Leiper, N. The framework of tourism [J]. *Annals of Tourism Research*, (October/December), 1979

72. Lickorish, L. (Ed.), *Developing Tourism Destinations: Policies and Perspectives* [M]. Harlow, Essex: Longman, 1991

73. Littlejohn, D. The role of hotel consortia in Great Britain [J]. *Service Industries Review*, Vol. 2, No.1, 1982

74. Lundberg, D. *The Tourist Business* [M]. New York: Van Nostrand Reinhold, 1974

75. Lumsdon, Les. *Tourism Marketing* [M]. London: Thomson Learning, 1997

76. Maslow, Abraham. *Motivation and Personality* [M]. New York: Harper and Row, 1954.

77. Mathieson, A., and Wall, G. *Tourism: Economic, Physical and Social Impacts* [M]. London: Longman, 1982

78. McIntosh, R., and Goeldner, C. *Tourism: Principles, Practices, Philosophies* [M]. Columbus, Ohio: Grid Publishing, Inc.., 1984

79. McIntosh, R., and Goeldner, C. *Tourism: Principles, Practices, Philosophies* [M]. New York: Wiley, 1990

80. Medlik, S. *The Business of Hotels* [M]. London: Heinemann, 1980

81. Middleton, V. T. C. *Marketing in Travel and Tourism* [M]. London: Heinemann, 1988

82. Mill, R., and Morrison, A. *The Tourism System* [M] (2nd ed.). Englewood Cliffs, NJ: Prentice Hall, 1992

83. Mill, R., and Morrison, A. *The Tourism System* [M] (6th ed.). Dubuque, Iowa: Kendall Hunt Publishing Company, 2009

84. Morrison, A. *Hospitality and Travel Marketing* [M]. (4th ed.). NY: DELMAR, 2010

85. OECD Tourism Committee. *Tourism Policy and International Tourism in OECD Member Countries* [M]. Paris: Organization for Economic Co-operation and Development, 1973

86. Parasuraman, A., Zeithmal, V. A., and Berry, L. L. A conceptual model of service quality and its implications for future research [J]. *Journal of Marketing*, vol.49, no.4, 1985, 1988

87. PATA. *Issues and Trends – Pacific Asia Travel* [J]. Volume 18. Bangkok: Pacific Asia Travel Association, 2013

88. Patmore, J. A. *Land and Leisure* [M]. Harmondsworth: Penguin, 1972

89. Pearce, D. Tourism organizations in Sweden [J]. *Tourism Management*, 17 (6), 1996

90. Peters, M. *International Tourism* [M]. London: Hutchinson, 1969

91. Plog, Stanley C. *Leisure Travel: A Marketing Handbook* [M]. New Jersey: Pearson Prentice Hall, 2003

92. Prichard, A., and Morgan, N. Mood marketing – The new destination branding strategy: A case of Wales the brand [J]. *Journal of Vacation Marketing*, 4 (3), 1998

93. Ritchie, J. R. B., and Goeldner, C. (eds.). *Travel, Tourism and Hospitality Research: A Handbook for Managers and Researchers* [M]. Hoboken, NJ.: John Wiley, 1986

94. Ritchie, J. R. B., and Goeldner, C. (eds.). *Travel, Tourism and Hospitality Research: A Handbook for Managers and Researchers* [M]. New York: Wiley, 1989

95. Ritchie, J. R. B., and Crouch, G. I. *The Competitive Destination: A Sustainable Tourism Perspective* [M]. Oxford: CABI Publishing, 2003

96. Smith, Stephen L. J. *Tourism Analysis: A Handbook* [M] (second edition). Essex: Longman, 1995

97. Sofield, T., and Li, S. Tourism development and cultural policies in China [J]. *Annals of Tourism Research*, Vol. 25, No.2, 1998

98. *Travel Weekly* 2008. *2008 U.S. Travel Industry Survey*, http://www.travelweekly.com/

99. United Nations. Indexes to the International Standard Industrial Classification of All Economic Activities [D]. UN Statistical Papers, Series M, No.4, Rev.2, Add.1. (Indexed Edition). New York, 1971

100. United States Senate. *National Tourism Policy Study: Final Report* [R].

Washington DC: US Senate, 1978

101. UNWTO. Tourism Towards 2030 [R]. http://publications.unwto.org

102. Wahab, Salah. Elements of macro-planning in tourism development [J]. *The Tourist Review*，No.2, 1973

103. Wahab, Salah. *Elements of State Policy on Tourism* [M]. ITALGRAFICA，ITALY, 1974

104. Witt, S., and Moutinho, L. (Eds.). *Tourism Marketing and Management Handbook* [M]. Hemel Hempstead: Prentice Hall, 1989

105. Witt, S. *The Management of International Tourism* [M]. Unwin Hyman, 1991

106. WTO (UNWTO). ［历年发表的官方文件与报告］. Madrid: World Tourism Oganization

107. WTTC. *Blueprint for New Tourism* [M]. London: World Travel & Tourism Council, 2003

108. Young, George. *Tourism*: *Blessing or Blight* [M]. London: Penguin, 1973

南开大学出版社网址：http://www.nkup.com.cn

投稿电话及邮箱： 022-23504636　　QQ：1760493289
　　　　　　　　　　　　　　　　　QQ：2046170045(对外合作)
邮购部：　　　　022-23507092
发行部：　　　　022-23508339　　Fax：022-23508542

南开教育云：http://www.nkcloud.org

App：南开书店 app

　　南开教育云由南开大学出版社、国家数字出版基地、天津市多媒体教育技术研究会共同开发，主要包括数字出版、数字书店、数字图书馆、数字课堂及数字虚拟校园等内容平台。数字书店提供图书、电子音像产品的在线销售；虚拟校园提供 360 校园实景；数字课堂提供网络多媒体课程及课件、远程双向互动教室和网络会议系统。在线购书可免费使用学习平台，视频教室等扩展功能。